版权声明

本教材自第1版起,历经长安大学周楫、张雨化、杨少伟、许金良等教授从创编到修订,至今5版,其间倾注了编者的大量心血,其中的道路选线与定线部分更是最早由老教授周楫和张雨化经广泛调研、精心总结并首先编入教材的原创性内容。

人民交通出版社股份有限公司依法对本书享有专有出版权,本书作者对本书正文文字表述及原创性图片、表格等享有著作权。任何未经许可的复制、引用、传播行为均违反《中华人民共和国著作权法》,其行为人将承担相应的民事责任和行政责任。

特此声明。

普通高等教育"十一五"国家级规划教材
高等学校交通运输与工程类专业规划教材

道路勘测设计

(第5版)

许金良 等 编著
程建川
粟志海 主审

人民交通出版社股份有限公司
China Communications Press Co.,Ltd.

内 容 提 要

本教材全面系统地阐述了道路勘测设计的基本原理和方法，重点阐述了公路和城市道路设计的技术要求和设计理念。本教材共分十一章，内容包括：绪论、平面设计、纵断面设计、横断面与路侧设计、总体设计、选线与定线、道路平面交叉设计、道路立体交叉设计、交通工程及沿线设施设计、道路排水设计、道路环境保护与景观设计等。书中吸取了国内外道路勘测设计的经验与方法，参考了最新相关研究成果，取材丰富，内容翔实。

本教材可作为高等学校道路桥梁与渡河工程专业、交通工程专业以及土木工程专业的教学用书，也可供从事公路、城市道路及有关道路工程设计的工程技术人员和研究人员参考。

本教材配套实习指导书《道路勘测设计实习指导手册》（ISBN 978-7-114-13304-6）以及多媒体助教课件，课件可通过加入道路工程课群教学研讨 QQ 群（328662128）索取（仅限教师）。

图书在版编目（CIP）数据

道路勘测设计 / 许金良等编著. — 5 版. — 北京：人民交通出版社股份有限公司，2018.12

ISBN 978-7-114-15114-9

Ⅰ. ①道… Ⅱ. ①许… Ⅲ. ①道路测量—高等学校—教材②道路工程—设计—高等学校—教材 Ⅳ. ①U412

中国版本图书馆 CIP 数据核字（2018）第 247110 号

审图号：GS（2019）3400 号

普通高等教育"十一五"国家级规划教材
高等学校交通运输与工程类专业规划教材

书　　名：	道路勘测设计（第 5 版）
著 作 者：	许金良　等
责任编辑：	李　瑞　孙　玺
责任校对：	刘　芹
责任印制：	刘高彤
出版发行：	人民交通出版社股份有限公司
地　　址：	（100011）北京市朝阳区安定门外外馆斜街 3 号
网　　址：	http://www.ccpress.com.cn
销售电话：	(010)59757973
总 经 销：	人民交通出版社股份有限公司发行部
经　　销：	各地新华书店
印　　刷：	北京印匠彩色印刷有限公司
开　　本：	787×1092　1/16
印　　张：	26
字　　数：	628 千
版　　次：	1997 年 10 月　第 1 版　2004 年 6 月　第 2 版
	2009 年 6 月　第 3 版　2016 年 12 月　第 4 版
	2018 年 12 月　第 5 版
印　　次：	2022 年 11 月　第 5 版　第 9 次印刷　总第 52 次印刷
书　　号：	ISBN 978-7-114-15114-9
定　　价：	65.00 元

（有印刷、装订质量问题的图书由本公司负责调换）

第5版前言

《道路勘测设计》自1997年出版以来,至2016年共出版了4版,已成为土木工程(道路桥梁方向)、道路桥梁与渡河工程、交通工程等专业最有影响的本科教材之一,被广泛使用。本书为第5版,由许金良教授(博士,长安大学博士生导师)等编著。

本次《道路勘测设计》修订主要基于两个方面:一是《公路路线设计规范》(JTG D20—2017)于2018年1月颁布实施,相关内容需作更新调整;二是吸收第一届和第二届全国《道路勘测设计》教学研讨会上广大教师和专家对《道路勘测设计》教材建设的意见和建议,对相应内容进行调整、补充和完善。

具体在以下方面作了修订:

1. 根据《公路路线设计规范》(JTG D20—2017)和《城市道路设计规范》(CJJ 37—2012),主要对第一至第八章的相关内容作了调整。

2. 补充引用国外成熟的研究成果,丰富了本教材的理论和方法。

3. 调整了第三章部分内容的编排,并增补了"最大坡长"的定义,明确了最大坡长确定的出发点,对缓和坡段设计的理念进行了较深入的论述,完善了纵坡设计方法和内容。

4. 在第六章选线与定线中,分别增加了工程可行性研究和初步设计阶段路线方案比选案例,以便于读者对相应内容的理解。

5. 为体现教材的完整性和系统性,仍将平面交叉和立体交叉分别单独成章叙述。事实上,这两章的内容很繁杂,并有许多专著出版,本教材只作简要介绍。考虑到各大专院校对本课程的学时设置不同,教学过程中可灵活对待该部分内容。

本书共十一章,第一、三、六章由许金良教授编写,第二、九章由长安大学杨宏志教授编写,第四、七章由长安大学赵一飞副教授编写,第五、八章由长安大学潘兵宏副教授编写,第十、十一章由长安大学赵永平副教授编写。

全书由许金良教授主编并统稿,由东南大学程建川教授、中交公路规划设计院栗志海副总工主审。

编写过程中主要参考了现行《公路工程技术标准》《公路路线设计规范》《城市道路工程设计规范》;同时也参考了相关的专业教材(详见参考文献);本书中工程可行性研究阶段和初步设计阶段方案比选案例分析的原始资料由陕西省交通规划设计研究院提供。在此谨向相关作者和单位表示诚挚的感谢。

由于编者水平和能力有限,书中定有许多不足或不当之处,敬请指正,以便进一步修正补充。

许金良

2018 年 10 月于长安大学

第4版前言

《道路勘测设计》自1997年出版以来,至2009年共出版了3版,已成为土木工程(道路桥梁方向)、道路桥梁与渡河工程、交通工程等专业极其有影响的本科教材,被广泛使用。第1版由张雨化教授主编,第2版由杨少伟教授主编,第3版由杨少伟教授等编著。本书为第4版,由许金良教授(博士,长安大学博士生导师)等编著。

《道路勘测设计》(第4版)是在认真分析、充分吸收人民交通出版社收集到的教材使用意见基础上,结合相关技术与理念的发展而编写,进一步体现了我国进入21世纪以来,在道路设计理念、设计技术方面的更新变化情况。具体在以下方面作了修订和补充:

1. 根据《公路工程技术标准》(JTG B01—2014)和《城市道路工程设计规范》(CJJ 37—2012),对相关内容作了调整;

2. 在介绍道路设计基本原理和基本方法的同时,介绍规范条款规定的出发点(原因、原理、目的等),围绕工程案例和典型项目,介绍标准和规范的应用方法,并按新的技术要求,补充、修正了相关内容,以达到让教材使用者理解标准、规范,并能合理应用的目的;

3. 对绪论一章的结构进行了调整,更新了部分内容;

4. 将"线形设计"一章中相关内容分解到平面设计和纵断面设计中,以保证内容的连续性;

5. 将选线与定线合并，并对其原来的结构和内容进行了重新编排，以便加强学生对选线过程的理解；

6. 将"道路沿线设施"改为"交通工程及沿线设施设计"，其内容调整为交通安全设施、城市道路沿线设施、公路服务与收费设施三部分，修正和补充了相应的技术要求；

7. 横断面设计中增加了路侧安全设计的内容；

8. "总体设计"和"道路排水设计"列专章叙述，以与目前设计单位的工作程序衔接；

9. 对"立体交叉设计"部分内容的顺序进行了调整，更新部分名词，修正和补充了部分内容，力求与现行技术标准、规范统一；

10. 为进一步贯彻"简要介绍理论，重点培养技能"的编写原则，本教材不再将汽车理论部分单独成章阐述；

11. 为了体现教材的完整性和系统性，将平面交叉口和立体交叉分别单独成章叙述，事实上，这两章的内容很繁杂，并有很多专著出版，本教材只做简要介绍。考虑到相关院校对本课程的学时设置不同，教学过程中可灵活对待该部分内容。

本书共十一章，第一、三、六章由许金良教授编写，第二、九章由长安大学杨宏志教授编写，第四、七章由长安大学赵一飞副教授编写，第五、八章由长安大学潘兵宏副教授编写，第十、十一章由长安大学赵永平副教授编写。

全书由许金良教授主编并统稿，由华南理工大学符锌砂教授、大连理工大学陈静云教授主审。

编写过程中主要参考了《公路工程技术标准》《公路路线设计规范》《城市道路工程设计规范》，同时也参考了相关的专业教材(详见参考文献)。在此谨向相关作者表示诚挚的感谢。

由于编者水平和能力有限，书中定有许多不足或不当之处，敬请指正，以便进一步修正补充。

许金良

2015 年 10 月于长安大学

第3版前言

本教材为普通高等教育"十一五"国家级规划教材。本教材是根据高等学校道路桥梁与渡河工程、交通工程专业"道路勘测设计"课程教学大纲,在2004年长安大学杨少伟教授主编、人民交通出版社出版的面向21世纪交通版《道路勘测设计》(第2版)教材基础上编写的。

近年来,因公路与城市道路建设的迅速发展,道路勘测设计理念和方法不断更新,相关标准、规范已修订,原教材部分内容已不适应发展需求。因此,这次修订,在原教材框架和体系的基础上重新编写。本教材紧密结合现行技术规范,增加了运行速度、总体设计、高速公路平均纵坡等有关科研创新成果以及《国家高速公路网规划》的内容,补充了公路功能、设计控制、公路安全性评价、服务水平、避险车道设计、纵坡高程控制条件、线形设计检验与评价、环境保护、虚拟仿真技术等新内容,充分反映了目前国内外在道路勘测设计方面的新理念、新技术、新方法。本教材注重在基本原理、分析思路和技术方法等方面的论述,力求内容的理论性与实践性、系统性与先进性及可读性与可操作性并重,适应不同学校、不同层次、不同专业授课选材。

全书共分十二章,依次为绪论、平面设计、纵断面设计、横断面设计、线形设计、选线与总体设计、定线、道路平面交叉设计、道路立体交叉设计、道路沿线设施、道路环境保护与景观设计、现代道路勘测与设计新技术等。为便于读者自学和开阔思路,每章前增加了"内容摘要",每章后增加了"习题与思考题""待深入研究的问题"。本教材内容丰富,各教学单位可根据自身专业特点及要求,对教学内容进行适当调整和删减。

本教材由长安大学杨少伟教授等编著,中交第一公路勘察设计研究院有限公司吴明先教授级高级工程师和华南理工大学符锌砂教授主审。参加编写的有:杨少伟(第一、七章),张碧琴(第二、三章),赵永平(第四、十一章),潘兵宏(第五章),许金良(第六章),赵一飞(第八章),田茂杰(第九、十章),杨宏志(十二章)。全书由杨少伟负责统稿。

本教材在编写过程中,参考了有关标准、规范、教材和论著,在此谨向有关编著者表示衷心的感谢!由于作者水平有限,书中难免有不妥之处,请读者批评指正。意见和建议可与人民交通出版社或长安大学公路学院联系(西安,710064)。

编 者
2009 年 5 月

第2版前言

本书为面向21世纪交通版高等学校教材。

本教材是根据高等学校道路、桥梁工程专业"道路勘测设计"课程教学大纲，在1997年西安公路交通大学（现长安大学）张雨化教授主编、由人民交通出版社出版的《道路勘测设计》试用教材的基础上进行修订编写的。

原《道路勘测设计》试用教材的选材，符合当时的教学要求，内容比较丰富，在过去几年的教学中起到了积极作用，2002年被评为交通部优秀教材。但是由于公路与城市道路建设的迅速发展，有关标准、规范的修订，原试用教材中部分内容已显得陈旧。因此，在这次修订编写中，除维持原试用教材总体框架外，对公路和城市道路设计的理论、方法进行了进一步融合，并力图反映当前道路设计领域新理论、新技术、新方法；对道路景观设计的内容予以加强，单独成章；对"选线""路线CAD"的内容进行了扩充；删去了内容陈旧、明显落后于生产实践的部分内容。为了便于读者自学和拓宽思路，每章前增加了"内容摘要"，大部分章后增加了"需进一步研究的问题"。

本教材由长安大学杨少伟、张碧琴、许金良主编，同济大学朱照宏教授主审。参加编写的有：杨少伟（第一、七章），赵一飞（第二、八章），张碧琴（第三、四章），赵永平（第五、十二章），许金良（第六、十三章），田茂杰（第九、十、十一章）。本教材插图均由长安大学硕士生牛兆霞整理和绘制。

本书在编写过程中,参考了有关标准、规范、教材和论著,在此谨向有关编著者表示衷心的感谢!由于作者水平有限,书中难免有不妥之处,请读者批评指正。

编　者
2003 年 8 月

第1版前言

本书是按照交通部 1994 年 10 月在北京召开的路、桥专业教学指导委员会扩大会议审定的教学大纲编写的。由于原《公路勘测设计》与《城市道路设计》教材自成体系，因此，合编后的新教材，将两者的共同基础（如道路线形设计的基本原理、方法和设计要点）融于一体，将各自的特点，则辟专章或专节分别叙述。全书内容与现行标准、规范密切相关。本书在编写过程中，注意理论联系实际并反映国内外道路勘测设计新技术。

本书共十二章，由王文锐编写第三、五章和第七章第五节，由杨少伟编写第二、四、八、九章，由许金良编写第十、十一、十二章，张雨化编写第一、六、七章，并负责全书的统稿工作。由于我们水平有限，读者若发现本书有错误和不完善之处，请予以批评指正，以便进一步修正补充。

本书由同济大学朱照宏教授主审。

编 者

1997 年 8 月

目录

第一章　绪论 ………………………………………………………………………………… 1
　第一节　本课程的主要内容和特点及应遵守的技术要求 …………………………… 1
　第二节　交通运输系统及道路运输 …………………………………………………… 3
　第三节　道路设计阶段和任务 ………………………………………………………… 7
　第四节　道路功能与分级 ……………………………………………………………… 9
　第五节　道路几何设计控制 ………………………………………………………… 13
　习题与思考题 ………………………………………………………………………… 24
第二章　平面设计 ………………………………………………………………………… 26
　第一节　概述 ………………………………………………………………………… 26
　第二节　直线 ………………………………………………………………………… 29
　第三节　圆曲线 ……………………………………………………………………… 32
　第四节　缓和曲线 …………………………………………………………………… 40
　第五节　平面线形设计 ……………………………………………………………… 46
　第六节　道路平面设计成果 ………………………………………………………… 52
　待深入研究的问题 …………………………………………………………………… 57
　习题与思考题 ………………………………………………………………………… 57
第三章　纵断面设计 ……………………………………………………………………… 58
　第一节　概述 ………………………………………………………………………… 58
　第二节　纵坡设计 …………………………………………………………………… 60
　第三节　竖曲线 ……………………………………………………………………… 70
　第四节　道路平、纵线形组合设计 ………………………………………………… 78
　第五节　纵断面设计方法及纵断面图 ……………………………………………… 85
　待深入研究的问题 …………………………………………………………………… 93
　习题与思考题 ………………………………………………………………………… 93
第四章　横断面与路侧设计 ……………………………………………………………… 95
　第一节　横断面组成及类型 ………………………………………………………… 95

第二节　机动车道、路肩与中间带 ……………………………………… 102
　第三节　非机动车道、路侧带与路缘石 ………………………………… 110
　第四节　平曲线加宽设计 ………………………………………………… 114
　第五节　平曲线超高设计 ………………………………………………… 118
　第六节　路侧安全设计 …………………………………………………… 127
　第七节　爬坡车道与避险车道 …………………………………………… 132
　第八节　汽车的制动性、行车视距及其保证 …………………………… 136
　第九节　路基横断面设计与计算 ………………………………………… 145
　第十节　路基土石方数量计算与调配 …………………………………… 152
　待深入研究的问题 ………………………………………………………… 158
　习题与思考题 ……………………………………………………………… 158

第五章　总体设计 …………………………………………………………… 159
　第一节　总体设计概述 …………………………………………………… 159
　第二节　总体设计指导思想与设计原则 ………………………………… 163
　第三节　总体设计方案 …………………………………………………… 167
　第四节　技术标准与技术指标 …………………………………………… 178
　待深入研究的问题 ………………………………………………………… 180
　习题与思考题 ……………………………………………………………… 180

第六章　选线与定线 ………………………………………………………… 182
　第一节　概述 ……………………………………………………………… 182
　第二节　路线方案选择 …………………………………………………… 184
　第三节　设计阶段不同地形条件下的道路选线 ………………………… 193
　第四节　特殊地区和不良地质地区选线 ………………………………… 220
　第五节　定线方法 ………………………………………………………… 228
　待深入研究的问题 ………………………………………………………… 241
　习题与思考题 ……………………………………………………………… 241

第七章　道路平面交叉设计 ………………………………………………… 242
　第一节　概述 ……………………………………………………………… 242
　第二节　交通组织设计 …………………………………………………… 251
　第三节　交叉口平面与视距设计 ………………………………………… 261
　第四节　交叉口扩宽设计 ………………………………………………… 265
　第五节　环形交叉设计 …………………………………………………… 273
　第六节　立面设计 ………………………………………………………… 279
　待深入研究的问题 ………………………………………………………… 288
　习题与思考题 ……………………………………………………………… 288

第八章　道路立体交叉设计 ………………………………………………… 290
　第一节　概述 ……………………………………………………………… 290
　第二节　互通式立体交叉选形 …………………………………………… 295
　第三节　匝道设计 ………………………………………………………… 302

第四节　连接部设计 …………………………………………………………… 317
　　第五节　收费立体交叉和收费站 ……………………………………………… 324
　　第六节　道路与铁路、乡村道路及管线立体交叉 …………………………… 328
　　第七节　人行天桥和人行地道 ………………………………………………… 331
　　待深入研究的问题 ……………………………………………………………… 333
　　习题与思考题 …………………………………………………………………… 333

第九章　交通工程及沿线设施设计 ………………………………………………… 334
　　第一节　交通安全设施 ………………………………………………………… 335
　　第二节　城市道路沿线设施 …………………………………………………… 345
　　第三节　公路服务与收费设施 ………………………………………………… 350
　　待深入研究的问题 ……………………………………………………………… 359
　　习题与思考题 …………………………………………………………………… 360

第十章　道路排水设计 ……………………………………………………………… 361
　　第一节　概述 …………………………………………………………………… 361
　　第二节　雨水管渠水力计算 …………………………………………………… 362
　　第三节　路线排水设计 ………………………………………………………… 368
　　待深入研究的问题 ……………………………………………………………… 372
　　习题与思考题 …………………………………………………………………… 372

第十一章　道路环境保护与景观设计 ……………………………………………… 373
　　第一节　道路对环境的影响及其污染防治 …………………………………… 373
　　第二节　道路环境保护设计 …………………………………………………… 377
　　第三节　道路景观组成与设计要点 …………………………………………… 381
　　第四节　坡面修饰 ……………………………………………………………… 385
　　第五节　道路绿化 ……………………………………………………………… 387
　　待深入研究的问题 ……………………………………………………………… 390
　　习题与思考题 …………………………………………………………………… 391

参考文献 ……………………………………………………………………………… 392

第一章 绪论

【学习目的与要求】

通过本章学习,使学生了解和掌握道路勘测设计课程的特点、任务和要求。重点掌握公路及城市道路的分级分类及其依据,确定公路等级应考虑的主要因素,道路设计控制的概念和作用;掌握道路设计阶段的划分及其各阶段的主要任务;了解交通运输方式及道路运输的特点、地位与作用;了解我国道路发展的历史、现状及近远期规划。

第一节 本课程的主要内容和特点及应遵守的技术要求

一、本课程的主要内容和特点

道路按照交通性质和所在位置分为公路、城市道路、厂矿道路和林区道路等,不同的道路类型服务的对象不同,技术要求也不尽相同。本课程所指的道路仅指公路和城市道路。

道路是一种线形带状的空间三维结构物,一般包括路面、路基、桥涵、隧道等工程实体。从专业角度看,道路设计可以分为几何设计和结构设计两大部分。

道路的结构设计,主要包括结构物的位置与尺寸确定、可靠性设计、强度设计、材料选择、施工技术与方法等内容,这些内容将在开设的专门课程中学习研究。

道路几何设计,则属于本课程研究的范围。它的主要任务是在研究汽车行驶与道路各个几何要素关系的基础上,按照设计速度、规划交通量和其他服务水平要求,确定出适应地形和其他建设条件的主要技术标准、道路的空间位置和几何形状(尺寸)、其他结构物的位置,并处理好道路与周围环境的关系等。因此,实际上本课程涉及人、车、路、环境的相互关系。驾驶员的心理和视觉特性、景观、交通与环境的相互关系、交通安全、汽车行驶特性、动力性能以及交通流量和交通特性都和道路的几何设计有直接关系,要做好道路设计就必须研究这些问题。但因篇幅限制,书中涉及这些问题时,只能略加论述或直接引用研究结论。

对于空间三维实体的道路,设计时应作为整体考虑,但是从便于研究的角度出发,把道路分解为平面、纵断面和许多横断面。在明确平、纵、横这三个基本几何组成各自要求的基础上,再在各章节结合安全、经济、环保、美观及地形和其他自然条件等作综合考虑。

综上所述,本课程涉及面广,不仅包括道路工程技术的内容,还包括车辆行驶理论、交通安全、驾驶员行为、交通与环境相互作用等内容。因此,道路勘测设计是一门综合性很强的课程。学生在学习时应注意以下事项:

(1)除了掌握道路勘测设计的基本原理外,还应在课外涉猎有关内容,了解有关知识,比如汽车理论、驾驶员行为心理学、交通安全工程等,以加深对本课程内容的理解。

(2)书中提到的不少规定,乃至公路工程技术标准和规范中的一些规定,都来源于生产实践的经验总结,会随着人们认识水平的提高、技术的进步而不断变化。学生在学习本课程时应重点理解规定的目的和作用,而不是具体数字或条款。

本课程学习过程中,为了使学生初步掌握综合设计和勘测的方法,加深对理论的理解,纸上定线课程作业和野外勘测实习是必不可少的教学环节。

二、道路设计应遵守的技术要求

道路勘测设计应遵守以下现行技术规定和要求:

1.《公路工程技术标准》(JTG B01—2014)(以下简称《标准》)

《标准》是法定的技术要求,反映了我国公路建设的技术方针,指导我国公路工程建设,公路设计时必须遵守。《标准》是我国公路建设长期生产实践经验的总结,随着公路工程建造技术的进步和科学技术的发展,其内容也在不断更新和完善。

2.《公路路线设计规范》(JTG D20—2017)(以下简称《规范》)

《规范》是为了指导设计者正确运用《标准》,合理确定公路等级、建设规模、主要技术指标而制定的。它以《标准》所规定的路线几何方面的基本规定和主要技术指标为依据,随《标准》的更新而不断修订和完善。设计者应掌握制定标准的理论基础,结合项目的特点,创造性地运用《规范》。

3.《公路项目安全性评价规范》(JTG B05—2015)(以下简称《安规》)

《安规》是为了指导公路项目的工程可行性研究阶段、初步设计阶段、施工图阶段的安全性评价工作而制定的规范,也适用于项目的交工阶段和后评价。其目的是完善公路设施,改善交通安全环境,提高公路建设项目的安全性。三级及其以上等级公路项目的安全性评价执行该规范。

4.《城市道路工程设计规范》(CJJ 37—2012)(以下简称《城规》)

《城规》是根据我国城市道路建设和发展的需要,规范城市道路工程设计,统一城市道路工程设计主要技术指标,指导城市道路专用标准的编制而制定的规范。城市范围内的新建和改建各级城市道路设计均应执行该规范。

另外,还有交通运输部颁布的路基、路面、桥涵、隧道、交通工程及沿线设施等方面的技术规范和要求,也是在勘测设计中应该了解、掌握并遵守的。

第二节 交通运输系统及道路运输

一、各种交通运输方式的技术特点与运输方式选择

现代化的交通运输系统包括铁路、道路、水运、航空及管道五种运输方式。交通运输系统是国民经济的一个子系统,国民经济对交通运输的要求可简单地概括为多(载运量大)、快(速度快)、好(安全,可靠)、省(运输成本低)。从五种运输方式满足这一要求来评价,它们各有特点和优势。铁路运输远程客货运量大、速度较快、一般不受气候和季节影响,连续性强、成本较低,但需要道路运输辅助其集散客货。水运载运量大、耗能少、成本低、投资省、劳动生产率高,但受水道与航线的制约,另外受气象因素的影响大,速度慢,需要其他运输方式辅助。航空运输速度快、安全性高,但运量小、成本高,需要其他运输方式辅助。管道是一种随着现代大型工业的发展,特别是随石油工业而发展起来的一种运输方式,具有连续性强、损耗少、成本低、安全性好、不占土地、节约资源的优点,但不能用于客运,仅用于油、气、水等货物运输。道路运输机动灵活、直达门户,是唯一不需要其他运输方式辅助,自成体系,且能够实现"门到门"服务的运输方式,道路运输也是为铁路、机场、码头提供客货集散的重要手段。

美国曾经对铁路、公路、水运和航空四种运输方式的优缺点进行过一项民意测验,结果与上述分析一致,如表1-1所示。"1"表示最好,"5"表示最差。

几种运输方式比较表　　　　　表1-1

比较项目	运输方式			
	铁路	公路	水运	航空
成本	3	4	2	5
时间	3	2	4	1
可靠性	2	1	4	3
服务能力	1	2	4	3
可达性	2	1	4	3
安全性	3	2	4	1

公路运输是一种最活跃的运输方式。公路运输除运输成本高以外,其他方面优势明显,是其他运输方式所不能比的。

从各种运输方式的特点看,航空适用于远距离、速度要求高的客货运输;铁路适用于远距离的货物运输和中长距离的客运;公路运输由于其机动灵活的特点,更适用于中短途的客货运输。由于世界上各个国家的国情不同,每种运输方式有其不同的地位和作用。一个国家选择什么样的交通运输方式取决于它的国情。一个总的原则是,在满足国民经济要求的前提下,根

据国情灵活选择运输方式,各运输方式相互配合,协调发展。例如,俄罗斯国土面积大,城市间距离远,铁路在其整个运输系统中处于骨干地位;美国国土面积也很大,但各州主要城市之间距离表现为中、短途,因此公路交通发达,处于绝对优势地位;日本国土面积小,城市间距离短,是以公路交通为主的国家。中国的国情是地域辽阔,但东、西部之间经济发展不平衡,城市、人口、资源分布密度差别很大,交通运输需要综合考虑,协调发展。

二、我国道路建设现状

由于公路和城市道路的建设发展并不同步,下面从公路和城市道路两个方面,分别叙述其发展现状。

1. 我国公路建设的现状

我国公路建设始于20世纪初,与其他发达国家比,起步并不算晚。但新中国成立之前的公路建设发展缓慢。到1949年全国的通车公路里程约8万km,且大部分分布在沿海地区。新中国成立以后,公路事业才逐步得到发展,并迈入现代化建设时期。

1949年后,我国的公路建设大致经历了"通达工程"建设期(1950—1978年)、"提高等级"建设期(1979—1997年)和"完善路网"建设期(1998年至今)。(这里的年代划分是人为的,各种文献中的划分方法和结果也不尽相同,都是为了说明道路建设的时代经历。)

"通达工程"建设期(1950—1978年)。国民经济基础十分薄弱,且长期处于计划经济的体制环境制约下,国家对公路交通的基础性和先导性作用认识不足,导致投资严重不足,公路建设资金十分匮乏。这一时期的公路建设任务是以通为主,公路建造技术和工艺水平相对落后,公路建设标准多为三、四级公路。但是通车里程增长迅速,截至1976年,全国公路通车里程达到82.3万km。

"提高等级"建设期(1979—1997年)。这个时期,我国经济开始步入持续、快速、健康发展的轨道,综合实力日趋增强,公路基础设施建设发生历史性转变,主要表现在:

(1)公路建设得到中央和地方各级政府的重视,公路建设的重要性逐步为全社会所认识。

(2)在统一规划的基础上,开始有计划地进行全国公路基础设施建设,明确了全国干线公路网布局。

(3)公路建设在扩大总规模的同时,重点提高了质量,高等级公路迅速发展,公路基础设施的总体技术水平得到提高。

(4)公路建设资金来源趋于多元化,提高养路费征收标准、开征车辆购置附加费、允许高等级公路收费还贷等政策的出台,保证了公路建设资金的来源。

这一时期,公路建设由以前的"以通为主"向"提高公路的快速性"转变,主要任务是提高公路等级、质量和通行能力,高速公路开始建设,以满足国民经济对公路交通的需求。截至1996年底,我国的公路里程超过118万km,高速公路和一级公路超过15万km,路网等级全面提高。

"完善路网"建设期(1998年至今)。这个时期,国家采取扩大内需的积极的财政政策,以推动国民经济快速、稳步增长。扩大内需行之有效的措施是大规模启动基础建设项目,这给公路建设带来前所未有的发展机遇,加之交通增长对公路建设的强烈需求,修建高速公路成了公路建设的主旋律。截至2017年底,我国的公路通车里程超过470万km,其中高速公路超过13万km,二级及以上公路里程约60万km,国、省道总体技术状况达到良好水平,农村公路总里程约400万km,路网日趋完善。

总的来看,经过60多年的发展,我国的公路建设取得了巨大的成就。一是路网密度大大提高;二是农村公路建设成就显著;三是公路、桥梁、隧道建造技术达到国际先进水平,建造了一批标志性工程,如港珠澳大桥、杭州湾大桥、秦岭特长隧道、最长的沙漠公路等;四是高速公路建设成就突出,总里程已超过美国,居世界第一。

但是,我国公路的发展也面临着一些突出问题。主要包括:东西部路网发展不平衡,西部路网稀疏,东部较密,西部公路的通达深度远远低于东部,甚至有些地区不通公路;我国的路网技术等级偏低,绝大部分为三、四级公路和农村公路,通行能力大、运行速度高、运营效益好的国家级大通道不多;现有干线公路上混合交通的问题依然严重,车速低、交通事故多;土地资源紧张,制约了公路建设的发展。

2. 城市道路发展现状

汽车没有出现之前,我国古代城市就有了大车道,成为城市道路的最初形式。随着城市数量的增加和规模的扩展,城市道路开始进行有目的的规划,形成城市道路网。最具特色和深远影响的是采用九经九纬组成的棋盘式道路网,并设有环城道路和市郊道路,这种形式一直沿用到现代,成为目前常见的方格网加环形的城市干道网规划典型图式之一。自从中华人民共和国成立以后,我国对原有城镇进行了大规模建设和改造,制订、调整和完善了道路网规划,进行了大规模的城市道路改建、拓宽和绿化,修建了大量立体交叉、人行天桥和地道,在大小江河上建造了大批桥梁和过江隧道,各大城市纷纷修建中长距离的快速路和环城快速干道,普遍采用了点、线控制的交通管理系统,部分地区还引进了先进的面控系统。

我国城市道路建设发展迅速,取得了显著的成就,但与发达国家相比,距现代化城市交通的要求还有一定差距。仍然存在城市道路建设速度落后于城市车辆增加的速度,城市交通基础设施相对薄弱,交通拥挤、堵塞和乘车难,混合交通的机、非、人干扰大和行车速度低、事故较多,车流量大、人流集中,交通管理水平不高等问题。从城市建设的角度来看,增加城市道路建设的投资、加快建设速度是各城市的主要任务。

三、道路发展规划

2013年6月20日,《国家公路网规划(2013—2030年)》获国务院批准。国家公路网规划的目标是:"形成布局合理、功能完善、覆盖广泛、安全可靠的国家干线公路网络,实现首都辐射省会、省际多路连通、地市高速通达、县县国道覆盖。1 000km以内的省会间可当日到达,东中部地区省会到地市可当日往返、西部地区省会到地市可当日到达;区域中心城市、重要经济区、城市群内外交通联系密切,形成多中心放射的路网格局;沿边、沿海公路连续贯通,形成环绕边境线的沿边沿海普通国道路线;有效连接陆路门户城市和重要边境口岸,形成重要国际运输通道,与东北亚、中亚、南亚、东南亚的联系更加便捷。"

国家公路网规划方案由普通国道和国家高速公路两个路网层次构成,总规模约40万km。其中:普通国道网由12条首都放射线、47条北南纵线、60条东西横线和81条联络线组成,总规模约26.5万km。普通国道将全面连接县级及以上行政区、交通枢纽、边境口岸和国防设施。

国家高速公路网由7条首都放射线、11条北南纵线、18条东西横线,以及地区环线、并行线、联络线等组成,约11.8万km;另规划远期展望线1.8万km,远期展望线路线主要位于西部地广人稀的地区。国家高速公路全面连接地级行政中心,城镇人口超过20万人的中等及以上城市,重要交通枢纽和重要边境口岸。国家高速公路网如图1-1所示。

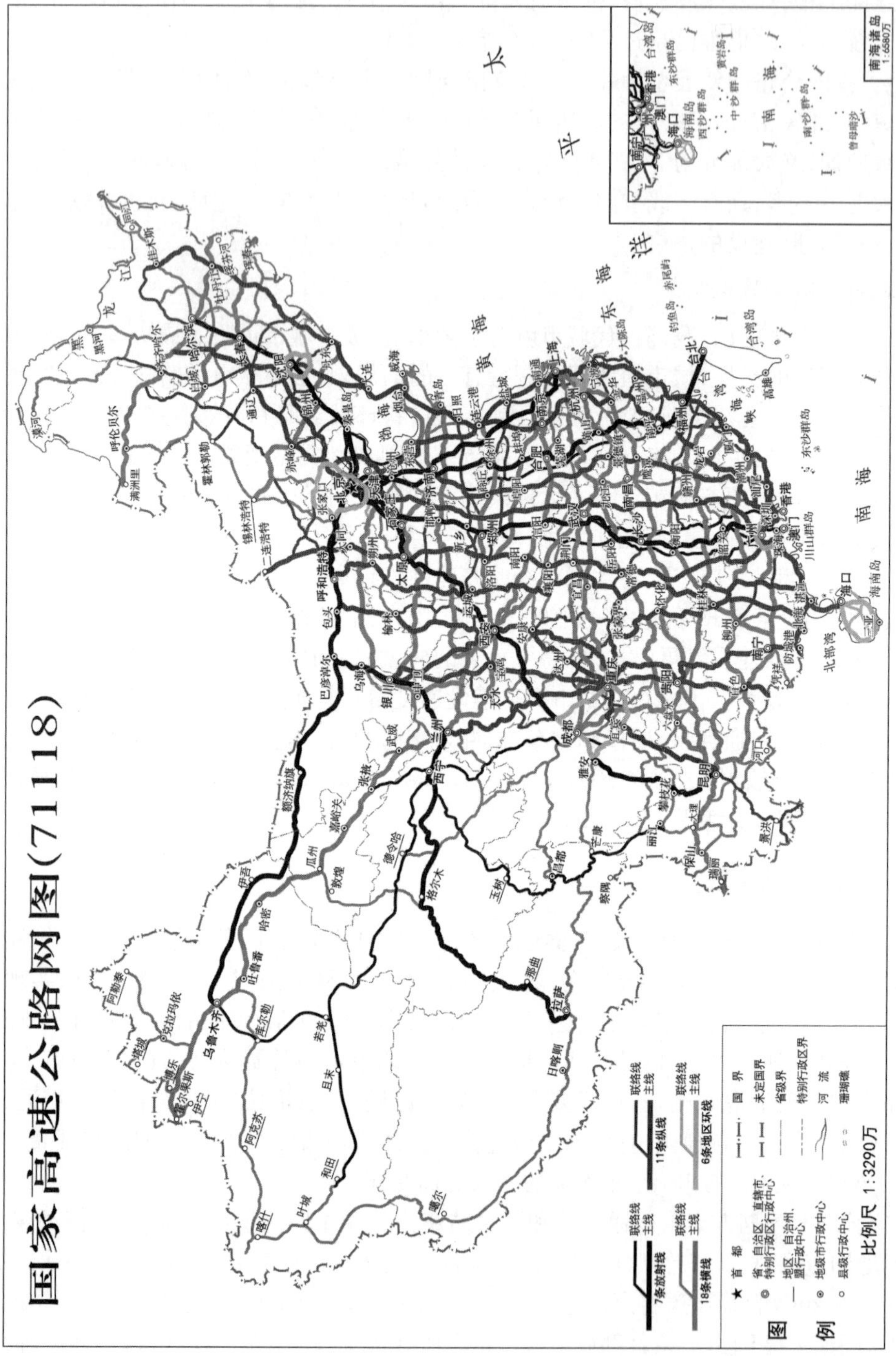

图 1-1 国家高速公路网图

2005年，国务院审议通过《农村公路建设规划》，目标是到2020年，具备条件的乡（镇）和建制村通沥青（水泥）路，全国农村公路里程达370万km，全面提高农村公路的密度和服务水平，形成以县道为局域骨干、乡村公路为基础的干支相连、布局合理、具有较高服务水平的农村公路网，适应全面建设小康社会的要求。

第三节　道路设计阶段和任务

道路工程基本建设一般分为三个阶段：前期工作阶段、设计施工阶段和竣工验收试运营阶段。在实施过程中必须严格遵守从设想、选择、评估、决策、设计、施工到竣工验收、投入生产的基本建设程序，因为它科学地总结了建设工作的实践经验，反映了工程建设的客观自然规律和经济规律。

前期工作阶段的主要内容有：
(1)根据国民经济和社会发展的长远规划，结合行业和地区发展规划要求，进行工程规划。
(2)根据长远规划或项目建议书，进行可行性研究。
(3)根据可行性研究，编制计划任务书。

设计施工阶段的主要内容包括：
(1)根据批准的计划任务书，进行现场勘测，编制初步设计文件和概算。
(2)根据批准的初步设计文件，编制施工图和施工图预算。
(3)列入年度基本建设计划。
(4)进行施工前的各项准备工作。
(5)编制实施性施工组织设计及开工报告，报上级主管部门审批。
(6)严格执行有关施工的规程和规定，坚持正常施工秩序，做好施工记录，建立技术档案。

竣工验收、运营阶段主要是编制竣工图表和工程决算，进行竣工验收并交付建设单位试运营。

下面简要介绍可行性研究、设计阶段及其主要内容及设计文件组成。

一、道路工程可行性研究

可行性研究是在项目建设前必须进行的各项研究工作中最重要的阶段，其主要任务是通过全面的调查研究和工程勘察、测量等工作，进行技术、经济论证，分析、判断建设项目的建设必要性、技术可行性、经济合理性、实施可能性，为工程项目的决策提供依据。待项目建议书批准后，方可进行可行性研究工作。可行性研究视工程的规模一般分为两阶段，即初步可行性（预可行性）研究和工程可行性研究，对小型不复杂的工程也可直接进行工程可行性研究。

预可行性研究是项目建议书与工程可行性研究之间的中间阶段，主要是复查、落实项目建议书中提供的投资机会，对不同的建设方案做出粗略的分析、比选，明确项目中哪些问题是关键，是否有必要进行专题研究。预可行性研究在内容结构上与工程可行性研究基本一致，但论证依据不需过分详细，数据资料的准确程度要求也不很高，有关费用可以从现有的可比项目中参考得出。工程可行性研究的内容一般包括：

(1)工程项目的背景。论述建设项目的任务依据、历史背景和研究范围，提出可行性研究的主要结论。

(2)现状及问题。调查及论述建设地区综合运输网的交通现状和建设项目在交通运输网中的地位与作用,论述原有道路的工程技术状况以及不适应的程度。

(3)发展预测。进行全面的交通调查和经济调查,论述建设项目所在地区的经济特征,研究建设项目与经济发展的内在联系,预测交通运输量的发展情况。

(4)道路建设标准和规模。论述项目采用的技术等级及其主要技术指标和建设规模。

(5)建设条件和方案选择。调查建设项目所处地理位置的地形、地质、地震、气候、水文等自然特征,建筑材料来源及运输条件;进行工程方案的比选,提出推荐路线方案的走向和主要控制点;评价建设项目对环境的影响,并提出合理保护环境的措施。

(6)投资估算与资金筹措。计算建造项目所需的投资估算金额,包括建筑安装工程费、设备购置费、征地拆迁费、勘察设计费、研究试验费、建设管理费、预备费等;拟订资金筹措方案,初步确定投资总额中资本金、贷款、债券、补贴等具体组成金额。

(7)工程建设实施计划。包括勘测设计和工程施工的计划与要求、工程管理和技术人员的培训等。

(8)经济评价。分为国民经济评价和财务评价。国民经济评价一般包括运输成本等经济参数的确定,建设项目的直接经济效益和费用的估算,进行经济评价敏感性分析,建设项目的间接经济效益分析。收费公路还需做财务分析。

(9)问题与建议。客观地说明可行性研究中存在的问题,相应地提出对下一步工作的建议。

需强调指出,工程可行性研究必须实事求是,尊重客观经济规律,使可行性研究工作确实起到"把关作用",使项目投产后能达到预期的效果,减少投资风险。"不可行"的研究结果,也是一个成功的可行性研究报告,从避免造成投资浪费的意义上讲,其价值更高。切忌一开展可行性研究工作就在主观上形成必定"可行"的不实事求是的做法,更应避免站在本单位立场上,不顾国家大局,而想方设法使研究结论成为"可行"的情况。

二、设计阶段及其主要内容

工程可行性研究报告经主管部门审查批准后,即可进入工程建设的第二阶段,即设计施工阶段。根据工程的性质、复杂程度等具体情况,可以采用一阶段设计、两阶段设计和三阶段设计。

一阶段设计即一阶段施工图设计,适用于技术简单、方案明确的小型建设项目。

两阶段设计即初步设计和施工图设计,适用于一般建设项目。

三阶段设计即初步设计、技术设计和施工图设计,适用于技术复杂、基础资料缺乏和不足的建设项目或建设项目中的个别路段、特大桥、互通式立体交叉、隧道等。

两阶段和三阶段设计中的初步设计应根据批准的可行性研究报告、设计任务书(或测设合同)和初测资料编制。主要内容包括拟定修建原则、选定设计方案、计算工程数量和主要材料数量、提出施工方案、编制设计概算、提供文字说明及图表资料。初步设计在选定方案时,应对路线的走向、控制点和方案进行现场核查,征求沿线地方政府和建设单位意见,基本落实路线布置方案。一般应进行纸上定线,赴实地核对,落实并放出必要的控制线位桩。对复杂困难地段的路线、互通式立体交叉、隧道、特大桥、大桥的位置等,应选择两个或两个以上的方案进行同深度、同精度的测设工作和方案比选,提出推荐方案。

三阶段设计中的技术设计应根据批复的初步设计、测设合同和定测、详勘资料编制。技术设计阶段的目的是对重大、复杂的技术问题进一步落实设计方案。主要内容包括,通过科学实验、专题研究,加深勘探调查及分析比较,解决初步设计中未解决的问题,落实技术方案,计算工程数量,提出修正的施工方案,修正设计概算。

施工图设计阶段的目的是对批准的推荐方案进行详细设计以满足施工的要求。其主要内容包括对审定的修建原则、设计方案、技术决定加以具体和深化,最终确定各项工程数量,提出文字说明和适应施工需要的图表资料以及施工组织计划,并编制施工图预算。

三阶段设计中的施工图设计应根据批复的技术设计、测设合同和补充定测、补充详勘资料编制。

两阶段设计中的施工图设计应根据批复的初步设计、测设合同和定测、详勘(含补充定测、详勘)资料编制。

一阶段施工图设计应根据批准的可行性研究报告、测设合同和定测、详勘资料编制。其目的和内容是拟定修建原则,确定设计方案和工程数量,提出文字说明和图表资料以及施工组织计划,编制施工图预算,满足审批的要求,适应施工的需要。

为了把事故隐患消灭在设计阶段,提高公路运营后的安全性,《标准》明确规定公路设计应采用运行速度进行检验,相邻路段的运行速度差应小于20km/h,同一路段运行速度与设计速度差宜小于20km/h。《安规》对于公路设计各个阶段的安全性评价的具体内容、方法和要求有明确规定,限于篇幅,在此不赘述。

三、设计文件组成

设计文件是道路勘测设计的最后成果,经审查批准后是道路施工的依据,其组成、内容和要求随设计阶段不同而异。

以公路设计为例,根据《公路工程基本建设项目设计文件编制办法》规定,设计文件组成和内容如下:

1. 初步设计文件

初步设计文件由总体设计、路线、路基路面、桥梁涵洞、隧道、路线交叉、交通工程及沿线设施、环境保护与景观设计、其他工程、筑路材料、施工方案、设计概算12篇和基础资料组成。

2. 施工图设计文件

施工图设计文件由总说明、路线、路基路面、桥梁涵洞、隧道、路线交叉、沿线设施及其他工程、环境保护、筑路材料、施工方案、设计预算共11篇组成。

3. 技术设计文件

技术设计文件的组成和内容可参照初步设计文件和施工图设计文件编制规定编制,对于公路工程建设项目中的特大桥、互通式立体交叉、隧道、交通工程及沿线设施的技术设计文件,还必须对整个建设项目的总体设计情况予以补充说明,对总概算加以修正。

设计单位编制设计文件时,均应按上述要求执行。

第四节 道路功能与分级

一、公路功能的划分

公路功能的划分应该基于公路的预期作用,功能设计应满足出行的要求。根据出行类型、驾驶员情况、公路在整个公路系统内的作用,国外多将公路的功能划分为连接功能、集散功能、出入功能。我国《公路工程技术标准》(JTG B01—2014)中将公路按功能划分为干线公路、集散公路和支线公路三类。干线公路又分为主要干线公路和次要干线公路,集散公路分为主要集散公路和次要集散公路。

干线公路具有畅通直达功能,主要满足可通达的要求,交通流不间断,交通质量高,可以节省运行时间,降低运行成本,保证足够的交通安全。同时,在评价此功能的质量水平时,必须将节省时间、降低成本、保证交通安全目标和保护环境目标进行慎重比较。

集散公路具有汇集疏散的功能,主要是汇集和分流交通,为公路周围的区域提供交通便利。这类交通要求的车速相对较低。集散功能可能与连接功能有部分重合。

支线公路具有出入通达功能,主要为满足居民的活动、行走、购物要求等,因此对速度没有特别高的要求,主要强调可达性。

不同功能的公路特点不同,设计时应考虑这些因素,灵活处理一些设计问题。功能等级高的公路如干线公路,承担大量的快速过境交通,并且多为载货汽车和商用车辆,这种功能公路上的驾驶员大多对路况不熟悉。

功能等级较低的公路,如次要集散公路和支线公路,有不同的服务功能。次要集散公路主要供车辆出入,为干线公路汇流和分流交通,承担的交通量较少,服务距离短,车速较低。支线公路主要为进入那些几乎没有运输要求的地带提供一种途径。这种功能的公路上多为重复性交通,驾驶员一般对当地环境较熟悉。

图1-2从概念上对各种功能的公路在可通性(快速性)和可达性关系方面作了示意说明。

由图1-2可以看出,干线公路强调交通直达运行的可通性(快速性),地方道路则强调了地方出入口功能,满足人们生活、交往需要,而集散公路均衡地提供了可达性和出入口两方面的服务。

设计中必须考虑公路的服务对象及服务对象对公路的要求,全面理解公路的功能有助于设计者在《公路工程技术标准》和《公路路线设计规范》规定范围内选择合理的设计速度和几何标准。

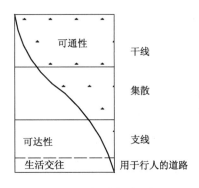

图1-2 公路功能划分示意图

二、道路分级

(一)公路分级与技术标准

1. 公路分级

对不同性质(长度、目的等)的运输,应提供不同等级的公路系统来服务,当然亦必须有不同的设计标准及管制方式。分级的目的在于体现国家对各级公路的不同要求,使其具有不同的运输能力,经济合理地确定公路设计的技术标准,合理利用建设资金。

《标准》依据公路的功能和适应的远景交通量,将公路分为以下5个等级:

(1)高速公路:为专供汽车分向、分车道行驶并全部控制出入的多车道公路。高速公路的年平均日设计交通量宜在15 000辆小客车以上。

(2)一级公路:为供汽车分向、分车道行驶,可根据需要控制出入的多车道公路。一级公路的年平均日设计交通量宜在 15 000 辆小客车以上。

(3)二级公路:为供汽车行驶的双车道公路。二级公路的年平均日设计交通量宜为 5 000 ~ 15 000 辆小客车。

(4)三级公路:为供汽车、非汽车交通混合行驶的双车道公路。三级公路的年平均日设计交通量宜为 2 000 ~ 6 000 辆小客车。

(5)四级公路:为供汽车、非汽车交通混合行驶的双车道或单车道公路。双车道四级公路的年平均日设计交通量宜在 2 000 辆小客车以下;单车道四级公路的年平均日设计交通量宜在 400 辆小客车以下。

全部控制出入的高速公路必须具有四条或四条以上的车道,必须设置中间带,必须设置禁入栅栏,必须设置立体交叉。

2. 公路技术标准

公路技术标准是指在一定自然环境条件下能保持车辆正常行驶性能所采用的技术指标体系。公路技术标准反映了我国公路建设的技术方针,是法定的技术要求,公路设计时都应当遵守。各级公路的具体标准是由各项技术指标体现的,如表1-2 所示。

各级公路的主要技术指标汇总表 表1-2

技术指标			高速公路			一级公路			二级公路		三级公路		四级公路	
设计速度(km/h)			120	100	80	100	80	60	80	60	40	30	30	20
车道数(条)			≥4			≥4			2		2		2(1)	
车道宽度(m)			3.75	3.75	3.75	3.75	3.75	3.5	3.75	3.5	3.5	3.25	3.25	3.00
停车视距(m)			210	160	110	160	110	75	110	75	40	30	30	20
圆曲线半径(m)	最大超高	10%	570	360	220	360	220	115	220	115	—	—	—	—
		8%	650	400	250	400	250	125	250	125	60	30	30	15
		6%	710	440	270	440	270	135	270	135	60	35	35	15
		4%	810	500	300	500	300	150	300	150	65	40	40	20
最大纵坡(%)			3	4	5	4	5	6	5	6	7	8	8	9

注:四级公路应采用双车道,交通量小或困难路段可采用单车道。

各级公路的技术指标是根据路线在公路网中的功能、设计交通量和交通组成、设计速度等因素确定的。其中设计速度是技术标准中最重要的指标,它对公路的几何形状、工程费用和运输效率影响最大,在考虑路线的使用功能、设计交通量与技术等级,结合地形、经济、预期的运行速度和沿线土地利用性质等因素的基础上,根据国家的技术政策选定设计速度。路线在公路网中具有重要经济、国防意义及交通量较大者,技术政策规定应采用较高的设计速度,反之规定采用较低的设计速度。对于某些公路,尽管交通量不是很大,但其具有重要的政治、经济、国防意义,比如通向机场、经济开发区、重点游览区或军事用途的公路,可以采用较高的设计速度。

3. 公路等级的选用

公路等级应在论证确定公路功能的基础上,结合项目所在地区的综合运输体系、远景发展规划及设计交通量论证确定。并遵守以下原则:

主要干线公路是公路网中的主通道,功能层次最高,应选用高速公路。

次要干线公路作为主要干线公路的补充,应选用二级及二级以上公路。当设计交通量达到 15 000 辆小客车/日时,宜选用一级及高速公路;设计交通量达到 10 000 辆小客车/日,且沿线纵横向干扰较大时,宜选用一级公路;设计交通量低于 15 000 辆小客车/日时,可选用二级公路。

主要集散公路的功能是连接干线公路与支线公路,宜选用一、二级公路。当设计交通量达到 15 000 辆小客车/日时,可选用一级公路;设计交通量达到 5 000 ~ 15 000 辆小客车/日时,可选用二级公路;设计交通量达到 10 000 辆/日,且沿线横向干扰较大时,宜选用一级公路;设计交通量低于 5 000 辆/日时,宜选用二级公路。

次要集散公路服务于县乡区域交通,宜选用二、三级公路。当设计交通量达到 5 000 辆小客车/日时,宜选用二级公路;当设计交通量低于 5 000 辆小客车/日时,宜选用三级公路。

支线公路宜选用三、四级公路。但当设计交通量达到 5 000 辆小客车/日时,宜选用二级公路。

当既有公路不能满足功能需要时,应结合公路网发展规划,有计划地进行改建。

对纵、横向干扰少的干线公路,宜对选用一级公路或高速公路进行论证,若选用一级公路,则必须采取确保较高运行速度和安全的措施。对大、中城市城乡接合部及混合交通量大的集散公路可选用一级公路,其里程不宜过长、设计速度不宜太高,且应设置相应设施以保证通行能力和安全。当二级公路作为干线公路时,应采取相应安全措施。当二级公路作为城乡接合部及混合交通量较大的集散公路时,应视混合交通量大小设置慢车道,且设置相应设施以确保通行能力和安全。

一条公路可根据其功能和设计交通量等情况分段采用不同的公路等级、设计速度及车道数,但应结合地形条件选择合适的变更地点。在相互衔接处,前后一定长度范围内主要技术指标应逐渐过渡,避免产生突变,设计速度高的一端应采用较低的平、纵技术指标,反之则应采用较高的平、纵技术指标,以使平、纵线形技术指标较为均衡。变更地点原则上选在交通量发生较大变化或驾驶员能够明显判断前方需要改变行车速度处:高速公路、一级公路宜设在互通式立体交叉或平面交叉处;二、三、四级公路宜设在交叉路口、桥梁、隧道、村镇附近或地形明显变化处。

不同设计速度的最短长度应符合要求,高速公路设计路段不宜小于 15km,一、二级公路设计路段不宜小于 10km。

(二)城市道路分类与技术分级

1. 城市道路分级

按照道路在城市道路网中的地位、交通功能以及对沿线的服务功能等,将城市道路分为快速路、主干路、次干路和支路 4 个等级。

(1)快速路:应中央分隔、全部控制出入、控制出入口间距及形式,应实现交通连续通行,单向设置不应少于两条车道,并应设有配套的交通安全与管理设施。

快速路两侧不应设置吸引大量车流、人流的公共建筑物的出入口。

(2)主干路:连接城市各主要分区,应以交通功能为主。主干路两侧不宜设置吸引大量车流、人流的公共建筑物的出入口。

(3)次干路:应与主干路结合组成干路网,以集散交通的功能为主,兼有服务功能。

(4)支路:宜与次干路和居住区、工业区、交通设施等内部道路相连接,解决局部地区交通,以服务功能为主。

2. 城市道路主要技术指标

城市道路主要技术指标见表1-3。

各类各级城市道路主要技术指标表　　　　表1-3

类别	项目			
	设计速度（km/h）	机动车道宽度(m)	分隔带设置	采用横断面形式
快速路	100,80,60	3.75（大型车或混行）	必须设	四幅（两侧设辅路）
		3.5（小客车专用,设计速度为60km/h时取3.25）		两幅（两侧不设辅路）
主干路	60,50,40	3.5（大型车或混行）	—	四幅或三幅
		3.25（小客车专用）		
次干路	50,40,30	3.5（大型车或混行）	—	单幅或两幅
		3.25（小客车专用）		
支路	40,30,20	3.5（大型车或混行）	—	单幅
		3.25（小客车专用）		

在规划阶段确定道路等级后,当遇特殊情况需变更级别时,应进行技术经济论证,并报规划审批部门批准。

当道路为货运、防洪、消防、旅游等专用道路使用时,除应满足相应道路等级的技术要求外,还应满足专用道路和通行车辆的特殊要求。

城市道路规划交通量达到饱和状态时的设计年限,《城规》规定:快速路、主干路为20年,次干路为15年,支路为10~15年。

第五节　道路几何设计控制

道路设计从建立设计的基本控制开始,这些控制包括环境(如地形、道路所处的特定位置、气候)、驾驶员与行人特性、交通元素等。上述控制因素是由设计者选择或决定的,它们决定了道路的等级,同时又为线形设计(纵坡、曲率、宽度、视距等)提供依据。下面讨论的设计控制是道路几何设计的重要依据,在工程实际中,还需要考虑经济、安全、美观等各个方面的控制因素。

一、设计车辆

设计车辆指道路几何设计所采用的代表车型,以其外廓尺寸、重量、运转特性等特征作为道路几何设计的依据,对道路几何设计具有决定性控制作用。车辆尺寸直接影响加宽设计、车道宽度、最小转弯半径、视距和道路建筑限界,动力特性影响纵断面设计、爬坡车道等。道路上行驶的车辆种类繁多,形状各异,动力大小差别很大,因此,应结合道路上运行的各种车辆的特性,按使用目的、结构或发动机的不同而分成各种类型,在每种类型中选择重量、尺寸和运行特性有代表性的车辆作为设计车辆。公路设计选用的设计车辆有五类:小客车、大型客车、铰接客车、载重汽车和铰接列车,其外廓尺寸见表1-4和图1-3。其中前悬指车体前端到前轮车轴中心的距离,轴距指前轮车轴中心到后轮车轴中心的距离,后悬指后轮车轴中心到车体后端的距离。

设计车辆外廓尺寸(m) 表1-4

车辆类型	项目					
	总长	总宽	总高	前悬	轴距	后悬
小客车	6	1.8	2	0.8	3.8	1.4
大型客车	13.7	2.55	4	2.6	6.5+1.5	3.1
铰接客车	18	2.5	4	1.7	5.8+6.7	3.8
载重汽车	12	2.5	4	1.5	6.5	4
铰接列车	18.1	2.55	4	1.5	3.3+11	2.3

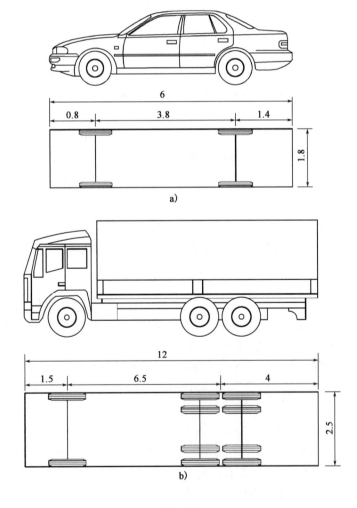

图 1-3

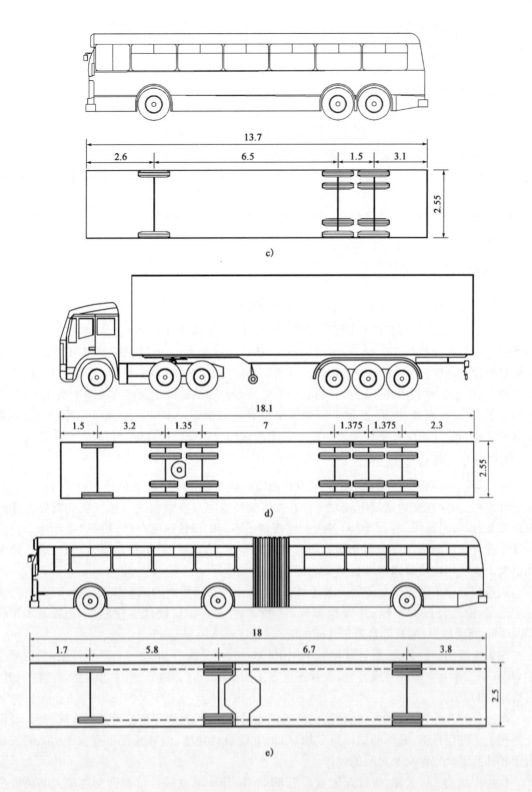

图 1-3 设计车辆外廓尺寸图(尺寸单位:m)
a)小客车;b)载重汽车;c)大型客车;d)铰接列车;e)铰接客车

选择设计车辆要考虑符合汽车制造业车辆尺寸的发展趋势,并代表当前一个时期内道路上运行车辆的一种组合。公路设计中设计者应考虑交通流中比例较高、尺寸最大的设计车辆,因为只要满足了这部分车辆的要求,小客车的要求就容易满足。作为一般性规则,选择设计车辆时,可按下列要求进行:

(1)高速公路、一级公路和有大型集装箱运输的公路,应选择铰接列车作为设计车辆。

(2)其他公路必须保证小客车及载重汽车的安全和顺适通行。

(3)城市道路可选择铰接车作为设计车辆。

(4)确定路缘石或交通岛的转弯车道半径时,一般应以铰接列车的转弯半径作为控制因素。

自行车在城市或近郊数量较多,设计时应予以充分考虑。自行车的外廓尺寸为宽0.75m,长2.00m,载人后的高为2.25m。

二、设计速度

1. 设计速度的概念及其作用

《标准》中将设计速度定义为确定公路设计指标并使其相互协调的设计基准速度。美国AASHTO出版的 *A Policy on Geometric Design of Highways and Streets*(简称"绿皮书")2011版中这样描述设计速度:设计速度是公路设计时确定几何要素而采用的速度,选定的设计速度在考虑了地形、邻近土地利用和公路功能的前提下应该是合理的。设计速度直接影响曲线半径、缓和曲线最小长度、超高、视距、纵坡和竖曲线半径等技术指标。车道宽度、中间带宽度、路肩宽度等指标也与设计速度有密切关系。这些技术指标均应与设计速度配合以获得均衡设计。

2. 设计速度的选用

同一等级的道路应尽量采用相同的设计速度。也可根据实际的地形和交通条件选用不同的设计速度,但应在交通量发生较大变化处或驾驶员能明显判断情况发生变化而需要改变行车速度处,设置过渡段。《标准》对各级公路规定了不同的设计速度分档,如表1-2所示。公路设计中设计速度的选用应根据公路的功能与技术等级,结合地形、工程经济、预期的运行速度和沿线土地利用性质等因素综合论证确定。

高速公路作为国家级及省级重要干线公路,或作为交通量大的国家级及省级干线公路,或位于地形、地质良好的平原、丘陵地段时,经技术经济论证其设计速度宜采用120km/h或100km/h;当受地形、地质等自然条件限制时,经论证可选用80km/h。

作为干线的一级公路,设计速度宜采用100km/h;当受地形、地质等自然条件限制时,可选用80km/h。作为集散的一级公路,设计速度宜采用80km/h;受地形、地质等自然条件限制时,可选用60km/h。

高速公路和作为干线的一级公路的特殊困难局部路段,因修建公路可能诱发病害时,经论证并报主管部门批准,其局部路段可采用60km/h的设计速度,但其长度不宜大于15km,或仅限于相邻互通式立体交叉之间的路段。

作为干线的二级公路,设计速度宜采用80km/h;作为城乡接合部混合交通量大的集散公路或位于地形等条件受限制的路段时,其设计速度宜选用60km/h;受地形、地质等自然条件限制时,可选用60km/h。作为集散的二级公路,设计速度宜采用60km/h;受地形、地质等自然条件限制时,可采用40km/h。

三级公路设计速度宜采用40km/h;当受地形、地质等自然条件限制时,可选用30km/h。

四级公路设计速度宜采用30km/h;当受地形、地质等自然条件限制时,可选用20km/h。

城市道路与公路相比,具有功能多样、组成复杂、行人交通量大、车辆多、车速差异大、交叉口多的特点,平均行驶速度比公路低。《城规》规定的各类各级道路的设计速度见表1-3,条件允许时宜采用较大值。

3. 设计速度与运行速度的关系

需要指出,驾驶员往往不是以设计速度驾驶车辆,而是根据沿途的地形、交通等实际条件选择适应道路几何状况的行驶速度。在路面平整、潮湿、自由流状态下,行驶速度累计分布曲线上对应于85%分位值的速度,称为运行速度(简称V_{85})。就是说,运行速度与设计速度并非一致。在设计速度低的路段,当路线本身几何要素超过安全行驶的需要,外部条件(交通密度、地形、气候等)又较好时,运行速度常接近或超过设计速度,设计速度越低,出现这种可能性的概率就越高。反之,在设计速度高的路段,当外部条件不好时,运行速度一般低于设计速度,设计速度越高,外部条件越差,出现这种可能性的概率就越高。上述分析说明,以设计速度为控制条件进行路线设计而得到的线形指标,很可能与运行速度要求的不一致,这一缺陷已经引起国内外广大公路科技工作者和设计人员的重视,并展开了相关的研究工作。目前常用的改进办法是用设计速度与运行速度差对设计指标的合理性进行检查和评估。《标准》要求:相邻路段运行速度之差应小于20km/h,同一路段运行速度与设计速度之差宜小于20km/h。

三、交通量与通行能力

1. 规划交通量

交通量是指单位时间内通过道路某一横断面的车辆数,其普遍计量单位是年平均日交通量,用全年总交通量除以365而得。设计交通量是指拟建道路到预测年限时所能达到的年平均日交通量(veh/d,即辆/日),其值根据历年交通观测资料预测求得。设计交通量的预测应充分考虑走廊带内远期社会、经济的发展规划和综合运输体系的影响。目前多按年平均增长率计算确定。

$$AADT = ADT \times (1+r)^{n-1} \tag{1-1}$$

式中:AADT——设计交通量(年平均日交通量)(veh/d);

ADT——起始年平均日交通量(veh/d);

r——年平均增长率(%);

n——预测年限(年)。

预测年限规定:高速公路和一级公路设计交通量预测年限为20年;二级公路、三级公路设计交通量预测年限为15年;四级公路可根据实际情况确定。另外,设计交通量的预测起算年应为该项目的计划通车年。

设计交通量在确定道路等级、论证道路的建造费用及进行各项结构设计等时有重要作用,但不宜直接用于道路几何设计。因为在一年中的每月、每日、每小时交通量都在变化,在某些季节、某些时段可能高出年平均日交通量数倍,所以不宜作为具体设计的依据。

2. 设计小时交通量

小时交通量(veh/h,即辆/小时)是以小时为计算时段的交通量,是确定车道数和车道宽度或评价服务水平的依据。大量交通统计表明,在一天以及全年期间,每小时交通量的变化是相当大的。如果用一年中最大的高峰小时交通量作为设计依据,会造成浪费,但如果采用日平均小时交通量则不能满足交通需求,造成交通拥挤或阻塞。为使设计小时交通量的取值既保证交通安全畅通,又能使工程造价经济、合理,需借助一年中每小时交通量的变化曲线来指导确定合乎设计使用的小时交通量。方法如下:

将一年中所有8 760个小时交通量(双向)按其与年平均日交通量比值的百分数大小顺序排列起来,并画成曲线(图1-4)。由图1-4可知,在20~40位小时交通量附近,曲线急剧变化,其右侧曲线明显变缓,而左侧曲线坡度则较大。显然设计小时交通量的合理取值范围应在第20~40位之内。如果以第30位小时交通量作为设计依据,意味着在一年中只有29个小时的交通量超过设计值,会发生拥挤,占全年小时数的0.33%,相反,全年99.67%的时间能够保证交通畅通。目前,包括我国在内的世界许多国家都采用第30位小时交通量作为设计的依据,也可根据当地调查结果采用第20~40位小时之间最为经济合理的时位。

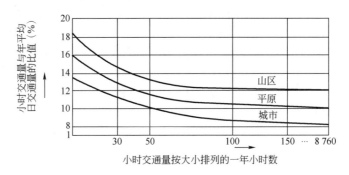

图1-4 年平均日交通量与小时交通量的关系曲线

在确定设计小时交通量时,应根据平时观测资料绘制各条路线交通量变化曲线,没有观测资料的路段可参考性质相似、交通情况相仿的其他道路观测资料确定。

设计小时交通量按式(1-2)计算:

$$N_h = AADT \times D \times k \tag{1-2}$$

式中:N_h——主要方向设计小时交通量(veh/h);

AADT——规划交通量(veh/d);

D——方向不均匀系数,一般取$D = 0.5 \sim 0.6$;

k——设计小时交通量系数(%),当有观测资料时绘制图1-4求得k值,无资料时可根据气候分区按表1-5取值。

设计小时交通量系数(%) 表1-5

公路环境及分类		华北	东北	华东	中南	西南	西北
		京、津、冀、晋、蒙	辽、吉、黑	沪、苏、浙、皖、闽、赣、鲁	豫、湘、鄂、粤、桂、琼	川、渝、滇、黔、藏	陕、甘、青、宁、新
近郊	高速公路	8.0	9.5	8.5	8.5	9.0	9.5
	一级公路	9.5	11.0	10.0	10.0	10.5	11.0
	双车道公路	11.5	13.5	12.0	12.5	13.0	13.5

续上表

公路环境及分类		华北 京、津、冀、晋、蒙	东北 辽、吉、黑	华东 沪、苏、浙、皖、闽、赣、鲁	中南 豫、湘、鄂、粤、桂、琼	西南 川、渝、滇、黔、藏	西北 陕、甘、青、宁、新
城间	高速公路	12.0	13.5	12.5	12.5	13.0	13.5
	一级公路	13.5	15.0	14.0	14.0	14.5	15.0
	双车道公路	15.5	17.5	16.0	16.5	17.0	17.5

3. 标准车型与车辆折算系数

道路上行驶的车辆种类较多，其速度、行驶规律以及占用道路的净空差异较大，但作为道路设计的交通量应折算成某一种标准车型。我国《标准》规定的标准车型为小客车，用于道路规划与技术等级划分的机动车折算系数按表1-6采用。用于公路通行能力分析时的车辆折算系数应针对路段、交叉口等形式，按不同地形条件和交通需求，采用相应的折算系数，参见《规范》有关规定。对于非机动车占较大比重的混合交通道路，自行车、行人、畜力车等作为横向干扰因素，修正公路的通行能力，不再参与交通量折算，具体应用时可参考《规范》的相关规定。公路上行驶的拖拉机，每辆可折算为4辆小客车。

各级公路车辆折算系数　　　　　　　　　　　　表1-6

车型编号	代表车型	折算系数	车 种 说 明
1	小客车	1.0	座位≤19座的客车和载质量≤2t的货车
2	中型车	1.5	座位>19座的客车和2t<载质量≤7t的货车
3	大型车	2.5	7t<载质量≤20t的货车
4	汽车列车	4.0	载质量>20t

城市道路上各种车辆的折算系数可按《城规》的规定采用。

4. 通行能力和服务水平

道路通行能力是指某一路段所能承受的最大交通量，也称道路容量，以单位时间内通过的最大车辆数表示(veh/h)。对于多车道的道路为一条车道通过的车辆数，对于双车道为往返车道合计车辆数。道路设计通行能力是经过对基本通行能力、可能通行能力的诸多修正后得到的。

基准通行能力是指在理想条件下，单位时间内一个车道或一条道路某一路段可以通过小客车的最大数量，是计算各种通行能力的基础。所谓理想条件包括道路本身和交通两个方面，即道路本身应有足够的车道宽、侧向净宽，平、纵线形及视距条件良好；交通方面，车道上只有小客车行驶，没有其他车型混入且车速不受限制。现有的道路即使是高速道路，基本上没有合乎理想条件的，可能通过的车辆数一般都低于基本通行能力。基本通行能力的计算可采用"车头时距"或"车头间距"求得。车头时距是指连续两车通过车道或道路上同一地点的时间间隔。车头间距是指交通流中连续两车之间的距离。

可能通行能力是由于通常的道路和交通条件与理想条件有较大差距，考虑了影响通行能力的诸多因素（如车道宽、侧向净宽和大型车混入）后，对基本通行能力进行修正后的通行能力。

设计通行能力是道路交通的运行状态保持在某一设计的服务水平时，单位时间内道路上某一路段可以通过的最大车辆数。我国按照车流运行状态，把从小交通量的自由流至交通量达到可能状态的受限制流运行范围划分为六级服务水平，与每一级服务水平相应的交通量称为服务交通量。设计通行能力由可能通行能力乘以与该路服务水平相应的最大服务交通量和基本通行能力之比(V/C)得到。当V/C值较小时,服务交通量小,车流运行条件好,相应的服务水平就高;反之,V/C值较大时,服务交通量也大,车流运行条件差,服务水平也低。当设计小时交通量超过设计通行能力时,道路将发生堵塞。

服务水平是驾驶员感受公路交通流运行状态的质量指标,通常用平均行驶速度、行驶时间、驾驶自由度和交通延误等指标表征。各级公路的服务水平应不低于表1-7的规定。

各级公路设计服务水平 表1-7

公路等级	高速公路	一级公路	二级公路	三级公路	四级公路
服务水平	三级	三级	四级	四级	—

高速公路、一级公路路段的设计通行能力和二级公路、三级公路的设计通行能力的计算参见《规范》3.4和3.6条款的规定。交叉口、立体交叉等处的设计通行能力计算可参考交通工程方面的文献。

一级公路作为集散公路时,设计服务水平可降低一级。长隧道及特长隧道路段、非机动车及行人密集路段、互通式立体交叉的分合流区段以及交织区段,设计服务水平可降低一级。

四、驾驶员特性

道路主要是为车辆服务的,而车辆是由驾驶员操纵的,道路设计是否合理要从驾驶员使用的效果来评判,以满足驾驶员使用的安全性和有效性为依据。如果设计的道路与驾驶员的能力相适应,道路就有助于提高驾驶效能;若与驾驶员能力不适应时,驾驶员的出错概率就会增加,诱发交通事故。驾驶员特性包括多个方面,如驾驶员反应时间、驾驶员期望、疲劳特性、视觉特性、驾驶员驾龄和年龄等,都对设计有一定影响。反应时间直接影响视距设计、交通安全设施的设计等。线形设计和景观设计等需要考虑驾驶员的视觉特性。

车辆行驶过程中随时会遇到各种突发情况,驾驶员需要对遇到的情况做出快速反应,进行及时、妥善处理才能避免事故的发生。应该认识到,驾驶员对于不同事件的反应时间是不同的,对于判断较复杂或突发事件的反应时间会更长些。美国有关驾驶员对预期事件和突发事件反应时间的研究表明,多数驾驶员对预期事件的平均反应时间为0.6s,少数长达2s,而对突发事件的反应时间会增加35%,有些驾驶员达到2.7s。因此,从安全角度出发,设计中涉及的驾驶员反应时间一般按3s考虑。

五、建筑限界、用地及道路红线

1. 道路建筑限界

道路建筑限界又称净空,由净高和净宽两部分组成。它是为保证道路上各种车辆、人群的正常通行与安全,在一定高度和宽度范围内不允许有任何障碍物侵入的空间界线。道路建筑限界是横断面设计的重要依据,设计时应充分研究组成路幅要素的相互关系及道路各种设施的设置规划,在有限空间内做出合理的安排。绝对不允许桥台、桥墩以及照明灯柱、护栏、信号机、标志、行道树、电杆等设施侵入道路建筑限界以内。

净高即净空高度,是指道路在横断面范围内保证安全通行所必须满足的竖向高度。净高应根据汽车装载高度、安全高度及路面铺装等因素确定。我国载重汽车的装载高度限制为

4.0m,外加0.5m的安全高度,一般采用4.5m的净高。考虑到大型设备运输、路面积雪和路面铺装在养护中的加厚等因素,规定高速公路和一级、二级公路的净高为5.0m,三、四级公路为4.5m。对于路面类型为中级或低级的三、四级公路,考虑到路面铺装的要求,其净高可预留20cm。一条公路应采用相同的净高。当构造物位于凹形竖曲线上方时,长大车辆通过会形成悬空而降低构造物下有效净高,设计时应充分考虑以保证有效净高的要求;同理,公路下穿时应保证路面距构造物底部任意点均应满足净高的需要。城市道路最小净高:各种汽车4.5m,无轨电车5.0m,有轨电车5.5m,自行车和行人2.5m,其他非机动车3.5m。

净宽是指道路在横断面范围内保证安全通行所必须满足的横向宽度。净宽包括行车带、路肩、中间带、绿化带等宽度。路肩是在净空范围之内,因此道路上各种设施(标志、护栏等)均应设置在硬路肩以外的保护性路肩上,而且必须保证其伸入部分在净高以上。设于中间带和路肩上的桥墩或门式支柱不应紧靠建筑限界设置,应留有设置防护栏位置(不小于0.5m)的余地。

桥梁、隧道及高架道路的净空一般应与路段相同,有时为了降低造价需压缩净空时,其压缩部分主要体现在侧向宽度上。但在桥梁、隧道中需设人行道,且当人行道宽度大于侧向宽度时,其增加的宽度应包括在净宽之内。人行道、自行车道、检修道与行车道分开设置时,其净高一般为2.5m。

各级公路建筑限界规定如图1-5所示,城市道路建筑限界规定如图1-6所示。

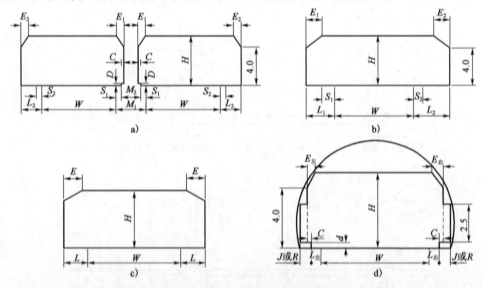

图1-5 各级公路的建筑限界(尺寸单位:m)
a)高速公路、一级公路(整体式);b)高速公路、一级公路(分离式);c)二、三、四级公路;d)公路隧道

图1-5中:W——行车道宽度;

L_1——左侧硬路肩宽度;

L_2——右侧硬路肩宽度;

S_1——左侧路缘带宽度;

S_2——右侧路缘带宽度;

L——侧向宽度。二级公路的侧向宽度为硬路肩宽度。三、四级公路的侧向宽度为路肩宽度减去0.25m。设置护栏时,应根据护栏需要的宽度加宽路基;

$L_{左}$——隧道内左侧侧向宽度；

$L_{右}$——隧道内右侧侧向宽度；

C——当设计速度大于100km/h时为0.5m，小于或等于100km/h时为0.25m；

D——路缘石高度，小于或等于0.25m。一般情况下，高速公路可不设路缘石；

M_1——中间带宽度；

M_2——中央分隔带宽度；

J——检修道宽度；

R——人行道宽度；

d——检修道或人行道高度；

E——建筑限界顶角宽度，当$L \leqslant 1m$时，$E = L$；当$L > 1m$时，$E = 1m$；

E_1——建筑限界顶角宽度，当$L_1 < 1m$，$E_1 = L_1$，或$S_1 + C < 1m$，$E_1 = S_1 + C$；当$L_1 \geqslant 1m$或$S_1 + C \geqslant 1m$时，$E_1 = 1m$；

E_2——建筑限界顶角宽度，$E_2 = 1m$；

$E_{左}$——建筑限界左顶角宽度，当$L_{左} \leqslant 1m$时，$E_{左} = L_{左}$；当$L_{左} > 1m$时，$E_{左} = 1m$；

$E_{右}$——建筑限界右顶角宽度，当$L_{右} \leqslant 1m$时，$E_{右} = L_{右}$；当$L_{右} > 1m$时，$E_{右} = 1m$；

H——净空高度。

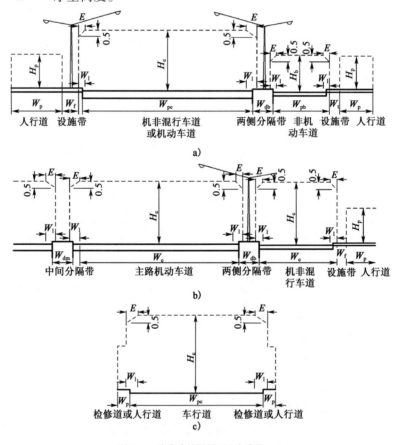

图1-6 道路建筑限界(尺寸单位:m)

a)无中间分隔带；b)有中间分隔带；c)隧道内

图 1-6 中：H_c——机动车车行道最小净高；
H_b——非机动车车行道最小净高；
H_p——人行道最小净高；
E——建筑限界顶角宽度；
W_c——机动车道或机非混行车道的车行道宽度；
W_{pc}——机动车道或机非混行车道的路面宽度；
W_{pb}——非机动车道的路面宽度；
W_l——侧向净宽；
W_{dm}——中间分隔带宽度；
W_{db}——两侧分隔带宽度；
W_p——人行道宽度；
W_f——设施带宽度。

道路建筑限界的边界线规定如图 1-7 所示。对于一般路拱路段，上缘边界线为一条水平线，两侧边界线与水平线垂直；对于设置超高的路段，上缘边界线是与超高横坡平行的斜线，两侧边界线与超高横坡线垂直。

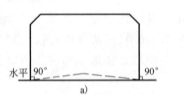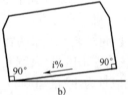

图 1-7 道路建筑限界的边界线
a) 一般路拱路段；b) 设置超高路段

2. 公路用地

公路用地是指公路修建、养护及布设沿线各种设施等所需要占用的土地。公路用地必须按国家有关政策办理征地手续。在公路用地范围内不得修建非路用建筑物，如开挖渠道，埋设管道、电缆、电杆及其他设施。在确定用地时，既要满足修建公路所必需的用地范围，又要充分考虑我国土地资源珍贵的特点，应尽可能从设计和施工等方面节省每一寸土地，不占或少占高产田，提倡利用取土或弃土整田造地。公路用地范围规定为：

（1）新建高速公路路堤两侧排水沟外边缘（无排水沟时为路堤或护坡道坡脚）以外，或路堑坡顶截水沟外缘（无截水沟时为坡顶）以外不少于 2m 的土地为公路用地范围；一、二、三、四级公路上述边缘线以外不少于 1m 的土地为公路用地范围。

（2）在高填深挖路段，为保证路基的稳定，应根据计算确定用地范围。

（3）在风沙、雪害及特殊地质地带，应根据设置防护林、种植固沙植物、安装防沙或防雪栅栏以及设置反压护道等的需要确定用地范围。

（4）行道树应种植在排水沟或截水沟外侧的公路用地范围内，有时根据环保要求需要种植多行林带的路段，应根据具体情况确定用地范围。

(5) 公路沿线立体交叉、平面交叉、服务设施、安全设施、交通管理设施、停车区、养护管理设施以及料场和苗圃等工程用地,应根据实际需要确定用地范围。

(6) 改建公路可参考新建公路确定用地范围。

3. 道路红线

道路红线是指城市道路用地分界控制线,红线之间的宽度即道路用地范围,称之为道路建筑红线宽度或路幅宽度。规划道路红线也就是确定道路的边线或道路红线的宽度,其目的在于全面规定各级道路、广场、交叉口等用地范围,便于道路设计、施工及两侧建筑物的安排布置,也是各项管线工程设计、施工和调整的主要依据。道路红线一经确定,红线以外的用地就要按规划进行建设,各种管线也要按红线进行布设,一旦建成后就难以改变,因此规划道路红线是十分重要的。道路红线通常是由城市规划部门依据城市总体规划确定的道路网和各条道路的功能、性质、走向和位置等因素确定的。道路红线规划设计的主要内容如下:

(1) 确定道路红线宽度:根据道路的性质与功能,考虑适当的横断面形式,定出机动车道、非机动车道、人行道、绿化带等各组成部分的合理宽度,从而定出合理的道路红线宽度。确定红线宽度除了考虑政治上的特殊需求外,还须考虑的因素有:交通功能需要的宽度(包括车道数、车道宽、分隔带宽、非机动车道宽、人行道宽及绿化带等),日照、通风需要的宽度,防空、防火、防地震要求的宽度,建筑艺术要求的宽度等。红线宽度规划太窄不能满足各种影响因素的要求时,会给以后改扩建带来困难,太宽又会造成城市用地不经济。所以,确定红线宽度时应充分考虑"近远结合,以近为主"的原则。

(2) 确定道路红线位置:在城市总平面图基础上,对于新区新建道路,根据规划路中线的位置,按拟定的红线宽度画出红线。对于旧区改建道路,如计划近期一次扩宽至红线宽度,根据少拆迁原则,可向一侧或两侧拓宽,以一侧拓宽为宜;属于长期控制,逐步形成的道路,特别是红线宽度比现状道路宽时,定位时,以保持现状中线不动,两侧建筑物平均后退为宜。

(3) 确定交叉口形式:按照近、远期规划和交叉口处具体条件,确定交叉口的形式、用地范围、具体位置和主要几何尺寸,并以红线方式绘于平面图上。

(4) 确定控制点坐标和高程:规划道路中线的转折点和各条道路的交叉点即为控制点。控制点的平面坐标可直接实地测量,控制高程则由竖向规划确定。

【习题与思考题】

1-1 路线设计应遵守的技术要求有哪些?

1-2 工程可行性研究的主要内容包括哪几方面?

1-3 道路设计阶段如何划分及各阶段的主要任务是什么?

1-4 叙述道路功能的概念和各类道路的作用。

1-5 道路为什么要分级?公路的分级依据是什么?

1-6 现行《公路工程技术标准》对公路是如何分级的？确定公路等级应考虑哪些主要因素？

1-7 城市道路分类的依据是什么？城市道路是如何分类和分级的？

1-8 道路几何设计的控制因素有哪些？其具体的作用是什么？

1-9 解释设计车辆、设计速度、交通量、通行能力的概念及其作用。

第二章 平面设计

【学习目的与要求】

通过本章学习,使学生理解和掌握平面设计的主要任务、基本原理、原则和要求。理解并掌握汽车行驶轨迹特性与道路平面线形要素特性;掌握直线的特点和运用,最大长度和最小长度的规定;掌握圆曲线的特点、半径大小及其长度的规定;掌握缓和曲线的性质、形式及最小长度和参数;理解平面线形设计原则和线形要素组合类型;了解道路平面设计主要成果等内容。

第一节 概 述

一、路线

道路是一条三维空间的带状实体,该实体表面的中心线为中线,见图 2-1。

路线是指道路中线的空间位置。路线在水平面上的投影称作路线的平面,如图 2-2 所示。沿中线竖直剖切再行展开则是路线的纵断面;中线上任一点法向切面是道路在该点的横断面。路线设计是指确定路线空间位置和各部分几何尺寸的工作,包括路线平面设计、纵断面设计和横断面设计,三者是相互关联的,既要分别处理,又需综合考虑。

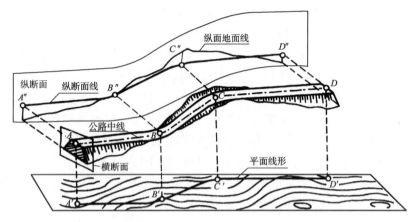

图 2-1　道路的平面、纵断面和横断面

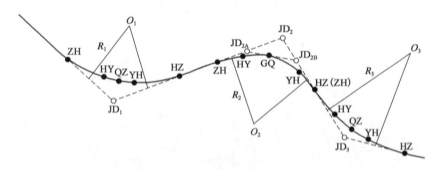

图 2-2　路线的平面

道路的路线位置受社会经济、自然条件和技术标准等因素的制约。路线设计者的任务就是在综合考虑各种制约因素的前提下,合理确定路线的几何参数,满足技术标准、行车安全和工程经济等要求,并与地形、地物、环境和景观等相协调。

在设计公路时,大致按下列顺序进行:在尽量顾及纵、横断面平衡的前提下先定平面,沿着这个平面线形进行高程测量和横断面测量,取得地面线和地质、水文及其他必要的资料后,再设计纵断面和横断面。为达到设计的目标,必要时再修改平面,多次反复,以达到一个较为满意的结果。在城市道路设计中,由于道路的平面位置和纵断面高程往往受城市规划的控制较严,变化余地不大,而横断面布置要考虑的因素较多,因此,城市道路设计时,一般是先布置横断面,然后再进行平面和纵断面的设计。

二、汽车行驶轨迹与道路平面线形要素

汽车行驶过程中,车轮在路面上留下的痕迹可粗略地看成是汽车的行驶轨迹。在交通繁忙的道路上,由于车辆漏油或废气、轮胎等的污染,在路面上的车道内可清晰地看到一条黑色带;在薄层的积雪上,车辆驶过也会留下明显的轮迹。研究表明,行驶中的汽车其重心轨迹在几何性质上有以下特征:

(1)轨迹是连续的、圆滑的。
(2)轨迹的曲率是连续的,即轨迹上任一点不会出现两个曲率值。
(3)轨迹的曲率变化率是连续的,即轨迹上任一点不会出现两个曲率变化率值。

通过对汽车行驶轨迹的研究,能了解道路平面线形的几何构成。理想的公路平面线形是行车道的边缘能与汽车的前外轮和后内轮的轮迹线完全符合或相平行。早期的公路平面线形由直线和圆曲线构成,仅符合汽车行驶轨迹特性的第(1)条,满足了车辆的直行和转向要求,但在直线和圆曲线相切处出现曲率不连续(直线上曲率为0,圆曲线上曲率为$1/R$),如图2-3所示,与汽车行驶轨迹之间有较大偏离。随着交通量的增加和汽车行驶速度的提高,现代道路在直线和圆曲线之间引入了一条曲率逐渐变化的"缓和曲线",使整条线形符合汽车行驶轨迹特性的第(1)条和第(2)条,保持了线形的曲率连续,如图2-4所示,但在直线、圆曲线及缓和曲线的连接点曲率的变化率不连续。即仍不满足第(3)条特性的要求。考虑到道路横向宽度有足够的富余,即使路线的曲率变化率不连续,对车辆行驶的安全性影响有限,所以,国内外道路设计仍把缓和曲线作为道路平面线形的要素广泛采用。

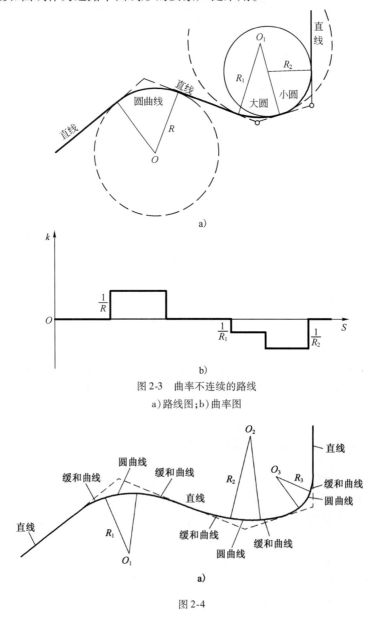

图2-3 曲率不连续的路线
a)路线图;b)曲率图

图2-4

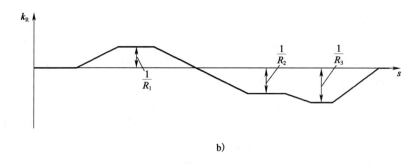

图 2-4 曲率连续的路线
a)路线图;b)曲率图

实践证明:道路,特别是设计速度较高的道路,由于设置了缓和曲线,其平面线形在视觉上更加平顺,能更好地引导驾驶员的视线,路线更容易被驾驶员跟踪。因此,现代道路平面线形由直线、圆曲线和缓和曲线构成,称之为平面线形三要素。道路平面线形设计就是从线形的角度去研究三个要素的选用和相互间的组合等问题。

第二节 直 线

一、直线的特点

作为平面线形要素之一的直线,在道路设计中被广泛采用。因为两点间直线最短,且笔直的道路给人以短捷、直达的良好印象,在美学上直线也有其自身的特点,加之汽车在直线上行驶受力简单,方向明确,驾驶操作简易,一般在定线时,只要地势平坦、无大的地物障碍,定线人员首先应考虑采用直线通过。测设中,直线只需定出两点,就可方便地测定方向和距离。

但是,过长的直线并不好。在地形起伏较大的地区,直线难以与地形相适应,容易产生高填深挖路基,破坏自然景观。若长度运用不当,会影响线形的连续性。过长的直线会使驾驶员感到单调、疲倦和急躁,难以目测车间距离,增加夜间行车车灯炫目的危险,还会激发超速行驶,从而导致交通事故的发生。当然,直线过短也不好,曲线间的短直线容易造成视觉不连续、驾驶员操纵困难等问题。所以,在定线中直线的运用、长度的确定,应慎重考虑。

二、直线的最大长度和最小长度

在道路平面线形设计时,一般应根据沿线地形、地物条件,驾驶员的视觉、心理感受以及保证行车安全等因素,合理布设直线路段,对直线的最大长度与最小长度有所限制。

1. 直线的最大长度

既然直线的长度不宜过长,那么应用长直线时应有条件地加以限制。对于直线的最大长度(以 m 计),日本、德国规定不宜超过 $20V$(V 是设计速度,单位为 km/h),即 72s 的行程;西班牙规定不宜超过 80% 设计速度的 90s 的行程;法国认为长直线宜采用半径 5 000m 以上的圆曲线代替。对美国和俄罗斯这样的地广人稀之国,线形都以直线为主,而应用时又有所区别:美国规定线形应尽可能直捷,但应与地形一致;俄罗斯对直线的运用没有限制,且部分类似于高速公路的快速干道不封闭。美国和俄罗斯均具有土地资源丰富的特点,采用宽中央分隔带改善路容,设置低路堤缓边坡增加直线上高速行车的安全度,这种做法显然不适合我国。我国地域辽阔,地形差异较大,对直线长度很难做出统一规定。因此,我国现行的《标准》和《规范》中均未对直线的最大长度规定具体的数值。

我国已建成的高速公路如京津塘和济青高速公路的直线长度不超过3 200m;沈大高速公路多处出现5~8km的长直线,最长为13km。从运营效果看,也未导致严重的交通安全问题。在实际工作中,设计者可根据地形、地物、自然景观以及经验等决定直线的最大长度,既不追求长直线,也不强设平曲线。对于直线路段应采用运行速度进行检查,以确保直线段与相邻曲线段线形设计的连续性。

经对不同路段调查,按100km/h的车速行驶时,驾驶员和乘客的心理反应和感受有如下结果:

(1)位于城市附近的道路,作为城市干道,无论路基高低,路旁高大建筑和城市景观均被纳入视线范围,驾驶员和乘客无直线过长希望驶出的不良反应。

(2)位于乡间平原区的公路,随季节和地区不同,驾驶员有不同反应。北方的冬季,植物枯萎,景色单调,过长的直线使人情绪受到影响。夏季有所改善,但驾驶员加速行驶,希望尽快驶出直线的心理依然普遍存在。

(3)位于戈壁、草原的公路,直线长度可达数十公里,驾驶员极易疲劳,车速往往会超过设计速度很多。但在这种特殊的地形条件下,除了直线别无选择,若故意设置弯道,不但不能改善其单调,反而增加路线长度。

因此,直线的最大长度(以m计),在城镇及其附近或其他景色有变化的地点大于$20V$是可接受的;在景色单调的地点最好控制在$20V$以内;而在特殊的地理条件下应特殊处理,不宜过度限制。

但必须强调,无论是高速路还是低速路,在任何情况下都要避免追求长直线的错误倾向。

2. 直线的最小长度

考虑到线形的连续和驾驶的方便,相邻两曲线之间应有一定的直线长度。这个长度是指前一曲线的终点到后一曲线的起点之间的距离。

(1)同向曲线间直线的最小长度

同向曲线是指两个转向相同的圆曲线中间用直线或缓和曲线衔接,或两圆曲线径向连接(径向连接指两个半径不同的圆曲线在其径向所指公切点处直接连接)而成的平面线形,如图2-5a)所示。同向曲线间的直线较短时,在视觉上容易产生把直线与两端曲线看成为反向曲线的错觉;当直线过短时甚至把两个曲线看成是一个曲线,破坏了线形的连续性,易造成驾驶员操作失误,应尽量避免。这种同向曲线间插入短直线的曲线组合,通常被称为断背曲线。图2-5a)为同向曲线间插入短直线构成断背曲线的示意图,图2-6为将断背曲线替换为单曲线后的图,可见同向曲线之间插入短直线会影响视觉的连续性。

对于设计速度为120km/h的高速公路,美国认为同向曲线间应保留至少457m(1 500ft)的直线或者做成复曲线;反向曲线间直线长度应满足行车转向至少10s准备时间行程(即333m)或者最好用回旋线代替。对实际使用情况进行调研发现,平原区各级公路设计中均能满足曲线间直线长度设置要求,但山岭、重丘区受地形条件限制较严,当设计速度大于或等于60km/h时,局部路段同向曲线间很难达到6V要求,而且公路等级越高、设计速度越高就越难满足。

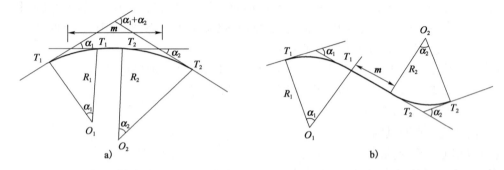

图2-5 曲线间的直线
a)同向曲线;b)反向曲线

图2-6 断背曲线影响视觉连续性
a)断背曲线;b)以单个曲线代替断背曲线

《规范》规定:当设计速度大于或等于60km/h时,同向圆曲线间的直线最小长度(以 m 计)以不小于设计速度(以 km/h 计)的 6 倍为宜。设计速度小于或等于40km/h时可参考执行。在受条件限制时,宜将同向曲线改为大半径曲线或将两曲线做成复曲线、卵形曲线或 C 形曲线。

(2)反向曲线间直线的最小长度

反向曲线是指两个转向相反的圆曲线之间以直线或缓和曲线衔接,或两圆曲线径向连接而成的平面线形,如图2-5b)所示。由于两弯道转弯方向相反,考虑超高和加宽过渡的需要,以及驾驶员操作的方便,其间直线的最小长度应予限制。《规范》规定:当设计速度大于或等于60km/h时,反向圆曲线间直线最小长度(以 m 计)以不小于设计速度(以 km/h 计)的 2 倍为宜。当两反向曲线两端设有缓和曲线时,在受到限制的地点也可将两反向曲线首尾相接,构成 S 形曲线。但被连接的两缓和曲线和圆曲线宜满足一定的条件。

圆曲线间的直线长度不宜过短,是基于保证线形的连续性而考虑的。《规范》在用词严格程度上采用"宜",表示允许有选择,在有条件时首先应这样做。这对设计速度高,特别是车道数多的公路线形设计有利。对设计速度小于或等于40km/h的公路,只规定"可参照执行",从用词严格程度上相当于又降了一档。

三、直线的运用

道路平面线形采用直线时应注意线形与地形的关系,并应符合上述直线最大长度和最小长度的采用原则;在运用直线线形并确定其长度时,必须慎重考虑,宜直则直、宜曲则曲,一般不宜采用长直线。下述路段上宜采用直线:

(1)路线完全不受地形、地物限制的平坦地区或山间的宽阔河谷地带。
(2)城镇及其近郊道路,或以直线为主体进行规划的地区。
(3)长大桥梁、隧道等构造物路段。
(4)路线交叉点及其附近。
(5)双车道公路提供超车的路段。

当不得已而采用长直线时,应注意其对应的纵坡不宜过大;若两侧地形过于空旷,宜采取种植不同树种的树木或设置一定建筑物等技术措施予以改善;定线时,应注意把能引起兴趣的自然风景或建筑物纳入驾驶员的视线范围之内。在长直线尽头设置的平曲线,除曲线半径、超高、视距等必须符合规定要求外,还必须采取设置标志、增大路面抗滑能力等安全保护措施,以确保行车安全。

第三节 圆 曲 线

圆曲线是平面线形中常用的线形要素。《规范》规定,各级公路不论转角大小均应设置圆曲线。圆曲线半径的选用,应与设计速度相适应。圆曲线的设计主要是确定其半径,本节将主要介绍圆曲线半径的确定及圆曲线运用等。

一、圆曲线的特点

一般认为,圆曲线作为平面线形要素之一,具有以下主要特点:
(1)圆曲线上任意点的曲率半径 $R =$ 常数,曲率 $1/R =$ 常数,故测设和计算简单。
(2)圆曲线上任意一点都在不断地改变着方向,比直线更能适应地形的变化,由不同半径的多个圆曲线组合而成的复曲线,对地形、地物和环境有更强的适应能力。
(3)汽车在圆曲线上行驶要受到离心力的作用,对行车的安全性和舒适性等产生不利影响,圆曲线半径越小、行驶速度越高,行车越危险。
(4)汽车在圆曲线上转弯时各轮轨迹半径不同,比在直线上行驶多占用路面宽度。
(5)汽车在小半径的圆曲线内侧行驶时,视距条件较差,视线会受到路堑边坡或其他障碍物的阻挡,易发生行车事故。

二、汽车行驶的横向稳定性

汽车行驶稳定性是指汽车行驶过程中,在外部因素作用下,汽车尚能保持正常行驶状态和方向,不致失去控制而产生滑移、倾覆等现象的能力。

影响汽车行驶稳定性的因素主要有汽车本身的结构参数、驾驶员的操作技术以及道路与环境等外部因素的作用。

1. 汽车在圆曲线上行驶时力的平衡

汽车在圆曲线上行驶时会产生离心力,其作用点在汽车的重心,方向水平背离圆心。一定质量的汽车其离心力大小与行驶速度的平方成正比,而与圆曲线半径成反比,即:

$$F = \frac{Gv^2}{gR} \tag{2-1}$$

式中:F——离心力(N);
$\quad\quad R$——圆曲线半径(m);
$\quad\quad v$——汽车行驶速度(m/s);
$\quad\quad G$——汽车重力(N);
$\quad\quad g$——重力加速度,9.8m/s^2。

离心力对汽车在圆曲线上行驶的稳定性有很大影响,它可能使汽车向外侧滑移或倾覆。为抵消或减小离心力的作用,保证汽车在圆曲线上稳定行驶,圆曲线上路面必须做成外侧高、内侧低(呈单向横坡)的形式,称为横向超高。如图 2-7 所示,汽车行驶在具有超高的圆曲线上时,其车重的水平分力可抵消一部分离心力的作用,其余部分由汽车轮胎与路面之间的横向摩阻力与之平衡。

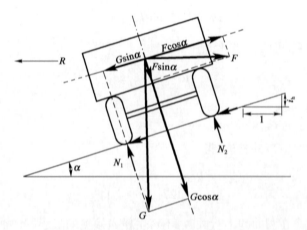

图 2-7 曲线上汽车的受力分析
N_1、N_2-路面对轮胎的反作用力;F-离心力;G-汽车重力;R-圆曲线半径

将离心力 F 与汽车重力 G 分解为平行于路面的横向力 X 和垂直于路面的竖向力 Y,即:

$$X = F\cos\alpha - G\sin\alpha$$
$$Y = F\sin\alpha + G\cos\alpha$$

因路面横向倾角 α 一般很小,则 $\sin\alpha \approx \tan\alpha = i_h$,$\cos\alpha \approx 1$,其中 i_h 称为横向超高坡度(简称超高值),所以:

$$X = F - Gi_h = \frac{Gv^2}{gR} - Gi_h = G\left(\frac{v^2}{gR} - i_h\right)$$

横向力 X 是汽车行驶的不稳定因素,竖向力是稳定因素。X 值的大小,尚不能反映不同重力汽车的稳定程度。如 5kN 的横向力若作用在小汽车上,可能使其产生横向倾覆的危险,而作用在重型载重汽车上则可能是安全的。故采用横向力系数 μ 来衡量汽车行驶的稳定程度,其意义为单位车重的横向力,即:

$$\mu = \frac{X}{G} = \frac{v^2}{gR} - i_h$$

用 $V(\text{km/h})$ 代替上式中的 $v(\text{m/s})$，经换算得：

$$\mu = \frac{V^2}{127R} - i_h \tag{2-2}$$

式中：R——圆曲线半径(m)；
$\quad\quad\mu$——横向力系数；
$\quad\quad V$——汽车行驶速度(km/h)；
$\quad\quad i_h$——横向超高坡度(超高值)。

式(2-2)表达了横向力系数与车速、圆曲线半径及超高值之间的关系。μ 值越大，汽车在圆曲线上的稳定性越差。此式对确定圆曲线半径、超高值以及评价汽车在圆曲线上行驶时的安全性和舒适性有十分重要的意义。

2. 横向倾覆条件分析

汽车在具有超高的圆曲线上行驶时，由于横向力的作用，可能使汽车绕外侧车轮触地点产生向外横向倾覆的危险。为使汽车不产生倾覆，必须使倾覆力矩小于或等于稳定力矩，即：

$$Xh_g \leq Y\frac{b}{2} = (Fi_h + G)\frac{b}{2}$$

因 Fi_h 比 G 小得多，可略去不计，则：

$$\mu = \frac{X}{G} \leq \frac{b}{2h_g} \tag{2-3}$$

式中：b——汽车轮距(m)；
$\quad\quad h_g$——汽车重心高度(m)。

将式(2-3)代入式(2-2)并整理，得：

$$R \geq \frac{V^2}{127\left(\dfrac{b}{2h_g} + i_h\right)} \tag{2-4}$$

用此式可计算汽车在圆曲线上行驶时，不产生横向倾覆的最小圆曲线半径 R 或最大允许行驶速度 V。

3. 横向滑移条件分析

汽车在圆曲线上行驶时，因横向力的存在，可能使汽车沿横向力的方向产生横向滑移。为使汽车不产生横向滑移，必须使横向力小于或等于轮胎和路面之间的横向摩阻力，即：

$$X \leq Y\varphi_h \approx G\varphi_h$$

$$\mu = \frac{X}{G} \leq \varphi_h \tag{2-5}$$

式中：φ_h——横向摩阻系数，一般 $\varphi_h = (0.6 \sim 0.7)\varphi$，$\varphi$ 为附着系数。

将式(2-5)代入式(2-2)并整理，得：

$$R \geq \frac{V^2}{127(\varphi_h + i_h)} \tag{2-6}$$

用此式可计算出汽车在圆曲线上行驶时，不产生横向滑移的最小圆曲线半径 R 或最大允许行驶速度 V。

4. 横向稳定性的保证

由式(2-3)和式(2-5)可知,汽车在圆曲线上行驶时的横向稳定性主要取决于横向力系数 μ 值的大小。现代汽车在设计制造时重心较低,一般 $b \approx 2h_g$,即 $\frac{b}{2h_g} \approx 1$,而 $\varphi_h < 0.5$,所以 $\varphi_h < \frac{b}{2h_g}$。即汽车在圆曲线上行驶时,在发生横向倾覆之前先产生横向滑移现象,为此,在道路设计中应保证汽车不产生横向滑移,同时也就保证了横向倾覆的稳定性。只要设计采用的 μ 值满足式(2-5)的条件,一般在满载情况下能保证横向行车的稳定性,但装载过高时可能发生倾覆现象。

三、圆曲线半径及圆曲线长度

行驶在曲线上的汽车由于受离心力作用,其稳定性受到影响,而离心力的大小又与圆曲线半径密切相关,半径越小越不利。所以,在选择圆曲线半径时应尽可能采用较大的值,只有在地形或其他条件受到限制时才可使用较小的曲线半径。为了行车的安全与舒适,《标准》规定了圆曲线半径在不同情况下的最小值。

(一)圆曲线半径与影响因素

由式(2-2)得:

$$R = \frac{V^2}{127(\mu \pm i_h)} \quad (2-7)$$

式中:R——圆曲线半径(m);
V——汽车行驶速度(km/h);
μ——横向力系数;
i_h——超高值,设超高时公式采用"+",不设超高时公式采用"-"。

在车速 V 一定的情况下,最小半径 R_{min} 取决于容许的最大横向力系数 μ_{max} 和该圆曲线的最大超高值 $i_{h(max)}$。

1. 关于横向力系数 μ

横向力的存在对行车产生种种不利影响,μ 越大越不利,表现在以下几方面:
(1)危及行车安全
汽车能在圆曲线上行驶的基本前提是轮胎不在路面上滑移,要求横向力系数 μ 低于轮胎与路面之间所能提供的横向摩阻系数 φ_h:

$$\mu \leq \varphi_h \quad (2-8)$$

φ_h 与车速、路面及轮胎等有关。一般在干燥路面上 φ_h 为 0.4~0.8;在潮湿的沥青路面上汽车高速行驶时,降低到 0.25~0.40;路面结冰和积雪时,降到 0.2 以下;在光滑的冰面上可降到 0.06(不加防滑链)。

(2)增加驾驶操纵的困难
圆曲线上行驶的汽车,在横向力作用下,弹性轮胎会产生横向变形,使轮胎的中间平面与轮迹前进方向形成一个横向偏移角(图2-8),其存在增加了汽车在方向操纵上的困难。特别是车速较高时,如横向偏移角超过 5°,一般驾驶员就不易保持驾驶方向的稳定。

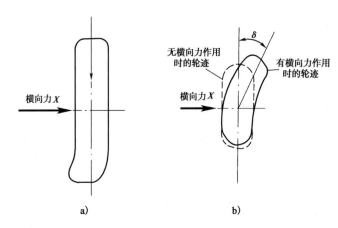

图 2-8 汽车轮胎的横向偏移角
a)轮胎横向变形;b)轮迹的偏移角

(3)增加燃料消耗和轮胎磨损

μ 的存在使轮胎和路面之间的摩阻力增加,车辆的燃油消耗和轮胎磨损增加。表 2-1 为不同横向力系数下的实测损耗值。

实测损耗值   表 2-1

横向力系数 μ	燃料消耗(%)	轮胎磨损(%)
0	100	100
0.05	105	160
0.10	110	220
0.15	115	300
0.20	120	390

(4)乘客感觉不舒适

μ 值过大,汽车不能连续稳定行驶,有时还需要减速。在圆曲线半径小的曲线上,驾驶员要尽量大回转,易驶离车道发生事故。当 μ 超过一定数值时,驾驶员要采用增加汽车稳定性的措施,增加了驾驶员在圆曲线行驶中的紧张感。μ 值增大还会使乘客感到不舒适。据试验,乘客随 μ 的变化其心理反应如下:

当 $\mu<0.10$ 时,感觉不到有曲线存在,很平稳;

当 $\mu=0.15$ 时,稍感到有曲线存在,尚平稳;

当 $\mu=0.20$ 时,已感到有曲线存在,稍感不稳定;

当 $\mu=0.35$ 时,感到有曲线存在,不稳定;

当 $\mu\geq0.40$ 时,非常不稳定,有倾覆的危险感。

综上所述,μ 的采用值关系到行车的安全、经济与舒适。为计算最小圆曲线半径,应考虑各方面因素采用一个合适的 μ 值。一般 $\mu_{max}=0.10\sim0.16$,车速高时取低值,车速低时取高值。

由式(2-2)可知,在车速一定时,半径越小,横向力系数越大。统计资料表明,在圆曲线半径小的路段,驾驶员通常会降低车速,以策安全。但半径大于 400m 的圆曲线对运行速度影响不大。运行速度与圆曲线半径、纵坡的关系如图 2-9 所示。

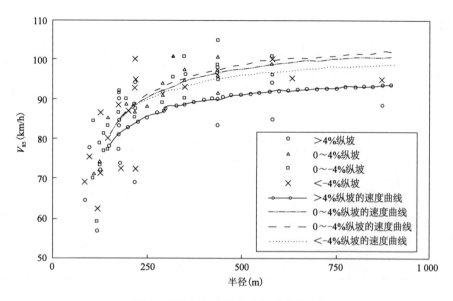

图 2-9　运行速度与圆曲线半径、纵坡关系图

2. 关于最大超高值 $i_{h(max)}$

在车速较高的情况下为了平衡离心力要采用较大的超高值,但道路上行驶车辆的速度差异较大,特别是在混合交通的道路上,不仅要照顾快车,也要考虑慢车的安全。对于慢车,乃至因故暂停在弯道上的车辆,其离心力接近于 0 或等于 0。此时,如超高值过大,超出轮胎与路面间的横向摩阻系数,车辆有沿路面最大合成坡度下滑的危险。因此,最大超高值不应大于轮胎与路面间的横向摩阻系数,即:

$$i_{h(max)} \leqslant \varphi_w \tag{2-9}$$

式中:φ_w——一年中气候恶劣季节路面的横向摩阻系数。

确定最大超高值 $i_{h(max)}$,除考虑道路所在地区的气候条件外,还必须考虑驾驶员和乘客的心理,让他们有安全感。对重山区、城市附近、交叉口以及有相当数量非机动车行驶的道路,最大超高值应比一般道路小些。

《规范》对各级公路的最大超高值的规定:一般地区的高速公路、一级公路为 8% 或 10%;二、三、四级公路为 8%;积雪冰冻地区的各级公路均为 6%;城镇区域各级公路均为 4%。二、三、四级公路接近城镇且混合交通量大的路段,车速受到限制时,当设计速度为 80km/h 时,最大超高取 6%;当设计速度为 60km/h 时,最大超高取 4%;当设计速度为 40km/h、30km/h、20km/h 时,最大超高取 2%。

(二)最小半径的计算

汽车在圆曲线上行驶时保持稳定的必要条件是汽车所受横向力(离心力)被轮胎与路面之间的摩阻力所平衡,若横向力大于摩阻力,则汽车出现横向滑移。因此,在设计时应控制横向力系数 μ 不超过摩阻系数 φ_h。

《标准》根据不同横向力系数及超高值,对不同等级的公路规定了圆曲线最小半径的极限值、一般值和不设超高的最小半径。

1. 圆曲线最小半径(极限值)

圆曲线最小半径(极限值)是指为保证车辆按设计速度安全行驶所规定的圆曲线半径最小值。《标准》规定的 $i_h = 4\% \sim 10\%$、$\mu = 0.1 \sim 0.17$,将超高值和横向力系数代入式(2-7),即得出《标准》规定的圆曲线最小半径(极限值),见表 2-2。设计中,常采用 8% 超高的圆曲线最小半径(极限值)。

圆曲线最小半径(极限值) 表 2-2

设计速度(km/h)		120	100	80	60	40	30	20
横向力系数		0.10	0.12	0.13	0.14	0.15	0.16	0.17
圆曲线最小半径 (极限值)(m)	$i_h = 10\%$	570	360	220	115	—	—	—
	$i_h = 8\%$	650	400	250	125	60	30	15
	$i_h = 6\%$	710	440	270	135	60	35	15
	$i = 4\%$	810	500	300	150	65	40	20

2. 圆曲线最小半径(一般值)

圆曲线最小半径(一般值)是指各级公路对按设计速度行驶的车辆能保证其安全、舒适的最小圆曲线半径。《规范》中的圆曲线最小半径(一般值)是按 $i_h = 6\% \sim 8\%$、$\mu = 0.05 \sim 0.06$ 计算取整得到,见表 2-3。

圆曲线最小半径(一般值) 表 2-3

设计速度(km/h)	120	100	80	60	40	30	20
圆曲线最小半径 (一般值)(m)	1 000	700	400	200	100	65	30

圆曲线最小半径(一般值)是在通常情况下推荐采用的最小半径。一是考虑汽车在这种圆曲线上以设计速度或以接近设计速度行驶时,旅客有充分的舒适感;二是考虑在地形比较复杂的情况下不会过多增加工程量。

3. 不设超高的圆曲线最小半径

当圆曲线半径较大时,离心力的影响较小,路面摩阻力可保证汽车有足够的稳定性,这时可不设超高,设置与直线段上相同的双向横坡路拱形式。因此,不设超高的圆曲线最小半径是指不必设置超高就能满足行驶稳定性的圆曲线最小半径。

从舒适和安全的角度考虑,应把横向力系数控制到最小值,以使乘客在圆曲线上与在直线上有大致相同的感觉。《标准》中不设超高的圆曲线最小半径是当路拱横坡小于或等于 2% 时,分别取 $\mu = 0.035$,$i_h = -0.015$ 和 $\mu = 0.040$,$i_h = -0.02$;路拱横坡大于 2% 时,当 $i_h = -0.025$ 时取 $\varphi_h = 0.04$,当 $i_h = -0.03$ 时取 $\varphi_h = 0.045$,当 $i_h = -0.035$ 时取 $\varphi_h = 0.050$,按式(2-7)计算取整得到,见表 2-4。

不设超高的圆曲线最小半径 表 2-4

设计速度(km/h)		120	100	80	60	40	30	20
不设超高的圆曲线 最小半径(m)	路拱≤2%	5 500	4 000	2 500	1 500	600	350	150
	路拱>2%	7 500	5 250	3 350	1 900	800	450	200

城市道路圆曲线最小半径见表2-5。

城市道路圆曲线最小半径　　　　表2-5

设计速度(km/h)		100	80	60	50	40	30	20
不设超高的最小半径(m)		1 600	1 000	600	400	300	150	70
设超高的最小半径(m)	一般值	650	400	300	200	150	85	40
	极限值	400	250	150	100	70	40	20

(三)圆曲线的最大半径

选用圆曲线半径时,在地形等条件允许的前提下,应尽量采用大半径曲线,使行车舒适。但半径过大,对施工不利,且过大的圆曲线半径,其几何外观与直线无多大差异。研究表明,当圆曲线半径大于9 000m时,视线集中的300~600m范围内的视觉效果同直线没有区别。因此,《规范》规定,圆曲线最大半径值不宜超过10 000m。

(四)圆曲线的最小长度

汽车在曲线线形的道路上行驶时,如果曲线很短,则驾驶员会因操作转向盘频繁而紧张,这在高速行驶的情况下是危险的。在平面设计中,公路平曲线一般由前后缓和曲线和中间圆曲线三段曲线组成,为便于驾驶操作和行车安全与舒适,汽车在任何一段线形上行驶的时间都不应短于3s,即在曲线上行驶时间不短于9s;如果中间的圆曲线为零,则会形成两回旋曲线直接衔接的凸形曲线,对行车不利,只有在受地形条件限制的山嘴或特殊困难情况下方可使用。因此,在平曲线设计时,圆曲线的最小长度一般要达到3s行程。

四、圆曲线的运用

道路平面设计时,应根据沿线地形、地物等条件,尽量选用较大半径,以保证行车安全舒适。在选定半径时既要技术合理,又要经济适用;既不盲目采用高标准(大半径)而过分增加工程量,也不只考虑眼前通行要求而采用低标准。

(1)圆曲线半径应与地形相适应,以采用超高值为2%~4%的圆曲线半径为宜。

(2)地形条件受限制时,可采用大于或接近于圆曲线最小半径的"一般值",并应采取措施保证视距的要求。

(3)圆曲线半径应与设计速度相适应,同相衔接路段的平、纵线形要素相协调,构成连续、均衡的曲线线形。

(4)从交通安全的角度考虑,400m是圆曲线半径选择的参考基准值。相关研究成果表明,大量的交通事故与小半径曲线有关,交通事故率和事故严重程度随着曲线半径的增加而降低;圆曲线半径低于200m的路段交通事故率要比圆曲线半径大于400m的路段至少高一倍;图2-9表明圆曲线半径大于400m时,对运行速度已经没有太大的影响,对于安全性的提高也没有太大影响。同时,半径均衡的曲线组合比不均衡的曲线组合更安全,长直线接小半径曲线对行车非常不利。

(5)选用曲线半径时,最大半径值一般不超过 10 000m。理论研究和实践表明,对于高速公路而言,当 $R>3\ 000\mathrm{m}$ 后,汽车横向力系数的差异极小。此时,由于横向力的存在而引起的舒适性方面的降低是人体感觉不到的;在驾驶操作上与在直线段上已无大的差异;因横向力的存在而增加的燃料消耗也小于3%。当地形平坦、景观单调时,在大曲率长曲线上行驶如同在长直线上行驶一样,会使驾驶员感到疲劳、反应迟钝。调查表明,驾驶者不希望在过长、过缓的曲线上行驶。所以,选用大半径的曲线时,也应持谨慎的态度。

第四节 缓 和 曲 线

缓和曲线是道路平面线形要素之一,它是设置在直线与圆曲线之间或半径相差较大的两个转向相同的圆曲线之间的一种曲率连续变化的曲线。在城市道路上,缓和曲线也被广泛使用。以下主要介绍缓和曲线的性质、形式、长度、参数等。

一、缓和曲线的作用与性质

(一)缓和曲线的作用

1. 曲率连续变化,便于车辆遵循

汽车转弯行驶的过程中,存在一条曲率连续变化的轨迹线,无论车速高低这条轨迹线都是客观存在的,它的形式和长度则随行驶速度、曲率半径和驾驶员转动转向盘的快慢而定。在低速行驶时,驾驶员尚可利用路面的富余宽度将汽车保持在车道范围内,缓和曲线似乎没有必要。但在高速行驶时,汽车有可能超越自己的车道驶出一条很长的过渡性轨迹线。从行车安全性考虑,有必要设置一条驾驶员易于遵循的缓和曲线,使车辆在进入或离开圆曲线时不致侵入邻近的车道。

2. 离心加速度逐渐变化,乘客感觉舒适

汽车行驶在圆曲线上产生离心力,离心力的大小与圆曲线的曲率成正比。汽车由直线驶入圆曲线或由圆曲线驶入直线,曲率的突变会使乘客有不舒适的感觉。所以应在曲率不同的直线和圆曲线、圆曲线和圆曲线之间,设置一条过渡性的曲线以缓和离心加速度的变化,使旅客感到舒适。

3. 超高及加宽逐渐变化,行车更加平稳

道路横断面从直线上的双坡断面过渡到圆曲线上的单坡断面和由直线上的正常宽度过渡到圆曲线上的加宽宽度,一般是在缓和曲线长度内完成的。为避免车辆在这一过渡行驶中急剧地左右摇摆,并保证路容的美观,需设置一定长度的缓和曲线。

4. 与圆曲线配合,增加线形美观

圆曲线与直线直接衔接,在连接处曲率突变,视觉上有不平顺的感觉。设置缓和曲线后,线形连续圆滑,增加线形的美观,同时从外观上看也感到安全(图2-10)。

图 2-10　直线与曲线连接效果图
a)不设缓和曲线感觉路线扭曲；b)设置缓和曲线后变得平顺美观

(二)缓和曲线的性质

为研究汽车由直线进入圆曲线的行驶轨迹，假定汽车是等速行驶，驾驶员匀速转动转向盘。当转向盘转动角度为 φ 时，前轮相应转动角度为 Φ，它们之间的关系为：

$$\Phi = k\varphi \quad (\text{rad})$$

其中，k 为小于 1 的系数。而转动角度：

$$\varphi = \omega t \quad (\text{rad}) \tag{2-10}$$

式中：ω——转向盘转动的角速度(rad/s)；
$\quad\quad t$——行驶时间(s)。

汽车前轮的转向角为：

$$\Phi = k\omega t \quad (\text{rad})$$

设汽车前后轮轴距为 d，前轮转动 Φ 后，汽车行驶轨迹的曲率半径为 r，由图 2-11 可知：

$$r = \frac{d}{\tan\Phi} \quad (\text{m})$$

因 Φ 很小，可近似地认为：

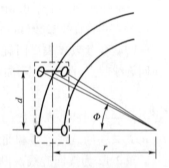

图 2-11　汽车的转弯行驶

$$r \approx \frac{d}{\Phi} = \frac{d}{k\omega t} \quad (\text{m}) \tag{2-11}$$

汽车以 $v(\text{m/s})$ 等速行驶，经时间 $t(\text{s})$ 后，其行驶距离(弧长)为 l：

$$l = vt \quad (\text{m}) \tag{2-12}$$

由式(2-11)得：

$$t = \frac{d}{k\omega r}$$

代入式(2-12)得：

$$l \approx v\frac{d}{k\omega r} \tag{2-13}$$

式中，v、d、k、ω 均为常数，令：

$$\frac{vd}{k\omega} = C$$

则：

$$l = \frac{C}{r}$$

或

$$rl = C \tag{2-14}$$

式中:l——汽车自直线终点开始转弯,经 $t(s)$ 后行驶的弧长(m);
r——汽车行驶 $t(s)$ 后在 l 处的曲率半径(m);
C——常数。

此式为汽车以不变角速度转动转向盘等速行驶的轨迹,说明汽车匀速由直线驶入圆曲线或由圆曲线驶入直线,其行驶轨迹的弧长与曲率半径之乘积为一常数。这一性质与数学上的回旋线正好相符。

二、缓和曲线的形式

对于缓和曲线的形式,虽然相关学者提出过三次抛物线、双纽线等形式,但由于回旋线具有形式简单、计算方便等优点,因此《规范》规定,我国公路设计中,缓和曲线采用回旋线。

1. 回旋线的基本公式

回旋线是曲率随曲线长度成比例变化的曲线。这一性质与前面驾驶员以匀速转动转向盘,汽车由直线驶入圆曲线或由圆曲线驶入直线的轨迹线相符。其基本公式为:

$$rl = A^2 \tag{2-15}$$

式中:r——回旋线上某点的曲率半径(m);
l——回旋线上某点到原点的曲线长(m);
A——回旋线参数(m)。

回旋线参数 A 表征回旋线曲率变化的缓急程度,在回旋线内 r 是随 l 的变化而变化的。在回旋线起点,曲率为零,曲率半径为无穷,但在回旋线终点处,$l=L_s$,$r=R$,则 $RL_s=A^2$,即:

$$A = \sqrt{RL_s} \tag{2-16}$$

式中:R——回旋线所连接的圆曲线半径(m);
L_s——回旋线形缓和曲线长度(m)。

图 2-12 为按回旋线敷设缓和曲线的基本图式,其几何元素的计算公式如下:

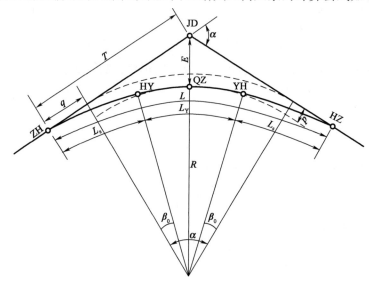

图 2-12 按回旋线敷设缓和曲线

切线增长值：
$$q = \frac{L_s}{2} - \frac{L_s^3}{240R^2} \quad (\text{m}) \tag{2-17}$$

内移值：
$$p = \frac{L_s^2}{24R} - \frac{L_s^4}{2\,688R^3} \quad (\text{m}) \tag{2-18}$$

缓和曲线角：
$$\beta_0 = \frac{L_s}{2R} \cdot \frac{180°}{\pi} \quad (°) \tag{2-19}$$

切线长：
$$T = (R+p)\tan\frac{\alpha}{2} + q \quad (\text{m}) \tag{2-20}$$

平曲线长：
$$L = (\alpha - 2\beta_0)\frac{\pi}{180}R + 2L_s \quad (\text{m}) \tag{2-21}$$

外距：
$$E = (R+p)\sec\frac{\alpha}{2} - R \quad (\text{m}) \tag{2-22}$$

切曲差（也称校正值）：
$$J = 2T - L \quad (\text{m}) \tag{2-23}$$

以上公式的推导和详细敷设方法参见相关测量学教材。

2. 回旋线的相似性

回旋线的曲率是连续变化的，而且其曲率的变化与曲线长度的变化呈线性关系。为此，可以认为回旋线的形状只有一种，只要改变参数 A 就能得到不同大小的回旋线，A 相当于回旋线的放大系数。

$A=1$ 时的回旋线叫单位回旋线。根据相似性，可由单位回旋线要素计算任意回旋曲线的要素。在各要素中，又分长度要素（如切线长、曲线长、内移值、直角坐标等）和非长度要素（如缓和曲线角、弦偏角等），它们的计算方法为：

回旋线长度要素 = 单位回旋线长度要素 × A

回旋线非长度要素 = 单位回旋线非长度要素

三、缓和曲线的最小长度及参数

（一）缓和曲线的最小长度

由于车辆要在缓和曲线上完成不同曲率的过渡行驶，缓和曲线应有足够的长度，以使驾驶员能从容地转动转向盘、乘客感觉舒适、线形美观流畅，圆曲线上的超高和加宽的过渡也能在缓和曲线内平顺完成。所以，应规定缓和曲线的最小长度。可从以下几方面考虑：

1. 旅客感觉舒适

汽车在缓和曲线上行驶，其离心加速度随缓和曲线曲率的变化而变化，如变化过快会使乘客感到横向冲击。由离心力产生的离心加速度 $a = v^2/r$，在 $t(\text{s})$ 时间内汽车从缓和曲线的起点到达缓和曲线终点,曲率半径 r 由 ∞ 均匀地变化到 R,离心加速度由零均匀地增加到 v^2/R,离心加速度的变化率为:

$$\alpha_s = \frac{a}{t} = \frac{v^2}{Rt}$$

假定汽车作等速行驶,则 $t = L_s/v$,此时:

$$\alpha_s = \frac{v^3}{RL_s}$$

则:

$$L_s = \frac{v^3}{R\alpha_s}$$

式中,离心加速度变化率 α_s 采用值,各国不尽相同。一般高速公路,英国采用 0.3m/s^3,美国采用 0.6m/s^3,我国一般控制在 $0.5\sim0.6\text{m/s}^3$ 范围内。若以 $V(\text{km/h})$ 表示设计速度,则最小缓和曲线长度 $L_{s(\min)}$ 的计算公式为:

$$L_{s(\min)} = 0.0214\frac{V^3}{R\alpha_s} \quad (\text{m}) \tag{2-24}$$

2. 超高渐变率适中

在缓和曲线上设置超高过渡段,若过渡段太短,则路面会急剧地由双坡变为单坡而扭曲,对行车和路容均不利。

在超高过渡段上,路面外侧逐渐抬高,从而形成一个"附加坡度"。当圆曲线上的超高值一定时,该附加坡度取决于过渡段长度。附加坡度(也称超高渐变率)太大会使行车左右摇摆影响行车安全,太小对排水不利,因此太大和太小都不利。《规范》规定了适中的超高渐变率,由此可导出计算过渡段最小长度的公式:

$$L_{s(\min)} = \frac{B'\Delta i}{p} \quad (\text{m}) \tag{2-25}$$

式中:B'——旋转轴至行车道(设路缘带时为路缘带)外侧边缘的宽度(m);

Δi——超高坡度(超高值)与路拱坡度代数差(%);

p——超高渐变率。

上式的推导和关于 p 的规定详见第四章。

3. 行驶时间不过短

缓和曲线不管其参数如何,都不可使车辆在缓和曲线上的行驶时间过短,过短会使驾驶员操作不便,甚至造成驾驶操纵的紧张和忙乱。一般认为,汽车在缓和曲线上的行驶时间至少应达到3s,于是:

$$L_{s(\min)} = \frac{V}{1.2} \quad (\text{m}) \tag{2-26}$$

式中:V——汽车行驶速度(km/h)。

根据影响缓和曲线长度的各项因素,《规范》制定了各级公路缓和曲线最小长度,如表2-6所示。《城规》制定了城市道路的最小缓和曲线长度,如表2-7所示。

各级公路回旋线最小长度　　　　　表2-6

设计速度(km/h)	120	100	80	60	40	30	20
回旋线最小长度(m)	100	85	70	50	35	25	20

城市道路缓和曲线最小长度　　　　　　　　　　　表2-7

设计速度(km/h)	100	80	60	50	40	30	20
缓和曲线最小长度(m)	85	70	50	45	35	25	20

《规范》规定的缓和曲线最小长度基本满足双车道公路以中线为旋转轴设置超高过渡的长度，但对以双车道边线为旋转轴，或者行车道数较多或较宽的公路，则超高过渡段长度可能会更长一些。因此应视计算结果而采用其中的较大值。

(二)缓和曲线参数 A 值

缓和曲线参数 A 值决定了回旋线曲率变化的缓急程度。A 的最小值应根据汽车在缓和曲线上缓和行驶的要求、行驶时间要求以及允许的超高渐变率要求等确定。《规范》规定了缓和曲线最小长度，由公式 $RL_s = A^2$ 可知，也确定了最小参数 A 值。因此，在进行平面线形设计时，可选定缓和曲线长度，也可选定缓和曲线参数 A 值。

缓和曲线参数应与圆曲线半径相协调，研究认为：缓和曲线参数 A 与连接的圆曲线半径 R 之间，只要满足 $R/3 \leq A \leq R$ 的要求，便可获得视觉上协调、舒顺的线形。

不过上述关系中的 R 需符合一定的条件。经验证明，当 R 在 100m 左右时，通常取 $A = R$；如果 $R < 100m$，则取 $A = R$ 或 $> R$。反之，当圆曲线半径较大时，可取 A 在 R/3 左右；如果 R 超过了 3 000m，即使 A 小于 R/3，在视觉上也是没有问题的。

(三)缓和曲线的省略

在直线和圆曲线之间设置缓和曲线后，圆曲线产生内移值 p，在 L_s 一定的情况下，p 与圆曲线半径成反比；当 R 大到一定程度时，p 值甚微，即使直线与圆曲线直接相连，汽车也能完成曲率渐变行驶，因为在车道的富余宽度中已包含该内移值。所以《规范》规定，在下列情况下可不设缓和曲线：

(1)在直线与圆曲线间，当圆曲线半径大于或等于"不设超高的最小半径"时。
(2)半径不同的同向圆曲线间，当小圆半径大于或等于"不设超高的最小半径"时。
(3)小圆半径大于表 2-8 中所列复曲线中小圆临界曲线半径，且符合下列条件之一时：
①小圆曲线按规定设置相当于最小缓和曲线长度的回旋线时，其大圆与小圆的内移值之差不超过 0.10m；
②设计速度大于或等于80km/h时，大圆半径(R_1)与小圆半径(R_2)之比小于 1.5；
③设计速度小于80km/h时，大圆半径(R_1)与小圆半径(R_2)之比小于 2。

《城规》规定的不设缓和曲线的最小圆曲线半径如表 2-9 所示。

复曲线中小圆临界曲线半径　　　　　　　　　　　表2-8

设计速度(km/h)	120	100	80	60	40	30
临界圆曲线半径(m)	2 100	1 500	900	500	250	130

城市道路不设缓和曲线的最小圆曲线半径　　　　　　　表2-9

设计速度(km/h)	80	60	50	40
不设缓和曲线的最小圆曲线半径(m)	2 000	1 000	700	500

四、缓和曲线的运用

(1) 缓和曲线作为平面线形要素之一,在线形设计中应作为主要线形要素加以应用,不能仅视为一种过渡的线形,设计时要注意与直线和圆曲线相协调、配合,在线形组合和线形美观上产生良好的行车和视觉效果。

(2) 缓和曲线参数宜根据地形条件及线形要求确定,并与圆曲线半径相协调。

(3) 缓和曲线长度除满足最小缓和曲线长度的要求外,还应考虑超高的要求,缓和曲线长度还应大于或等于超高缓和段的要求。

(4) 两反向圆曲线相衔接或插入的直线长度不足时,可用缓和曲线将两反向圆曲线连接组合为 S 形曲线。

(5) 两同向圆曲线相衔接或插入的直线长度不足时,可用缓和曲线将两同向圆曲线连接组合为卵形曲线。当受地形条件限制时,可用缓和曲线与圆曲线组成凸形曲线、复合曲线或 C 形曲线等形式。

第五节　平面线形设计

一、平面线形设计一般原则

(一) 平面线形应直捷、流畅,与地形、地物相适应,与周围环境相协调

平面线形应直捷、流畅,并与地形、地物相适应,宜直则直,宜曲则曲,不片面追求直曲,这是美学、经济和环境保护的要求。

在地势平坦开阔的平原微丘区,路线直捷舒顺,平面线形三要素中直线所占比例较大;在地势起伏的山岭重丘区,路线弯曲多变,曲线在平面线形中所占的比例较大,平面线形以曲线为主。如在没有任何障碍物的开阔地区(如戈壁、草原),人为设置一些不必要的曲线,或在高低起伏的山岭地区硬拉长直线都会产生不协调的视觉。直线、圆曲线、缓和曲线的选用及其合理组合,取决于地形地物等具体条件,片面强调路线以直为主或以曲为主,或人为规定三者的比例都是不合适的。

(二) 保持平面线形的均衡与连续

为使一条道路上的车辆尽量以均匀速度行驶,应注意各线形要素保持连续、均衡,避免出现技术指标的突变。以下几点在设计时应充分注意:

1. 直线与平曲线的组合

直线与平曲线衔接处线形变化应连续、均衡,圆曲线半径和长度与相邻直线长度应相适应,避免以下组合:

(1) 长直线尽头接小半径平曲线。车辆在长直线和长大半径平曲线道路上行驶一般会采用较高的速度,若突然出现小半径平曲线,车辆会因减速不及时而发生事故。特别是在下坡方向的尽头更要注意线形的连续性,若因地形所限,不得不采用小半径平曲线时,中间应插入过

渡性平曲线,并使纵坡不要过大。

(2)短直线接大半径的平曲线。这种组合主要缺陷是线形均衡性差,且线形不美观。

根据国外研究成果,考虑安全性要求,当直线与平曲线相接时,圆曲线半径的最小值要依据直线段上车辆的运行速度($V85_T$)进行设计,应满足下列要求:

$V85_T < 105 \text{km/h}$ $R_{\min} \geqslant 400 \text{m}$

$V85_T \geqslant 105 \text{km/h}$ $R_{\min} \geqslant 500 \text{m}$

2. 平曲线与平曲线的组合

相邻平曲线之间的设计指标应连续、均衡,避免突变。在条件允许时,相邻圆曲线大半径与小半径之比宜小于 2.0,相邻回旋线参数之比宜小于 2.0,利于行车。

3. 高、低标准之间要有过渡

同一等级道路因地形变化在设计指标的采用上也会有变化,或同一条道路按不同设计速度设计的各路段之间也会有技术标准的变化。遇有这种高、低标准变化的路段,除满足有关设计路段在长度和速度梯度上的要求外,还应结合地形的变化,使线的平面线形指标逐渐过渡,避免出现突变。不同标准路段相互衔接的地点,应选在交通量发生变化处,或驾驶员能明显判断前方需改变速度的地方。

(三)注意与纵断面设计相协调

在平面线形设计中,应考虑纵断面设计的要求,与纵断面线形相协调。特别是平原微丘区的道路,平曲线指标一般较高,平曲线较长,与铁路、主要道路及河流交叉的地方往往是纵断面线形的控制点,在设计平面线形时,应考虑平原微丘区道路纵断面设计的特殊性,为纵断面设计留有余地,以利于平纵线形组合设计。

(四)平曲线应有足够的长度

汽车在道路的曲线路段上行驶,如平曲线长度过短,驾驶员需急转转向盘,在高速行驶时是不安全的。也会使离心加速度变化率过大,乘客感到不舒适。当道路转角很小时,容易产生曲线半径很小的错觉。因此,平曲线应有一定长度。

最小平曲线长度一般应按下述条件确定:

1. 驾驶员操作从容、乘客感觉舒适要求的平曲线最小长度

平曲线一般由前后回旋线和中间圆曲线三段组成。根据经验,在每段曲线上驾驶员操作转向盘不感到困难至少需 3s 的行程,全长需 9s;如中间圆曲线长度为零即平曲线最小长度按回旋线最小长度的 2 倍控制,此时曲线为凸形平曲线,驾驶者会感到操作突变且视觉亦不舒顺。

《规范》指出:各级公路设计平曲线长度不宜过短,从线形设计要求方面考虑,曲线长度按最小值的 5~8 倍较适宜。平曲线最小长度不应小于表 2-10 的规定,表列一般值基本上取"最小值"的 3 倍。

各级公路平曲线最小长度   表 2-10

设计速度(km/h)	120	100	80	60	40	30	20
一般值(m)	600	500	400	300	200	150	200
最小值(m)	200	170	140	100	70	50	40

2. 转角 Δ 小于 7°时的平曲线长度

根据路线直捷的要求,平曲线转角宜小一些。但转角过小,即使半径较大,视觉上平曲线长度也会比实际的短,造成急转弯的错觉。因此,当路线转角小于 7°时,应设置较长的平曲线。小转角平曲线长度的确定:当转角小于 7°时,平曲线仍按由两段回旋线组成的平曲线长度控制,使 Δ<7°的平曲线外距 E 与 Δ=7°时的 E 相等,此时其长度应大于表 2-11 规定的"一般值";当地形条件限制时,可采用表 2-11 中的"最小值",表中的 Δ(°)为转角;当 Δ<2°时,按 Δ=2°计。

转角等于或小于 7°时的平曲线长度　　　　表 2-11

设计速度(km/h)	120	100	80	60	40	30	20
一般值(m)	1 400/Δ	1 200/Δ	1 000/Δ	700/Δ	500/Δ	350/Δ	280/Δ
最小值(m)	200	170	140	100	70	50	40

二、平面线形要素组合设计

由平面线形的三要素(直线、圆曲线和缓和曲线)可得到多种平面线形的组合形式。对道路平面线形设计,主要有基本形、S 形、卵形、凸形、C 形、复合形和回头曲线等。

1. 基本形曲线

如图 2-13 所示,平曲线按直线-回旋线(A_1)-圆曲线-回旋线(A_2)-直线顺序的组合形式称为基本形曲线。

当两回旋线的参数值相等,即 $A_1 = A_2$ 时,称为对称基本形;$A_1 \neq A_2$ 时,称为非对称基本形;当 $A_1 = A_2 = 0$(即不设缓和曲线)时,又称为简单形。

基本形中的回旋线参数、圆曲线最小长度都应符合有关规定。两回旋线参数可相等,也可根据地形条件设计成不相等的非对称形曲线。从线形的协调性,回旋线、圆曲线、回旋线的长度之比宜设计成 1:1:1 ~ 1:2:1,并注意满足设置基本形曲线的几何条件:

$$2\beta \leq \alpha \tag{2-27}$$

式中:α——路线转角;
β——回旋线角。

2. S 形曲线

如图 2-14 所示,两个反向圆曲线用两段反向回旋线连接的组合形式称为 S 形曲线。

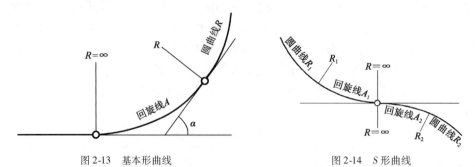

图 2-13　基本形曲线　　　　图 2-14　S 形曲线

从行驶力学与线形协调、超高过渡考虑,S 形曲线相邻两回旋线参数 A_1 和 A_2 宜相等;当采用不等参数时,A_1 与 A_2 之比应小于 2.0,有条件时以小于 1.5 为宜。

两圆曲线半径之比不宜过大,以 $R_2/R_1 = 1/3 \sim 1$ 为宜(其中 R_1、R_2 分别为大、小圆半径,A_1、A_2 分别为大、小圆的回旋线参数)。

3. 卵形曲线

如图 2-15 所示,用一个回旋线连接两个同向圆曲线的组合形式称为卵形曲线。

卵形曲线共用回旋线的参数 A 宜在 $R_2/2 \leqslant A \leqslant R_2$ 范围内(R_2 为小圆半径),两圆曲线半径之比以满足 $R_2/R_1 = 0.2 \sim 0.8$ 为宜,两圆曲线的间距,以 $D/R_2 = 0.003 \sim 0.03$ 为宜(D 为两圆曲线间的最小间距)。

卵形曲线大圆应能完全包住小圆。若大圆半径无限大,即为直线,则属于基本形。卵形曲线的回旋线不是从原点开始的完整回旋线,而是使用曲率从 $1/R_1$ 到 $1/R_2$ 这一段的不完整回旋线。

4. 凸形曲线

如图 2-16 所示,两个同向回旋线间不插入圆曲线而径向连接的组合形式称为凸形曲线。

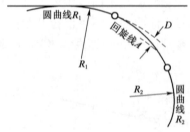
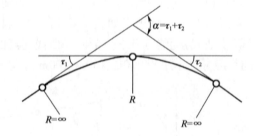

图 2-15　卵形曲线　　　　　　图 2-16　凸形曲线

凸形曲线的回旋线参数及其连接点的曲率半径,应分别符合最小回旋线参数和圆曲线最小半径的规定。连接点附近最小 $0.3V$(以 m 计)的长度范围内,应保持以连接点曲率半径确定的超高(或路拱)横坡度。凸形曲线尽管在连接点处曲率是连续的,但因中间圆曲线长度为零,对驾驶操作不利,所以只在路线严格受地形、地物限制处方可采用。

5. 复合形曲线

如图 2-17 所示,将两个以上的同向回旋线在曲率相等处相互连接的组合形式称为复合形曲线。

复合形曲线相邻回旋线参数之比宜小于 1.5。复合形曲线的回旋线,其曲率半径和参数是变化的,驾驶员需变更速度和方向,以适应变化的回旋线,对驾驶操作不利,除互通式立体交叉匝道线形外,复合形曲线仅在受地形或其他特殊原因限制时使用。

6. C 形曲线

如图 2-18 所示,两同向回旋线在曲率为零处径向连接的组合形式称为 C 形曲线。C 形曲线两个回旋线参数可相等,也可不相等。C 形曲线连接处的曲率为零,即 $R = \infty$,相当于两基本形同向曲线间直线长度为零,对行车和视觉均不利,所以 C 形曲线仅在地形条件特殊困难,路线严格受限处方可采用。

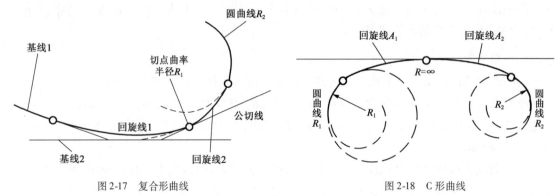

图 2-17 复合形曲线　　　　　　图 2-18 C 形曲线

7. 回头曲线

如图 2-19 所示，山区道路为克服高差，在同一坡面上转角接近或大于 180°，一般由主曲线和辅曲线组合的形式称为回头曲线。图中 R_0、R_1 和 R_2 表示圆曲线，A_0、A_1 和 A_2 表示回旋线。回头曲线的上线一般应设辅曲线，以免出现长直下坡接小半径平曲线的不安全组合，下线辅曲线视地形可设可不设。主曲线与辅曲线间可设直线段也可不设。主、辅曲线可以是反向曲线也可以是同向曲线，应根据地形条件确定。上线辅曲线半径 R_1 与主曲线半径 R_0 比值不宜大于 2.0。主曲线技术指标规定如表 2-12 所示。两相邻回头曲线间应尽可能拉开距离，由一个回头曲线(主曲线)的终点至下一个回头曲线起点的距离，当路线设计速度为 40km/h、30km/h、20km/h 时，应分别不小于 200m、150m、100m。

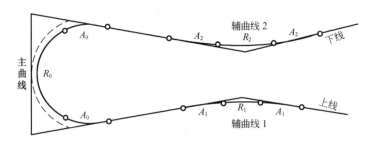

图 2-19　回头曲线

回头曲线技术指标　　　　　　表 2-12

项　　目	主线设计速度(km/h)		
	40	30	20
回头曲线设计速度(km/h)	35	30	25	20
主曲线最小半径(m)	40	30	20	15
缓和曲线最小长度(m)	35	30	25	20
超高横坡度(%)	6	6	6	6
双车道路面加宽值(m)	2.5	2.5	2.5	3
最大纵坡(%)	3.5	3.5	4	4.5

三、四级公路在自然展线无法争取到需要的距离以克服高差，或因地形、地质条件所限不能采用自然展线时，可采用回头曲线。高差较大的山城道路也可采用回头曲线。

三、平面线形设计示例

【例 2-1】　如图 2-20 所示，某二级公路，设计速度 80km/h，路基宽度 12m，$\alpha_1 = 35°37'45''$，

$\alpha_2 = 35°09'29''$, $\alpha_3 = 29°13'27.8''$, $l_1 = 412.84\text{m}$, $l_2 = 431.53\text{m}$, 图中建筑物离 JD_2 的垂直距离为 29.7m。要求路线布设后,路中线离建筑物的距离不小于8.5m,试推荐 JD_1、JD_2、JD_3 的半径和缓和曲线长度。

分析:将 JD_1、JD_2、JD_3 的半径均取极限最小半径250m和该半径下的缓和曲线长度110m,切线长分别为135.89m,134.75m,120.61m,而根据直线最小长度要求 $2V=160\text{m}$,$l_1 < 135.89 + 134.75 + 160$,$l_2 > 134.75 + 120.61 + 160$,因此 JD_1、JD_2 适合做成S形曲线,JD_2、JD_3 可做成大于 $2V$ 的反向曲线,也可做成S形曲线,但从线形角度考虑,宜做成S形曲线。又 JD_2 的曲线内侧有建筑物,受外距控制,因此宜先推荐 JD_2 的缓和曲线长度和圆曲线半径,再由切线长反算 JD_1、JD_3 的圆曲线半径。

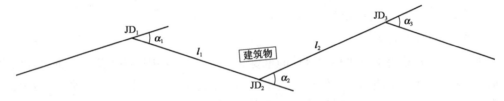

图 2-20 平面线形设计示例图

解:由外距反算 JD_2 的半径:

由图 2-20 可知,$E = 29.7 - 8.5 = 21.2(\text{m})$,选定 $L_{s2} = 120\text{m}$,解算 R_2 并取整得 $R_2 = 400\text{m}$,经验算缓和曲线长度满足超高、线形等要求。

由切线长反算 JD_1、JD_3 的半径:

由 JD_2 切线长 $T_2 = 187.16\text{m}$,选定 $L_{s1} = 145\text{m}$,解算得 $R_1 = 475.03\text{m}$,缓和曲线长度满足要求。

同样可得:$L_{s3} = 160\text{m}$,$R_3 = 628.96\text{m}$。

【**例 2-2**】 如图 2-21 所示,某三级公路,设计速度为 30km/h,$\alpha_1 = 109°30'18''$,$\alpha_2 = 108°14'01''$,$l = 175.04\text{m}$。要求布设一回头曲线,而且路线布设后,曲线与基线 AB 严格相切,试推荐该曲线半径和缓和曲线长度。

分析:上述情况布设曲线时,如不要求严格相切,可按虚交的相关做法计算圆曲线半径,然后推荐缓和曲线长度。如严格相切,可用非对称型单曲线解算圆曲线半径。即在切点处将曲线划分为两个非对称型单曲线,拟定缓和曲线长度,将 AB 表示为半径的函数,即可求得圆曲线的半径。

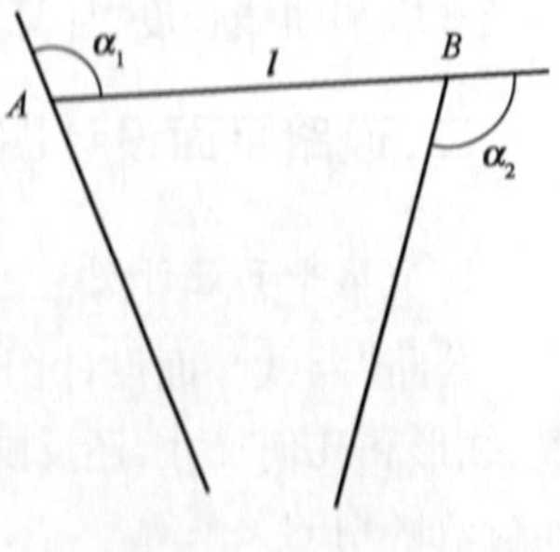

解:拟定缓和曲线长度为40m,设半径为 R。

前一个曲线的切线长 T_2 即为 A 到公切点的距离,后一个曲线的切线长 T_1 即为公切点到 B 的距离,则 $T_2 + T_1 = AB$。

图 2-21 回头曲线设计示例图

由非对称性单曲线计算公式:

$$T_2 = (R + p_2)\tan\frac{\alpha_1}{2} + q_2 + \frac{p_1 - p_2}{\sin\alpha_1}$$

$$T_1 = (R + p_1)\tan\frac{\alpha_2}{2} + q_1 - \frac{p_1 - p_2}{\sin\alpha_2}$$

其中,$p_2 = 0$,$p_1 = 1\,600/(24R)$,$q_2 = 0$;$p_1 = 0$,$p_2 = 1\,600/(24R)$,$q_1 = 0$。

由上述两式解关于 R 的方程得:$R = 61.76\text{m}$。

第六节　道路平面设计成果

根据现行《公路工程基本建设项目设计文件编制办法》规定,体现路线平面设计的成果主要是路线设计的图纸和表格。

一、道路平面设计的表格

反映路线平面线形设计成果的主要表格有直线、曲线及转角表,逐桩坐标表,导线点一览表,路线固定表等。下面主要介绍直线、曲线及转角表和逐桩坐标表。

1. 直线、曲线及转角表

直线、曲线及转角表是路线平面设计的重要成果之一,它集中反映了道路平面设计的成果和数据,是施工放线和复测的主要依据。表中应列出交点号、交点桩号、交点坐标、转角值、曲线要素值、曲线主点桩号、直线长、计算方位角、断链等,见表 2-13。

在路线纵断面设计、横断面设计和其他构造物设计时都要使用直线、曲线及转角表中的数据。本表对公路和城市道路都适用,其中"交点坐标"一栏视道路等级和测设情况取舍。

2. 逐桩坐标表

逐桩坐标表是等级较高道路平面设计成果组成之一,是道路中线放样的重要资料。等级较高道路的线形指标较高,圆曲线半径较大,缓和曲线较长,在测设和放样时须采用坐标法,方能保证其测量精度。

逐桩坐标表即各个中桩的坐标(表 2-14),其计算和测量的方法是按"从整体到局部"的原则进行的。一般是根据导线点坐标用全站仪或 GPS 测量路线交点坐标或从图上直接量取(纸上定线时)交点坐标,计算交点转角和方位角、交点间距。再根据计算的结果、选定的圆曲线半径和缓和曲线长度,计算中线上各桩坐标。

二、道路平面设计图

1. 公路平面设计图

公路"路线平面设计图"是公路设计文件的主要图纸之一,它综合反映了路线的平面位置、线形和几何尺寸,还反映沿线人工构造物和重要工程设施的布置,及公路与沿线地形、地物和行政区划的关系等。

路线平面设计图中应示出:沿线的地形、地物、线位及里程桩号、断链、平曲线主要桩位与其他交通路线的关系以及县以上境地界等;标注水准点、导线点及坐标网格或指北图式;示出特大桥、大中桥、隧道、路线交叉位置等;列出平曲线要素和交点坐标表等。比例尺一般为 1:2 000～1:5 000,参见图 2-22。

等级较高公路设计文件中,除应绘制上述路线平面设计图外,还应增绘公路平面总体设计图。公路平面总体设计图,除应绘制路线平面图的内容外,还应给出路基边线、坡脚或坡顶线、路线交叉及其平面形式,示出服务区、停车场、收费站等。

某公路某段　　　　　　　　　　　**直线、曲线及转角表**　　　　　　　　　　　表 2-13

交点号	交点坐标		交点桩号	转角值	曲线要素值					
	X	Y			半径	缓和曲线长度	切线长度	曲线长度	外距	校正值
1	2	3	4	5	6	7	8	9	10	11
起点	41 808.204	90 033.595	K0+000.000							
2	41 317.589	90 464.099	K0+652.716	右35°35′23.8″	800.00	0.000	256.775	496.929	40.198	16.620
3	40 796.308	90 515.912	K1+159.946	左57°32′51.8″	250.00	50.000	162.511	301.099	35.692	23.922
4	40 441.519	91 219.007	K1+923.562	左34°32′06.9″	150.00	40.000	66.753	130.413	7.544 9	3.093
5	40 520.204	91 796.474	K2+503.273	右78°53′21.9″	200.00	45.000	187.381	320.376	59.534	54.386
6	40 221.113	91 898.700	K2+764.966	左51°40′28.6″	224.130	40.000	128.668	242.141	25.224	15.194
7	40 047.399	92 390.466	K3+271.313	左34°55′48.9″	150.000	40.000	67.322	131.447	7.715	3.198
8	40 190.108	92 905.941	K3+802.980	右22°25′23.6″	600.000	0.000	118.930	234.816	11.673	3.044
终点	40 120.034	93 480.920	K4+379.175							

交点号	曲线位置					直线长度及方向			测量断链		备注
	第一缓和曲线起点	第一缓和曲线终点或圆曲线起点	曲线中点	第二缓和曲线终点或圆曲线终点	第二缓和曲线起点	直线长度(m)	交点间距(m)	计算方位角或计算方向角	桩号	增减长度(m)	
1	12	13	14	15	16	17	18	19	20	21	22
起点											
2		K0+395.940	K0+644.405	K0+892.870		395.940	652.715	138°44′01.5″			
3	K0+997.435	K1+047.435	K1+147.984	K1+248.534	K1+298.534	104.565	523.850	174°19′25.3″			
4	K1+856.809	K1+896.809	K1+922.016	K1+947.222	K1+987.222	558.276	787.539	116°46′33.5″			
5	K2+315.892	K2+360.892	K2+476.079	K2+591.268	K2+636.268	328.669	582.803	82°14′26.6″			
6	K2+636.298	K2+676.298	K2+757.368	K2+838.439	K2+878.439	0.030①	316.078	161°07′48.5″			
7	K3+203.995	K3+243.995	K3+269.719	K3+295.442	K3+335.442	325.556	521.546	109°27′19.9″			
8		K3+684.055	K3+801.463	K3+918.871		348.613	534.865	74°31′31″			
终点						460.304	579.233	96°56′54.6″			

注：①0.030 是由于设计过程中半径取整或者角度换算时精度取舍造成的，设计时应尽量使其为零。

2. 城市道路平面图

城市道路平面图是城市道路设计成果的重要图纸组成之一。一般应标明路线、规划红线、行车道线、人行道线、停车场、绿化、交通标志、人行横道线、沿线建筑物出入口、各种地上地下管线的走向位置、雨水进水口、窨井等，注明交叉口及沿线里程桩，弯道及交叉口处应注明曲线要素、交叉口转角缘石的转弯半径等，比例尺一般为 1:500～1:1 000，参见图 2-23。

某公路某段　　　　　　　　逐 桩 坐 标 表　　　　　　　　表2-14

桩号	坐标(m)		方向角	桩号	坐标(m)		方向角
	X	Y			X	Y	
K1+500.00	40 632.336	90 840.861	116°46′33.0″	K2+140.00	40 471.158	91 436.529	82°14′27.0″
K1+540.00	40 614.316	90 976.527	116°46′33.0″	K2+160.00	40 473.858	91 456.346	82°14′27.0″
K1+570.00	40 600.801	90 903.355	116°46′33.0″	K2+180.00	40476.558	91476.463	82°14′27.0″
K1+600.00	40 587.286	90 930.139	116°46′33.0″	K2+200.00	40 479.258	91 495.980	82°14′27.0″
K1+630.33	40 573.623	90 957.216	116°46′33.0″	K2+220.00	40 481.959	91 515.797	82°14′27.0″
K1+669.00	40 556.202	90 991.561	116°46′33.0″	K2+240.00	40 484.659	91 535.613	82°14′27.0″
K1+680.00	40 551.246	90 991.740	116°46′33.0″	K2+260.00	40 487.359	91 555.430	82°14′27.0″
K1+700.00	40 542.236	91 019.416	116°46′33.0″	K2+280.00	40 490.059	91 575.247	82°14′27.0″
K1+720.00	40 533.226	91 037.272	116°46′33.0″	K2+300.00	40 492.759	91 595.064	82°14′27.0″
K1+750.00	40 519.711	91 064.055	116°46′33.0″	ZH+315.00	40 494.905	91 610.809	82°14′27.0″
K1+780.00	40 506.196	91 090.838	116°46′33.0″	K2+340.00	40 497.902	91 634.730	84°05′26.5″
K1+800.00	40497.186	91 108.694	116°46′33.0″	HY+360.00	40 499.302	91 655.568	88°41′08.7″
K1+820.00	40 488.176	91 126.549	116°46′33.0″	K2+380.00	40 498.828	91 674.665	94°09′37.3″
K1+840.00	40 479.166	91 144.405	116°46′33.0″	K2+400.00	40 496.383	91 694.506	99°53′23.8″
ZH+856.31	40 471.593	91 159.412	116°46′33.0″	K2+420.00	40 491.969	91 714.005	105°37′10.3″
K1+870.00	40 465.708	91 171.216	115°56′42.1″	K2+440.00	40 485.631	91 732.965	111°20′56.7″
HY+896.81	40 455.191	91 195.860	109°08′09.7″	K2+460.00	40 477.431	91 751.198	117°04′43.2″
K1+900.00	40 454.177	91 198.885	107°55′03.1″	QZ+476.00	40 469.544	91 765.206	121°41′06.9″
QZ+922.01	40 448.963	91 220.253	99°38′19.1″	K2+500.00	40 455.794	91 784.761	128°32′16.2″
K1+940.00	40 447.061	91 238.126	92°38′19.1″	K2+520.00	40 442.573	91 799.757	134°32′16.2″
YH+947.00	40 446.902	91 245.344	89°52′50.9″	K2+540.00	40 427.920	91 813.357	139°59′49.1″
K2+960.00	40 447.413	91 258.112	85°46′43.6″	K2+560.00	40 411.983	91 825.427	145°43′35.6″
K1+980.00	40 449.567	91 277.993	82°29′23.3″	K2+580.00	40 394.921	91 835.845	151°27′22.1″
HZ+987.22	40 450.531	91 285.148	82°14′27.0″	K2+591.27	40 384.857	91 840.947	154°41′05.3″
K2+000.00	40 452.257	91 297.811	82°14′27.0″	K2+600.00	40 376.910	91 844.518	156°56′35.0″
K2+010.00	40453.607	91 307.719	82°14′27.0″	K2+620.00	40 358.262	91 851.740	160°17′15.4″
K2+030.00	40 456.307	91 327.536	82°14′27.0″	GQ+636.27	40 342.893	91 857.077	161°07′48.0″
K2+050.00	40 459.007	91 347.353	82°14′27.0″	K2+650.00	40 329.916	91 861.563	160°31′48.6″
K2+070.00	40 461.707	91 367.170	82°14′27.0″	K2+670.00	40 311.219	91 866.655	157°30′02.7″
K2+100.00	40 465.757	91 396.895	82°14′27.0″	K2+700.00	40 284.324	91 881.898	149°57′30.4″
K2+120.00	40 468.459	91 416.712	82°14′27.0″				

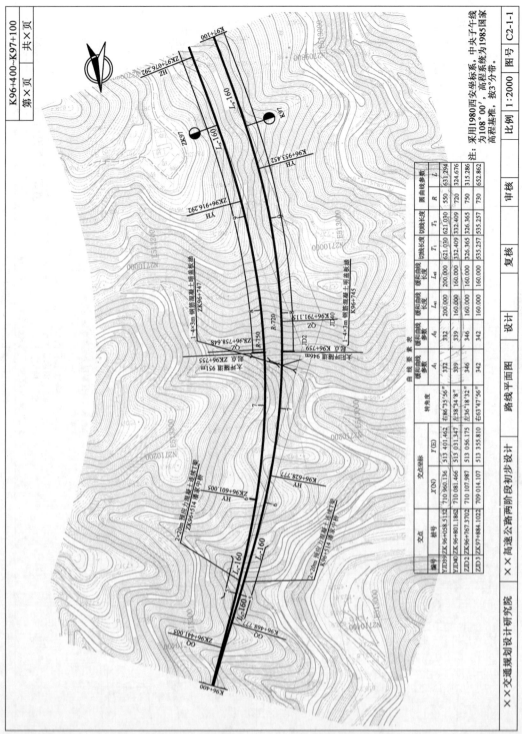

图2-22 路线平面设计图

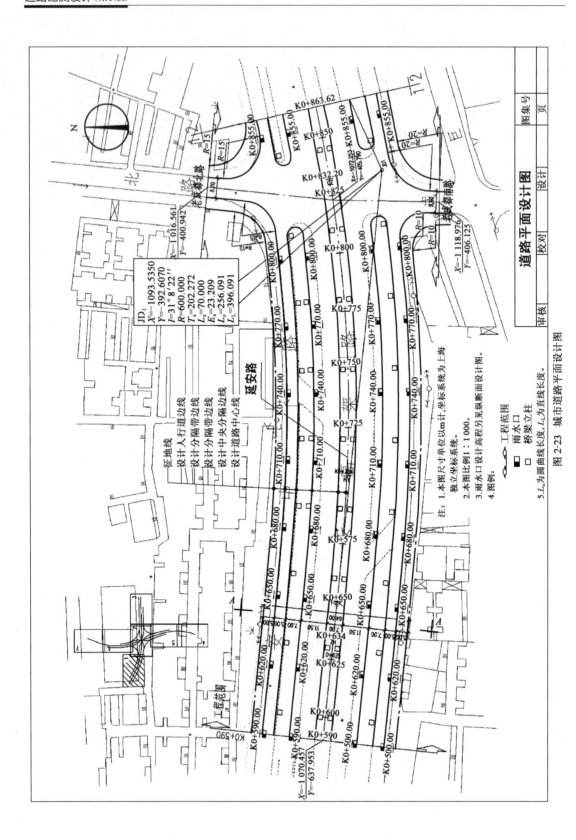

图 2-23 城市道路平面设计图

【待深入研究的问题】

教材主要从汽车行驶稳定性和驾驶员舒适性角度,将圆曲线和缓和曲线作为动力设计要素,讨论圆曲线极限半径和缓和曲线参数的确定,而在确定直线最大长度时是基于经验和驾驶员疲劳特性考虑的,并没有把直线作为动力要素考虑,导致设计者在确定直线最大长度时很难量化和掌握。因此,如何量化直线的最大长度指标是值得深入研究的课题和难题。另外,从交通安全的角度,平面线形要素之间如何组合才符合汽车行驶动态要求,采用什么指标评价平面线形设计的连续性也有待深入研究。

【习题与思考题】

2-1 汽车行驶轨迹有哪些特征?道路平面线形由哪些要素组成?

2-2 为何要限制直线的长度?

2-3 公路的最小圆曲线半径有几种?分别在何种情况下使用?

2-4 缓和曲线的作用是什么?确定其长度应考虑哪些因素?

2-5 设某二级公路设计速度为80km/h,路拱横坡度为2%。

(1)试求不设超高的圆曲线半径及设置超高($i_h=8\%$)的极限最小半径(μ值分别取0.035和0.15)。

(2)当采用极限最小半径时,缓和曲线长度应为多少(路面宽$B=9$m,超高渐变率取1/150)?

2-6 某丘陵区公路,设计速度为40km/h,如图2-24所示,路线转角$\alpha_{4右}=95°04'38''$、$\alpha_{5左}=69°20'28''$,JD_4至JD_5的距离$D=267.71$m。由于地形限制,选定$R_4=110$m、$L_{s4}=70$m,试定JD_5的圆曲线半径R_5和缓和曲线长L_{s5}。

2-7 某山岭区二级路设计速度为60km/h,路线转角如图2-25所示,JD_1至JD_2、JD_2至JD_3的距离分别为458.96m、560.54m。选定$R_1=300$,$L_{s1}=65$m,试确定JD_2、JD_3的圆曲线半径和缓和曲线长度。

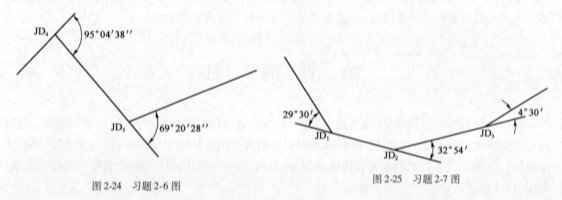

图2-24 习题2-6图　　　　图2-25 习题2-7图

第三章 纵断面设计

【学习目的与要求】

通过本章的学习,使学生理解并掌握纵断面设计的主要任务、基本原理、原则和要求;理解并掌握汽车动力特性及其对纵断面设计的影响;掌握纵坡极限指标的确定方法和相关规定,以及影响纵坡设计的主要因素;掌握竖曲线的特点、半径大小及其长度的规定;掌握平纵面组合设计的基本要求;掌握纵断面设计的步骤和方法;了解驾驶员视觉特性及其对线形设计的影响,以及道路立体线形质量的检查评价方法;了解道路纵断面设计主要成果等内容。

第一节 概 述

陆地表面是高低起伏变化的,当这种起伏不大时,道路可以顺应地形修建,当起伏剧烈,不能满足汽车的动力性能和平稳性要求时,就需要对道路经过的区域进行填挖处理(包括修建桥隧等构造物),以保证汽车行驶的安全和快速,同时还要考虑经济性及对环境的影响等。这些都是纵断面设计的工作。

为了便于学习和理解,本节首先介绍纵断面图,从概念入手,使学生直观了解纵断面设计的主要内容。图 3-1 为路线纵断面图。纵断面图是道路纵断面设计的主要成果,也是道路设计的技术文件之一。把道路的纵断面图与平面图结合起来,就能准确地定出道路的基本空间位置。

第三章 纵断面设计

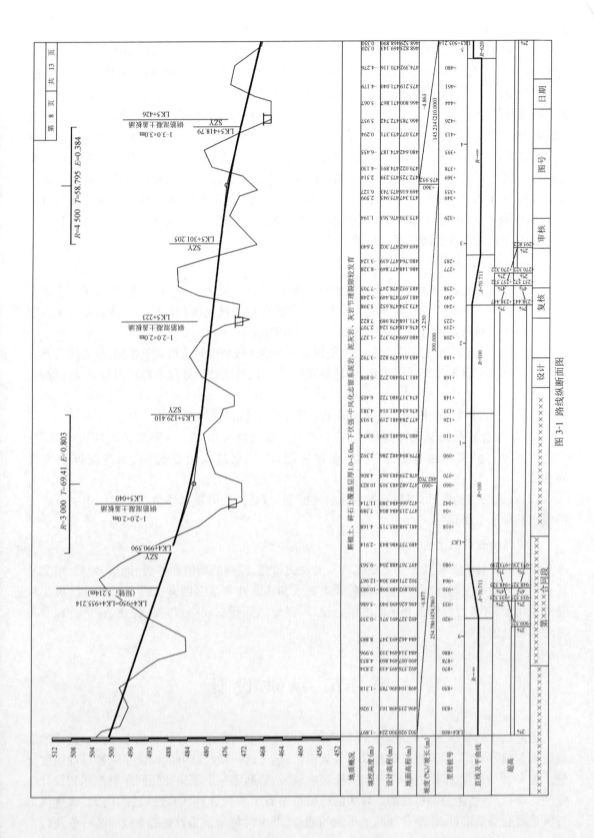

图 3-1 路线纵断面图

1. 纵断面图的组成

所谓纵断面,即沿着道路中线竖直剖切然后展开的立面投影。由于道路路线是由直线与曲线组合而成,故剖切面既有平面又有曲面(柱面),为了清楚地表示出路线纵断面情况,把剖切面展开(展开时不改变路线纵坡度)成一立面,即路线纵断面图,纵断面图的长度就是路线的长度。在纵断面图中有两条主要的线:一条是地面线,它是根据中线上各桩点的高程而点绘的一条不规则的折线,平面线形确定后,地面线即可唯一地确定,对于新建道路而言,地面线反映了沿着中线地面的起伏变化情况;另一条是设计线,它是经过技术上、经济上以及美学上等多方面比较后确定的,具有规则形状的几何线形,反映了路线的起伏变化状况,以及路线的纵向设计坡度和竖曲线。另外,为了表现平纵面配合的情况、纵断面设计指标、填挖状况、道路经过区域的地质情况等,在纵断面图下面的资料表中设有直线及平曲线、坡度/坡长、填挖高度和地质概况等栏目。不同的设计阶段,对纵断面图内容的要求不同。

2. 纵断面设计中的几点规定

纵断面设计线是由直线和竖曲线组成的。直线(即均匀坡度线)有上坡和下坡,用坡度和水平长度表示,不计斜长。直线的坡度和长度影响着汽车的行驶速度和运输的经济以及行车的安全,其相关临界值根据通行的汽车类型及行驶性能确定。

在直线的坡度转折处为了平顺过渡,要设置竖曲线。按坡度转折形式的不同,竖曲线有凹有凸,其大小可用半径和水平长度表示,不计曲线长。另外,坡度转折处(变坡点)只计坡度代数差,不计角度。

一般而言,路线纵断面图上的设计高程(即路基设计高程)应符合以下规定:

(1)新建公路的路基设计高程:高速公路和一级公路采用中央分隔带的外侧边缘高程;二、三、四级公路采用路基边缘高程,在设置超高、加宽路段为设超高、加宽前该处边缘高程。

(2)改建公路的设计高程:宜按新建公路的规定执行,也可视具体情况而采用中央分隔带中线或行车道中线高程。

3. 纵断面设计的主要任务

纵断面设计的主要任务就是根据汽车的动力特性、道路的功能和等级、地形、地质、水文及其他自然环境的限制,综合考虑工程的技术要求和经济性等诸多因素,合理确定坡度、坡长和竖曲线半径,并进行纵断面和平面的组合设计,以便达到行车安全、环保、快速、经济合理及乘客感觉舒适的目的。

第二节 纵坡设计

道路设计的要求之一就是确保车辆在同一设计速度的路段上行驶时状态一致。设计速度确定后,与线形有关的其他设计要素都有规定值,通过这一做法就可以保证车辆按设计速度行驶。但是,纵坡因汽车动力性能不同所受影响较大,要制定一个能保证任何车辆都达到设计速度的标准,在经济上是不可取的。较大的纵坡可节省工程投资,但随着纵坡的增大,载重汽车行驶速度会显著降低,影响其他高速车辆的通行,严重时将导致道路通行能力下降,危及行车安全,甚至导致交通事故。所以,应限制最大纵坡值。

理解关于坡度规定的原理并正确地运用到设计中,首先要研究有关汽车的行驶性能,特别是爬坡性能,然后在此基础上进一步了解车速与坡度的关系,以及在一定速度下坡度与行驶距离的关系。其主要目的是解决各种临界坡度值及其长度的规定问题。

一、最大纵坡

最大纵坡是指在纵坡设计时各级道路允许采用的最大坡度值。它是道路纵断面设计的重要控制指标。在地形起伏较大地区,其直接影响路线的长短、使用质量、运输成本及造价。

各级道路允许的最大纵坡应结合汽车的动力特性、道路等级、自然条件以及工程和运营经济等因素,通过综合分析,全面考虑,合理确定。

1. 汽车的动力及运行特性

为了使学生对汽车的动力性能有一个大致的了解,下面简要列出相应的公式,详细地推导过程可以参考汽车理论方面的书籍。

根据运动学定律,车辆在坡道上按一定速度行驶所需要的动力为:

$$F_v = \frac{W_v}{g}a_v = T - F_r - F_a - F_g \tag{3-1}$$

式中:F_v——驱动车辆按速度 V 行驶所需的力(N);

W_v——车重(N);

g——重力加速度,9.8m/s²;

a_v——车辆的加速度(m/s²);

T——车辆的牵引力(N);

F_r——滚动阻力(N);

F_a——空气阻力(N);

F_g——坡度阻力(N)。

各个参数的计算如下:

(1)车辆的牵引力 T

按式(3-2)计算:

$$T = 3\,600\frac{P_e}{V}\eta_T \tag{3-2}$$

式中:P_e——发动机功率(kW);

V——汽车行驶速度(km/h);

η_T——传动效率,取 0.85。

(2)滚动阻力 F_r

滚动阻力与轮胎类型、路面状况和行驶速度有关,对于子午线轮胎,滚动阻力可按式(3-3)近似计算:

$$F_r = 0.001 \times W_v \times (C_1 + C_2 V) \tag{3-3}$$

式中:C_1——参数,子午线轮胎取6,混合轮胎取5.3;

C_2——参数,子午线轮胎取0.068,混合轮胎取0.044。

显然,滚动阻力 F_r 随车速呈线性增加。

(3) 坡度阻力 F_g

坡度阻力为车重在平行于路面方向的分力,按式(3-4)计算:

$$F_g = W_v \sin\alpha \tag{3-4}$$

式中:α——坡道的倾角。

因此,坡度阻力是一个变化的常数,与车辆的重力及坡度呈函数关系。

(4) 空气阻力 F_a

汽车在空气介质中运动时所产生的空气阻力 F_a 可按式(3-5)计算:

$$F_a = 0.5 KA\rho v^2 \tag{3-5}$$

式中:ρ——空气密度,一般取 $1.2258\text{N}\cdot\text{s}^2/\text{m}^4$;

K——空气阻力系数;

A——迎风面积(m^2);

v——车辆行驶速度(m/s)。

用 V(km/h)表达上述公式并化简,得:

$$F_a = \frac{KAV^2}{21.15}$$

根据国外的研究成果,对于载重汽车,空气阻力系数 K 在 $0.6 \sim 0.7$ 之间,与车辆外形有关,迎风面积与车辆尺寸有关,参见表3-1。

汽车的空气阻力系数与迎风面积表　　　　表3-1

车　　型	迎风面积 $A(\text{m}^2)$	空气阻力系数 K
小客车	1.4~1.9	0.32~0.50
载重汽车	3.0~7.0	0.60~1.00
大客车	4.0~7.0	0.50~0.80

车辆行驶距离可通过式(3-6)计算:

$$s = \frac{Vt}{3.6} + 0.5 a_v t^2 \tag{3-6}$$

$$V_n = V_{n-1} + a_v t \tag{3-7}$$

式中:s——行驶距离(m);

V——行驶速度(km/h);

V_n——当前时刻的速度(km/h);

V_{n-1}——前一时刻的速度(km/h);

t——时间间隔,计算时可假定为1s。

假定初始速度和道路坡度,利用式(3-1)就可以算出某型汽车上坡瞬时的加速度,给定时间间隔 t,就可利用式(3-6)计算出该时间间隔内的行驶距离。图3-2 是美国 AASHTO 绿皮书中采用此方法计算绘制的速度-距离曲线图,图3-3 根据长安大学在20世纪90年代理论推导计算的结果绘制的加、减速行程图,图3-4 根据我国制定规范时验证试验的结果绘制的速度-距离曲线图。三个成果表现出的具体数字不完全相同,这是由于选用的车辆类型和道路参数不同造成的,但反映出的车辆在坡道上行驶特性变化趋势是一致的,对指导纵坡设计具有重要参考作用。

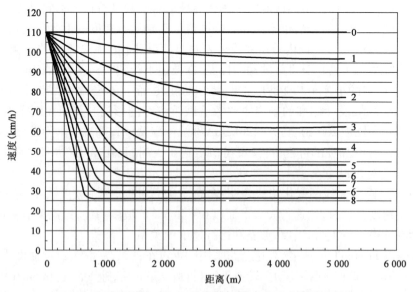

图 3-2 标准载重车(120kg/kW)减速行驶速度-距离曲线图(上坡)
0,1,2,3,4,5,6,7,8,9-坡度

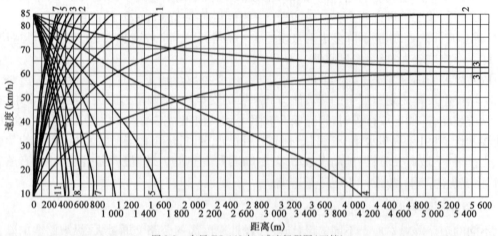

图 3-3 东风 EQ-140 加、减速行程图(五挡)
1,2,3,4,5,6,7,8-道路阻力系数

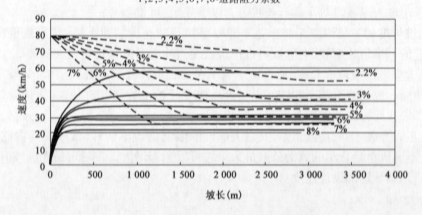

图 3-4 典型载重汽车(107kg/kW)的速度-距离曲线

从图 3-2～图 3-4 可见,不同性能的车辆受纵坡的影响程度有很大不同,另外,相同性能的车辆载质量不同,受纵坡的影响也不同。影响坡道上车辆运行速度的重要参数是重力/功率比(车辆重力除以车辆功率)。国内外研究成果表明,具有相同重力/功率比的车辆,具有相同的爬坡能力。小客车由于其自身良好的动力性能,在坡道上行驶时,受纵坡的影响小。美国研究资料表明,几乎所有的小客车都能适应 4%～5% 的陡坡,而且不会减速,纵坡设计比较容易满足其要求,因此,纵坡设计标准的制定主要考虑载重汽车的影响。美国在制定纵坡设计标准时,选择重力/功率比为 200 磅/马力(120kg/kW)的标准重型载重汽车作为设计车辆。我国在制定《公路路线设计规范》的过程中,开展类似专题研究时,采用重力/功率比为 107kg/kW 的东风 8t 载重车为标准载重车。

车辆的速度-距离曲线图变化趋势表明:车辆上坡行驶时,不论坡度大小,速度均下降,然后稳定在一定速度上,保持匀速行驶。下面以 6% 和 3% 的坡度为例,讨论车辆上坡行驶特性,以阐明车辆在坡道上行驶时,坡度、坡长和运行速度的关系。

假定车辆以 110km/h 的速度(高速公路采用载重汽车的最高速度,设计速度小于 60km/h)驶入坡度为 6% 的上坡道,保持发动机转速不变,行驶 750m 后,速度降到 60km/h;继续沿着该曲线行驶 300m,速度将降到 43km/h,再行驶约 950m,速度将稳定在 37km/h,此处距离爬坡起点 2 000m,而后,车辆将保持匀速行驶。如果坡度为 3%,开始时的速度仍为 110km/h,车辆上坡行驶 1 100m 后,速度仍可达到 80km/h;行驶 3 400m 后将保持 62km/h 的速度匀速行驶。这说明:车辆上坡行驶时,速度下降多少与坡度的大小有很大关系,坡度越大,速度下降得越快,并且速度下降值也越大,稳定速度越低。

最大纵坡的确定除了考虑车辆的上坡性能,还要考虑车辆下坡时的安全问题。道路上行驶的车辆类型及其规定速度下的爬坡能力和下坡的安全性,是确定道路最大纵坡的常用方法。

纵坡过陡,车辆上坡行驶时,因克服升坡阻力和其他阻力需增大牵引力,因此车速会降低,若陡坡过长,将引起汽车水箱"开锅"、气阻等情况,严重时,还可能导致发动机熄火,使驾驶条件恶化;车辆下坡行驶时,因制动次数增多,制动器易发热而失效,很容易引发事故,当道路湿滑时,情况更为严重,故设计中应尽量避免。

2. 道路等级和功能

不同的道路等级对应于不同的设计速度,设计速度高的公路交通量大,纵坡路段的降速不宜大,相应地其纵坡坡度要小。

日本确定最大纵坡时对车辆行驶状态有以下规定,可供参考:

(1)纵坡坡度的一般值应保证小客车能以平均行驶速度匀速上坡,普通载重汽车大致能以设计速度的一半匀速上坡,有的教材也把该坡度值称为不限长度的最大纵坡。

(2)最大纵坡的坡度和长度,应保证小客车在坡底以设计速度开始上坡,到坡顶时能保持平均行驶速度。普通载重汽车在坡底以其最高速度开始上坡,到坡顶时能保持设计速度的一半。显然车辆在此种纵坡路段是变速行驶状态。

另外,不同等级、不同功能道路,其最大纵坡的限制值也不一样,重车交通占比大时,最大纵坡宜小,不通行重型货车的旅游公路最大纵坡可以适当增大。在确定最大纵坡时,必须保证各等级道路达到规定的设计速度。

3. 自然条件

公路所经地区的地形起伏情况、海拔高度、气温、降雨、冰雪等自然因素对汽车的行驶条件和爬坡能力都会产生影响。处于长期冰冻地区的道路须避免采用陡坡,以防止行车下滑等不安全因素的产生。

除了上述因素外,还要考虑环境影响和运营经济性等。如最大纵坡标准过高(最大纵坡规定得过小),实际工程中将会出现大的填挖,工程量大,工程投入大,同时破坏环境。最大纵坡越大,工程费用越省,但运营费用较高,需统筹考虑。

《标准》在确定各级公路最大纵坡时,主要考虑了载重汽车的爬坡性能和公路的通行能力两方面因素的影响。对于一般公路,偏重于考虑爬坡性能,而对于高速公路、一级公路,则偏重于车辆的快速安全行驶,因为快速安全是保障通行能力的前提。

我国《标准》规定的各级公路最大纵坡如表3-2所示。

各级公路最大纵坡　　　　　　　　表3-2

设计速度(km/h)	120	100	80	60	40	30	20
最大坡度(%)	3	4	5	6	7	8	9

世界上其他国家对于80km/h以上设计速度的公路,最大纵坡规定见表3-3。可以看出,多数国家对设计速度为120km/h的公路的最大纵坡规定为3%或4%。

其他国家最大纵坡规定(%)　　　　　　　表3-3

国　　家		设计速度(km/h)						
		80	90	100	110	120	130	140
澳大利亚		—	—	3	—	3	—	3
法国		6	—	5	—	—	—	—
德国		6	5	4.5	—	—	—	—
希腊		8	7	5	4.5	4	3	—
瑞士		8	—	6	—	4	—	—
意大利		6	5	5	5	5	5	5
加拿大		4~6	4~5	3~5	3	3	3	3
日本		4	—	3	—	2	—	—
英国		3	3	3	3	3	3	3
美国	平原区	4	4	3	3	3	3	3
	丘陵区	5	5	4	4	3	3	3
	山岭区	6	6	5	5	—	—	—

考虑到地区差异和改建工程等的特殊性,我国《规范》明确指出:

设计速度为120km/h、100km/h、80km/h的高速公路,受地形条件或其他特殊情况限制时,经技术经济论证,最大纵坡可增加1%。

设计速度为40km/h、30km/h、20km/h的公路,改建工程利用原有公路的路段,经技术经济论证,最大纵坡可增加1%。

四级公路位于海拔2 000m以上或积雪冰冻地区的路段,最大纵坡不应大于8%。

对桥上及桥头路线的纵坡,应符合下列规定:

(1)小桥处的纵坡应随路线纵坡设计。

(2)桥梁及其引道的平、纵、横技术指标应与路线总体布设相协调,各项技术指标应符合路线布设规定。大、中桥上纵坡不宜大于4%,桥头引道纵坡不宜大于5%,引道紧接桥头部分的线形应与桥上线形相配合。

(3)易结冰、积雪的桥梁,桥上纵坡应适当减小。

(4)位于城镇混合交通繁忙处的桥梁,桥上及桥头引道纵坡均不得大于3%。

隧道及其洞口两端路线的纵坡应符合下列规定:

(1)隧道内纵坡应大于0.3%并小于3%,但短于100m的隧道不受此限。

(2)高速公路、一级公路的中、短隧道,当条件受限制时,经技术经济论证后,最大纵坡可适当加大,但不宜大于4%。

(3)隧道内的纵坡宜设置成单向坡;地下水发育的隧道及特长、长隧道宜采用人字坡。

(4)位于城镇附近且非汽车交通量较大的路段,其纵坡可根据具体情况适当放缓。

城市道路上非机动车较多,纵坡规定一般比公路的小。城市道路最大纵坡约相当于公路按设计速度计的最大纵坡减小1%。

二、高原纵坡折减

在高海拔地区,因空气密度下降而使汽车发动机功率、汽车的驱动力以及空气阻力降低,导致汽车的爬坡能力下降。另外,汽车水箱中的水易于沸腾而破坏冷却系统。为此,在高原地区除了对汽车本身要采用一些措施使得汽油充分燃烧,避免随海拔增高而使功率降低过大外,在道路纵坡设计中应适当采用较小的坡度。

《规范》规定:设计速度小于或等于80km/h,位于海拔3 000m以上的高原地区公路,最大纵坡值应按表3-4的规定予以折减。最大纵坡折减后若小于4%,则应采用4%。

高原纵坡折减值　　　　　　　　表3-4

海拔高度(m)	3 000~4 000	>4 000~5 000	>5 000
折减值(%)	1	2	3

三、最小纵坡

在挖方路段、设置边沟的低填方路段和其他横向排水不畅的路段,为了保证排水,防止水渗入路基而影响路基的稳定性,应设置不小于0.3%的纵坡(一般情况下不宜小于0.5%)。当横向排水不畅的路段或长路堑路段采用平坡(0%)或小于0.3%的纵坡时,其边沟应进行纵向排水设计。

四、坡长限制

坡长是纵断面上相邻两变坡点间的长度。坡长限制,主要是对较陡纵坡的最大长度和一般纵坡的最小长度加以限制。

只有坡度控制不是一个完整的设计控制,还必须考虑与坡度相对应的坡长,而纵坡长度又与车辆的运行状态有关。若坡度大,但很短,对速度的影响也不会太大;反之,若纵坡不大,但很长,对速度的影响也会很大。因此,坡度与坡长应统一考虑,避免出现陡且长的纵坡(或称为长大纵坡)。

1. 最小坡长

纵断面上若变坡点过多,从行车的角度来看,纵向起伏变化频繁,车速越高表现越明显,影响行车的舒适和安全；从线形几何构成来看，相邻变坡点之间的距离不宜过短，以免出现所谓的驼峰式纵断面，如图3-5所示。因此，最短坡长应不小于相邻竖曲线的切线长，以便插入适当的竖曲线来缓和纵坡，同时也便于平纵面线形的合理组合与布置。因此，从行车的平顺性和几何线形的连续性考虑，纵坡不宜过短。

最小坡长通常规定宜为汽车按设计速度行驶9~15s的行程。在高速公路上，9s行程的长度已满足行车及几何线形布设的要求；在低速公路上，为满足行车和布线的要求可取较大值，《标准》和《城规》规定了各级道路的最小坡长，如表3-5和表3-6所示。

图3-5 驼峰式纵断面

各级公路最小坡长   表3-5

设计速度(km/h)	120	100	80	60	40	30	20
最小坡长(m)	300	250	200	150	120	100	60

城市道路最小坡长   表3-6

设计速度(km/h)	80	60	50	40	30	20
最小坡长(m)	290	170	140	110	85	60

2. 最大坡长

设计车辆（一般采用满载载重汽车）在某一坡度下行驶时，自然减速至最低容许速度所能通过的最大距离称为最大坡长。显然，设计时采用的设计车辆的性能和重量、车辆在坡底的起始速度以及到达坡顶的最低容许速度影响最大坡长的长度。国际上不同的国家在确定最大坡长标准时，设计车辆的比功率在8~10ton/hp（吨/马力）之间；坡底的起始速度为65~80km/h（当设计速度≥80km/h时）或者采用设计速度（当设计速度<80km/h时）；坡顶的最低容许速度一般比坡底速度低15~20km/h，即速度降低值为15~20km/h。

坡长太短对行车不利，而长距离的陡坡对行车也很不利。特别是当纵坡坡度为5%以上时，汽车上坡时为克服坡度阻力，需采用低速挡行驶，如坡长过长，长时间使用低速挡行驶，会使发动机过热，水箱沸腾，行驶无力；而下坡时，则因坡度过陡、坡段过长，频繁制动，易出现制动失效，造成交通事故，影响行车安全。在高速道路以及快慢车混合行驶的道路上，坡度大、坡长过长会影响行车速度和通行能力，因此对纵坡长度也必须加以限制。我国在制定各级公路纵坡长度的限制标准时，进行了大量的调查和试验研究工作，同时也参考了国内外大量资料。在此基础上，《标准》及《城规》规定的最大坡长，见表3-7~表3-9。

各级公路纵坡长度限制(m)   表3-7

设计速度(km/h)		120	100	80	60	40	30	20
纵坡坡度(%)	3	900	1 000	1 100	1 200	—	—	—
	4	700	800	900	1 000	1 100	1 100	1 200
	5	—	600	700	800	900	900	1 000

续上表

设计速度(km/h)		120	100	80	60	40	30	20
纵坡坡度(%)	6	—	—	500	600	700	700	800
	7	—	—	—	—	500	500	600
	8	—	—	—	—	—	300	400
	9	—	—	—	—	—	—	200

城市道路纵坡长度限制　　　　表3-8

设计速度(km/h)	100	80	60			50			40		
纵坡(%)	4	5	6	6.5	7	6	6.5	7	6.5	7	8
最大坡长(m)	700	600	400	350	300	350	300	250	300	250	200

城市道路非机动车道最大坡长(m)　　　　表3-9

纵坡(%)		3.5	3.0	2.5
最大坡长(m)	自行车	150	200	300
	三轮车	—	100	150

高速公路和一级公路纵坡及坡长的选用应充分考虑车辆运行质量的要求。对高速公路，即使纵坡为2%，其坡长也不宜过长。

3. 缓和坡段

我国在制定《公路工程技术标准》(JTG B01—2014)时，根据一些研究结论，认为："在长陡纵坡设置缓坡，不利于下坡方向车辆减速，可能会给驾驶员造成进入平坡或反坡的错觉"。但从汽车行驶的动力学性能看，在连续上坡路段，为了汽车行驶速度的恢复，仍需设置较缓的纵坡路段。

《规范》中明确要求：各级公路的连续上坡路段，应根据载重汽车上坡时的速度折减变化，在不大于表3-7规定的纵坡长度之间设置缓和坡段。其设置应符合下列规定：设计速度小于或等于80km/h时，缓和坡段的纵坡应不大于3%；设计速度大于80km/h时，缓和坡段的纵坡应不大于2.5%。并且缓和坡段的长度应大于表3-5的规定。

需要强调指出，《规范》给出的缓和坡段的长度规定值是最小值，远不能满足速度恢复的需要。科学合理地设置缓和坡段，需要结合缓坡的坡度大小和速度恢复值，计算确定缓和坡段的长度。

为了便于理解和应用，下面以图3-6为例，说明坡度、坡长与速度恢复值的关系。图3-6是美国AASHTO绿皮书中给出的车辆加速行驶速度-距离曲线。从图中可以看出，在明确车辆当前速度和末速度(速度恢复值)的前提下，给定缓和坡段的坡度，利用该图就可以确定出所需缓和坡段长度。很显然，坡度越小越有利于车辆的加速，速度恢复越快，需要的长度相应缩短；在坡度一定的情况下，速度恢复值越大，需要的坡段长度也越长。缓和坡段的设计应该以车辆动力学为依据，长度应满足上坡前的坡底速度要求。

缓和坡段的具体位置应结合纵向地形起伏情况，尽量减少填挖方工程数量，同时考虑路线的平面线形要素设置。一般情况下，缓和坡段宜设置在平面的直线或较大半径的平曲线上，以便充分发挥缓和坡段的作用,提高整条道路的使用质量。在必须设置缓和坡段而地形较困难的地段,可以将缓和坡段设于半径比较小的平曲线上,但应适当增加缓和坡段的长度,以使缓和坡段端部的竖曲线位于小半径平曲线之外。这对提高行驶质量、保证行车安全是必要的。

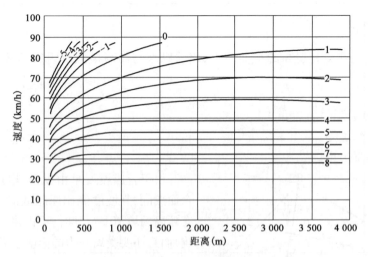

图 3-6　标准载重车(120kg/kW)加速行驶速度-距离曲线图(下坡)
1,2,3,4,5,6,7,8-坡度

五、平均纵坡

平均纵坡(i_p)是指在一定长度路段内,路线在纵向所克服的高差值与该路段的距离之比,用百分率(%)表示。它是衡量纵面线形质量的一个重要指标。

$$i_p = \frac{H}{L} \tag{3-8}$$

式中:H——相对高差(m);
　　　L——路线长度(m)。

路线纵坡设计时,当地形困难、高差很大时,可能不断交替地运用最大纵坡(并达到限制坡长)和缓和坡段(往往接近最短坡长),形成所谓的"台阶式"纵断面,不能保证使用质量。载重汽车在这样的坡段上行驶,上坡会长时间地使用低速挡,使发动机长时间发热,容易出现车辆水箱沸腾的现象;下坡则需频繁制动,驾驶员精神紧张,也易引起制动失效、车辆失控等不良后果。因此,有必要从行车顺利和安全的角度来控制纵坡平均值。这样既可保证路线的平均纵坡不致过陡,也可以避免局部地段使用过大的平均纵坡。

为了合理地运用最大纵坡、坡长限制和缓和坡段的规定,保证纵坡均衡匀顺,确保行车安全和舒适,《规范》规定:二级公路、三级公路、四级公路的越岭路线连续上坡或下坡路段,相对高差为200～500m时,平均纵坡不应大于5.5%;相对高差大于500m时,平均纵坡应不大于5.0%,任意连续3km路段的平均纵坡宜不大于5.5%。

高速公路、一级公路连续长、陡下坡路段的平均坡度与连续坡长不宜超过表3-10的规定;超过时,应进行交通安全评价,提出路段速度控制和通行管理方案,完善交通工程和安全设施,并论证增设货车强制停车区。

连续长、陡下坡的平均坡度与连续坡长   表3-10

平均坡度(%)	<2.5	2.5	3.0	3.5	4.0	4.5	5.0	5.5	6.0
连续坡长(km)	不限	20.0	14.8	9.3	6.8	5.4	4.4	3.8	3.3
相对高差(m)	不限	500	450	330	270	240	220	210	200

六、合成坡度

合成坡度是指在设有超高的平曲线上，路线纵坡与超高横坡所组成的坡度，如图3-7所示。计算公式为：

$$I = \sqrt{i^2 + i_h^2} \tag{3-9}$$

式中：I——合成坡度；

i——路线纵坡度；

i_h——超高横坡度。

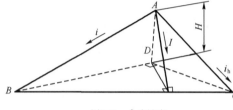

图3-7 合成坡度

由于合成坡度是由纵向坡度与横向坡度组合而成的，其坡度值比原路线纵坡大，汽车在设有超高的坡道上行驶时，不仅要受坡度阻力的影响，而且还要受离心力的影响。尤其是当纵坡大而平曲线半径小时，合成坡度大，使汽车重心发生偏移，会给汽车行驶带来危险。所以，当平曲线与坡度组合时，为了防止汽车沿合成坡度方向滑移，应将超高横坡与纵坡的组合控制在适当的范围内。

实践证明，合成坡度对于控制急弯和陡坡组合路段的纵坡设计是非常必要的，在条件许可时，宜采用较小的合成坡度。

我国《规范》规定：在设有超高的平曲线上，超高与纵坡的合成坡度值不得超过表3-11的规定，在积雪或冰冻地区，合成坡度值不应大于8%。

公路最大合成坡度   表3-11

公路技术等级	高速公路、一级公路				二级公路、三级公路、四级公路				
设计速度(km/h)	120	100	80	60	80	60	40	30	20
合成坡度值(%)	10.0	10.0	10.5	10.5	9.0	9.5	10.0	10.0	10.0

为了保证路面排水，《规范》还规定各级公路的最小合成坡度不宜小于0.5%；当合成坡度小于0.5%时，应采用综合排水措施，以保证路面排水畅通。

第三节 竖 曲 线

纵断面上两个坡段的转折处，为了行车安全、舒适并满足视距需要，常用一段曲线缓和，这条曲线称为竖曲线。竖曲线的线形可采用圆曲线，也可采用抛物线形。通常在公路设计中，圆曲线和抛物线几乎没有差别，但在设计和计算上，抛物线则比圆曲线方便得多，因此设计上一般采用二次抛物线作为竖曲线。

一、竖曲线要素的计算公式

取 xOy 坐标系如图 3-8 所示,以竖曲线起点为原点,横坐标为路线里程长度,纵坐标为竖向高程。设变坡点相邻两直坡段坡度分别为 i_1 和 i_2,它们的代数差用 ω 表示,即 $\omega = i_2 - i_1$,当 ω 为"+"时,表示凹形竖曲线;ω 为"-"时,表示凸形竖曲线。

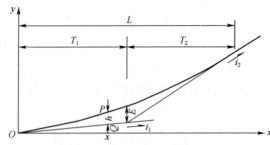

图 3-8 竖曲线要素示意图

在图 3-8 的坐标系下,二次抛物线一般方程为:

$$y = \frac{1}{2k}x^2 + ix \tag{3-10}$$

式中:k——抛物线曲率半径。

在竖曲线上,任一点 P,其斜率为:

$$i_P = \frac{dy}{dx} = \frac{x}{k} + i$$

抛物线上任一点的曲率半径为:

$$R = \frac{\left[1 + \left(\frac{dy}{dx}\right)^2\right]^{3/2}}{\frac{d^2y}{dx^2}}$$

其中,$\frac{dy}{dx} = i$,$\frac{d^2y}{dx^2} = \frac{1}{k}$,代入上式,得:

$$R = k(1 + i^2)^{3/2}$$

因为 i 介于 i_1 和 i_2 之间,且 i_1、i_2 均很小,故 i^2 可略去不计,则:

$$R \approx k$$

在竖曲线起点,即 $x = 0$ 时,$i = i_1$,则:

$$y = \frac{x^2}{2R} + i_1 x \tag{3-11}$$

在竖曲线终点,即 $x = L$ 时,$i = \frac{L}{k} + i_1 = i_2$,则:

$$k = \frac{L}{i_2 - i_1} = \frac{L}{\omega}$$

即:

$$R = \frac{L}{\omega} \quad L = R\omega \tag{3-12}$$

因为 $T = T_1 \approx T_2$,则:

$$T = \frac{L}{2} = \frac{R\omega}{2} \tag{3-13}$$

竖曲线上任一点竖距 h，因为 $h = PQ = y_P - y_Q = \dfrac{x^2}{2R} + i_1 x - i_1 x$，则：

$$h = \dfrac{x^2}{2R} \tag{3-14}$$

竖曲线外距 E：

$$E = \dfrac{T^2}{2R} \quad \text{或} \quad E = \dfrac{R\omega^2}{8} = \dfrac{L\omega}{8} = \dfrac{T\omega}{4} \tag{3-15}$$

二、竖曲线的最小半径

在纵断面设计中，竖曲线的设计要受众多因素的限制，其中有三个限制因素决定着竖曲线的最小半径或最小长度。

1. 缓和冲击

汽车行驶在竖曲线上时，产生径向离心力。这个力在凹形竖曲线上是增重，在凸形竖曲线上是减重。这种增重与减重达到某种程度时，旅客会有不舒适的感觉，同时对汽车的悬架系统也有不利影响，所以确定竖曲线半径时，对离心加速度应加以控制。汽车在竖曲线上行驶时其离心加速度为：

$$a = \dfrac{v^2}{R} \quad (\text{m/s}^2)$$

用 $V(\text{km/h})$ 表示并整理，得：

$$R = \dfrac{V^2}{13a} \quad (\text{m})$$

根据试验结果，离心加速度 a 限制在 $0.5 \sim 0.7 \text{m/s}^2$ 比较合适。但考虑到不因冲击而造成的不舒适感，以及视觉平顺等要求，我国《标准》规定的凹形竖曲线最小半径值与式(3-16)计算结果极相近，相当于 $a = 0.278\text{m/s}^2$。

$$R_{\min} = \dfrac{V^2}{3.6} \quad \text{或} \quad L_{\min} = \dfrac{V^2 \omega}{3.6} \tag{3-16}$$

2. 行驶时间不过短

汽车从直坡道行驶到竖曲线上，尽管竖曲线半径较大，当坡角很小时，竖曲线长度也很短。其长度过短，汽车倏忽而过，驾驶员会产生变坡很急的错觉，旅客也会感到不舒适。因此，汽车在竖曲线上的行驶时间不应过短，最短应满足以设计速度行驶3s的行程，即：

$$L_{\min} = \dfrac{V}{3.6} t = \dfrac{V}{1.2} \tag{3-17}$$

3. 满足视距的要求

汽车行驶在竖曲线上，若为凸形竖曲线，如果半径太小，会阻挡驾驶员的视线；若为凹形竖曲线，也同样存在视距问题。地形起伏较大地区的道路，夜间行车时，若竖曲线半径过小，前灯照射距离近，将会影响行车速度和安全；高速公路及城市道路跨线桥、门式交通标志及广告宣传牌等，如果它们正好处在凹形竖曲线上方，也会影响驾驶员的视线。因此为了保证行车安全,对竖曲线的最小半径和最小长度应加以限制。

1) 凸形竖曲线的最小半径和最小长度

凸形竖曲线最小长度应以满足停车视距要求为主,按竖曲线长度 L 和停车视距 S_T 的关系分为两种情况。

(1) 当 $L < S_T$ 时(图 3-9):

$$h_1 = \frac{d_1^2}{2R} - \frac{t_1^2}{2R} \quad \text{则} \quad d_1 = \sqrt{2Rh_1 + t_1^2}$$

$$h_2 = \frac{d_2^2}{2R} - \frac{t_2^2}{2R} \quad \text{则} \quad d_2 = \sqrt{2Rh_2 + t_2^2}$$

式中:R——竖曲线半径(m);

h_1——驾驶员视线高(m),即目高 $h_1 = 1.2\text{m}$;

h_2——障碍物高(m),即物高 $h_2 = 0.1\text{m}$。

由 $t_1 = d_1 - l = \sqrt{2Rh_1 + t_1^2} - l$,得:

$$t_1 = \frac{Rh_1}{l} - \frac{l}{2}$$

由 $t_2 = d_2 - (L - l) = \sqrt{2Rh_2 + t_2^2} - (L - l)$,得:

$$t_2 = \frac{Rh_2}{L - l} - \frac{L - l}{2}$$

视距长度:

$$S_T = t_1 + L + t_2 = \frac{Rh_1}{l} + \frac{L}{2} + \frac{Rh_2}{L - l}$$

令 $\dfrac{dS_T}{dl} = 0$,解得 $l = \dfrac{\sqrt{h_1}}{\sqrt{h_1} + \sqrt{h_2}} L$,代入上式:

$$\left.\begin{aligned}S_T &= \frac{R}{L}(\sqrt{h_1} + \sqrt{h_2})^2 + \frac{L}{2} = \frac{(\sqrt{h_1} + \sqrt{h_2})^2}{\omega} + \frac{L}{2} \\ L_{\min} &= 2S_T - \frac{2(\sqrt{h_1} + \sqrt{h_2})^2}{\omega} = 2S_T - \frac{4}{\omega}\end{aligned}\right\} \quad (3\text{-}18)$$

(2) 当 $L \geqslant S_T$ 时(图 3-10):

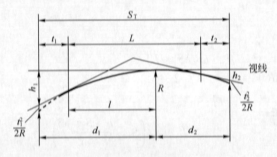

图 3-9 凸形竖曲线计算图式($L < S_T$)

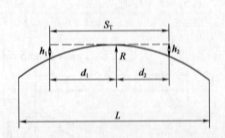

图 3-10 凸形竖曲线计算图式($L \geqslant S_T$)

$$h_1 = \frac{d_1^2}{2R} \quad \text{则} \quad d_1 = \sqrt{2Rh_1}$$

$$h_2 = \frac{d_2^2}{2R} \quad \text{则} \quad d_2 = \sqrt{2Rh_2}$$

$$S_T = d_1 + d_2 = \sqrt{2R}(\sqrt{h_1} + \sqrt{h_2})$$

$$\left.\begin{aligned} S_T &= \sqrt{\frac{2L}{\omega}}(\sqrt{h_1} + \sqrt{h_2}) \\ L_{\min} &= \frac{S_T^2 \omega}{2(\sqrt{h_1} + \sqrt{h_2})^2} = \frac{S_T^2 \omega}{4} \end{aligned}\right\} \tag{3-19}$$

比较以上两种情况，显然式(3-19)计算结果大于式(3-18)的计算结果，应将式(3-19)作为有效控制。

根据缓和冲击、行驶时间及视距要求三个限制因素，可计算出各设计速度下凸形竖曲线的最小半径和最小长度，如表 3-12 所示。表中《标准》规定的一般最小半径约为极限最小半径的 1.5~2.0 倍，在条件许可时应尽量采用大于一般最小半径的竖曲线。竖曲线最小长度相当于各级道路设计速度的 3s 行程，可用式(3-17)计算取整而得。

凸形竖曲线最小半径和最小长度　　　　　　　　　　　　　　表 3-12

计算行车速度 (km/h)	停车视距 $L_{\min}$	缓和冲击 $L_{\min}=\frac{V_1^2\omega}{3.6}$	视距要求 $L_{\min}=\frac{S_T^2\omega}{4}$	《标准》规定值(m)			
				竖曲线半径		竖曲线最小长度	
				一般值	最小值	一般值	最小值
120	210	4 000ω	11 025ω	17 000	11 000	250	100
100	160	2 778ω	6 400ω	10 000	6 500	210	85
80	110	1 778ω	3 025ω	4 500	3 000	170	70
60	75	1 000ω	1 406ω	2 000	1 400	120	50
40	40	444ω	400ω	700	450	90	35
30	30	250ω	225ω	400	250	60	25
20	20	111ω	100ω	100	100	50	20

2）凹形竖曲线最小半径和最小长度

凹形竖曲线的最小长度，应满足两种视距的要求：一是保证夜间行车安全，前灯照明应有足够的距离；二是保证跨线桥下行车有足够的视距。

（1）夜间行车前灯照射距离要求

①当 $L<S_T$ 时（图 3-11）：

因 $S_T = L + l$，则：

$$l = S_T - L$$

$$h + S_T \tan\delta = \frac{(L+l)^2}{2R} - \frac{l^2}{2R} = \frac{\omega(2S_T - L)}{2}$$

得：

$$L_{\min} = 2\left(S_T - \frac{h + S_T\tan\delta}{\omega}\right)$$

式中：S_T——停车视距(m)；

h——车前灯高度(m)，$h = 0.75$ m；

δ——车前灯光束扩散角(°)，$\delta = 1.5°$。

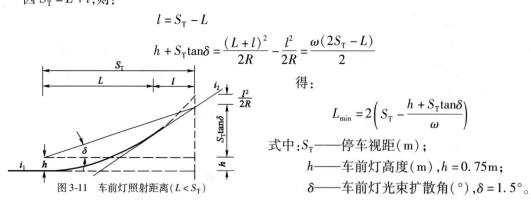

图 3-11　车前灯照射距离（$L<S_T$）

将已知数据代入,得:

$$L_{\min} = 2\left(S_T - \frac{0.75 + 0.026 S_T}{\omega}\right) \qquad (3\text{-}20)$$

式中:ω——坡差代数值;

其他参数意义同前。

② 当 $L \geqslant S_T$ 时(图 3-12):

$$h + S_T \tan\delta = \frac{S_T^2}{2R} = \frac{S_T^2 \omega}{2L}$$

$$L_{\min} = \frac{S_T^2 \omega}{2(h + S_T \tan\delta)}$$

将已知数据代入,得:

$$L_{\min} = \frac{S_T^2 \omega}{1.5 + 0.0524 S_T} \qquad (3\text{-}21)$$

式中,各参数意义同前。

显然,式(3-21)计算结果大于式(3-20),应以式(3-21)作为有效控制。

(2) 跨线桥下行车视距要求

① 当 $L < S_T$ 时(图 3-13):

$$h_0 = \frac{(L + t_2)^2}{2R} - \frac{t_2^2}{2R}$$

$$AB = h_1 + \frac{h_2 - h_1}{2R}(t_1 + l)$$

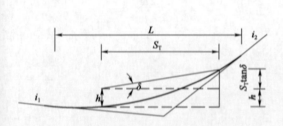

$$BD = h_0 \frac{t_1 + l}{S_T} = \left[\frac{(L + t_2)^2}{2R} - \frac{t_2^2}{2R}\right] \frac{t_1 + l}{S_T}$$

$$CD = \frac{l^2}{2R}$$

图 3-12 车前灯照射距离($L \geqslant S_T$)　　图 3-13 跨线桥下行车视距($L < S_T$)

因 $S_T = t_1 + L + t_2$,则 $t_2 = S_T - t_1 - L$。

$$h = AB + BD - CD$$

$$= h_1 + \frac{h_2 - h_1}{S_T}(t_1 + l) + \frac{L(t_1 + l)}{2RS_T}(2S_T - 2t_1 - L) - \frac{l^2}{2R}$$

由 $\dfrac{dh}{dl} = 0$ 解出 l,代入上式整理,得:

$$h_{\max} = h_1 + \frac{1}{2RS_T^2}\left[2S_T t_1 + R(h_2 - h_1) + \frac{L}{2}(2S_T - 2t_1 - L)\right] \times$$

$$\left[R(h_2 - h_1) + \frac{L}{2}(2S_T - 2t_1 - L) \right]$$

由 $\dfrac{dh_{max}}{dt_1} = 0$ 可解出 t_1,代入上式,得:

$$h_{max} = h_1 + \frac{[2R(h_2 - h_1) + (2S_T + L)]^2}{8RL(2S_T - L)}$$

解此,得:

$$L_{min} = 2S_T - \frac{4h_{max}}{\omega}\left[1 - \frac{h_1 + h_2}{2h_{max}} + \sqrt{\left(1 - \frac{h_1}{h_{max}}\right) \times \left(1 - \frac{h_2}{h_{max}}\right)}\right]$$

式中:h_{max}——桥下设计净空(m),$h_{max} = 4.5 m$;

h_1——驾驶员视线高度(m),$h_1 = 1.5 m$;

h_2——障碍物高度(m),$h_2 = 0.75 m$。

将已知数据代入,则:

$$L_{min} = 2S_T - \frac{26.92}{\omega} \tag{3-22}$$

②当 $L \geq S_T$ 时(图 3-14):

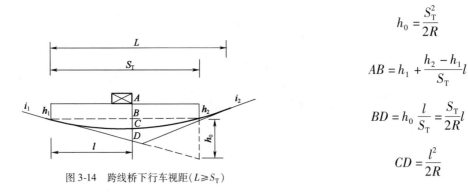

图 3-14 跨线桥下行车视距($L \geq S_T$)

$$h_0 = \frac{S_T^2}{2R}$$

$$AB = h_1 + \frac{h_2 - h_1}{S_T}l$$

$$BD = h_0 \frac{l}{S_T} = \frac{S_T}{2R}l$$

$$CD = \frac{l^2}{2R}$$

同理可得:

$$h = h_1 + \frac{h_2 - h_1}{S_T}l + \frac{S_T}{2R}l - \frac{l^2}{2R}$$

由 $\dfrac{dh}{dl} = 0$ 解出 l,代入上式并整理,得:

$$h_{max} = h_1 + \frac{1}{2R}\left[\frac{R(h_2 - h_1)}{S_T} + \frac{S_T}{2}\right]^2$$

$$L_{min} = \frac{S_T^2 \omega}{\left[\sqrt{2(h_{max} - h_1)} + \sqrt{2(h_{max} - h_2)}\right]^2}$$

将已知数据代入,得:

$$L_{min} = \frac{S_T^2 \omega}{26.92} \tag{3-23}$$

比较以上两式,应以式(3-23)作为有效控制。

根据影响竖曲线最小半径的三个限制因素,可计算出凹形竖曲线最小半径,如表 3-13 所示。

凹型竖曲线最小半径 表 3-13

计算行车速度 (km/h)	停车视距 S_T (m)	缓和冲击 $\dfrac{V^2\omega}{3.6}$	夜间行车照明 $\dfrac{S_T^2\omega}{1.5+0.0524S_T}$	桥下视距 $\dfrac{S_T^2\omega}{26.92}$	《标准》规定值 极限最小半径 $R_{\min}$(m)	《标准》规定值 一般最小半径 (m)
120	210	$4\,000\omega$	$3\,527\omega$	$1\,683\omega$	4 000	6 000
100	160	$2\,778\omega$	$2\,590\omega$	951ω	3 000	4 500
80	110	$1\,778\omega$	$1\,666\omega$	449ω	2 000	3 000
60	75	$1\,000\omega$	$1\,036\omega$	209ω	1 000	1 500
40	40	444ω	445ω	59ω	450	700
30	30	250ω	293ω	33ω	250	400
20	20	111ω	157ω	15ω	100	200

由表 3-13 可知，凹形竖曲线最不利的情况是径向离心力的冲击，故应以式(3-16)作为有效控制。《标准》规定的一般最小半径约为极限最小半径的 1.5~2.0 倍。凹形竖曲线最小长度同凸形竖曲线。

【例 3-1】 某山岭区二级公路，变坡点桩号 K5+030.00，高程为 427.68m，$i_1 = +5\%$，$i_2 = -4\%$，竖曲线半径 $R = 2\,000$m。试计算竖曲线诸要素以及桩号为 K5+000.00 和 K5+100.00 处的设计高程。

1. 计算竖曲线要素

$\omega = i_2 - i_1 = -0.04 - 0.05 = -0.09$，为凸形。

$$曲线长\ L = R\omega = 2\,000 \times 0.09 = 180(\text{m})$$

$$切线长\ T = \frac{L}{2} = \frac{180}{2} = 90(\text{m})$$

$$外距\ E = \frac{T^2}{2R} = \frac{90^2}{2 \times 2\,000} = 2.03(\text{m})$$

2. 计算设计高程

$$竖曲线起点桩号 = (\text{K5}+030.00) - 90 = \text{K4}+940.00$$

$$竖曲线起点高程 = 427.68 - 90 \times 0.05 = 423.18(\text{m})$$

桩号 K5+000.00 处：

$$横距\ x_1 = (\text{K5}+000.00) - (\text{K4}+940.00) = 60(\text{m})$$

$$竖距\ h_1 = \frac{x_1^2}{2R} = \frac{60^2}{2 \times 2\,000} = 0.90(\text{m})$$

$$切线高程 = 423.18 + 60 \times 0.05 = 426.18(\text{m})$$

$$设计高程 = 426.18 - 0.90 = 425.28(\text{m})$$

桩号 K5+100.00 处：

$$横距\ x_2 = (\text{K5}+100.00) - (\text{K4}+940.00) = 160(\text{m})$$

竖距 $h_2 = \dfrac{x_2^2}{2R} = \dfrac{160^2}{2 \times 2\,000} = 6.40(\text{m})$

切线高程 = 423.18 + 160 × 0.05 = 431.18(m)

设计高程 = 431.18 − 6.40 = 424.78(m)

第四节 道路平、纵线形组合设计

道路线形设计是从道路选线、定线开始,最终以平、纵、横面所组成的立体线形反映在驾驶员的视觉上。道路立体形状及其周围环境情况影响驾驶行为,可以用图 3-15 示意性地说明驾驶行为与道路线形组成之间的关系。平、纵线形组合是在满足汽车运动学和力学要求的前提下,研究如何满足视觉和心理方面的连续、舒适,与周围环境相协调的要求,并有良好的排水条件。尽管平、纵线形均按《标准》要求进行设计,但若平、纵线组合不好,不仅有碍于其优点的发挥,而且会放大两方面存在的缺点,导致行车危险,也就不可能获得最优的立体线形。本节主要介绍道路平、纵线形的组合要求,如何进行平、纵线形的组合设计,以及组合设计的评价问题。

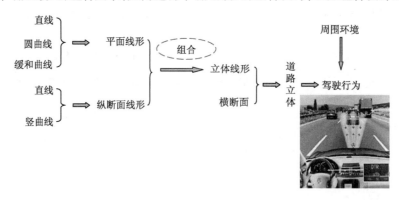

图 3-15 立体线形与驾驶行为

在讨论组合设计前,首先需要明确以下问题,以便对组合设计有全面和正确的理解。

首先,从图 3-15 来看,组合设计是完成平面线形和纵断面线形后的收尾工作,但也是最困难的一个步骤。组合设计必须在确定平面线形,甚至在选线时就要同时考虑,不是线形设计最后孤立地总成或单独的调整。

其次,线形组合设计因道路标准高低不同,其重要性程度也不一样,也就是说,不是任何等级的道路都需要同等程度地考虑平纵组合设计。在下面将要提出的组合设计要求中,高标准道路必须考虑;低标准道路因经济等其他因素的限制,可以(或必须)舍弃一部分。有关研究表明,设计速度低的公路,路面在驾驶员的视觉中所占的比例为 8%,公路两侧占 80%。在六车道高速公路上,以 40km/h 速度行驶时,路面在视野中占的比例为 20%。以 100km/h 行驶时,视野缩小,路面所占的比例为 30%,空间所占比例为 50%,公路两侧所占比例小于 20%。充分说明:行驶速度越快,路面本身在视觉透视图中所描绘的形状就越构成公路美观印象的控制因素。高速公路的设计速度越高,越应重视公路的几何组成要素的设计,重视线形的优美。

因此,平、纵线形组合设计的总要求是:对于设计速度大于等于 60km/h 的道路,必须注意平、纵的合理组合,尽量做到线形连续、指标均衡、视觉良好、景观协调、安全舒适。设计速度越高,线形设计可考虑的因素越应周全。对于设计速度小于等于 40km/h 的道路,首先应在保证行车安全的前提下,正确地运用线形要素指标,在条件允许的情况下力求做到各种线形要素的合理组合,并尽量避免或减少不利的组合。

一、道路平、纵线形组合设计

1. 道路平、纵线形组合设计原则

(1)视觉上能自然地引导驾驶员的视线,并保持视觉的连续性,是衡量平、纵线形组合最基本的原则。任何使驾驶员感到茫然、迷惑和判断失误的线形,都应尽力避免。在视觉上能自然地诱导视线。

(2)注意保持平、纵线形的技术指标大小均衡。它不仅影响线形的平顺性,而且与工程费用相关。如果纵面线形反复起伏,那么在平面上采用高标准的线形是无意义的。反之亦然。

(3)选择组合得当的合成坡度,以利于路面排水和行车安全。

(4)注意与道路周围环境的配合,可以减轻驾驶员的疲劳和紧张程度,并可起到引导视线的作用。

2. 线形组合的形式

通过分解立体线形要素,可得出平、纵线形有以下六种组合形式,如图 3-16 所示。

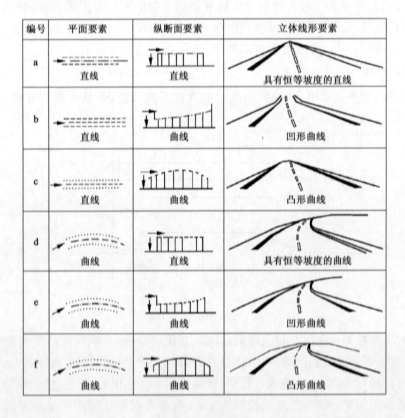

图 3-16 空间线形要素

（1）a中，平面上为直线，纵面也是直线——构成具有恒等坡度的直线；
（2）b中，平面上为直线，纵面上是凹形竖曲线——构成凹下去的直线；
（3）c中，平面上为直线，纵面上是凸形竖曲线——构成凸起的直线；
（4）d中，平面上为曲线，纵面上为直线——构成具有恒等坡度的平曲线；
（5）e中，平面上为曲线，纵面上为凹形竖曲线——构成凹下去的平曲线；
（6）f中，平面上为曲线，纵面上为凸形竖曲线——构成凸起的平曲线。

上述a、b、c型是在垂直平面内的线形，d、e、f型是立体曲线。从视觉、心理分析来看，它们各有优势和不足：

（1）a型组合往往线形单调、枯燥，行车过程中视景缺乏变化，容易使驾驶员产生疲劳，频繁超车。设计时应采用画车道线、设标志、绿化，并与路侧设施配合等方法来调节单调的视觉，增进视线诱导。

（2）b型组合具有较好的视距条件，给驾驶员以动的视觉效果，行车条件较好。设计时要注意避免采用较短的凹形竖曲线，尤其在两个凹形竖曲线间不要插入短的直坡段；在长直线末端不宜插入小半径的凹形竖曲线。

（3）c型组合视距条件差，线形单调，应避免，无法避免时应采用较大的竖曲线半径；若与b型组合时，应注意避免"驼峰""暗凹"和"浪形"等不良视觉现象出现。

（4）d型组合一般说来只要平曲线半径选择适当，纵坡不太陡，即可获得较好的视觉和心理感受，设计时须注意检查合成坡度是否超限。

（5）e、f型组合设计是一种常见的又比较复杂的组合形式。如果平、纵面线形几何要素的大小适宜，位置适当，均衡协调，便可以获得视觉舒顺、视线诱导良好的立体线形。相反，则会出现一些不良的后果，设计时应引起特别重视。

3. 平、纵线形组合的基本要求

（1）当竖曲线与平曲线组合时，竖曲线宜包含在平曲线之内，且平曲线应稍长于竖曲线，如图3-17所示。

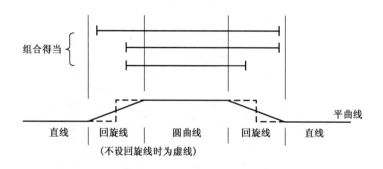

图3-17 平、竖曲线的组合原则

这种布置通常称为平曲线与竖曲线的对应。其优点是：当车辆驶入凸形竖曲线的顶点之前，即能清楚地看到平曲线的始端，辨明转弯的走向，不致因判断错误而发生事故。图3-18是按此要求设计的线形，既顺适又美观。若平、竖曲线的半径都很大，则平、竖曲线的位置可不受上述限制。若做不到竖曲线与平曲线较好地配合，且两者的半径都小于某限度时，宁可把平、竖曲线拉开相当距离，使平曲线位于直坡段上或竖曲线位于直线上。

(2)要保持平曲线与竖曲线大小的均衡。

平曲线与竖曲线的大小如果不均衡,会给人以不愉快的感觉,失去了视觉上的均衡性。根据经验,平曲线半径如果不大于1 000m,竖曲线半径为平曲线半径的10~20倍,便可达到线形的均衡性。表3-14 为德国经验值,可供设计时参考。

(3)当平曲线缓而长、纵断面坡差较小时,可不要求平、竖曲线一一对应,平曲线中可包含多个竖曲线或竖曲线略长于平曲线,这对平坦地区的高速公路设计是很重要的。

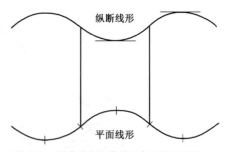

图3-18　平曲线与竖曲线组合良好的线形

平、竖曲线半径的均衡　　　　　　　表3-14

平曲线半径(m)	竖曲线半径(m)	平曲线半径(m)	竖曲线半径(m)
500	10 000	1 100	30 000
700	12 000	1 200	40 000
800	16 000	1 500	60 000
900	20 000	2 000	100 000
1 000	25 000		

(4)选择适当的合成坡度。

合成坡度过大对行车不利,特别是在冬季结冰期更危险,合成坡度过小也不好,它导致排水不畅,影响行车安全。虽然现行《规范》对合成坡度的最大允许值作了规定,但在进行平、纵面线形组合时,如条件允许,最好使合成坡度小于8%,最小合成坡度不宜小于0.5%。

4. 平、纵线形设计中应注意避免的组合形式

(1)避免竖曲线的顶、底部插入小半径的平曲线。

如果在凸形竖曲线的顶部有小半径的平曲线,不仅不能引导视线而且会因急转转向盘致使行车危险。在凹形竖曲线的底部有小半径的平曲线,便会出现汽车加速而急转弯的情况,同样可能发生危险。

(2)避免将小半径的平曲线起、讫点设在或接近竖曲线的顶部或底部。

若将凸形竖曲线的顶部设在小半径平曲线的起点,如图3-19b)所示,会产生不连续的线形,失去了视线引导作用。而将凹形竖曲线的底部设在小半径平曲线的起点,除了视觉上扭曲外,还会产生下坡尽头接急弯的不安全组合。

(3)避免使竖曲线顶、底部与反向平曲线的拐点重合。

此类组合都存在不同程度的扭曲外观:前者不能正确引导视线,会使驾驶员操作失误;后者使路面排水不畅,积水影响行车安全。

(4)避免出现驼峰、暗凹、跳跃、断背、折曲等使驾驶员视线中断的线形。

(5)避免在长直线上设置陡坡或曲线长度短、半径小的凹形竖曲线。

在长直线上设置陡坡易使驾驶员超速行驶,危及行车安全;在长直线上设置曲线长度短、半径小的凹型竖曲线易使驾驶员产生坡底道路变窄的错觉,导致高速行驶中的制动操作,影响行车安全。

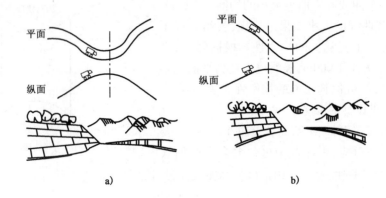

图 3-19 平、竖曲线的重合与借位
a)平竖曲线重合；b)平竖曲线错位

(6)避免急弯与陡坡的不利组合。

(7)应避免小半径的竖曲线与缓和曲线的重合。

采用该组合形式,对凸形竖曲线,诱导性差,事故率较高;对凹形竖曲线,路面排水不良,影响行车安全。

5.道路线形与景观的协调与配合

道路作为一种人工构造物,应将其视为景观对象来研究。修建道路可能会对自然景观产生一定的破坏作用。而道路两侧的自然景观又会影响道路上汽车的行驶,特别是对驾驶员的视觉、心理以及驾驶操作等都有很大影响。

平、纵线形组合必须与道路所经地区的景观相配合。否则,即使线形组合符合有关规定也不一定是良好设计。对于驾驶员来说,道路具有优美的线形和宜人的景观,才能称之为舒适和安全。对设计速度高的道路,平、纵线形组合设计与周围景观配合尤为重要。

二、道路平、纵线形组合检查方法

平、纵线形组合的好坏一般可直观地通过透视图法检查,也可以简单地通过曲率图与坡度图检查。

1.透视图检查

道路线形组合常用的透视图有线形透视图、全景透视图和动态透视图。随着计算机技术的发展和仿真技术的应用,目前还出现了道路仿真和道路虚拟现实技术,为线形评价提供了更先进的平台。

驾驶员透视图是按汽车在道路上的行驶位置,根据驾驶员的目高和线形情况确定的视轴方向,以及由行驶速度确定的视轴长度,利用坐标透视的原理画出的。目前使用的道路CAD软件都具有透视图制作功能,有些软件还具有动态透视图制作工具,大大提高了透视图的制作效率。但是,应用透视图检查平纵组合设计的好坏,只能是定性的分析,要达到定量评价的目的,还需要有其他技术手段的配合。图 3-20 是用透视图检查线形组合的示意说明。

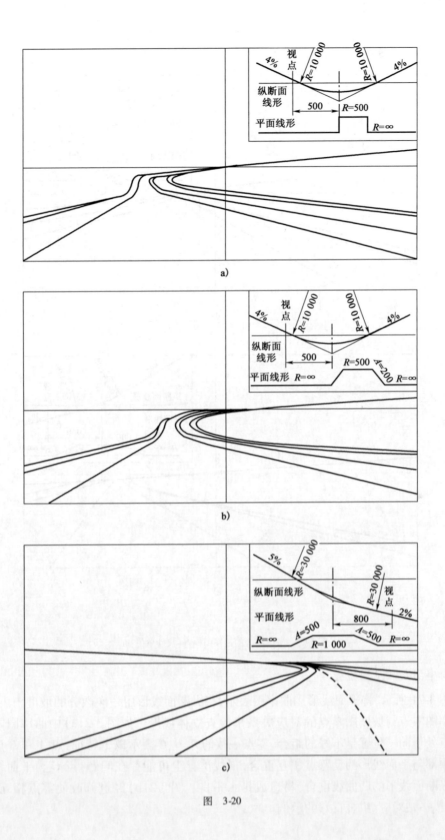

图 3-20

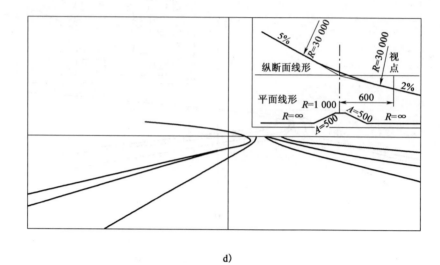

d)

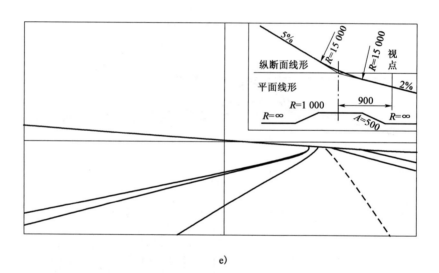

e)

图 3-20　平纵组合的透视图检查(尺寸单位:m)

2. 曲率图与坡度图检查

如图 3-21 所示,将平面线形用曲率图表示,将纵断面线形用一次微分的坡度图表示,通过比较曲率图零点与坡度图零点的对应关系来检查立体线形。如图 3-21a)中曲率图零点与坡度图零点处于同一位置是不好的组合,零点一致的 A、B、C 表示以下特征:点 A 和 B 说明纵断面凸形顶部与平面线形的反弯点相互重合,视线诱导上可能存在问题,点 C 为平面线形的变曲点与纵断面线形的凹曲线重合,易造成排水不良。图 3-21b)经过修改使零点相互错开,是平、竖曲线一一对应、组合良好的示例。

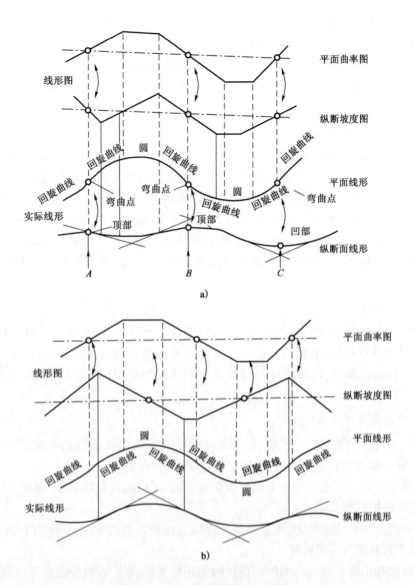

图 3-21 平纵组合的曲率-坡度图检查

第五节 纵断面设计方法及纵断面图

一、纵断面设计要点

纵断面设计的主要内容是根据道路等级、沿线自然条件、行车安全和构造物控制高程等,确定路线合适的高程、各坡段的纵坡度和坡长,并设计竖曲线。基本要求是纵坡均匀平顺、线形圆滑、视觉连续,并与地形相适应,与周围环境相协调。纵坡设计应考虑填挖经济、平衡,尽量利用挖方就近作为填方,减轻对自然地表坡面与环境的影响。相邻纵坡之代数差较小时,应采用较大的竖曲线半径,以保证竖曲线与平面的均衡。连续设置长、陡纵坡的路段,设计过中要考虑纵坡对载重车辆的不利影响,上坡方向应满足通行能力的要求,对于下坡方向要重点考虑行车安全,可采用运行速度对连续上坡方向的通行能力及下坡方向的行车安全性进行检验与评估。为了方便交通组织和安全,路线交叉处前后的纵坡应平缓。位于积雪冰冻地区的公路应避免采用陡坡。这些要求虽在选、定线阶段有所考虑,但要在纵面设计中具体加以实现。

1. 关于纵坡值的运用

《标准》和《规范》中规定的纵坡极限值是考虑车辆动力特性、运营安全、经济和环境等诸多方面因素确定的,设计时不可轻易采用,应留有余地。各级公路不宜采用最大纵坡值和不同纵坡最大坡长值,只有在为争取高度、利用有利地形,或避开工程艰巨地段不得已时,经过技术经济论证后,方可采用。好的设计应尽量考虑人的视觉、心理上的感受,使驾驶员有足够的安全感、舒适感和视觉上的美感。一般来讲,纵坡缓些为好,但为了路面和边沟排水,最小纵坡不应低于0.3%~0.5%。但对于采用平坡或者小于0.3%的纵坡路段,应进行专门的排水设计。

2. 关于最短坡长

坡长是指纵断面两变坡点之间的水平距离,坡长不宜过短,以不小于设计速度9s的行程为宜。对连续起伏的路段,坡度应尽量小,坡长和竖曲线应争取到极限值的1倍或2倍以上,避免锯齿形的纵断面,以使增重与减重变化不致太频繁,从路容美观方面也应以此设计为宜。

3. 各种地形条件下的纵坡设计

(1)平原地形的纵坡应均匀平缓,保证最小填土高度和最小纵坡的要求。丘陵地形的纵坡应避免过分迁就地形而起伏过大,纵坡应顺适,不产生突变。

(2)丘陵地形的沿河线应尽量采用平缓纵坡、坡长不应超过限制长度,纵坡不宜大于6%,注意路基控制高程的要求。

(3)越岭线的纵坡力求均匀,尽量不采用极限或接近极限的坡度,更不宜在连续采用极限长度的陡坡之间夹短的缓和坡段。

(4)山脊线和山腰线除结合地形不得已时采用较大纵坡外,在可能条件下纵坡应缓些。

4. 关于竖曲线设计

设计速度大于或等于60km/h的公路,竖曲线设计宜采用长的竖曲线和长直线坡段的组合。有条件时宜采用大于或等于视觉所要求的竖曲线半径,见表3-15。

视觉要求的最小竖曲线半径值 表3-15

设计速度 (km/h)	竖曲线半径(m)		设计速度 (km/h)	竖曲线半径(m)	
	凸形	凹形		凸形	凹形
120	20 000	12 000	80	12 000	8 000
100	16 000	10 000	60	9 000	6 000

竖曲线应选用较大的半径。当条件受限时,宜采用大于或接近于竖曲线最小半径的"一般值";地形条件特殊困难时,方可采用竖曲线最小半径的"极限值"。

双车道公路有超车需求的路段位于凸形竖曲线上时,应考虑超车视距的要求,采用较大的竖曲线半径或设置必要的标志、标线等设施。

5. 关于相邻竖曲线的衔接

相邻两个同向凹形或凸形竖曲线,特别是同向凹形竖曲线之间,如直坡段不长,应合并为单曲线或复曲线,避免出现断背曲线,如图3-22a)所示。

相邻反向竖曲线之间,为使增重与减重间缓和过渡,中间最好插入一段直坡段。若两竖曲线半径接近极限值时,这段直坡段至少应为设计速度的3s行程。当半径比较大时,也可直接连接,如图3-22b)所示。

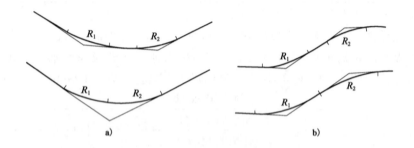

图 3-22 相邻竖曲线的衔接

二、纵断面设计控制及要求

进行道路纵断面设计时,一般应首先考虑以下要求,这些要求也可以理解为纵断面的设计控制条件。

(1)应满足纵坡及竖曲线的各项规定(最大纵坡、最小纵坡、坡长限制、平均坡度、合成坡度、竖曲线最小半径及竖曲线最小长度等)。对于城市道路,还应考虑非机动车及自行车的行驶,纵坡宜不大于3%。这是纵断面设计的主要技术控制条件。

(2)道路起终点的高程一般是严格控制条件,必须满足。同时还要考虑前后接线坡度和坡长的要求。

(3)纵断面的设计高程应满足路基稳定性的要求,综合考虑沿线自然条件,如地形、土壤、水文、气候等因素,确定合理的设计高程,包括不良地质地段的最小填土高度和最大挖方深度等。

(4)沿河线及可能受水侵害的路段,最低侧路基边缘高程应高出设计洪水位加壅水高度、波浪侵袭高度和0.5m的安全高度。

洪水位高程按表3-16规定的路基设计洪水频率计算。

路基设计洪水频率 表3-16

公路等级	高速公路	一级公路	二级公路	三级公路	四级公路
设计洪水频率	1/100	1/100	1/50	1/25	按具体情况确定

(5)纵断面设计高程应满足桥涵高程的要求。按设计高程推算的大、中桥桥头引道(在洪水泛滥线范围内)路基最低侧边缘高程,应高于该桥设计洪水位(包括壅水和浪高)至少0.5m,桥涵的设计洪水频率见表3-17。小桥涵附近的路基高程可以不考虑浪高。

桥涵设计洪水频率　　　　　　　　　表 3-17

构造物名称	公 路 等 级				
	高速公路	一级公路	二级公路	三级公路	四级公路
特大桥	1/300	1/100	1/100	1/100	1/100
大、中桥	1/100	1/100	1/100	1/50	1/50
小桥	1/100	1/50	1/50	1/25	1/25
涵洞及小型排水构造物	1/100	1/50	1/50	1/25	不作规定

注：通航河流，桥梁高程应在通航水位及通航净空高度以上。

(6)纵断面设计应考虑横向交通的需要。高速公路和全部控制出入的一级公路上跨地方道路，路基高程要满足通道净空的要求。通道净空与通行车辆类型和通道长度等有关，见表 3-18。人行通道的最小净高应不小于 2.20m，最小净宽应不小于 4.00m。

通道净空要求　　　　　　　　　表 3-18

净高	通行拖拉机、畜力车时	≥2.70m
	通行农用汽车时	≥3.20m
净宽	按交通量和通行农用机械类型选用	≥4.00m
	通道过长或敷设排水渠时	视情况增宽

当公路下穿地方道路或者铁路时，要满足公路对最小净空的要求，具体为：高速公路、一级公路和二级公路最小净空为 5.0m；三、四级公路最小净空为 4.5m。

不论是上跨还是下穿铁路，均需要与铁路部门协商，确定具体的净空要求。

(7)纵断面设计应考虑平面交叉口交通组织和排水的要求。二级及以下等级的公路交叉时，交叉口附近的设计高程要尽量与旧路接近，避免在交叉口处引起大的填挖。与铁路平交时，应以铁路轨道高程为准。

(8)纵断面设计应考虑隧道出入口的要求。隧道进出口的高程，通常对隧道长度、路线长度、纵坡等影响较大，路线工程师需要与隧道专业技术人员协调，合理确定其高程。

(9)道路与管线交叉时，管线距路面的最小垂直距离须满足相应的规定，如表 3-19 所示。

架空输电线路导线距路面的最小垂直距离　　　　　　　　　表 3-19

架空输电线路标称电压(kV)	35~110	154~220	330	500	750	1 000		±800
±距路面最小垂直距离(m)	7.0	8.0	9.0	14.0	19.5	单回路	双回路逆相序	21.5
						27.0	25.0	

(10)城市道路的纵坡及设计高程的确定，还应考虑沿线两侧街坊地坪标高及保证地下管线最小覆土厚度的要求。一般应使缘石顶面高程低于两侧街坊或建筑物的地坪标高。

对具体道路建设项目而言，上述诸多控制和要求不一定都存在，也可能遇到其他的特殊控制条件。设计者应在对路线所经区域的自然地理条件、社会环境因素等细致分析的基础上，找出对纵断面设计有重要影响的因素，提出若干解决方案，比较不同解决方案的优缺点，确定最佳纵断面设计方案。如对于高速公路，在解决与地方道路交叉问题时，需对设置通道的高路堤与高架桥的方案进行比较,需要对设置通道上跨地方道路与地方道路上跨高速公路方案进行比较等,这关系到道路功能的发挥、工程经济及环境影响诸多重大问题。

三、纵断面设计的方法步骤和应注意的问题

(一)纵断面设计的方法步骤

路线纵断面设计主要是指纵坡设计和竖曲线设计,由于公路路线是一条空间带状曲线,路线的平面、纵断面和横断面相互影响,因而在纵断面设计之前的选(定)线阶段,设计人员实际上已对纵坡设计的部分内容进行过考虑。在室内进行纵断面设计时,设计人员一般要根据实地选(定)线时的意图,以及桥涵、地质等方面对路线纵断面设计的要求,综合考虑工程技术与工程经济因素,定出路线的纵坡,再选择合适的竖曲线半径,最后才计算出各桩号的设计高程和填挖值。其方法和步骤可归纳为以下几点。

1. 拉坡前的准备工作

内业设计人员在熟悉有关设计标准的基础上,首先在纵断面图上点绘出每个中桩的位置、平曲线示意图(起、讫点位和半径等),标出每个中桩的地面高程,并绘出地面线。

2. 标注控制点位置

所谓控制点,是指影响路线纵坡设计的高程控制点。如路线起、讫点的接线高程,越岭垭口、大中桥涵、地质不良地段的最小填土高度和最大挖方深度,沿溪线的洪水位,隧道进、出口,路线交叉点,重要城镇通过点,以及其他路线高程必须通过的控制点位等,都应作为纵断面设计的控制依据。

此外,对于山区公路,还应根据路基填挖平衡要求来选择控制路中心处填挖的高程点,称之为"经济点"。其含义是:如果纵坡设计线刚好通过该点,则在相应的横断面上将形成填挖面积大致相等的纵坡设计。

"经济点"通常可用路基横断面透明模板在绘有地面线的横断面图上确定。图 3-23 是这种自制"路基横断面透明模板"的样式。"模板"可用透明描图纸胶片制成。在其上按横断面测图的比例绘出路基宽度 B(挖方地段还要包括两侧边沟所占宽度)和各种不同坡度的边坡线。使用时将"模板"扣在有关中桩的横断面上,使两者的中线重合,然后上下移动"模板",直到能使填、挖面积大致相等时,则停止移动。此时"模板"上的路基顶面与该中桩的地面高之间的差值就是经济填、挖值,再将此差值的大小按比例点绘到纵断面图的相应中桩位置上,即为该断面经济点的位置。

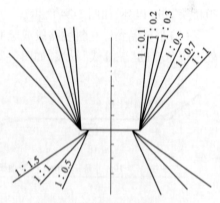

图 3-23　路基横断面透明模板

3. 试坡

试坡主要是在已标出"控制点"和"经济点"的纵断面图上,根据技术标准、选线意图,结合地面起伏情况,本着以"控制点"为依据,照顾多数"经济点"的原则,在这些点位间进行穿插和裁弯取直,试定出若干坡度线。经过对各种可能的坡度线方案进行反复比较,最后选出既符合

技术标准,又能满足控制点要求,而且土石方数量较省的设计线作为初定坡度线,再将前后坡度线延长交会,即可定出各变坡点的初步位置。

4. 调整

试定纵坡后,首先将所定的坡度与选(定)线时考虑的坡度进行比较,两者应基本符合。若有较大差异,则应全面分析,找出原因,然后对照《规范》检查设计的最大纵坡、合成坡度、坡长限制等是否超过规定限值,以及平面线形与纵面线形的组合是否适宜等。若发现有问题,应进行调整。

调整时应以少脱离控制点、少变动填挖值为原则,以使调整后的纵坡与试定纵坡变化不太大。

5. 核对

根据调整后的坡度线,选择有控制意义的重点横断面,如高填深挖、陡峭山坡路基、挡土墙、重要桥涵等断面,在纵断面图上直接读出对应中桩的填(挖)高度,然后按该填(挖)值用"模板"在横断面图上"戴帽子"。检查是否有填挖过大、坡脚落空或挡土墙工程过大等情况。若发现有问题,应及时调整纵坡。

6. 定坡

纵坡设计在经调整核对无误后即可定坡。所谓定坡,就是逐段把坡度线的坡度值、变坡点位置(桩号)和高程确定下来。变坡点一般要调整到10m整桩位上,变坡点的高程则是根据坡度、坡长依次计算确定的。

(二)设计纵坡时应注意的问题

(1)在回头曲线路段,路线纵坡有特殊规定,因此应先定出回头曲线部分的纵坡,然后再从两端接坡。同时应注意在回头曲线地段不宜设竖曲线。

(2)大、中桥上一般不宜设置竖曲线,在桥头两端不得已设置竖曲线时,其起、终点应设在距桥头10m以外,如图3-24所示。

(3)小桥涵允许在斜坡路段或竖曲线上,但为了保证路线的平顺性,应尽量避免在小桥涵处出现急变的"驼峰式"纵坡,如图3-25所示。

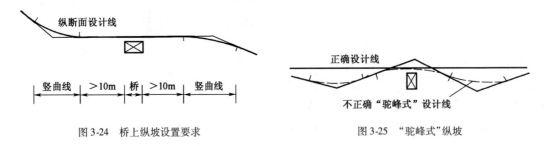

图3-24 桥上纵坡设置要求　　　　　图3-25 "驼峰式"纵坡

(4)纵坡设计时,应注意交叉口处的纵坡衔接。公路与公路平面交叉,一般宜设在较小坡段;较小坡段最小长度应不小于《规范》规定,紧接较小坡段的纵坡应不大于3%,山区地形艰巨地段应不大于5%。

纵坡、竖曲线表

表 3-20

序号	变坡点桩号	高程(m)	纵坡(%)	坡长(m)	坡差(%)	半径(凸)(m)	半径(凹)(m)	T	L	E	起点	终点	直坡段长(m)
1	K42+050.593	3084.545	-1.93	309.407									187.157
2	K42+360.000	3078.573	-0.30	220.000	1.63		1500.000	122.250	244.500	0.498	K42+237.750	K42+482.250	0.000
3	K42+580.000	3077.913	-3.50	530.000	-3.20	6109.374		97.750	195.500	0.782	K42+482.250	K42+677.750	283.750
4	K43+110.000	3059.363	-2.50	870.000	1.00		29700.000	148.500	297.000	0.371	K42+961.500	K43+258.500	626.500
5	K43+980.000	3037.613	-3.50	730.000	-1.00	19000.000		95.000	190.000	0.238	K43+885.000	K44+075.000	468.678
6	K44+710.000	3012.063	-0.86	1890.000	2.64		12600.000	166.322	332.644	1.098	K44+543.678	K44+876.322	1622.037
7	K46+600.000	2995.810	-3.50	540.000	-2.64	7700.00		101.641	203.282	0.671	K46+498.359	K46+701.641	275.859
8	K47+140.000	2976.910	-2.50	530.000	1.00		32500.000	162.500	325.000	0.406	K46+977.500	K47+302.500	269.500
9	K47+670.000	2963.660	-3.50	750.000	-1.00	19600.000		98.000	196.000	0.245	K47+572.000	K47+768.000	555.800
10	K48+420.000	2937.410	-2.20	920.000	1.30		14800.000	96.200	192.400	0.313	K48+323.800	K48+516.200	712.650
11	K49+340.000	2917.170	-3.50	400.000	-1.30	17100.00		111.150	222.300	0.361	K49+228.850	K49+451.150	182.500
12	K49+740.000	2903.170	-2.50	330.000	1.00		21270.000	106.350	212.700	0.266	K49+633.650	K49+846.350	134.450
13	K50+070.000	2894.920	-3.50	480.000	-1.00	17840.000		89.200	178.400	0.223	K49+980.800	K50+159.200	262.800
14	K50+550.000	2878.120	-0.30	420.000	3.20		8000.000	128.000	256.000	1.024	K50+422.000	K50+678.000	164.740
15	K50+970.000	2876.860	-1.70	450.000	-1.40	18180.000		127.260	254.520	0.445	K50+842.740	K51+097.260	211.320
16	K51+420.000	2869.210	-0.72	690.000	0.98		22830.000	111.420	222.841	0.272	K51+308.580	K51+531.420	441.797
17	K52+110.000	2864.215	-3.00	470.000	-2.28	12000.000		136.782	273.564	0.780	K51+973.218	K52+246.782	234.828
18	K52+580.000	2850.098	-1.04	335.000	1.97		10000.000	98.390	196.780	0.484	K52+481.610	K52+678.390	123.135
19	K52+915.000	2846.628	-3.50	1000.000	-2.46	9210.000		113.475	226.951	0.699	K52+801.525	K53+028.475	722.756
20	K53+915.000	2811.628	-2.41	670.000	1.09		30000.000	163.769	327.537	0.447	K53+751.231	K54+078.769	342.463
21	K54+585.000	2795.493	-3.50	1000.000	-1.09	30000.000		163.769	327.537	0.447	K54+421.231	K54+748.769	749.484
22	K55+585.000	2760.493	-1.77	415.000	1.73		10000.000	86.747	173.494	0.376	K55+498.253	K55+671.747	241.807
23	K56+000.000	2753.168	-3.00	600.000	-1.23	14000.000		86.446	172.892	0.267	K55+913.554	K56+086.446	412.274
24	K56+600.000	2735.168	-1.80	1200.000	1.20		16880.000	101.280	202.560	0.304	K56+498.720	K56+701.280	993.120
25	K57+800.000	2713.568	-2.80	700.000	-1.00	21120.000		105.600	211.200	0.264	K57+694.400	K57+905.600	450.518
26	K58+500.000	2693.968	0.80	680.000	3.60		8000.000	143.882	287.765	1.294	K58+356.118	K58+643.882	397.606
27	K59+180.000	2699.388	-1.63	540.000	-2.43	11400.00		138.511	277.022	0.841	K59+041.489	K59+318.511	240.237

注:平面坐标系统采用1980西安坐标系,中央经线为100°55′,高程采用1985国家高程系统,抵偿高程为:2 200m。此表由本书主审栗志海提供。

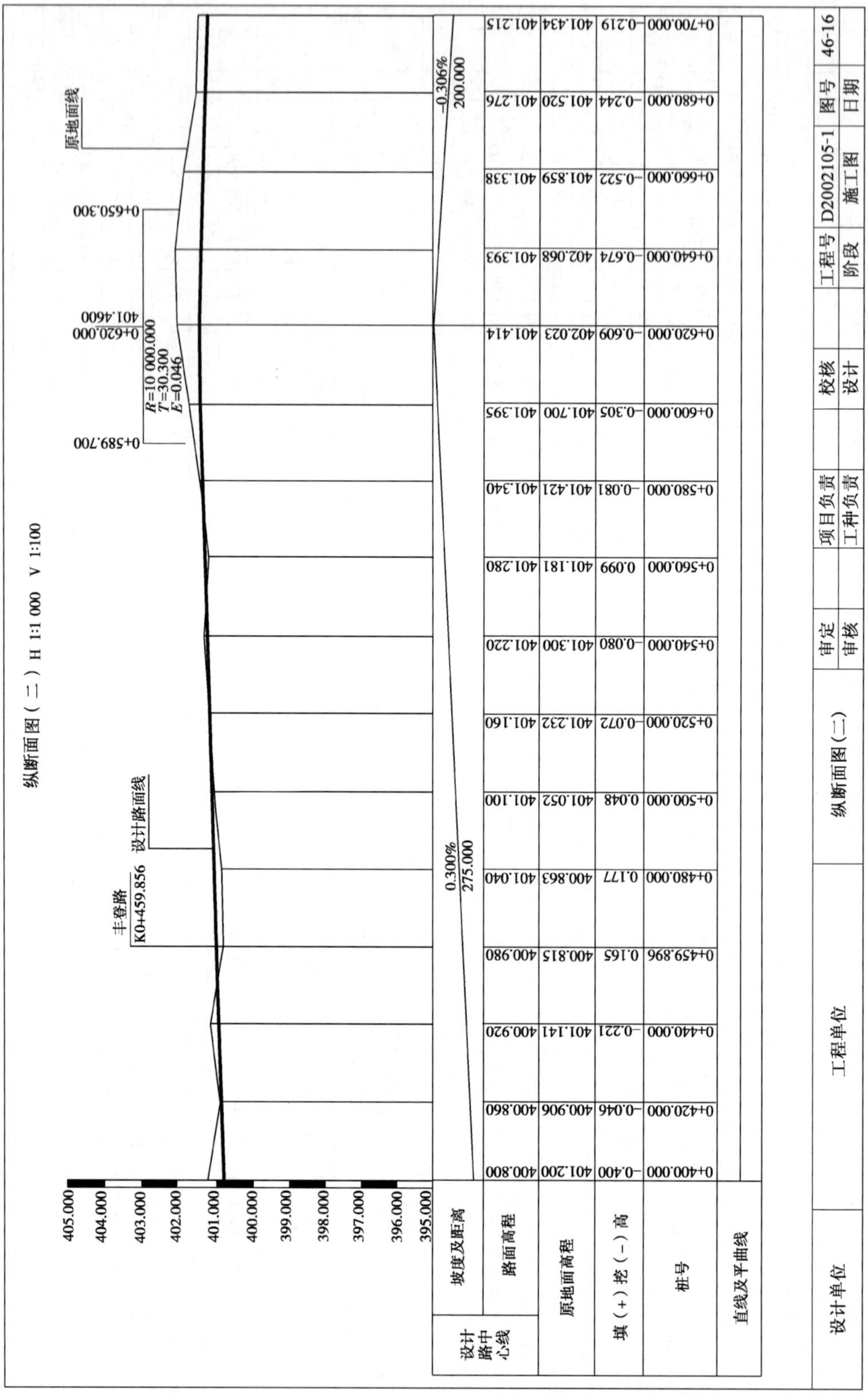

图 3-26 城市道路纵断面图

四、纵断面图的绘制

路线纵断面图由两部分组成:一是图的上半部,二是图的下半部。上半部主要用来绘制地面线和纵坡设计线,下半部主要用来填写有关数据。

上半部纵断面图上应将下列内容在适当位置绘出:①竖曲线位置及其要素;②沿线桥涵及人工构造物的位置、结构类型及孔径;③与公路、铁路交叉的桩号及路名;④沿线跨越的河流名称、位置、现有水平及最高洪水位;⑤水准点位置、编号和高程;⑥断链桩位置、桩号及长短链关系等。下半部应包括:①直线及平曲线;②里程及桩号;③地面高程;④设计高程;⑤填挖高度值;⑥超高;⑦坡度/坡长;⑧土壤地质说明等内容。

公路路线纵断面图参见图 3-1,与之配合的成果还有纵坡、竖曲线表,见表 3-20。城市道路纵断面图参见图 3-26。

【待深入研究的问题】

最大纵坡坡度和坡长的确定不仅影响道路安全,还直接影响道路建设的经济性、运输效率及环境影响程度等。现代道路设计中,纵断面设计是以汽车行驶状态控制纵坡设计的,即以车辆在进入坡道时的速度(坡底速度)和坡道上的最低速度(坡顶速度)为纵坡设计的依据,两者的差值影响最大坡度值和最大坡长指标的确定,其大小亦影响行车安全性。另外,车辆性能不同,计算出的最大坡度和坡长的允许值也不同。因此,选取什么样的车辆作为设计车辆,坡底速度和坡顶速度应该选取多大,才能既满足安全性要求又能兼顾经济和环境保护,是值得深入研究的问题。另外,长大纵坡的界定及其安全保障技术、高速公路的合理平均纵坡指标一直是困扰公路设计工作者的难题,有待深入研究。

【习题与思考题】

3-1 最大坡长的确定需要考虑哪些因素?

3-2 《标准》和《规范》中规定了最大纵坡、最大坡长、缓和坡度和最小坡长,为什么还要规定平均纵坡?

3-3 缓和坡段设计应该注意哪些问题?

3-4 为什么规定最小纵坡?哪些路段应满足最小纵坡的规定?

3-5 为什么要规定合成坡度的限制?哪些路段要验算合成坡度?

3-6 平纵组合中应掌握的基本原则有哪些?

3-7 平纵组合应该避免哪些不利组合?并说明原因。

3-8 检查平纵线形组合设计是否合理的手段或方法有哪些?

3-9 设计城市道路纵断面时,一般要考虑哪些控制高程?

3-10 某条道路变坡点桩号为 K25+460.00,高程为 780.72m, $i_1=0.8\%$, $i_2=5\%$, 竖曲线半径 5 000m。

(1) 判断其凸、凹性;
(2) 计算竖曲线要素;
(3) 计算竖曲线起点、K25+400.00、K25+460.00、K25+500.00、终点的设计高程。

3-11 某城市Ⅰ级主干道,其纵坡分别为 $i_1=-2.5\%$, $i_2=+1.5\%$,变坡点桩号为 K1+520.00,高程为 429.00m,见图 3-27。由于受地下管线和地形限制,曲线中点处的高程要求不低于 429.30m 且不高于 429.40m,试确定竖曲线的半径,并计算 K1+500.00、K1+520.00、K1+515.00 点的设计高程。

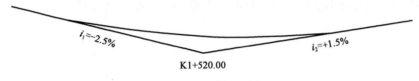

图 3-27 习题 3-11 图

3-12 某平原微丘区二级公路,设计速度 80km/h,有一处平曲线半径为 250m,该段纵坡初定为 5%,超高横坡为 8%。请检查合成坡度,若不满足要求时,该曲线上允许最大纵坡度为多少?

3-13 请用所学知识,评价以下几组平、纵组合的优劣(图 3-28)。

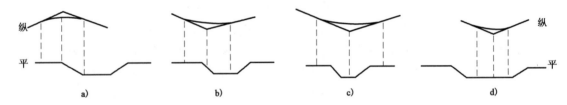

图 3-28 习题 3-13 图

第四章
横断面与路侧设计

【学习目的与要求】

通过本章的学习，使学生理解并掌握横断面与路侧安全设计的主要任务、基本原理、原则和要求。了解道路横断面的组成及类型；掌握行车道、路肩、人行道的宽度和横坡度的作用和相关规定；了解和掌握中间带的类型和作用；了解路侧带的作用和设置要求；掌握平曲线加宽、超高的设置原因和设计方法；掌握爬坡车道与避险车道的作用、设置方法及要求；了解路侧安全设计的相关概念与方法；掌握行车视距的概念及视距保证方法；了解横断面设计的方法、土石方数量计算及调配方法。

第一节 横断面组成及类型

道路横断面是指中线上任意一点的法向切面，它由横断面设计线和地面线组成。其中设计线包括行车道、非机动车道（或慢车道）、人行道、路肩、分隔带、边沟、边坡、截水沟、护坡道以及取土坑、弃土堆、环境保护设施等部分。地面线是表征地面起伏变化的线，它可通过现场实测或由大比例尺地形图、航测相片、数字地面模型等途径获得。路线设计研究的横断面设计一般只限于与行车直接有关的路幅部分，即两侧路肩外缘（城市道路为规划红线）之间各组成部分的宽度、横向坡度等问题。边坡、边沟、截水沟、护坡道等设施的设计在路基工程中具体研究,路侧安全设计将在本章中介绍。

一、公路横断面组成及形式

公路横断面的组成和各部分的尺寸要根据公路功能、技术等级、设计速度、交通量与交通组成、地形条件等因素确定。在保证公路功能、通行能力、交通安全与畅通的前提下,尽量做到用地省、投资少,使公路发挥其最大的经济效益与社会效益。

(一)公路横断面组成

对等级高、交通量大的公路(如高速公路、一级公路),通常是将上、下行车辆分开。分隔的方式有两种:一种是用等宽同高的分隔带分隔;另一种是将上、下行车道放在不同的平面上或不同的纵断面上分隔。前者称作整体式断面,后者称作分离式断面。双向十车道及以上车道数的高速公路可采用复合式断面形式,即双向十车道及以上车道数的高速公路单向两幅可采用内、外幅分离的路基断面形式。高速公路、一级公路的整体式断面由车道、中间带(中央分隔带、左侧路缘带)、路肩(右侧硬路肩和土路肩)等部分组成,如是整体复合式断面还应包括内、外幅间的分隔带;分离式断面由车道、路肩(右侧硬路肩、左侧硬路肩、土路肩)等部分组成;当设有变速车道、爬坡车道、紧急停车带、错车道、超车道、侧分隔带、非机动车道(或慢车道)和人行道等时,公路的横断面应包括这些部分。不设分隔带的整体式断面(如二、三、四级公路)由车道、路肩等部分组成。二级公路货车比例较高时,可根据需要局部增设超车车道。一级公路慢行车辆较多时,可利用右侧硬路肩(宽度不足时应加宽)设置慢车道,并应在车道与慢车道之间设置隔离设施;二级公路慢行车辆较多时,可根据需要采用加宽硬路肩的方式设置慢车道。三级公路一般为地方公路,可以直接为到达和慢行交通服务。四级公路采用单车道时,应设置错车道。非机动车、行人密集公路和城市出入口的公路,其横断面可根据需要设置侧分隔带、非机动车道和人行道等。公路典型横断面组成如图4-1所示。图中为方便使用,行车道简称为车道。

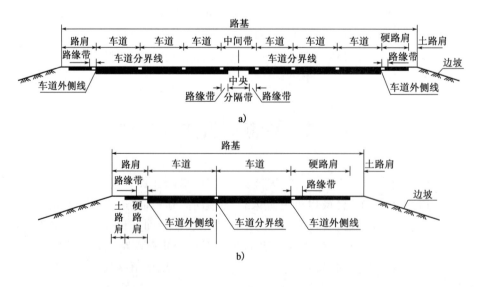

图 4-1

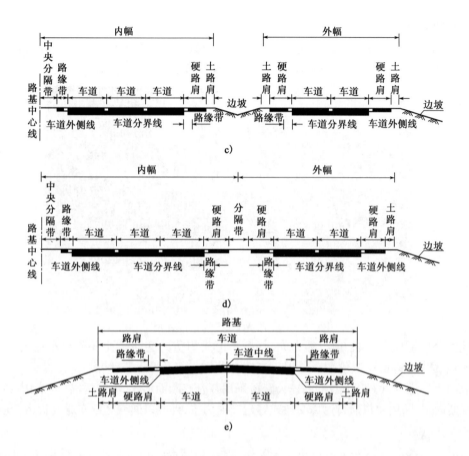

图 4-1 公路横断面的组成

a)高速公路、一级公路整体式路基标准横断面;b)高速公路、一级公路分离式路基横断面(右幅断面);c)高速公路复合式路基横断面(内、外幅路基分离);d)高速公路复合式路基横断面(内、外幅整体式);e)二、三、四级公路典型路基横断面

公路在直线段和小半径平曲线段路基宽度不同,在小半径平曲线上,路基宽度还包括行车道加宽的宽度。

(二)公路横断面形式

1. 单幅双车道

单幅双车道公路是指整体式供双向行车的双车道公路。在我国公路总里程中,双车道公路占的比重最大,其适用于二级、三级公路和部分四级公路。这类公路适应的交通量范围大,最高达 15 000 小客车/日。设计速度范围为 20~80km/h。在这种公路上行车,只要各行其道、视距良好,车速一般不会受影响。但当交通量大、非机动车和行人多、视距条件较差时,其车速和通行能力则降低较多,所以对混合行驶、相互干扰较大的路段,可设侧分隔带、非机动车道和人行道,与机动车分离行驶。二级公路货车比例较高时,可根据需要局部增设超车车道,超车道宽度应按相应路段的车道宽度确定;二级公路慢行车辆较多时,可根据需要采用加宽硬路肩的方式设置慢车道,并应增加必要的交通安全设施,加强交通组织管理。

2. 双幅多车道

双幅多车道是指设分隔带的或分离的四车道及其以上多车道公路。有些分离式路基为利用地形或处于风景区等,甚至做成两条独立的单向行车公路(图 4-2)。

图 4-2 两条独立的单向行车公路

此类公路适应车速高、通行能力大,每条车道能担负的交通量比一条双车道公路更大,且行车顺适、事故率低,但造价高。适用于高速公路和一级公路。

双向十车道及以上车道数的高速公路可采用复合式断面形式,单向两幅可采用内、外幅分离的路基断面形式,内幅以通行过境交通或客运交通为主,外幅以通行区域交通或货运交通为主。

3. 单车道

单车道公路路基横断面仅设置一个车道,适用于地形困难或通行交通量极小的四级公路。此类公路造价低,但适应的交通量小、车速低。为错车和同向超车需要,应在不大于 300m 的距离内选择有利地点设置错车道,使驾驶员能看到相邻错车道上的车辆。设置错车道路段的路基宽度应不小于双车道的路基宽度 6.5m,有效长度应不小于 20m,错车道的尺寸如图 4-3 所示。

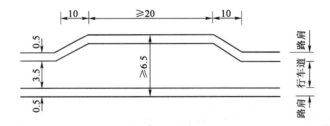

图 4-3 错车道布置(尺寸单位:m)

二、城市道路横断面组成及形式

(一)城市道路横断面组成

城市道路的交通性质和组成比较复杂,行人和非机动车较多,各种交通工具及行人的交通问题都需在横断面设计中综合考虑,所以城市道路路线设计中,横断面设计是重点。

城市道路上供各种车辆行驶的部分统称为行车道。在行车道断面上,供汽车、无轨电车、摩托车等行驶的部分称为机动车道;供自行车、三轮车等行驶的部分称为非机动车道。此外,还有供行人步行使用的人行道和分隔各种车道(或人行道)的分车带、设施带、绿化带等,特殊断面还可包括应急车道、路肩和排水沟等。

(二)城市道路横断面综合布置原则

确定城市道路横断面形式时,需要根据城市道路规划功能上的性质和作用,综合考虑机动车、非机动车、行人交通、交通附属设施等因素,合理安排各组成部分。城市道路横断面综合布置,应注意以下原则:

(1)规划设计中充分体现"以人为本"的设计理念,保证行人和车辆的交通安全与畅通。

(2)横断面布置应与道路功能相协调,应注意节约城市用地,在满足道路功能(和景观要求)的前提下,应科学论证和合理确定道路横断面各组成部分的宽度,配置既要紧凑,又要考虑留有余地。

(3)根据城市道路的交通功能,确定各种交通的优先级别。快速车与慢行车应分流,过境交通与内部交通应分开,机动车与非机动车、行人应分离,减少互相之间的干扰。

(4)应尽可能增加道路绿化率,合理布置道路分隔带和绿化带,使其与自然环境更和谐。

(5)保证沿路地面、地下排水和各种管线埋设的要求,根据发展需要确定管线布设的合理宽度。

(6)综合考虑美学规则,从比例与尺度、对称与平衡、统一与变化三个角度来考虑横断面设计,创造具有个性、美观和安全的道路。

(7)贯彻执行可持续发展的理念,横断面设计应注意近期与远期相结合,采用的横断面形式和尺寸应具有一定的弹性,使近期工程成为远期工程的组成部分,并预留管线位置。

(8)横断面布置要与地形地物相协调。

(9)应有利于雨水的排除。设计中应考虑路拱的形式和坡度及雨水口的位置,以及主要道路两侧街坊、单位内部排水的出口,以便密切配合。

(三)城市道路横断面形式与选择

城市道路常见的几种断面形式如下。

1. 单幅路

俗称"一块板"断面。各种车辆在行车道上混合行驶。有以下几种交通组织方式:

(1)画出快、慢车行驶分车线,快车和机动车在中间行驶,慢车和非机动车靠两侧行驶。

(2)不划分车道,在不影响安全的条件下车道可调剂使用。通常快车靠中线行驶,慢车靠外侧行驶。当外侧车道有临时停车或公交车辆进站时,慢车可临时占用靠中线车道,快车减速通过或临时占用对向车道。也可调整交通组织,如只允许机动车沿同一方向行驶的"单行道";限制载重车和非机动车行驶,只允许小客车和公交车通行的街道;限制各种机动车,只允许行人通行的"步行道"等。上述措施可相对不变,也可按规定周期变换。

2. 双幅路

俗称"两块板"断面。在行车道中心用分隔带或分隔墩将行车道分为两部分,上、下行车辆分向行驶,各向视需要可划分快、慢车道。

3. 三幅路

俗称"三块板"断面。中间为双向行驶的机动车车道,两侧为靠右侧行驶的非机动车车道。机动车和非机动车车道之间用两侧分隔带或分隔墩分隔。

4. 四幅路

俗称"四块板"断面,在三幅路的基础上,再用中间分隔带将机动车车道分隔为二,分向行驶。上述四种横断面布置形式见图4-4。

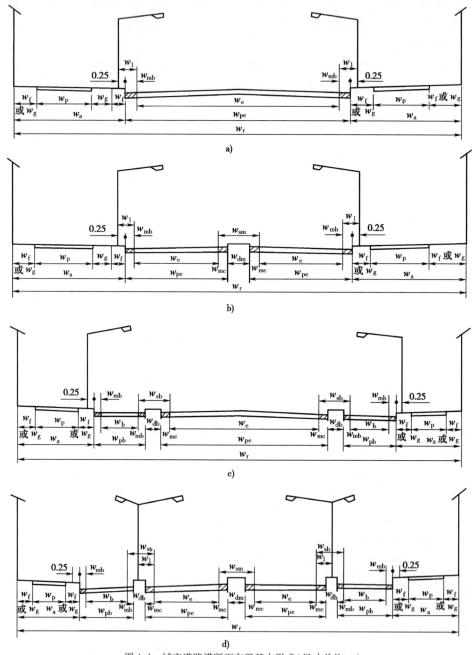

图4-4 城市道路横断面布置基本形式(尺寸单位:m)
a)单幅路;b)双幅路;c)三幅路;d)四幅路

图 4-4 中：

w_r——红线宽度(m)；

w_e——机动车行车道宽度或机动车与非机动车混合行驶的行车道宽度(m)；

w_b——非机动车车道宽度(m)；

w_{pe}——机动车道路面宽度或机动车与非机动车混合行驶车道的路面宽度(m)；

w_{pb}——非机动车道路面宽度(m)；

w_{mc}——机动车道路缘带宽度(m)；

w_{mb}——非机动车道路缘带宽度(m)；

w_1——侧向净宽(m)；

w_{dm}——中间分隔带宽度(公路称为中央分隔带)(m)；

w_{sm}——中间分车带宽度(公路称为中间带)(m)；

w_{db}——两侧分隔带宽度(m)；

w_{sb}——两侧分车带宽度(m)；

w_a——路侧带宽度(m)；

w_p——人行道宽度(m)；

w_g——绿化带宽度(m)；

w_f——设施带宽度(m)。

(四)横断面形式的选用

单幅路占地少，投资省，但各种车辆混合行驶，对交通安全不利，仅适用于机动车交通量不大且非机动车较少的次干路、支路以及用地不足和拆迁困难的旧城改建的城市道路。

双幅路断面将对向行驶的车辆分开，减少了对向行车干扰，提高了车速，分隔带可用作绿化、布置照明和敷设管线，但各种车辆单向混合行驶干扰较大。双幅路主要用于各向至少具有两条机动车道且非机动车较少的主、次干路，有平行道路可供非机动车通行或两侧不设置辅路的快速路、郊区风景区道路、横向高差大或地形特殊的路段也可采用。

三幅路将机动车与非机动车分开，对交通安全有利，分隔带上可以布置绿化带，利于夏天遮阳防晒、布置照明和减少噪声等。三幅路在机动车交通量大、非机动车多的城市主干路上宜优先采用，但占地较多，只有当红线宽度大于或等于 40m 时才能满足车道布置的要求。

四幅路将机动车和非机动车分开，同时将对向行驶的机动车分开，安全和车速方面较三幅路更为有利，但占地更多，造价更高。四幅路适用于机动车量大、速度高、两侧设置辅路的快速路或机动车车速较高、各向两条机动车道以上且非机动车多的主干路。四幅路也可用于中、小城市的景观大道，以宽阔的中央分隔带和机非绿化带衬托。带有非机动车道的四幅路不宜用在快速路上，快速路的路侧辅路宜用于机非混行的地方性交通，并且仅供右进右出，不宜跨越交叉口，以确保快速路的功能。

一条道路宜采用相同形式的横断面。当道路横断面形式或横断面各组成部分的宽度变化时，应设过渡段。过渡段的起、止点宜选择在交叉口或结构物处。

对设置公交专用车道的道路，横断面布置应结合公交专用车道位置和类型全断面综合考虑，并应优先布置公交专用车道。桥梁与隧道横断面形式、行车道及路缘带宽度应与路段相同。

第二节 机动车道、路肩与中间带

一、机动车道行车道宽度

机动车道宽度是为了保障车辆安全、顺适通行所需的车道几何宽度。车道宽度是根据设计车辆的最大宽度,加上错车、超车所必需的余宽确定的;车道宽度与设计速度相关,速度越高需要的宽度越大。一条道路所需的机动车道总宽度是根据设计车辆宽度、设计交通量、交通组成和汽车行驶速度确定的。公路的行车道一般包括两条以上车道,高速公路和一级公路双向有四条以上车道。城市道路横断面布置与公路有较大区别。

(一)一般双车道公路行车道宽度确定

双车道公路有两条车道,行车道宽度包括汽车宽度和富余宽度。汽车宽度取载重汽车车厢的总宽度2.5m。富余宽度是指对向行驶时两车厢之间的安全间隙以及汽车轮胎至路面边缘的安全距离,如图4-5所示。双车道公路每一条单向行驶的车道宽度可用式(4-1)计算:

$$B_{单} = \frac{a+c}{2} + x + y \tag{4-1}$$

两条车道:

$$B_{双} = a + c + 2x + 2y$$

式中:a——车厢宽度(m);
c——汽车轮距(m);
$2x$——两车厢安全间隙(m);
y——轮胎与路面边缘之间的安全距离(m)。

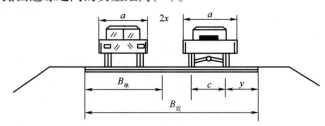

图4-5 双车道公路的行车道宽度

根据试验观测,计算x、y的经验公式为:

$$x = y = 0.50 + 0.005V \tag{4-2}$$

式中:V——行驶速度(km/h)。

从式(4-2)可知,行车道的富余宽度与车速有关,此外还与路侧环境、驾驶员心理、车辆状况等有关。当双车道公路设计速度为80km/h时,单条车道宽度取3.75m是合适的。对车速较低、交通量不大的公路可取较小宽度,双车道公路车道宽度如表4-1所示。

各级公路车道宽度　　　　　　　　　表4-1

公路等级	高速公路、一级公路					
设计速度(km/h)	120、100			80		60
车道宽度(m)	3.75	3.75	3.75	3.75	3.75	3.50
公路等级	二、三、四级公路					
设计速度(km/h)	80	60	40	30	20	
车道宽度(m)	3.75	3.50	3.50	3.25	3.50 或 3.00	

(二)有中央分隔带公路的行车道宽度

高速公路、一级公路有四条以上车道,一般设中央分隔带。分隔带两侧的行车道只有同向行驶的汽车,如图4-6所示。

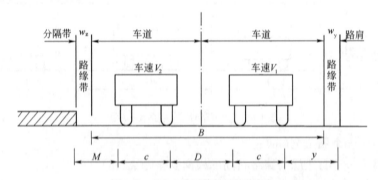

图4-6　有中央分隔带的行车道宽度

车速、交通组成和大型车混入率对行车道宽度有较大影响。根据实地观测,得出下列关系式:

$$y = 0.0103V_1 + 0.56 \tag{4-3}$$

$$D = 0.000066(V_2^2 - V_1^2) + 1.49 \tag{4-4}$$

$$M = 0.0103V_2 + 0.46 \tag{4-5}$$

式中:D——两汽车后轮外缘之间的安全间隙(m);

　　　M——左后轮外缘与车道(或路缘带)左侧之间的安全间隙(m);

　　　y——右后轮外缘与车道(或路缘带)右侧之间的安全间隙(m);

　　　V_1、V_2——分别为被超车与超车的车速(km/h)。

则单侧两条行车道宽度:

$$B = y + D + M + 2c - w_z - w_y \tag{4-6}$$

式中:w_z、w_y——车道左侧与右侧路缘带宽度(m);

　　　c——汽车后轮外缘间距(m)。

根据上式计算可知,设计速度 $V \geq 80$ km/h 且客货混合行驶时,每条车道的宽度应采用3.75m;当 $V < 80$ km/h 时,每条车道的宽度可采用3.50m,如表4-1所示。

八车道及以上公路采用分车道、分车型通行管理方式,内侧车道(内侧第1、2车道)仅限小客车通行时,其车道宽度可采用3.5m;以通行中、小型客运车辆为主且设计速度为80km/h

及以上的公路,如机场和景区专用高速公路、客车或轻型交通专用高速公路,经论证车道宽度可采用3.5m。

高速公路和一级公路的车道数应依据其交通量和设计通行能力确定,且不应小于四条。当增加车道数时,应按双数、两侧对称增加。

(三)城市道路行车道宽度

1. 靠路边的车道宽

(1) 一侧靠边,另一侧为反向行驶的车道(图4-7),其车道宽度:

$$B_1 = x + a + y \tag{4-7}$$

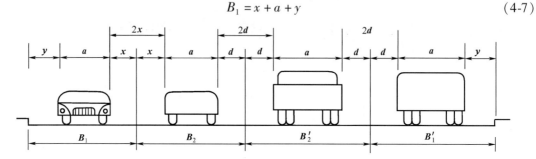

图4-7 城市道路的行车道宽度示意图

图4-7中: a——车厢全宽(m);

y——车身边缘与路缘石间的横向安全距离(m);

$2d$——同向行驶汽车间的安全间隙(m);

$2x$——反向行驶汽车间的安全间隙(m)。

(2) 一侧靠边,另一侧为同向行驶的车道:

$$B_1' = d + a + y \tag{4-8}$$

2. 靠路中线的车道

$$B_2 = x + a + d \tag{4-9}$$

3. 同向行驶中间的车道

$$B_2' = d + a + d \tag{4-10}$$

根据试验观测,y、d、x 与车速 V 之间的关系式为:

$$y = 0.4 + 0.02 V^{\frac{3}{4}} \quad (\text{m}) \tag{4-11}$$

$$2d = 0.7 + 0.02 V^{\frac{3}{4}} \quad (\text{m}) \tag{4-12}$$

$$2x = 0.7 + 0.02 (V_1 + V_2)^{\frac{3}{4}} \quad (\text{m}) \tag{4-13}$$

其中,V 是以 km/h 为单位的行驶速度。

车道宽 B 是车速 V 的函数,其宽度依车速和车身宽度在3.40~3.80m之间变化。城市道路上行驶的车辆各异,且车道可调剂使用,故一条车道的平均宽度取3.50m,当车速 $V>40$km/h时,可取3.75m。

城市道路车道宽度规定如表4-2所示。

城市道路机动车车道宽度　　　　　　表 4-2

按车型及行驶状态分类	设计速度(km/h)	
	>60	≤60
大型车或混行车道(m)	3.75	3.50
小客车专用车道(m)	3.50	3.25

(四)专用车道宽度

专用车道主要有爬坡车道、变速车道、错车道、避险车道、紧急停车带、港湾式停靠站等。这些专用车道的定义、作用及设计要点见相关内容。其车道或行车道宽度规定:爬坡车道、变速(加速或减速)车道的车道宽度采用 3.50m,错车道路段的行车道宽度应不小于 5.50m,避险车道的宽度应不小于 4.50m,紧急停车带宽度为 3.50m。

快速公交专用道、常规公交专用道的单车道宽度均不应小于 3.50m。公交港湾式停靠站可分为直接式和分离式两种。直接式公交停靠站的车道宽度不应小于 3.00m;分离式公交停靠站的车道总宽度应包括路缘带宽度,不应小于 3.50m。

二、路肩的作用及其宽度

位于行车道外缘且至路基边缘具有一定宽度的带状部分称为路肩。其功能与作用为:

(1)保护及支撑路面结构。为路面提供结构支撑所需的宽度是所有路肩功能中最小的,仅需要 0.50m。

(2)供紧急情况下临时停车。临时停放在硬路肩上的车辆宜距离行车道边缘至少 0.3m,最好保证 0.6m。对于运输繁重和行车速度高的公路以及对那些承担大量大型载重汽车的干线公路,硬路肩的有效宽度应不小于 3.00m。但宽度大于 3.00m 的硬路肩易被误用为行车道。

(3)为行车提供侧向宽度,保证行驶速度和通行能力。国内外的研究表明,当硬路肩的宽度大于 1.8m 时,可为行车提供足够的侧向宽度,增加驾驶的安全和舒适感,保证行车道的行驶速度和通行能力;2.0m 左右的路肩宽度具有良好的安全效应。在挖方路段,可增加弯道视距,减少行车事故。

(4)当宽度足够时,可作为应急救援通道。正常情况下,高速公路硬路肩禁止车辆通行。当路段发生交通事故时,硬路肩是救援车辆的应急通行通道。当连续的硬路肩宽度大于等于 2.0m 时,可满足事故发生时警车、救护车等小型救援车辆通行的需要,该种情况下以交通管理、卡口和抢救生命为主。当连续的硬路肩宽度大于等于 2.50m 时,可满足较大的救援车辆如拖车、吊车、消防车等通行的要求。

(5)提供道路养护作业、埋设地下管线的场地。

(6)对未设人行道的道路,可供行人及非机动车使用。

路肩从构造上可分为硬路肩、土路肩。硬路肩是指进行了铺装的路肩,可承受汽车荷载的作用力,在混合交通的公路上便于非机动车、行人通行。在填方路段,如采用集中排水方式,为使路肩能汇集路面积水,在路肩边缘应设缘石。土路肩是指不加铺装的土质路肩,起保护路面和路基的作用,并提供侧向余宽。

公路一般应设右侧路肩,对高速公路、一级公路,当采用分离式断面时,行车道左侧应设左侧路肩。公路路肩宽度主要根据公路功能、设计速度确定。

高速公路和作为干线一级公路的右侧硬路肩为满足大型货运车辆事故或临时故障停靠硬路肩的需要,并减少因其停车对相邻车道通行的影响,正常情况下应采用3.00m的硬路肩宽度;在设爬坡车道、变速车道路段,受地形、地物等条件限制路段及多车道公路特大桥,可论证采用1.50m的右侧硬路肩。以通行小客车为主时,高速公路和干线一级公路可采用2.50m的右侧硬路肩。当设计速度分别为80km/h和60km/h时,承担集散功能的一级公路和二级公路的右侧硬路肩应分别采用1.50m和0.75m;在设爬坡车道、变速车道及超车道的路段,受地形、地物等条件限制路段及多车道公路特大桥,可论证分别采用0.75m或0.25m的右侧硬路肩。三级和四级公路不设右侧硬路肩。高速公路和一级公路应在右侧硬路肩宽度内设左侧路缘带,其宽度为0.50m。公路的右侧土路肩宽度为0.50~0.75m,双车道四级公路右侧土路肩宽度可采用0.25m。

高速公路、一级公路当采用分离式断面时,行车道左侧路肩宽度不应小于表4-3的规定值。左侧硬路肩宽度包含左侧路缘带宽度。

分离式断面高速公路、一级公路左侧路肩宽度　　　　表4-3

设计速度(km/h)	120	100	80	60
左侧硬路肩宽度(m)	1.25	1.00	0.75	0.75
左侧土路肩宽度(m)	0.75	0.75	0.75	0.75

高速公路整体式路基双向八车道及以上路段宜设置左侧硬路肩,以满足内侧车道上事故车辆的临时停放需求,考虑到多车道高速公路内侧车道上行驶的车辆以小型车为主,要求左侧硬路肩宽度不应小于2.5m。高速公路分离式路基单幅同向四车道及以上的路段,左侧硬路肩宽度不宜小于2.5m。左侧硬路肩宽度包含左侧路缘带宽度。

高速公路和作为干线一级公路的右侧硬路肩宽度小于2.50m时,为满足故障或事故车辆临时停放的需要,应设紧急停车带。紧急停车带应与车道平行,在车道外侧设置,宽度应不小于3.50m(包括硬路肩宽度),有效长度不应小于40m,间距不宜小于500m。从正线进入和驶出紧急停车带应设置不短于70m的过渡段。高速公路、一级公路的特长桥梁、隧道,根据需要可设置紧急停车带,其间距不宜大于750m。二级公路根据需要可设置紧急停车带,其间距宜按实际情况确定。

城市道路一般采用地下管渠排水,行车道两侧设路缘石和人行道,一般不设路肩。如采用边沟排水且设计速度大于或等于40km/h时,则应在路面外侧设路肩。保护性路肩一般为土质或简易铺装,其作用是为城市道路的某些交通设施(如护栏、栏杆、交通标志牌等)的设置提供场地,最小宽度为0.5m。有少量行人时,路肩最小宽度可为1.50m。

三、路拱横坡度

为利于路面横向排水,将路面做成中央高于两侧具有一定横坡的拱起形状,称为路拱。其倾斜的大小以百分率表示。

路拱对排水有利但对行车不利。路拱横坡度使车重产生水平分力,从而增加了行车的不稳定性,也给乘客带来不舒适的感觉;当车辆在有水或潮湿的路面上制动时,会有侧向滑移的危险且制动距离增加。为此,对路拱大小及形状的设计应兼顾两方面的影响。路拱设计坡度应根据路面宽度、路面类型、设计速度、纵坡及气候条件等确定,符合表4-4的规定。

路拱横坡度　　　　　　　　表4-4

路 面 类 型	路拱横坡度(%)
水泥混凝土路面、沥青混凝土路面	1.0～2.0
其他黑色路面、整齐石块	1.5～2.5
半整齐石块、不整齐石块	2.0～3.0
碎、砾石等粒料路面	2.5～3.5
低级路面	3.0～4.0

　　高速公路、一级公路整体式路基的路拱宜采用双向路拱坡度,由路中央向两侧倾斜。位于中等强度降雨地区时,路拱坡度宜为2%;位于降雨强度较大地区时,路拱坡度可适当增大。高速公路、一级公路分离式路基的路拱,宜采用单向横坡,并向路基外侧倾斜,也可采用双向路拱坡度。积雪、冰冻地区,宜采用双向路拱坡度。双向六车道及以上车道数的公路,当超高过渡段的路拱坡度过于平缓时,可设置双路拱线;路拱坡度过于平缓路段应进行路面排水分析。二级公路、三级公路、四级公路的路拱应采用双向路拱坡度,由路中央向两侧倾斜。路拱坡度应根据路面类型和当地自然条件确定,但不应小于1.5%。

　　城市道路的快速路、降雨量大的地区道路路拱设计坡度,可根据具体的路面类型,宜取表4-4的高值,可选1.5%～2.0%。纵坡度大时宜取表4-4中的低值,纵坡度小时宜取高值。积雪冰冻地区、透水路面的路拱设计坡度宜采用低值。

　　路拱的形式有抛物线形、直线形、直线接抛物线形、折线形等。可根据路面宽度及类型采用,低等级公路可采用抛物线形路拱,机动车道一般采用直线形路拱,多车道的水泥混凝土路面可采用折线形路拱。

　　直线路段的硬路肩应设置向外倾斜的横坡,其坡度值应与车道横坡值相同。路线纵坡平缓,且设置拦水带时,其横坡值宜采用3%～4%。

　　土路肩的排水性低于路面,位于直线路段或曲线路段内侧,且车道或硬路肩的横坡度值≥3%时,土路肩的横坡度应与车道或硬路肩横坡度值相同;横坡度值<3%时,土路肩的横坡度应比车道或硬路肩的横坡度值大1%或2%。位于曲线路段外侧的土路肩宽度应采用3%或4%的反向横坡值。

　　非机动车道一般为单面坡,横坡度可根据路面面层类型参考表4-4选用。

　　人行道宜采用单面坡,横坡度为1%～2%。路缘带横坡与路面相同。

四、中间带

1. 中间带的作用

　　四条及四条以上车道的道路应设置中间带。中间带由两条左侧路缘带和中央分隔带组成。中间带的作用:

　　(1)分隔上、下行车流,防止车辆驶入对向车道,减少道路交通干扰,提高通行能力和行车安全。

　　(2)可作为设置道路标志及其他交通管理设施的场地,也可作行人过街的安全岛。

(3)一定宽度的中间带种植花草灌木或设防眩网,可防止对向车灯眩目,还可起到美化路容和环境的作用。

(4)设于中央分隔带两侧的路缘带,有一定宽度且颜色醒目,能引导驾驶员视线,增加行车侧向余宽,提高行车的安全性和舒适性。

2. 中间带的宽度

中间带的宽度根据行车道外侧向余宽、护栏、种植、防眩网、桥墩等所需设施带宽度确定。中间带越宽作用越明显,但对用地紧缺的地区采用宽中间带是困难的,我国采用窄的中间带。

高速公路和作为干线一级公路整体式断面的中央分隔带宽度应从对向分隔、安全防护、防眩的主要功能出发,综合考虑中央分隔带护栏防护形式和防护能力确定。对于承担集散功能的一级公路,中央分隔带宽度应根据中间物理隔离措施的宽度确定。城市道路的相关规定与公路基本相同。左侧路缘带常用宽度为 0.50m 或 0.75m。

整体式路基的中间带宽度宜保持等值。当中间带的宽度根据需要增宽或减窄时,宽度变化地点应设过渡段。过渡段以设在回旋线范围内为宜,长度宜与回旋线长度相等;当中间带宽度变化较大时,应考虑在中间带的两侧边缘设置回旋线进行过渡,或采用左右分幅进行线形设计,以保证线形顺畅圆滑。条件受限制且设计速度小于 80km/h、宽度变化小于 3.0m 时,可采用渐变过渡,过渡段的渐变率不应大于 1/100。整体式路基分为分离式路基或分离式路基汇合为整体式路基时,其中间带的宽度增宽或减窄时,应设置过渡段。其过渡段以设置在圆曲线半径较大的路段为宜。图 4-8 为几种变宽过渡设计的例子。

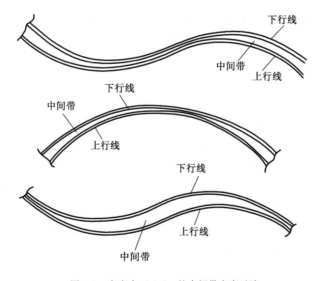

图 4-8 宽度大于 4.5m 的中间带变宽过渡

3. 中间带的开口

为便于养护作业、临时调整行车方向和某些车辆必要时掉头,中央分隔带应按一定距离设置开口部。开口部一般以每 2km 设置一处为宜,太密会造成交通紊乱。城市道路可根据横向交通(车辆和行人)的需要设置。

中央分隔带开口应设置在通视良好的路段,若开口设于曲线路段,其圆曲线半径的超高值不宜大于 3%。互通式立体交叉、隧道、特大桥、服务区设施前后,以及整体式路基、分离式路基的分离(汇合)处,应设置中央分隔带开口。分离式路基应在适当位置设横向连接道,以供维修或抢险时使用。中央分隔带开口长度不宜大于40m;八车道高速公路中央分隔带开口长度可适当增长,但不应大于50m。中央分隔带开口处应设置具有防撞功能的活动护栏。

开口端的形状,常用半圆形和弹头形两种。对窄的中央分隔带($M<3.0m$)可用半圆形,宽的($M\geq3.0m$)可用弹头形。中间带开口采用弹头形的如图4-9所示,图中R、R_1和R_2为控制设计半径。R和R_1足够大时,才能保证汽车以容许速度驶离主车道进行左转弯,一般采用$R_1=25\sim120m$。R切于开口中心线,其值取决于开口的大小,为避免过大的开口并方便行车,R的最小值一般采用15m。弹头尖端圆弧半径R_2可采用分隔带宽度的1/5,外观比较悦目。

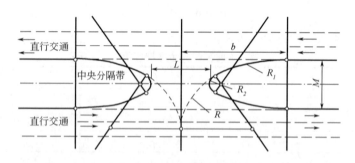

图4-9 中间带开口

4. 中央分隔带形式

中央分隔带形式有凹形、凸形和齐平式三种。中央分隔带宽度大于或等于3.00m时宜用凹形;中央分隔带宽度小于3.00m时可采用凸形。对于存在风沙和积雪影响的路段,中央分隔带宽度宜采用齐平式。中央分隔带宽度大于或等于3.00m时宜植草皮;中央分隔带宽度小于3.00m时可栽灌木或铺面封闭。

5. 中间带的侧向净距

中间带各组成部分如图4-10所示。设车辆在车道中间行驶,图中侧向余宽J是指路缘带与车道边线到护栏面的间距包括路缘带和余宽C值;内侧净距P是右后轮外侧面到护栏面的间距。侧向余宽J、内侧净距P、车道宽B及后轮总宽a满足式(4-14)的关系。

$$J = P - \frac{B-a}{2} \tag{4-14}$$

根据实测,内侧净距与车型和速度有关,各种车型行驶时内侧净距与行驶速度的关系模型如下:

小型车 $\qquad\qquad\qquad P=0.0101V+1.03 \tag{4-15}$

中型车 $\qquad\qquad\qquad P=0.0095V+1.05 \tag{4-16}$

大型车 $\qquad\qquad\qquad P=0.0081V+0.94 \tag{4-17}$

式中:P——内侧净距(m);
$\qquad V$——行驶速度(km/h)。

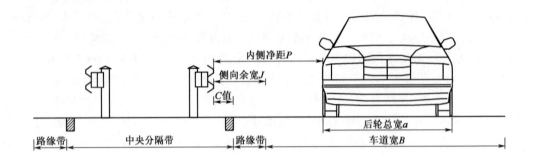

图 4-10 中间带组成

道路中间带侧向余宽推荐值见表 4-5。

中间带侧向余宽推荐值　　　　　　表 4-5

设计速度(km/h)	侧向余宽 J(m)	余宽 C(m)
120	1.25	0.50
100	1.00	0.25
80	0.75	0.25

第三节　非机动车道、路侧带与路缘石

一、非机动车道

非机动车道是专供自行车、三轮车等行驶的车道。在我国城市道路上,有很多非机动车行驶,其中以自行车的数量最多。因此,对非机动车道设计,应给予足够重视。在城市规划设计中,宜考虑设置专用非机动车道路系统;交通组织和横断面布置应尽可能使机非分离行驶;非机动车道设计应"宁宽勿窄",要适当留有余地。

非机动车的单一车道宽度,是根据车身宽度和车身两侧所需横向安全距离而定。非机动车的通行能力,可根据"车头间距"或"车头时距"的理论进行计算。根据调查,各种非机动车特性及所需车道宽度如表 4-6 所示。

非机动车特性及所需车道宽度　　　　　表 4-6

车辆种类	自行车	三轮车
长(m)	1.93	3.40
宽(m)	0.60	1.25
高(m)	2.25	2.25
最小纵向间距(m)	1.0～1.5	1.0
所需车道宽度(m)	1.0	2.0

人骑自行车的通行净空如图 4-11 所示,高为 2.25m,外加 0.25m 的安全净空,在整个宽度上要求的净空高度为 2.50m;车把宽 0.60m,加上两侧的横向摆动安全距离,故一条自行车车

道的宽度为 1.0m，自行车车道两侧应各留 0.25m 的安全距离，则一条自行车车道的宽度为 1.50m，两条车道的宽度为 2.50m，三条车道的宽度为 3.50m，四条车道的宽度为 4.50m，以此类推。自行车车道的标准宽度如图 4-12 所示。

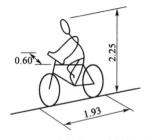

图 4-11　自行车的通行净空
（尺寸单位：m）

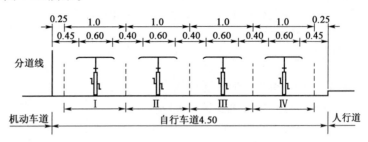

图 4-12　自行车道的标准宽度（尺寸单位：m）

主干路非机动车道应与机动车道分隔设置；当次干路设计速度大于或等于 40km/h 时，非机动车道宜与机动车道分隔设置。与机动车道合并设置的非机动车道，车道数单向不应小于 2 条，宽度不应小于 2.5m。非机动车专用道路的设计速度宜采用 15～20km/h，专用道路面宽度应包括车道宽度及两侧路缘带宽度，单向不宜小于 3.5m，双向不宜小于 4.5m，并应设置相应的交通安全、排水、照明、绿化等设施。

不受平面交叉口影响的一条自行车道的路段设计通行能力，当有机、非分隔设施时，取 1 600～1 800veh/h；当无分隔时，取 1 400～1 600veh/h。受平面交叉口影响的一条自行车道的路段设计通行能力，当有机、非分隔设施时，取 1 000～1 200veh/h；当无分隔时，应取 800～1 000veh/h。信号交叉口进口道一条自行车道的设计通行能力可取为 800～1 000veh/h。非机动车道数宜根据自行车设计交通量与每条自行车道设计通行能力计算确定，车道数单向不宜小于 2 条。

各类混合行驶的非机动车车道宽度，根据车辆横向布置的不同排列组合要求确定，其宽度必须保证最宽车辆有超车或并行的可能。

二、路侧带

路侧带可由人行道、绿化带、设施带等组成。

（一）路侧带宽度

1. 人行道宽度

人行道主要是供行人步行之用，并应设置无障碍设施，其地下空间还可埋设管线等。
人行道宽度应根据道路类别、功能、行人流量、沿街建筑性质及布设公用设施要求等确定。
人行道宽度必须满足行人通行的安全和顺畅，可由式(4-18)计算：

$$w_p = \frac{N_w}{N_{w1}} \tag{4-18}$$

式中：w_p——人行道宽度(m)；

N_w——人行道高峰小时行人流量(人/h)；

N_{w1}——1m 宽人行道的设计小时通行能力(人/h)。

行人所占用宽度与人手中携带物品的大小和携带方式有关,一般在 0.60~0.90m 之间。车站、码头、大型商场附近的道路以及全市性主干路上,一条步行带宽度取 0.90m,其余情况取 0.75m。一条步行带的通行能力,可用式(4-19)计算:

$$N_p = \frac{1\,000V}{L} \tag{4-19}$$

式中:N_p——一条步行带的通行能力(人/h);
　　　V——行人步行速度(km/h);
　　　L——行人间距(m)。

也可用式(4-20)计算:

$$N_p = 3\,600 \cdot w_p \cdot v \cdot \rho \tag{4-20}$$

式中:w_p——人行道宽度(m);
　　　v——步行速度(m/s);
　　　ρ——人群密度(人/m²)。

人行设施的基本通行能力和设计通行能力如表4-7所示。行人较多的重要区域设计通行能力宜采用低值,非重要区域宜采用高值。

人行设施基本通行能力和设计通行能力　　　　　　　表4-7

人行设施类型	基本通行能力	设计通行能力
人行道,人/(h·m)	2 400	1 800~2 100
人行横道,人/(hg·m)	2 700	2 000~2 400
人行天桥,人/(h·m)	2 400	1 800~2 000
人行地道,人/(h·m)	2 400	1 440~1 640
车站码头的人行天桥、人行地道,人/(h·m)	1 850	1 400

注:hg 为绿灯时间。

根据我国部分城市的调查资料:大城市现有单侧人行道宽度为 3~10m,中等城市为 2.5~8m,小城市为 2~6m。表4-8 为单侧步行道的最小宽度。

单侧人行道的最小宽度　　　　　　　表4-8

项　　目	人行道最小宽度(m)	
	一般值	最小值
各级道路	3.0	2.0
商业区或公共场所集中路段	5.0	4.0
火车站、码头附近路段	5.0	4.0
长途汽车站	4.0	3.0

2. 绿化带宽度

人行道上靠车行道一侧应种植行道树。行道树的株距一般为 4~6m,树池采用 1.5m×1.5m 的正方形或 1.2m×1.8m 的矩形。也可种植草皮与花丛。车行道两侧的绿化应满足侧向净宽的要求,并不得侵入道路建筑限界和影响视距。

3. 设施带宽度

设施带宽度应满足设置护栏、照明灯柱、标志牌、信号灯、城市公共服务设施等的要求。红线宽度较窄及条件困难时,设施带可与种植带合并,但应避免各种设施与树木间的干扰。常用宽度为护栏 0.25~0.50m,杆柱 1.0~1.5m。

按上述所求人行道宽、绿化带宽与设施带宽之和即为路侧带宽。此外,还要考虑人行道下埋设管线所需的宽度。为使街道各部分宽度相互协调,将路侧带宽度与整个街道宽度比较,一般认为街道宽与单侧路侧带宽之比在 5:1~7:1 范围内比较合理。

(二)路侧带的布置

路侧带通常对称布置在道路两侧,受地形、地物限制时,可不等宽或不在一个平面上。常见的路侧带布置形式见图 4-13。

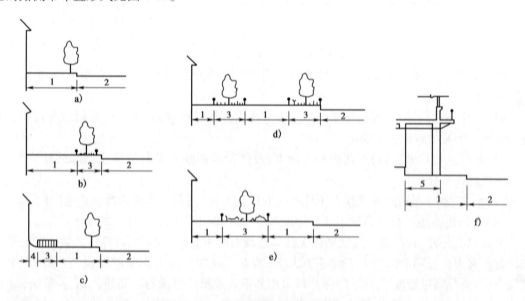

图 4-13 路侧带的布置形式
1-步行道;2-车行道;3-绿带;4-散水;5-骑楼

图 4-13a)中,仅在小圆穴(或小方穴)中种植单行树。这种形式适用于路侧带宽度受限制或两侧有商业、公共文化设施而用地不足的路段。

图 4-13b)中,行人与行车道之间用绿带(草地或灌木)隔开,在人行横道处将绿带断开。适用于过街行人密度大,行车密度高的路段。这种布置利于行人的交通安全和提高行车道的通行能力,利于交通组织。

图 4-13c)中,绿带布置在建筑物前面,适用于住宅区街道。为防止积水影响房屋基础稳定,须沿房屋墙脚砌筑护坡以利排水。

图 4-13d)、e)中,绿带将路侧带划分成两个部分,靠近建筑物的人行道供进出商店的行人使用,另一条供过路行人使用。适用于城市中心商业区或公共建筑物较多的街道上。

图 4-13f)为骑楼式路侧带,为拓宽路幅将沿街两旁的房屋底层改建为骑楼。适用于旧城原行车道和路侧带均狭窄的道路上。

三、路缘石

路缘石为铺设在路面边缘或标定路面界限的界石。在城市道路的分隔带与路面之间、人行道与路面之间一般都需设路缘石,在公路的中央分隔带边缘、行车道右侧边缘或路肩外侧边缘常需设路缘石。

路缘石用于分隔行车区域与其他交通方式运行区域,或分隔其他用途的区域;可标示出路面边缘的轮廓线并支撑路面或路肩边缘;利于纵向排水。

路缘石的形状有栏式(立式)、斜式和(齐)平式等几种(图4-14)。

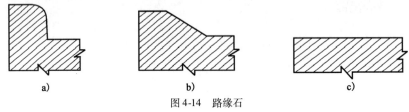

图4-14 路缘石
a)栏式(立式);b)斜式;c)(齐)平式

高速公路与一级公路的凸形中间带中,设于护栏外侧的路缘石对安全行车不利,主要存在以下问题:

(1)处于高速行驶、心理高度紧张的驾驶员在内侧车道行驶时,为避让左侧路缘石和右侧并行车辆,,容易导致操作失误。

(2)护栏上有反光轮廓标,路缘石上没有,夜间行车视线不良时易撞击凸起的路缘石,发生侧倾或翻滚事故。

(3)研究表明,车辆碰撞路缘石不能改变其运动方向,易发生车辆弹跳而碰撞护栏。

(4)车辆碰撞路缘石时易发生前胎爆胎事故,易使撞击作用点升高。

因此,高速公路和一级公路宜采用无凸起路缘石的中间带,或采用可穿越的斜式或齐平式路缘石。在中央分隔带宽度大于或等于3.0m或存在风沙和风雪影响的路段,宜采用齐平式路缘石;中央分隔带宽度小于3.0m时,可采用齐平式或斜式路缘石。高速公路、一级公路(设计速度≥60km/h)的中央分隔带不得采用栏式路缘石。高速公路、一级公路中央分隔带和路侧设置的可穿越的路缘石高度不应大于10cm,且路缘石面应和护栏面平齐。

城市道路的路缘石可采用立缘石和平缘石。立式路缘石宜设置在中间分隔带、两侧分隔带及路侧带两侧。当设置在中间分隔带及两侧分隔带时,外露高度宜为15~20cm;当设置在路侧带两侧时,外露高度宜为10~15cm。在分隔带端头或交叉口小半径处,宜采用曲线立式路缘石。人行道外侧设置的边缘石宜采用小型齐平式路缘石,路缘石顶面高度宜与人行道高度相同。设置路缘石坡道范围内的立式路缘石应满足现行国家标准《无障碍设计规范》(GB 50763—2012)的相关规定。

第四节 平曲线加宽设计

平曲线加宽是指为满足汽车在平曲线上行驶时后轮轨迹偏向曲线内侧的需要,平曲线内侧相应增加的路面、路基宽度。

一、加宽值计算

汽车行驶在圆曲线上,各轮迹半径不同,其中后内轮轮迹半径最小,且偏向曲线内侧,故曲线内侧应增加路面宽度,以确保圆曲线上行车的安全与顺适。

普通汽车的加宽值可由图 4-15 所示的几何关系求得:

$$b = R - (R_1 + B)$$

而:

$$R_1 + B = \sqrt{R^2 - A^2} = R - \frac{A^2}{2R} - \frac{A^4}{8R^3} - \cdots$$

故:

$$b = \frac{A^2}{2R} + \frac{A^4}{8R^3} + \cdots$$

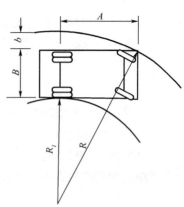

图 4-15 普通汽车的加宽

上式第二项以后的数值很小,可省略不计,则一条车道的加宽:

$$b_单 = \frac{A^2}{2R} \tag{4-21}$$

式中:A——汽车后轴至前保险杠的距离(m);
R——圆曲线半径(m)。

对有 N 个车道的行车道:

$$b = \frac{NA^2}{2R} \tag{4-22}$$

铰接列车的加宽值由图 4-16 的几何关系求得:

$$b_1 = \frac{A_1^2}{2R}$$

$$b_2 = \frac{A_2^2}{2R'}$$

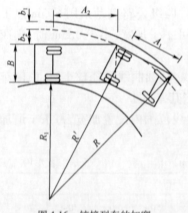

图 4-16 铰接列车的加宽

式中:b_1——牵引车的加宽值(m);
b_2——拖车的加宽值(m);
A_1——牵引车保险杠至第二轴的距离(m);
A_2——第二轴至拖车最后轴的距离(m);
其余符号见图 4-16。

由于 $R' = R - b_1$,而 b_1 与 R 相比甚微,可取 $R' \approx R$,则铰接列车的加宽值:

$$b = b_1 + b_2 = \frac{A_1^2 + A_2^2}{2R} \tag{4-23}$$

令 $A_1^2 + A_2^2 = A^2$，式(4-23)仍为式(4-22)的形式，但 A 的含义不同。

据实测,汽车转弯加宽还与车速有关,一个车道摆动加宽值计算的经验公式为：

$$b' = \frac{0.05V}{\sqrt{R}} \tag{4-24}$$

式中：V——汽车转弯时的行驶速度(km/h)。

考虑车速的影响,圆曲线上路面的加宽值按式(4-25)计算：

$$b = N\left(\frac{A^2}{2R} + \frac{0.05V}{\sqrt{R}}\right) \tag{4-25}$$

根据三种标准车型轴距加前悬的长度分别计算并整理,可得公路与城市道路不同圆曲线半径对应的三类加宽值。

二级公路、三级公路、四级公路的圆曲线半径小于或等于 250m 时,应设置加宽。公路的双车道路面加宽值如表 4-9 所示。

双车道公路圆曲线加宽值(m) 表 4-9

加宽类型	设计车辆	圆曲线半径(m)							
		250~200	<200~150	<150~100	<100~70	<70~50	<50~30	<30~25	<25~20	<20~15
第1类	小客车	0.4	0.5	0.6	0.7	0.9	1.3	1.5	1.8	2.2
第2类	载重汽车	0.6	0.7	0.9	1.2	1.5	2.0	—	—	—
第3类	铰接列车	0.8	1.0	1.5	2.0	2.7	—	—	—	—

圆曲线加宽值应根据公路功能、技术等级和实际交通组成确定。干线二级公路,应采用第 3 类加宽值。集散二级公路和三级公路,在考虑通行铰接列车时,应采用第 3 类加宽值;不考虑通行铰接列车时,可采用第 2 类加宽值。支线三级公路、四级公路可采用第 1 类加宽值。有特殊车辆通行的专用公路应根据特殊车辆验算确定其加宽值。

由三条以上车道构成的行车道,其加宽值应另行计算。单车道公路路面加宽值为表 4-9 规定值的一半。各级公路的路面加宽后,路基也要相应加宽。四级公路路基采用 6.5m 以上宽度,当路面加宽后剩余的路肩宽度不小于 0.5m 时,则路基可不予加宽;小于 0.5m 时,则应加宽路基,以保证路肩宽度不小于 0.5m。

对于双车道公路,当采取强制性措施实行分向行驶的路段,其圆曲线半径较小时,内侧车道的加宽值应大于外侧车道的加宽值,设计时应通过计算确定其差值。

当城市道路的圆曲线半径小于或等于 250m 时,应在圆曲线范围内设置加宽,每条车道加宽值应符合表 4-10 的规定。

城市道路圆曲线每条车道的加宽值(m) 表 4-10

加宽类型	汽车轴距加前悬(m)	车型	圆曲线半径(m)								
			200<R≤250	150<R≤200	100<R≤150	80<R≤100	70<R≤80	50<R≤70	40<R≤50	30<R≤40	20<R≤30
1	0.8+3.8	小客车	0.30	0.30	0.35	0.40	0.40	0.45	0.50	0.60	0.75
2	1.5+6.5	大型车	0.40	0.45	0.60	0.65	0.70	0.90	1.05	1.30	1.80
3	1.7+5.8+6.7	铰接车	0.45	0.60	0.75	0.90	0.95	1.25	1.50	1.90	2.75

二、加宽过渡

加宽过渡段是为使路面由直线上的正常宽度过渡到圆曲线上设置了加宽的宽度,而设置的宽度变化段。圆曲线加宽值为圆曲线内等值最大加宽(也称全加宽),而直线上不加宽,在加宽过渡段内,路面宽度逐渐过渡变化。加宽过渡的设置根据道路性质和等级可采用不同方法。

1. 比例过渡

在加宽过渡段全长范围内按其长度成比例逐渐加宽,如图 4-17 所示。加宽过渡段内任意点的加宽值:

$$b_x = \frac{L_x}{L}b \qquad (4\text{-}26)$$

式中:L_x——任意点距过渡段起点的距离(m);
L——加宽过渡段长度(m);
b——圆曲线上的全加宽(m)。

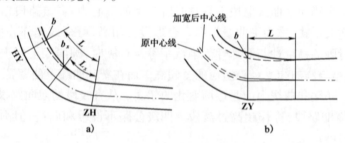

图 4-17　加宽过渡
a)设缓和曲线的弯道比例过渡;b)不设缓和曲线的弯道比例过渡

比例过渡计算简单,但经加宽后的路面内侧边线与行车轨迹不符,过渡段的起、终点出现破折,路容也不美观。这种方法可用于二级、三级、四级公路和城市道路。

2. 高次抛物线过渡

在加宽过渡段内插入一条高次抛物线,抛物线上任意点的加宽值:

$$b_x = (4k^3 - 3k^4)b \qquad (4\text{-}27)$$

式中:$k = \dfrac{L_x}{L}$;

其余符号意义同前。

该法加宽后的路面内侧边缘圆滑、美观,适用于对路容有一定要求的公路、城市道路和互通式立体交叉的匝道。

3. 回旋线过渡

在加宽过渡段路面内侧插入回旋线,不但中线上有回旋线,而且加宽后的路面边线也是回旋线,与行车轨迹相符,保证了行车的顺适与线形的美观。适用于互通式立体交叉的匝道和一、二级公路的下列路段:

(1)位于大城市近郊的路段；
(2)桥梁、高架桥、挡土墙、隧道等构造物处；
(3)设置各种安全防护设施的路段。

三、加宽过渡段长度

对设有缓和曲线或超高过渡段的平曲线，加宽过渡段应采用与缓和曲线或超高过渡段相同的长度；对不设缓和曲线，但设有超高过渡段的平曲线，可采用与超高过渡段相同的长度；既不设缓和曲线，又不设超高过渡段的平曲线，加宽过渡段应按渐变率为 1:15 且长度不小于 10m 的要求设置。对复曲线的大圆和小圆之间设有缓和曲线的加宽过渡段，均可按上述方法进行处理。

第五节　平曲线超高设计

一、超高及其作用

为抵消或减小车辆在平曲线路段上行驶时所产生的离心力，在该路段横断面上做成外侧高于内侧的单向横坡形式，称为平曲线超高。合理设置超高，可全部或部分抵消离心力，提高汽车在平曲线上行驶的稳定性与舒适性。当汽车等速行驶时，圆曲线上所产生的离心力是常数，超高横坡度应是与圆曲线半径相适应的全超高。而在缓和曲线上曲率是变化的，其离心力也是变化的，因此，在缓和曲线上应是逐渐变化的超高。从直线段的双向路拱横坡渐变到圆曲线段具有单向横坡的路段，称作超高过渡段。四级公路不设缓和曲线，但圆曲线上若设有超高，也应设超高过渡段。

二、超高值计算

极限最小半径(R_{min})是与最大超高值(i_{hmax})相对应的，现在讨论任一半径的曲线超高值 i_h 的确定。由汽车在曲线上行驶的力的平衡方程式，可得：

$$i_h + \mu = \frac{V^2}{127R} \tag{4-28}$$

等式右边是汽车行驶在曲线上所产生的离心加速度，只要代入相应的车速 V 和半径 R 即可求得，$\frac{1}{k}$ 代表曲率。等式左边是抵抗该加速度的路面超高 i_h 和横向力系数 μ。μ 是由路面与轮胎之间的摩阻力提供的，并与乘客感受到的横向力抗衡。要计算 i_h，必须首先明确 i_h 和 μ 各分配多少才是合理的。

对于某一既定的设计速度 V，$(i_h + \mu)$ 与 $1/R$ 呈线性关系。其中，i_h 和 μ 可以有以下四种分配方式，其关系如图 4-18 所示。

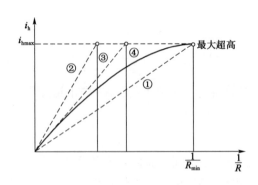

图 4-18　超高与横向力系数的分配方法

图中分配方式①超高和曲率成正比，即 $i_h=0$ 与 $i_h=i_{hmax}$ 之间为一直线关系。

图中分配方式②在未达到 $i_h=i_{hmax}$ 之前，离心力完全由超高所抵消。当曲率再增大时，i_{hmax} 保持不变，其增加的离心力部分由横向摩阻力来抵消。

图中分配方式③与②基本相同，区别在于分配方式②采用设计速度，分配方式③采用行驶速度。

图中分配方式④超高和曲率呈曲线关系，其值介于分配方式①和③之间。

横向力系数 μ 的存在对于驾驶操纵的稳定、旅途的舒适及燃料、轮胎的消耗都有不利影响。因此，把大多数车辆的 μ 值减到最低限度，应是 i_h 和 μ 分配的主要原则。根据调查研究，车辆实际行驶速度是驾驶员根据路况和环境情况的判断而采用的。在现代道路上，85%～90%的车辆行驶低于设计车速，10%～15%的车辆行驶超出设计车速。在设计速度低的道路上，实际车速超出的更多些，所以分配方式③采用行驶速度计算出的超高比方式②采用设计速度所计算出的超高更符合大多数车辆的要求。

车辆在曲线上行驶时，其速度会因曲率不同而变化。当曲率大时车速较低，当曲率较小时车速较高。分配方式③在所有曲率半径上均采用统一的行驶速度，对于大半径曲线，其超高比较符合实际；而对于小半径曲线，其超高就显得偏大。

分配方式①中超高和曲率呈正比关系，当半径较大时，采用方式①所计算出的超高远比最大超高要小，而 μ 仍然存在，这将对车辆行驶产生不利影响，宜适当增大超高值以减小 μ。尤其是在大半径曲线上，车辆将采用较快的车速，故应将超高规定得比采用方式①所计算出的超高要大些。

分配方式④中超高和曲率呈曲线关系，当平曲线半径较大时，其超高值接近方式③，由适当的超高抵消横向力系数。随着半径的减小，则以接近最大超高的方式设置超高。这样，在超高设置上兼顾了大半径和小半径曲线，在一定程度上避免了上述几种方法的缺点，但对大半径曲线更加有利。

按上述原则可以计算出不同设计速度下，不同半径所对应的超高。对应用运行速度设计和检验的道路，宜采用运行速度计算超高值 i_h。

高速公路、一级公路在纵坡较大路段、连续上坡路段，其上、下行车道车辆的运行速度会有明显的差异，宜采用不同的超高值。

三、超高过渡方式

1. 无中间带道路的超高过渡

若超高值等于路拱横坡度，路面由直线上双向倾斜路拱形式过渡到圆曲线上具有超高的单向倾斜形式，只需行车道外侧绕中线逐渐抬高，直至与内侧横坡相等为止，如图4-19所示。

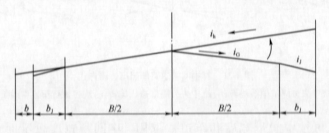

图4-19 超高值等于路拱时的过渡

当超高值大于路拱横坡度时,可分别采用以下三种过渡方式:

(1)绕内边线旋转

先将外侧车道绕路中线旋转,待与内侧车道构成单向横坡后,整个断面再绕未加宽前的内侧车道边线旋转,直至超高值[图4-20a)]。

(2)绕中线旋转

先将外侧车道绕路中线旋转,待与内侧车道构成单向横坡后,整个断面仍绕中线旋转,直至超高值[图4-20b)]。

(3)绕外边线旋转

先将外侧车道绕外边线旋转,内侧车道随中线的降低而降低,待达到单向横坡后,整个断面仍绕外侧车道边线旋转,直至超高值[图4-20c)]。

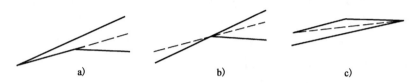

图4-20 无中间带道路的超高过渡方式
a)绕内边线旋转;b)绕中线旋转;c)绕外边线旋转

三种方法中,绕内边线旋转因行车道内侧不降低,利于路基纵向排水,一般新建工程多用此法。绕中线旋转可保持中线高程不变,且在超高值一定的情况下,外侧边缘的抬高值较小,多用于旧路改建工程。而绕外边线旋转是一种特殊设计,仅用于某些改善路容的路段。

2. 有中间带道路的超高过渡

(1)绕中央分隔带中线旋转

将外侧行车道绕中央分隔带边线旋转,待与内侧行车道构成相同横坡后,整个断面一同绕中央分隔带中线旋转,直至超高值。此时中央分隔带呈倾斜状[图4-21a)]。

(2)绕中央分隔带边线旋转

将两侧行车道分别绕中央分隔带边线旋转,使各自成为独立的单向超高断面,此时中央分隔带维持原水平状态[图4-21b)]。

(3)绕各自行车道中线旋转

将两侧行车道分别绕各自的中线旋转,使各自成为独立的单向超高断面,此时中央分隔带两边缘分别升高与降低而成为倾斜断面[图4-21c)]。

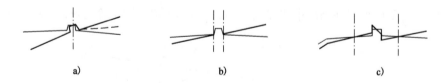

图4-21 有中间带道路的超高过渡方式
a)绕中央分隔带中线旋转;b)绕中央分隔带边线旋转;c)绕各自行车道中线旋转

三种超高方式可按中间带宽度和车道数选用。中间带宽度较窄时(≤4.5m)可采用图4-21a)的方式;各种宽度的中间带都可采用图4-21b)的方式;对双向车道数大于4条的公路可采用图 4-21c)的方式。城市道路的超高过渡方式与公路相同。

3. 分离式断面道路的超高过渡

分离式断面的道路因上、下行车道是各自独立的,其超高的设置及过渡可按两条无中间带的道路分别处理。

4. 硬路肩的超高过渡

硬路肩横坡与超高一般宜与行车道一致,确有必要时,可采用不同坡度。当曲线超高小于或等于5%时,其横坡值和方向应与相邻车道相同;当曲线超高大于5%时,其横坡值应不大于5%,且方向相同。硬路肩的超高旋转轴位置为硬路肩内侧边缘。硬路肩超高值与相邻车道超高值相同时,其超高过渡段应与车道相同,且采用与车道相同的超高渐变率。硬路肩超高值比相邻车道超高值小时,应先将硬路肩横坡过渡到与车道横坡度相同,再与车道一起过渡,直至硬路肩达到其最大超高坡度值。

5. 六车道及其以上的公路宜增设路拱线

超高设计应尽可能缩短"-2% ~ +2%"之间(水平)横坡段落的长度。六车道及以上公路宜增设"路拱线"以改善"-2% ~ +2%"路段范围的排水条件。下面以路基宽度为34.5m 的双向六车道高速公路为例说明"-2% ~ +2%"路段设置路拱线的过程,如图 4-22 所示。

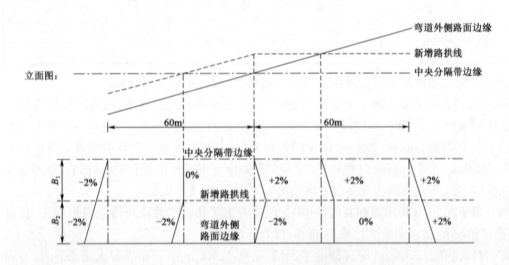

图 4-22 增设路拱的超高方式

在图 4-22 中,平曲线外侧半幅横坡"-2% ~ +2%"路段的总长度经计算取为120m,在路面宽度中心附近的第2、3 车道分界线上增设一条路拱线,单幅路面总宽度为15m,此新增路拱线左、右两侧宽度分别为 $B_1 = 0.75 + 2 \times 3.75 = 8.25(m)$,$B_2 = 3.75 + 3.00 = 6.75(m)$。超高过渡方式如下。

前60m 范围:左侧 B_1 部分,以中央分隔带边缘线为旋转轴,由-2% 过渡到+2%;右侧 B_2 部分,以新增路拱线为旋转轴,保持原横坡不变。后60m 范围:左侧 B_1 宽度部分,以中央分隔带边缘线为旋转轴,保持+2% 路拱不变;右侧 B_2 部分,以新增路拱线为旋转轴,由-2% 过渡到+2%。

四、超高过渡段长度

为行车舒适、路容美观和排水通畅，必须设置一定长度的超高过渡段，超高过渡是在超高过渡段全长范围内进行的。公路最小超高过渡段长度按式(4-29)计算：

$$L_c = \frac{B'\Delta_i}{p} \tag{4-29}$$

式中：L_c——最小超高过渡段长度(m)；

B'——未设硬路肩的公路，B'值为旋转轴至行车道(设路缘带时为路缘带)外侧边缘的宽度(m)，设有硬路肩的公路，B'值为旋转轴至硬路肩外侧边缘的宽度(m)；

Δ_i——超高坡度与路拱横坡度的代数差(%)，当绕内边线旋转时，$\Delta_i = i_h$，当绕中线旋转时，$\Delta_i = i_h + i_G$，i_G为路拱横坡度，i_h为超高值；

p——超高渐变率，即旋转轴线与行车道(设路缘带时为路缘带)外边线之间的相对坡度，其最大值见表4-11。

最大超高渐变率 表4-11

设计速度(km/h)	超高旋转轴位置		设计速度(km/h)	超高旋转轴位置	
	中线	内边线		中线	内边线
120	1/250	1/200	40	1/150	1/100
100	1/225	1/175	30	1/125	1/75
80	1/200	1/150	20	1/100	1/50
60	1/175	1/125			

由式(4-29)计算的超高过渡段长度，应取5m的整倍数，并不小于10m。

超高过渡段长度主要从两个方面来考虑：一是从行车舒适性来考虑，过渡段长度越长越好；二是从横向排水来考虑，过渡段长度短些好，特别是路线纵坡较小时，更应注意排水的要求。为了行车的舒适，超高过渡段应不小于按式(4-29)计算的长度。但从利于排除路面降水考虑，横坡度由2%(或1.5%)过渡到0%路段的超高渐变率不得小于1/330，即超高过渡段又不能设置得太长。所以在确定超高过渡段长度L_c时应考虑以下几点：

(1)一般情况下，在确定缓和曲线长度时，已经考虑了超高过渡段所需的最短长度，故通常取超高过渡段L_c与缓和曲线长度L_s相等，即$L_c = L_s$。

(2)若计算出的$L_c > L_s$，此时应修改平面线形，使$L_s \geq L_c$。当平面线形无法修改时，可将超高过渡段起点前移，即超高过渡在缓和曲线起点前的直线路段开始，路面外侧以适当的超高渐变率逐渐抬高，使横断面在ZH(或HZ)点渐变为向内倾斜的单向横坡(临界断面)。

(3)若计算出的$L_c > L_s$，但只要超高渐变率$p \geq 1/330$，仍可取$L_c = L_s$。

(4)在高速公路和一级公路设计中，为照顾线形的协调性，在平曲线中一般配置较长的缓和曲线。为了避免在缓和曲线全长范围内均匀过渡超高而造成路面横向排水不畅，可按以下方式设置超高过渡：

①超高的过渡仅在缓和曲线的某一区段内进行。即超高过渡起点可从缓和曲线起点($R = \infty$)至缓和曲线上不设超高的最小半径之间的任一点开始，至缓和曲线终点结束。

②超高过渡在缓和曲线全长范围内按两种超高渐变率分段进行。即第一段从缓和曲线起

点由双向路拱横坡以超高渐变率 1/330 过渡到单向横坡,其值等于路拱横坡;第二段由单向横坡过渡到缓和曲线终点处的超高横坡。全超高断面宜设在缓圆点或圆缓点处。

(5) 四级公路不设缓和曲线,但若圆曲线上设有超高,则应设超高过渡段,其长度仍由式(4-29)计算。超高过渡段应设在紧接圆曲线起(终)点的直线上。受地形或其他特殊情况限制时,如直线长度不足,容许超高过渡段在直线和圆曲线上各分配一半。

对线形设计要求较高的道路,应在超高过渡段的起、终点插入一段二次抛物线,使之连接圆滑、舒顺。

超高过渡中,在横坡度为 0% 附近的路段应加强路面排水分析,采取路基和路面结构的综合排水措施,消除可能的路面积水问题。

五、横断面超高值计算

平曲线设超高后,道路中线和内、外侧边线与设计高程之差 h,应计算并列于"路基设计表"中,以便于施工。

(一) 无中间带的道路

无中间带的道路超高方式有三种,常用方式为绕内边线旋转和绕中线旋转,如图 4-23 所示。无中间带的道路超高值计算公式列于表 4-12 和表 4-13 中。

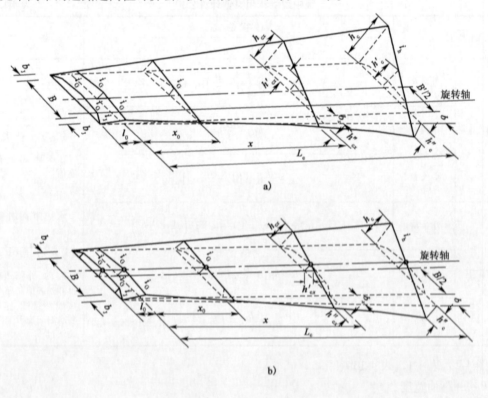

图 4-23 超高过渡方式图
a) 绕内边线旋转;b) 绕中线旋转

绕内边线旋转超高值计算公式　　　　表 4-12

超高位置		计算公式		备注
		$x \leq x_0$	$x > x_0$	
圆曲线上	外缘 h_c	$b_J i_J + (b_J + B) i_h$		1. 计算结果均为与设计高之差； 2. 临界断面距过渡段起点： $x_0 = \dfrac{i_G}{i_h} L_c$ 3. x 距离处的加宽值： $b_x = \dfrac{x}{L_c} b$ 4. x 距离处的路拱横坡度 ($x \geq x_0$)： $i_x = \dfrac{x}{L_c} i_h$ 5. 内、外侧边线降低和抬高值是在 L_c 内按线性过渡，路容有要求时可采用高次抛物线过渡
	中线 h_c'	$b_J i_J + \dfrac{B}{2} i_h$		
	内缘 h_c''	$b_J i_J - (b_J + b) i_h$		
过渡段上	外缘 h_{cx}	$b_J(i_J - i_G) + \dfrac{x}{x_0}(2b_J + B) i_G$	$b_J i_J + (b_J + B) \dfrac{x}{L_c} i_h$	
	中线 h_{cx}'	$b_J i_J + \dfrac{B}{2} i_G$	$b_J i_J + \dfrac{B}{2} \cdot \dfrac{x}{L_c} i_h$	
	内缘 h_{cx}''	$b_J i_J - (b_J + b_x) i_G$	$b_J i_J - (b_J + b_x) \dfrac{x}{L_c} i_h$	

绕中线旋转超高值计算公式　　　　表 4-13

超高位置		计算公式		备注
		$x \leq x_0$	$x > x_0$	
圆曲线上	外缘 h_c	$b_J(i_J - i_G) + \left(b_J + \dfrac{B}{2}\right)(i_G + i_h)$		1. 计算结果均为与设计高之差； 2. 临界断面距过渡段起点： $x_0 = \dfrac{2 i_G}{i_G + i_h} L_c$ 3. x 距离处的加宽值： $b_x = \dfrac{x}{L_c} b$ 4. x 距离处路拱横坡： $i_x = \dfrac{i_h + i_G}{L_c} \cdot x - i_G$ 5. 内、外侧边线降低和抬高值是在 L_c 内按线性过渡，路容有要求时可采用高次抛物线过渡
	中线 h_c'	$b_J i_J + \dfrac{B}{2} i_G$		
	内缘 h_c''	$b_J i_J + \dfrac{B}{2} i_G - \left(b_J + \dfrac{B}{2} + b\right) i_h$		
过渡段上	外缘 h_{cx}	$b_J(i_J - i_G) + \left(b_J + \dfrac{B}{2}\right)(i_G + i_h)\dfrac{x}{L_c}$ (或 $\approx \dfrac{x}{L_c} h_c$)		
	中线 h_{cx}'	$b_J i_J + \dfrac{B}{2} i_G$ (定值)		
	内缘 h_{cx}''	$b_J i_J - (b_J + b_x) i_G$	$b_J i_J + \dfrac{B}{2} i_G - \left(b_J + \dfrac{B}{2} + b_x\right)\left(\dfrac{i_h + i_G}{L_c} \cdot x - i_G\right)$	

图 4-23、表 4-12、表 4-13 中：

B——路面宽度；

b_J——路肩宽度；

i_G——路拱横坡度；

i_J——路肩横坡度;
i_h——超高横坡度(超高值);
L_c——超高过渡段长度(或缓和曲线长度);
l_0——路肩横坡度由 i_J 变为 i_G 所需的距离,一般可取 1.0m;
x_0——与路拱同坡度的单向超高点到超高过渡段起点的距离;
x——超高过渡段中任一点至起点的距离;
h_c——路基外缘最大抬高值;
h'_c——路中线最大抬高值;
h''_c——路基内缘最大降低值;
h_{cx}——x 距离处路基外缘抬高值;
h'_{cx}——x 距离处路中线抬高值;
h''_{cx}——x 距离处路基内缘降低值;
b——圆曲线加宽值;
b_x——x 距离处路基加宽值。

以上长度单位均为 m。

(二)有中间带的道路

设有中间带道路的超高方式有三种,常用方法是绕中央分隔带边线旋转和绕各自行车道中线旋转。在超高过程中,内、外侧同时从超高过渡段起点开始绕各自旋转轴旋转,外侧逐渐抬高,内侧逐渐降低,直到 HY(或 YH)点达到全超高。可参见图 4-24 和图 4-25,计算公式列于表 4-14 和表 4-15。

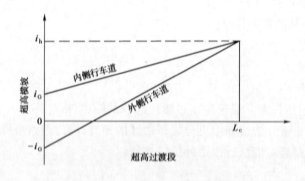

图 4-24 行车道超高横坡变化图

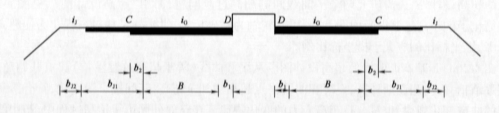

图 4-25 超高计算点位置图

绕中央分隔带边线旋转超高值计算公式 表 4-14

超高位置		计算公式	x 距离处行车道横坡值	备注
外侧	C	$(b_1 + B + b_2)i_x$	$i_x = \dfrac{i_G + i_h}{L_c}x - i_G$	1. 计算结果为与设计高之差； 2. 设计高程为中央分隔带外侧边缘 D 点的高程； 3. 加宽值 b_x 按加宽计算公式计算； 4. 当 $x = L_c$ 时，为圆曲线上的超高值
外侧	D	0		
内侧	D	0	$i_x = \dfrac{i_h - i_G}{L_c}x + i_G$	
内侧	C	$-(b_1 + B + b_x + b_2)i_x$		

绕各自行车道中线旋转超高值计算公式 表 4-15

超高位置		计算公式	x 距离处行车道横坡值	备注
外侧	C	$\left(\dfrac{B}{2} + b_2\right)i_x - \left(\dfrac{B}{2} + b_1\right)i_z$	$i_x = \dfrac{i_G + i_h}{L_c}x - i_G$	1. 计算结果为与设计高之差； 2. 设计高程为中央分隔带外侧边缘 D 点的高程； 3. 加宽值 b_x 按加宽计算公式计算； 4. 当 $x = L_c$ 时，为圆曲线上的超高值
外侧	D	$-\left(\dfrac{B}{2} + b_1\right)(i_x + i_z)$		
内侧	D	$\left(\dfrac{B}{2} + b_1\right)(i_x - i_z)$	$i_x = \dfrac{i_h - i_G}{L_c}x + i_G$	
内侧	C	$-\left(\dfrac{B}{2} + b_x + b_2\right)i_x - \left(\dfrac{B}{2} + b_1\right)i_z$		

图 4-25、表 4-14、表 5-15 中：

B——左侧(或右侧)行车道宽度(m)；

b_1——左侧路缘带宽度(m)；

b_2——右侧路缘带宽度(m)；

b_x——x 距离处路基加宽值(m)；

i_h——超高横坡度；

i_G——路拱横坡度；

i_z——路拱坡度；

x——超高过渡段中任意一点至超高过渡段起点的距离(m)。

表中仅列出了行车道外边线和中央分隔带边线的超高计算，硬路肩外边线、路基边线的超高可根据路肩横坡和路肩宽度从行车道外边线推算。

六、超高设计图

上述超高设计是针对平曲线的。当两个或两个以上平曲线，其间距较短时，除考虑单一平曲线的超高设计外，还需研究两个平曲线间的超高过渡问题，需用"超高设计图"，见图 4-26。这是简化了的超高过渡纵断面图，该图以旋转轴为横坐标轴，纵坐标是相对高程。为使超高更加清晰，纵坐标比例应大于横坐标比例。

图 4-26a)是基本形曲线的超高设计图。从缓和曲线(等于超高过渡段长)起点开始超高，外侧逐渐抬高，内侧逐渐降低，至缓和曲线终点超高达到全超高，其间按直线变化，符合缓和曲线上的曲率变化规律，也符合行车离心力的变化规律。在路面外侧边线抬高过程中，与中线相交一次，此点路面外侧横坡为 0，对横向排水不利。

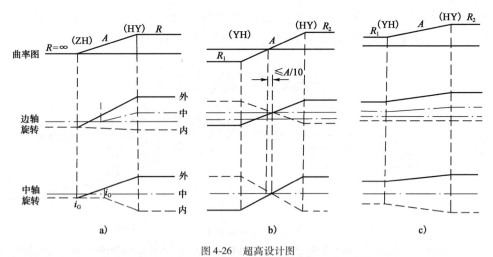

图 4-26 超高设计图
a) 直线—回旋线—圆; b) 圆—反向回旋线—圆; c) 大圆—回旋线—小圆

图 4-26b) 两相邻曲线是反向曲线。如按图 4-26a) 处理,路面要由单坡断面变为双坡断面,又由双坡断面变为单坡断面,路面外侧边线要与中线相交两次,对排水和路容都不利。可改为按图 4-26b) 处理,即由一个曲线的全超高过渡到另一个曲线的反方向全超高,中间是面到面的过渡,在整个过渡中,横断面始终是单坡断面,没有固定旋转轴。这样只出现一次零坡断面,对排水和路容都有改善。

图 4-26c) 两相邻曲线是同向曲线。如按图 4-26a) 处理,则路面外侧边线要与中线相交两次,对排水和路容都不利,且对曲线外侧汽车的行驶舒适性影响很大。改为按图 4-26c) 处理,即由一个曲线的全超高过渡到另一个曲线的同方向全超高,中间是面到面的过渡,在整个过渡过程中,外侧路面始终向内倾斜,与内侧路面构成单坡断面。这样处理后,不出现零坡断面,对排水、路容和行车都有利。

第六节 路侧安全设计

路侧是指从车道外边缘到用地界或道路红线边界的这一范围。路侧安全设计是指对这一区域进行安全设计,也称为路外设计。路侧安全设计的目的是使失控驶出路外的车辆安全返回或安全停靠。美国的相关统计资料表明,道路交通事故中所有致命事件的 30%~35% 都是由于汽车驶出道路,撞击到路侧的物体上发生的。车辆驶出路外的原因很多,包括驾驶员疲劳或注意力不集中、超速、酒后或毒后驾车、躲避对向车辆、路况恶劣、视线不良以及车辆控件失效等。如何在这些情况下最大限度地保障驾乘人员的安全是路侧安全设计的任务,也是宽容型公路的设计理念。

一、路侧安全净区

1. 定义

路侧安全净区是指行车方向最右侧车行道以外相对平坦、无障碍物、可供失控车辆重新返回正常行驶路线的带状区域。这个区域包括硬路肩、土路肩以及可控制行车的边坡,如图 4-27 所示。路侧安全净区的概念是宽容型公路设计理念的基石之一。

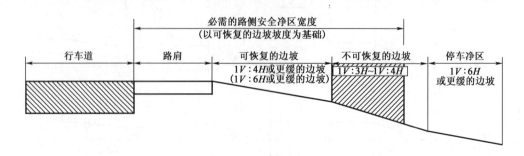

图 4-27 路侧安全净区

注:由于必需的路侧安全净区内有一部分为不可恢复的边坡(图中阴影部分),因此需要附加停车净区,其宽度等于阴影部分的宽度。

在实际条件许可的情况下,路侧设计中必须满足侧向净空要求,即路侧空间必须可穿越,而且不能有任何对失控车辆造成严重伤害的障碍物(如树木、立柱、涵洞端墙和陡坡等)。

2. 路侧安全净区宽度

在无路侧防护设施的前提下,路侧安全净区宽度可分为计算净区宽度和实际净区宽度。

计算净区宽度为失控车辆有可能返回所需要的最小宽度,可根据路段平面线形指标状况、路基填方和挖方情况、交通量、运行速度确定。计算净区宽度可分直线段计算净区宽度和曲线段计算净区宽度。直线段计算净区宽度宜根据路基的填方、挖方情况分别由图 4-28 和图 4-29 确定。

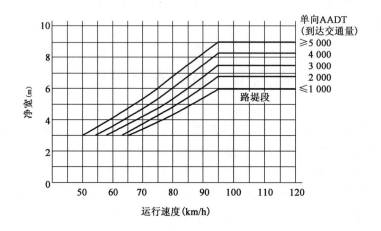

图 4-28 填方直线段计算净区宽度

曲线段计算净区宽度可采用相同路基类型对应的直线段计算净区宽度乘以调整系数 F_c 进行修正,其中 F_c 可由图 4-30 查得。

实际净区宽度是指从车道边缘线开始向公路外侧延伸的平缓、无障碍物区域的有效宽度,包括硬路肩、土路肩及其路侧边坡,其计算宜符合下列规定:

(1)当填方边坡坡度缓于 1:6 时,整个边坡坡面宽度均可作为有效宽度。

(2)当填方边坡在1:3.5~1:6之间时,可利用1/2的边坡宽度作为有效宽度。
(3)当填方边坡坡度陡于1:3.5时,边坡上不能行车,不能作为有效宽度。
(4)路侧未设置盖板的砌石边沟、排水沟,不能作为有效宽度。
(5)路侧存在不可移除的行道树、标志立柱或障碍物时,不能作为有效宽度。

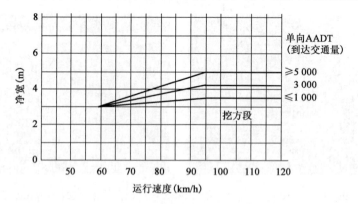

图4-29 挖方直线段计算净区宽度

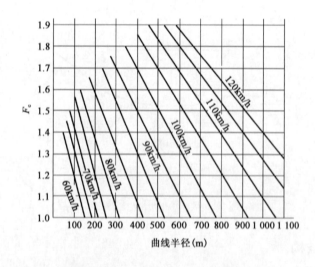

图4-30 曲线段计算净区宽度调整系数 F_c

二、路侧安全净区内障碍物处理

在路侧安全净区内,所有障碍物按如下方法处理:
(1)清除障碍物。
(2)挪至安全净区外。
(3)通过重新设计排除障碍物。
(4)控制障碍物、将障碍物的危险程度降低到可接受的范围,如采用解体消能设计等。
(5)对障碍物进行防护,设置安全护栏或防撞垫等。
(6)对障碍物进行标示和诱导。
前两种方法都是把路侧安全净区内障碍物清除;重新设计是指对路侧净区内的路肩横坡、

路缘石、路基边坡、排水沟、涵洞出口等进行重新设计,使之符合可安全穿越的要求,包括设置可返回路堤边坡(坡度小于等于1:4的边坡),延长涵洞结构长度和取消涵洞翼墙,或使涵洞出口与边坡平齐并加盖,设置可越式路缘石,设计可穿越式边沟,如盖板边沟和浅碟式边沟(图4-31和图4-32)。

图4-31 盖板边沟

图4-32 浅碟式边沟

如图4-33所示的浅碟式生态型边沟是目前我国高速公路和一级公路在挖方路段采用较多的安全排水设施。

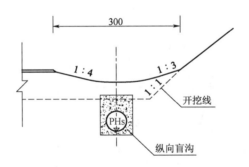

图4-33 浅碟式生态型边沟(尺寸单位:mm)

三、解体消能结构

解体消能结构是采取一种改进设计,使路侧净空区内的标志柱、灯柱等在动、静荷载下维持正常功能,在遭受车辆撞击时,能通过自身的解体来消耗碰撞能量,达到减轻事故严重度的目的;解体消能结构的设计采取在撞击下弯曲、滑动、断开等解体形式,这种设计应使结构在撞击后允许车辆通过,设施残余不形成障碍。打孔的U形扁钢柱、薄弱基础及薄弱横断面是此方式的三种代表。

(1)打孔的U形扁钢柱本身强度很低,在撞击下马上弯曲变形,对事故车损害很小,在美国等国家广泛用于小型标志的立柱。

(2)滑动基础是开U形槽口的法兰盘,在事故车撞击下,连接法兰盘的螺栓与法兰盘在剪力作用下滑离,从而达到解体消能的效果,如图4-34所示。

(3)直接断裂式的解体消能结构一般采用薄弱横截面连接,在撞击下,立柱在薄弱横截面处断裂,如图4-35所示。

图 4-34 基础滑动式解体消能结构

图 4-35 直接断裂式解体消能结构

解体消能设计中,对撞击高度、连接螺栓紧固程度、横截面削弱程度、土密实度等指标必须缜密考虑,既要考虑所设计的结构能经受风、雪及自重的压力,又能在撞击下解体,且解体后的上部结构和残留基础不能对车辆造成二次事故;设计完成的结构必须经过试验验证。

国外最常用的解体消能结构包括小型单柱标志、中型双柱标志、紧急电话、道路照明灯杆等,采用解体消能结构设计的标志板面面积一般不大于 $5m^2$。

四、路侧防护设施

路侧障碍物既不能清除,又不能采用解体消能措施时,只能采用路侧防护设施等进行防护。路侧净空区内的防护设施同样是一种路侧障碍物,设置防护设施只是为了防止失控车辆驶离行车道与路侧障碍物或其他车辆相撞,降低事故严重程度,因此,公路实际净区宽度与计算净区宽度不同时,应在交通安全综合分析的基础上,按照驶出路外事故的风险确定是否设置护栏。

驶出路外事故的风险应综合考虑驶出路外的可能性以及事故严重程度等因素。驶出路外的可能性应根据所在路段的交通量、几何线形、交通组成和不同车型的运行速度差以及气象条件等因素确定;事故严重程度和运行速度、路侧条件有关,可分成三个等级:低、中、高。

(1)路侧计算净区宽度范围内有高速铁路、高速公路、高压输电线塔、危险品储藏仓库等,事故严重程度等级为高,必须设置护栏。

(2)路侧计算净区宽度范围内有以下情况时,事故严重程度等级为中,应设置护栏:

①二级及二级以上公路边坡坡度和路堤高度在图 4-36 的 I 区、II 区阴影范围之内的路段,三级、四级公路路侧有深度 30m 以上的悬崖、深谷、深沟等的地段;

②有江、河、湖、海、沼泽等水深 1.5m 以上水域的路段;

③有 I 级铁路、一级公路等;

④高速公路、一级公路路外设有车辆不能安全越过的照明灯、摄像机、交通标志、声屏障、上跨桥梁的桥墩或桥台、隧道入口处的检修道或洞门等设施的路段。

(3)路侧计算净区宽度范围内有以下情况时,事故严重程度等级为低,宜设置护栏:

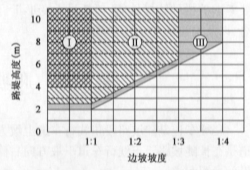
图 4-36 边坡坡度、路堤高度与设置护栏的关系

①二级及二级以上公路边坡坡度和路堤高度在图 4-36 的Ⅲ区阴影范围之内的路段；三级、四级公路边坡坡度和路堤高度在图 4-36 的Ⅰ区阴影范围之内的路段；
②二级及二级以上等级公路路侧边沟无盖板、车辆无法安全越过的挖方路段；
③高出路面或开挖的边坡坡面有 30cm 以上的混凝土砌体或大孤石等障碍物；
④出口匝道的三角地带有障碍物。
路基护栏防护等级应按照表 4-16 确定。

路侧护栏防护等级的选取 表 4-16

公 路 等 级	设计速度 (km/h)	事故严重程度等级		
		低	中	高
高速公路	120	三(A)级	四(SB)级	六(SS)级
一级公路	100、80	三(A)级	四(SB)级	五(SA)级
二级公路	60	二(B)级	三(A)级	四(SB)级
	80、60	二(B)级	三(A)级	四(SB)级
三级公路	40	一(C)级	二(B)级	三(A)级
四级公路	30/20	一(C)级	一(C)级	二(B)级

存在下列情况时，导致事故发生可能性增加或后果更严重的路段，宜在表 4-16 的防护等级上提高 1 个等级：

(1) 二级及二级以上公路纵坡等于或接近于现行《标准》规定的最大纵坡值的下坡路段；二级及二级以上公路圆曲线半径等于或接近于现行《标准》规定的最小半径的路段外侧。

(2) 设计交通量中，总质量大于或等于 25t 的车辆自然数所占比例大于 20% 时。

年平均日设计交通量(AADT)小于 2000 辆小客车且设计速度小于或等于 60km/h 的公路，宜进行交通安全及经济综合分析，确定是否设置护栏及护栏的防护等级。需要设置护栏时，其护栏等级的选取可在表 4-16 的基础上降低 1 个等级，但最小不得低于一(C)级。

路侧防护设施包括护栏、防撞垫及各种连接过渡、端头等。

路侧障碍物分为高路堤和固定障碍物两类，因此路侧护栏也分为防高路堤和防固定障碍物两类。根据刚度不同，护栏又分为柔性、半刚性和刚性护栏，分别以绳索护栏、波形梁护栏和混凝土护栏为代表。路侧护栏的设计包括护栏的选型、布设、结构设计、端头处理和过渡段等，要综合考虑交通量及组成、道路的建筑宽度、填挖方情况、边坡大小、障碍物的种类和距离；还要考虑护栏的防撞性能，包括最大变形量、防护高度、成本、养护，与隧道、桥梁等结构物的配合，以及美学特性等，具体见第九章。

第七节　爬坡车道与避险车道

爬坡车道是陡坡路段正线行车道上坡方向右侧增设的供载重车行驶的专用车道。避险车道是在长陡坡路段正线行车道下坡方向右侧供制动失效车辆尽快驶离车道、减速停车、自救增设的专用车道。

一般来讲，通过精选路线，最理想的路线纵断面本身应按不需设置爬坡车道或避险车道来设计,但这样往往会造成路线迂回或路基高填深挖而增大工程费用。在某些情况下,采用稍大的坡度值而增设爬坡车道或避险车道会产生既经济又安全的效果。

一、设置爬坡车道的条件

在道路纵坡较大的路段上,载重汽车爬坡时需克服较大的坡度阻力,使输出功率与车重的比值降低,车速下降,载重汽车与小客车的速度差变大,超车频率增加,对行车安全不利。速度差较大的车辆混合行驶,必将减小快车的行驶自由度,导致通行能力降低。为了消除上述种种不利影响,宜在陡坡段增设爬坡车道,把载重车从正线车流中分离出去,这样可提高小客车行驶的自由度,确保行车安全,提高路段的通行能力。

四车道高速公路、四车道一级公路及双车道二级公路纵坡长度受限制的路段,应对载重汽车上坡行驶速度的降低值和通行能力进行验算,符合下列情况之一者,宜在上坡方向车道右侧设置爬坡车道:

(1)沿连续上坡方向载重汽车的运行速度降低到表4-17的容许最低速度下。
(2)单一纵坡坡长超过陡坡的最大坡长规定或上坡路段的设计通行能力小于设计小时交通量。

上坡方向容许最低速度　　　　表4-17

设计速度(km/h)	120	100	80	60	40
容许最低速度(km/h)	60	55	50	40	25

爬坡车道设计通行能力的计算方法与正线的通行能力计算方法相同。

二、爬坡车道的设计

1. 横断面组成

高速公路、一级公路以及二级公路在连续上坡路段设置爬坡车道时,其宽度不应小于3.5m,且不大于4.0m,包括设于其左侧的路缘带宽度0.5m,如图4-37所示。

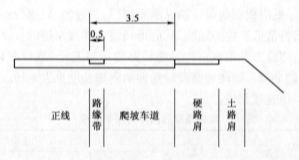

图4-37　爬坡车道横断面组成(尺寸单位:m)

高速公路、一级公路的爬坡车道应紧靠车道的外侧设置。条件受限时,爬坡车道路段右侧硬路肩宽度应不小于0.75m[图4-38a)]。

二级公路的爬坡车道应紧靠车道的外侧设置,可利用硬路肩宽度。当需保留原来供非汽车交通行驶的硬路肩时,该部分应移至爬坡车道的外侧[图4-38b)]。

高速公路、一级公路爬坡车道长度大于500m时,应按照规定在其右侧设置紧急停车带。

2. 横坡度

因为爬坡车道的行车速度比正线低,为了行车安全起见,正线超高坡度与爬坡车道的超高坡度之间的关系应符合表 4-18 的规定。

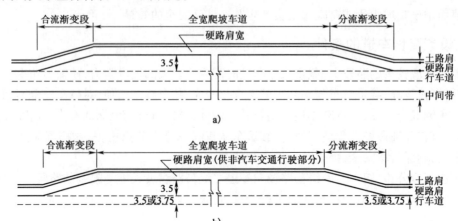

图 4-38 爬坡车道的平面布置(尺寸单位:m)
a)高速公路、一级公路;b)二级公路

爬坡车道的超高坡度　　　　　　　　　　　表 4-18

正线的超高坡度(%)	10	9	8	7	6	5	4	3	2
爬坡车道的超高坡度(%)	5				4			3	2

超高坡度的旋转轴为爬坡车道内侧边缘线。

若爬坡车道位于直线路段时,其横坡度的大小同正线路拱坡度,采用直线式横坡,坡向向外。另外,爬坡车道右侧路肩的横坡度大小和坡向参照正线与右侧路肩之间关系的有关规定确定。

3. 平面布置与长度

爬坡车道的平面布置如图 4-38 所示。其总长度由分流渐变段长度、爬坡车道长度和合流渐变段长度组成。

爬坡车道的长度一般应根据所设计的纵断面线形,通过加、减速行程图绘制出载重车行驶速度曲线,找出小于容许最低速度的路段,从而得到需设爬坡车道的长度。

爬坡车道的终点,应设于载重汽车爬经陡坡路段后恢复至"容许最低速度"处,或陡坡路段后延伸的附加长度的端部。该陡坡路段后延伸的附加长度见表 4-19。相邻两爬坡车道相距较近时,宜将两爬坡车道直接相连。

陡坡路段后延伸的附加长度　　　　　　　　　　　表 4-19

附加段纵坡(%)	下坡	平坡	上坡			
			0.5	1.0	1.5	2.0
附加长度(m)	100	150	200	250	300	350

分流渐变段长度用来使正线车辆驶离正线而进入爬坡车道,汇流渐变段长度用来使车辆驶离爬坡车道而进入正线,其长度见表 4-20。

渐 变 段 长 度　　　　　　　　　　　表 4-20

公 路 等 级	分流渐变段长度(m)	汇流渐变段长度(m)
高速公路、一级公路	100	150~200
二级公路	50	90

爬坡车道起、终点的具体位置除按上述方法确定外，还应考虑与线形的关系。通常应设在通视条件良好、容易辨认并与正线连接顺适的地点。

三、避险车道的设计

设置避险车道的目的如下：
(1) 让失控车辆尽快驶离行车道，以减少其对公路上正常通行车辆、人员和设施的危害性；
(2) 有利于失控车辆减速停车，减少自身失控危害或减轻事故的严重程度。

对于连续长陡纵坡路段的下坡方向，应重点依据交通量、车型组成和主要货车车型的综合性能条件，分析评价车辆连续下坡的交通安全性，对应完善和加强路段交通工程和路侧安全设施，提出路段交通组织管理、速度控制措施方案，必要时论证增设避险车道。因而，在连续长陡下坡路段，应重点通过实施有效的交通组织管理、路段速度控制与管理等措施解决通行的安全性问题（尽量主动预防制动失效事故的发生），不应将设置避险车道作为一种解决连续长陡下坡路段安全问题的弥补性的工程措施。

国内外使用的避险车道有多种形式，主要可分为：重力式、砂堆式和制动坡床式。其中，砂堆式和三种坡形的制动坡床（即下坡式、水平坡度式和上坡式制动坡床）避险车道占主导地位。目前，在国内最常用的为上坡式制动坡床避险车道，如图4-39所示。

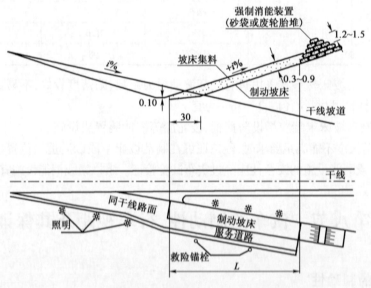

图4-39　上坡式制动坡床避险车道（尺寸单位：m）

避险车道宜设置在连续下坡路段右侧视距良好、车辆不能安全转弯的主线平曲线之前或路侧人口稠密区之前的路段。避险车道宜沿较小半径的平曲线路段的切线方向，如设置在直线或大半径曲线路段时，避险车道与主线的夹角宜小于5°，以免造成车辆侧翻。

避险车道的出口应满足识别视距的要求。避险车道的设置位置及形式宜结合地形、线形条件确定，设置位置宜避开桥梁和隧道。

避险车道的宽度宜为4～6m，高速公路宜设置救援车道，救援车道的宽度宜为5.5m，救援车道与制动坡床间应设置具有反光性能的隔离设施。

避险车道制动坡床的长度应根据车辆驶入速度、避险车道纵坡及坡床材料综合确定。上坡式制动坡床避险车道长度可参考表 4-21。

上坡式制动坡床避险车道长度 表 4-21

正线驶出车速(km/h)	制动坡床纵坡(%)	坡床集料	坡床长度(m)	强制减弱装置堆砌高度(m)
100	10	碎砾石	239	1.5
		砾石	179	1.5
		砂	143	1.5
		豆砾石	102	1.5
100	15	碎砾石	179	1.2
		砾石	143	1.2
		砂	119	1.2
		豆砾石	90	1.2
110	15	碎砾石	220	1.5
		砾石	176	1.5
		砂	147	1.5
		豆砾石	110	1.5
110	20	碎砾石	176	1.2
		砾石	147	1.2
		砂	126	1.2
		豆砾石	98	1.2

避险车道制动坡床材料宜采用具有较高滚动阻力系数,陷落度较好,不易板结和被雨水冲刷的卵(砾)石材料,材料粒径以 2~4cm 为宜。

避险车道制动坡床末端应增设防撞桶、废轮胎等缓冲装置或设施。

在避险车道长度不能满足要求时,经论证可在制动坡床中段以后适当位置设置阻拦索或消能设施,阻拦索或消能设施的安全性应经过实车试验验证。阻拦索或消能设施宜进行防盗处理。

第八节 汽车的制动性、行车视距及其保证

一、汽车的制动性

汽车的制动性是指汽车在行驶中强制降低车速以至停车且能保持行驶方向和在下坡时能保持一定速度行驶的能力。

汽车的制动性直接关系到汽车的行驶安全,一些重大交通事故往往与汽车制动失灵或失效有关。所以,具有良好的制动性能,是汽车行驶安全的重要保障。影响汽车制动性的因素主要有汽车的制动机构、人体机能及路面状况等。

1. 汽车制动性的评价指标

评价汽车制动性的指标主要有制动效能、制动效能的恒定性及制动时汽车的方向稳定性三个方面。其中制动效能是指在良好路面上,汽车迅速降低车速直至停车的制动距离,这是制

动性能基本评价指标。另两个评价指标主要用于汽车设计制造时考虑。

汽车制动的全过程包括:驾驶员发现前方的障碍物或接到紧急停车信号后做出的行动反应、制动器起作用、持续制动和放松制动器四个阶段。制动距离是汽车从制动生效到汽车完全停止这段时间内所行驶的距离。

2. 汽车制动力

汽车制动时,给车轮施加以制动力 P 以阻止车轮前进。在紧急制动时 P 值最大,而最大 P 值取决于轮胎与路面间的附着力。在附着系数较小的路面上,若制动力大于附着力,车轮将在路面上滑移,易使制动方向失去控制。所以,P 值的极限值为:

$$P = G\varphi \tag{4-30}$$

式中:G——分配到制动轮上的汽车重力(kN)(现代汽车全部车轮均为制动轮,G 值为汽车的总重力);

φ——路面与轮胎间的附着系数。

3. 制动距离

(1)制动减速度

制动减速时,制动力 P 的方向与汽车运动方向相反。因制动时速度减小很快,可略去空气阻力的影响,则汽车制动平衡方程式为:

$$P + R_R + R_I = 0$$

即

$$G\varphi + G\psi + \delta \frac{G}{g}a = 0 \tag{4-31}$$

$$a = -\frac{g}{\delta}(\varphi + \psi) \tag{4-32}$$

式中:R_R——道路阻力;

R_I——惯性阻力;

δ——惯性力系数(或旋转质量换算系数);

a——制动减速度(m/s²);

ψ——道路阻力系数,$\psi = f + i$,其中,f 为滚动阻力系数,i 为道路纵坡度。

(2)制动距离

由式(4-32)得:

$$S = \frac{\delta}{g(\varphi + \psi)} \int_{v_1}^{v_2} v dv$$

用 V(km/h)表达上式并积分得:

$$S = \frac{V_1^2 - V_2^2}{254(\varphi + \psi)} \tag{4-33}$$

式中:S——制动距离(m);

V_1——制动初速度(km/h);

V_2——制动终速度(km/h)。

当制动到汽车停止时 $V_2 = 0$,则

$$S = \frac{V_1^2}{254(\varphi + \psi)} \tag{4-34}$$

决定汽车制动距离的主要因素是附着力和制动起始速度。附着力越大，起始速度越低，制动距离越短。

二、路段视距的类型

为保证行车安全，驾驶员应能随时看到汽车前方相当远的一段路程，一旦发现前方路面上有障碍物或迎面来车，能及时采取措施，避免相撞，这一必需的最短距离称为行车视距。行车视距是否充分，直接关系到行车的安全与速度，是道路使用质量的重要指标之一。在道路平面上的暗弯（处于挖方路段的平曲线和内侧有障碍物的平曲线、平曲线上的中央分隔带和隧道洞壁）、纵断面上的凸形竖曲线、下穿式立体交叉的凹形竖曲线上都有可能存在视距不足的问题，如图4-40所示。

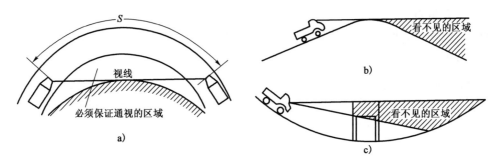

图4-40 影响行车视距的地点

驾驶员发现障碍物或迎面来车，根据采取措施的不同，行车视距可分为以下几种：

(1) 停车视距。汽车行驶时，驾驶员自看到前方有障碍物时起，至到达障碍物前安全停止所需的最短距离。

(2) 会车视距。两辆车相向行驶，驾驶员自看到前方车辆时起，至安全会车时止两辆汽车行驶所需的最短距离。

(3) 错车视距。在没有明确划分车道线的双车道道路上，两对向行驶汽车相遇，自发现后采取减速避让措施至安全错车所需的最短距离。

(4) 超车视距。在双车道道路上，后车超越前车时，自开始驶离原车道处起，至可见对向来车并能超车后安全驶回原车道所需的最短距离。

上述四种视距中，前三种属对向行驶，第四种属同向行驶。第四种需要距离最长，需单独研究。而前三种中，以会车视距最长，只要道路能保证会车视距，停车视距和错车视距就能得到保证。根据计算分析，会车视距约等于停车视距的2倍，故只需计算出停车视距即可。

三、视距计算

视距计算中需确定目高和物高。"目高"是指驾驶员眼睛距路面的高度，规定以车体较低的小客车为标准，据实测采用1.2m。"物高"是指路面上障碍物的高度，道路上可能出现的障碍物，除迎面来车外，还有横穿道路的行人、前面车辆掉下的货物及因挖方边坡塌方落下的石头等，考虑汽车底盘离地最小高度在0.14~0.20m，故规定物高为0.10m。

(一)停车视距

停车视距可分解为反应距离和制动距离两部分。

反应距离是当驾驶员发现前方的阻碍物,经判断决定采取制动措施的瞬间到制动器真正开始起作用的瞬间汽车所行驶的距离。这段时间又可分为"感觉时间"和"反应时间"。驾驶员感觉时间取决于物体的外形、颜色,驾驶员的视力和机敏度,以及大气的可见度等,在高速行驶时的感觉时间要比低速时短一些,是因高速行驶时警惕性会更高。根据实测资料,设计采用的感觉时间为1.5s,制动反应时间取1.0s。感觉和制动反应的总时间 $t=2.5$s,在该时间内汽车行驶的距离为:

$$S_1 = \frac{V}{3.6} \cdot t \qquad (4-35)$$

制动距离是汽车从制动生效到汽车完全停止这段时间内所行驶的距离。根据汽车制动距离公式:

$$S_2 = \frac{V^2}{254(\varphi + \psi)}$$

故停车视距为:

$$S_T = S_1 + S_2 = \frac{V \cdot t}{3.6} + \frac{V^2}{254(\varphi + \psi)} \qquad (4-36)$$

计算停车视距采用的 φ 值,一般按路面在潮湿状态下的 φ 值计算。行驶速度 V:设计速度为 80~120km/h 时采用设计速度的 85%;设计速度为 40~60km/h 时采用设计速度的 90%;设计速度为 20~30km/h 时采用设计速度。公路和城市道路的停车视距见表4-22、表4-23。

公路停车视距　　　　　　　　　　　　　　　表4-22

设计速度(km/h)	120	100	80	60	40	30	20
停车视距(m)	210	160	110	75	40	30	20
货车停车视距(m)	245	180	125	85	50	35	20

城市道路停车视距　　　　　　　　　　　　　表4-23

设计速度(km/h)	100	80	60	50	40	30	20
停车视距(m)	160	110	70	60	40	30	20
货车停车视距(m)	180	125	85	65	50	35	20

公路停车视距计算没有考虑纵坡对货车制动的影响。货车空载时制动性能差,轴间荷载难以保证均匀分布,一条轴侧滑会引起其他车轴失稳、铰接车紧急制动不灵等现象。所以在高速公路、一级公路及大型车比例高的二级、三级公路下坡路段,应按货车停车视距对相关路段进行检验。货车停车视距计算中的目高和物高规定为目高2.0m、物高0.1m。公路货车的停车视距见表4-22。公路货车的停车视距在下坡路段,应随坡度大小进行修正,其值见表4-24。

对以货运交通为主的城市道路,也应验算下坡段货车的停车视距。

下坡段货车停车视距(m) 表4-24

设计速度(km/h)		120	100	80	60	40	30	20
下坡坡度(%)	0	245	180	125	85	50	35	20
	3	265	190	130	89	50	35	20
	4	273	195	132	91	50	35	20
	5	—	200	136	93	50	35	20
	6	—	—	139	95	50	35	20
	7	—	—	—	97	50	35	20
	8	—	—	—	—	—	35	20
	9	—	—	—	—	—	—	20

(二)超车视距

双车道公路上会有各种不同速度的车辆行驶,当快车赶上慢车后,需占用对向车道进行超车。为保证超车时的安全,驾驶员必须能看到前方足够长度的车流空隙,以便在相邻车道上未出现对向来车之前完成超车,且不影响对向汽车的行驶。超车视距计算图式如图4-41所示。

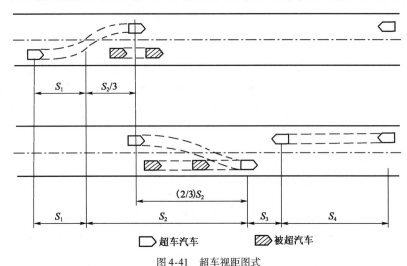

图4-41 超车视距图式

超车视距的全程可分为以下四个阶段。

1. 加速行驶距离 S_1

当汽车驾驶员经判断认为有超车的可能时,便加速行驶移向对向车道,在进入该车道之前的行驶距离为 S_1。

$$S_1 = \frac{V_0}{3.6} \cdot t_1 + \frac{1}{2}a \cdot t_1^2 \tag{4-37}$$

式中:V_0——被超汽车的速度(km/h);
　　　t_1——加速时间(s);

a——平均加速度(m/s^2)。

2. 超车汽车在对向车道上行驶距离 S_2

$$S_2 = \frac{V}{3.6} \cdot t_2 \tag{4-38}$$

式中：V——超车汽车的速度(km/h)；

t_2——在对向车道上的行驶时间(s)。

3. 超车完成后，超车汽车与对向汽车之间的安全距离 S_3

视超车汽车和对向汽车的行驶速度不同，S_3 采用不同的数值，一般取：

$$S_3 = 15 \sim 100 \text{m} \tag{4-39}$$

4. 超车汽车从开始加速到超车完成时对向汽车行驶距离 S_4

$$S_4 = \frac{V}{3.6} \cdot (t_1 + t_2) \tag{4-40}$$

以上四个距离之和是比较理想的全超车过程，但距离较长，在地形比较复杂的地段很难实现。在计算 S_4 所需时间时，只考虑超车汽车从完全进入对向车道到超车完成所行驶的时间就能保证安全。因尾随在慢车后的快车驾驶员往往在未看到前面的安全区段就开始超车作业，如进入对向车道后发现迎面来车而距离不足时还可返回自己的车道。因此，取对向汽车行驶时间大致为 t_2 的 2/3，且不考虑 t_1 行驶时间，即：

$$S'_4 = \frac{2}{3} \cdot S_2 = \frac{2}{3} \cdot \frac{V}{3.6} \cdot t_2 = \frac{V}{5.4} \cdot t_2 \tag{4-41}$$

则最小必要超车视距为：

$$S_c = S_1 + S_2 + S_3 + S'_4 \tag{4-42}$$

在地形困难或由于其他原因不得已时，可采用：

$$S_c = \frac{2}{3} \cdot S_2 + S_3 + S'_4 \tag{4-43}$$

设超车汽车和对向汽车均以设计速度行驶，被超汽车的速度 V_0 较设计速度低 5～20km/h，各阶段的行驶时间据实测：$t_1 = 2.9 \sim 4.5s$，$t_2 = 9.3 \sim 10.4s$。以此计算超车视距，经整理结果见表4-25。

超车视距 表4-25

设计速度(km/h)	80	60	40	30	20
一般值(m)	550	350	200	150	100
最小值(m)	350	250	150	100	70

四、路段行车视距的保证

对纵断面的凸形竖曲线及下穿式立体交叉凹形竖曲线的视距，在规定竖曲线最小半径时已经考虑,只要满足规定的最小竖曲线半径,也就满足了竖曲线视距的要求。所以,在路段视距检查中,应重点检查道路平面上的"暗弯",即平曲线内侧有树林、房屋、边坡和中央分隔带上护栏和防眩设施等阻碍驾驶员视线的平曲线。凡是"暗弯"都应进行视距检查,若不能保证该级公路或城市道路的最短视距,应将阻碍视线的障碍物清除。若因平曲线内侧和中间带设置护栏、防眩设施及其他人工构造物等不能保证视距时,可采取加宽中间带或加宽路肩,或将构造物后移,或设置交通安全设施等措施予以保证;因挖方边坡阻碍视线,应按所需净距开挖视距台。路段视距检查的方法是绘制包络线(或称"视距曲线"法),如图4-42和图4-43所示,图中驾驶员视点离地面1.2m,计算起点为驾驶员视点轨迹线,距未加宽路面内侧边缘1.5m。

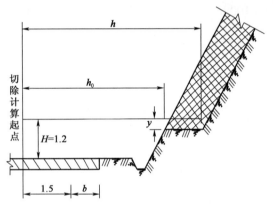

图4-42 检查开挖视距台断面(尺寸单位:m)
b-路面加宽值

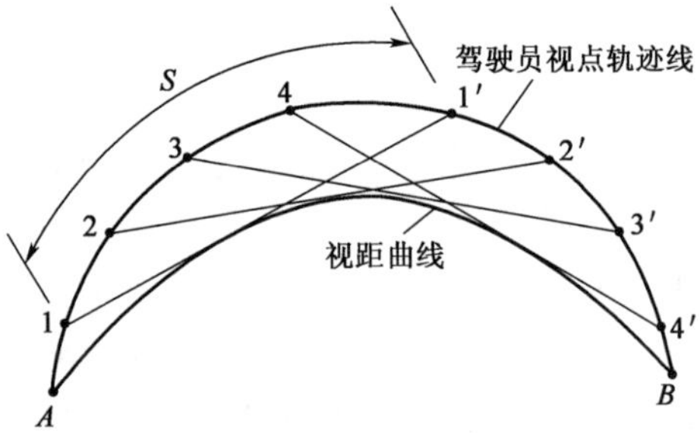

图4-43 弯道内侧应保证通视的区域
S-视距

注:一般情况下 $y=0.1\text{m}$(岩石), $y=0.3\text{m}$(土壤)。

(一)视距曲线

视距曲线是指对驾驶员视点轨迹线每隔一定间隔绘出一系列与视线相切的外边缘线。

如图4-43所示,AB是驾驶员视点轨迹线,从该轨迹线上的不同位置(图中的1、2、3…各点)引出一系列视线(图中的1-1'、2-2'、3-3'…),其弧长都等于视距S,与这些视线相切的曲线(包络线)即为视距曲线。在视距曲线与轨迹线之间的空间范围内应保证通视,如有障碍物则要予以清除。

(二)横净距及其计算

在弯道各点的横断面上,驾驶员视点轨迹线与视距曲线之间的距离叫横净距,用 h 表示。h 可根据视距 S 和平曲线长 L、视点轨迹线半径 R_s 计算。

1. 不设缓和曲线的横净距计算

(1) $S < L$(图4-44)

$$h = R_s - R_s \cos\frac{\gamma}{2} = R_s\left(1 - \cos\frac{\gamma}{2}\right) \tag{4-44}$$

式中: $\gamma = \dfrac{180°S}{\pi R_s}$。

(2) $S > L$(图4-45)

$$h = h_1 + h_2$$

其中:

$$h_1 = R_s - R_s \cos\frac{\alpha}{2}$$

$$h_2 = \frac{S-L}{2} \cdot \sin\frac{\alpha}{2}$$

于是:

$$h = R_s\left(1 - \cos\frac{\alpha}{2}\right) + \frac{1}{2}(S-L)\sin\frac{\alpha}{2} \tag{4-45}$$

式中: $L = \frac{\pi}{180}\alpha R_s$。

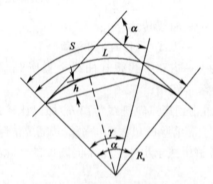

图4-44 不设缓和曲线时横净距计算图($S<L$)

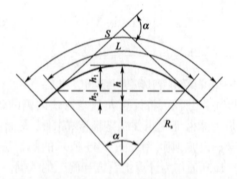

图4-45 不设缓和曲线时横净距计算图($S>L$)

2. 设缓和曲线时的横净距计算

依据视距 S 和平曲线长 L 及圆曲线长度 L' 的相对关系,可分为如下三种情况:

(1) $S < L'$(图4-44)

横净距计算同式(4-44)。

(2) $L' < S < L$(图4-46)

$$h = h_1 + h_2$$

$$h = R_s\left(1 - \cos\frac{\alpha - 2\beta}{2}\right) + \sin\left(\frac{\alpha}{2} - \delta\right)(l - l') \tag{4-46}$$

式中: $\delta = \arctan\left\{\frac{l}{6R_s}\left[1 + \frac{l'}{l} + \left(\frac{l'}{l}\right)^2\right]\right\}$;

$l' = \frac{1}{2}(L-S)$。

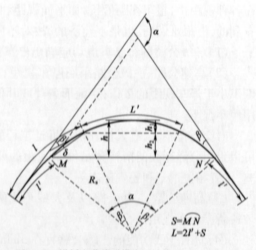

图4-46 设缓和曲线时横净距计算图($L'<S<L$)

(3) $S > L$(图4-47)

$$h = h_1 + h_2 + h_3$$
$$h = R_s\left(1 - \cos\frac{\alpha - 2\beta}{2}\right) + \sin\left(\frac{\alpha}{2} - \delta\right)l + \sin\frac{\alpha}{2} \cdot \frac{S-L}{2} \quad (4-47)$$

式中：$\delta = \arctan\dfrac{l}{6R_s}$。

以上式中，曲线长度均为内侧视点轨迹线的长度。

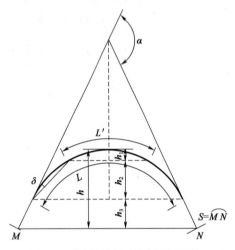

图4-47　设缓和曲线时横净距计算图（$S>L$）

其中：
h——最大横净距(m)；
S——视距(m)；
L——平曲线长度(m)；
l——缓和曲线长度(m)；
R_s——曲线内侧视点轨迹线的半径(m)，其值为未加宽前路面内缘的半径加上1.5m，即 $R_s = R - \dfrac{B}{2} + 1.5$，$B$ 为路面宽度(m)；
α——曲线转角(°)；
δ——视线所对应的圆心角(°)；
β——道路中线缓和曲线全长所对应的回旋线角(°)。

如图4-42所示，将计算 h 值与弯道内侧的障碍物到视点轨迹线距离 h_0 加以比较，则可知该弯道是否能保证视距并确定清除范围，h 是曲线上需清除的最大横净距。若需要清除的是建筑物或岩石边坡，则可用如图4-43所示的图解法或解析法求出弯道上不同断面的清除界线，并增绘一些横断面作为计算土石方和施工的依据。

五、各级道路对视距的要求

公路上经常会出现停车、错车、会车和超车，特别是我国以混合交通为主的双车道公路。在各种视距中，超车视距最长，如平面视距和纵断面视距都能保证超车视距的要求，对安全是有利的，但很难做到，也是不经济的，故对不同公路应有不同的要求。

(1) 各级公路的每条车道均应满足停车视距的要求。

(2) 高速公路、一级公路采用停车视距；二级、三级、四级公路应满足会车视距要求，其长度不小于停车视距的2倍；受地形条件或其他特殊情况限制而采取分道行驶措施的路段，可采用停车视距。

对交通量不大，有大量开挖和拆迁工程的低等级公路困难路段，当不能保证会车视距时，可以采用分道行驶的措施满足停车视距的要求。分道行驶措施包括在路中心画线或物理隔离，设置相关禁令和警告标志等。

(3) 高速公路、一级公路以及大型车比例高的二级公路、三级公路的下坡路段，应采用下坡段货车停车视距进行检验。

(4) 具有干线功能的二级公路宜在3min的行驶时间内，提供一次满足超车视距要求的路段；其他双车道公路可根据情况间隔设置具有超车视距的路段。

城市道路平曲线路段的视距要求与公路规定相同。交叉口和各类出入口的视距由视距三角形保证，详见平面交叉章节。各级公路的互通式立体交叉、服务区、停车区、客运汽车停靠站等各类出口路段应满足识别视距的要求，详见道路立体交叉设计章节。

第九节　路基横断面设计与计算

一、公路横断面

（一）公路横断面设计要求

公路横断面的组成除包括与行车有关的路幅外，还包括与路基工程、排水工程、环保工程有关的各种设施。这些设施的位置和尺寸均应在横断面设计中有所体现。

横断面设计，必须结合地形、地质、水文等条件，本着节约用地和保护环境的原则，最大限度降低路堤高度，选用合理的断面形式，以满足交通安全、行车顺适、工程经济、路基稳定且便于施工和养护的要求。

（二）路基标准横断面

在设计每个横断面之前，应确定路基的标准横断面（或称"典型横断面"）。在标准横断面图中，一般要包括路堤、路堑、半填半挖、护坡路基、挡土墙路基等断面。断面路幅内行车道、路肩的宽度和横坡度以及中间带的尺寸应视具体情况确定。断面路基中的边坡坡率、边沟尺寸、挡土墙断面、护坡道和碎落台的尺寸等应按《公路路基设计规范》（JTG D30—2015）的规定确定。标准横断面图比例一般采用1：100。

（三）横断面设计方法

应用路线 CAD 时，按路基标准横断面输入各组成部分尺寸、分段起止桩号，显示设计横断面，逐一检查、修改设计断面，绘制路基横断面设计图，输出路基设计表、土石方工程数量表等，上述过程均由计算机自动完成。下面以传统横断面设计方法为例进行介绍。

（1）在计算纸上绘制横断面地面线。地面线是在现场测绘，若是纸上定线，可从大比例尺地形图上内插获得。横断面图的比例一般是 1：200。

（2）从"路基设计表"中抄入路基中心填挖高度、"左高""右高""左宽""右宽"等数据。

（3）根据现场调查的"土壤、地质、水文资料"，参照"标准横断面图"，画出路幅宽度、填或挖的边坡线，在需要设置各种支挡工程和防护工程的地方画出该工程结构的断面示意图。

（4）根据综合排水设计，画出路基边沟、截水沟等的位置和断面形式，必要时须注明各部分尺寸。此外应画出取土坑、弃土堆、绿化带、碎落台等。经检查无误后，修饰描绘（图4-48）。

对分离式断面的公路和设有变速车道、爬坡车道、避险车道、紧急停车带的断面，可参照上述步骤绘制。

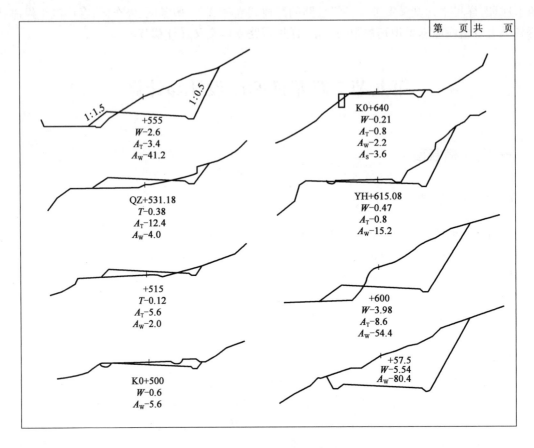

图 4-48 公路路基横断面设计图

上述横断面设计方法,仅限于在"标准横断面图"范围内的断面设计,其操作比较机械,所以形象地称之为"戴帽子"。对特殊情况下的横断面,如高填、深挖、特殊地质、陡坡路堤、浸水路基等,则必须按路基工程中所讲述的路基稳定原理和方法进行特殊设计,绘图比例尺也应按需要调整。

(四)路基设计表

"路基设计表"是公路设计文件的组成内容之一,它是平、纵、横等主要测设资料的综合,在公路设计文件中占有重要地位。表中填列所有整桩、加桩的填挖高度、路基宽度(包括加宽)、超高值等有关资料,为路基横断面设计的基本数据,也是施工的依据之一。"路基设计表"样式见表 4-26、表 4-27。

二、城市道路横断面

(一)横断面设计图

当按城市道路交通性质、地形条件及近远期结合的原则确定了横断面组成和宽度后,即可绘制横断面设计图。城市道路横断面设计图与公路横断面图的作用是相同的，即指导施工和计算土石方数量。

城市道路横断面设计图比例尺为1:100或1:200，在图上应绘出道路中心线、红线宽度、行车道、人行道、非机动车道、绿带、照明、新建或改建的地下管道等各组成部分的位置和宽度，以及排水方向、路面横坡等，如图4-49所示。若是旧路改造工程，城市道路横断面设计图还应包含现状横断面和现状道路中心线等。

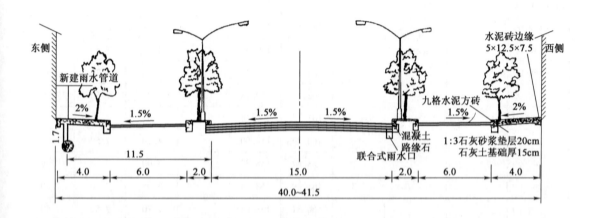

图4-49 城市道路横断面设计图（尺寸单位：m）

（二）横断面现状图

沿道路中线每隔一定距离绘制横断面地面线。若属旧街道改建，应包括横断面现状图。图中应包括地形、地物、原街道的各组成部分、边沟、路侧建筑等。比例尺为1:100或1:200。有时为更明显地表现地形和地物高度的变化，也可采用纵、横不同的比例尺绘制。

（三）横断面施工图

在完成道路纵断面设计后，中线上各桩号的填挖高度已知，将各桩号填挖高度点绘在相应桩号的横断面图上，成为施工的主要依据。图4-50反映了某旧路改造工程各断面上的填、挖和拆迁界线。

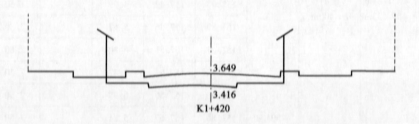

图4-50 施工横断面图（尺寸单位：m）

(一般公路)路基设计表

桩号	平曲线	变坡点高程、桩号及纵坡坡度、坡长	竖曲线	地面高程(m)	设计高程(m)	填挖高度(m)		路基宽(m)	
						填	挖	左	右
1	2	3	4	5	6	7	8	9	10
K2+100.00		160.76m K2+100 $i=-0.65\%$ $L=400m$		160.76	159.92		0.84	7.50	7.50
+120.00				161.56	159.75		1.81	7.50	7.50
+140.00				164.03	159.59		4.44	7.50	7.50
+160.00				164.23	159.43		4.80	7.50	7.50
+180.00				162.15	159.28		2.87	7.50	7.50
+200.00				163.17	159.14		4.03	7.50	7.50
+220.00				163.20	159.00		4.20	7.50	7.50
+240.00				163.87	158.87		5.00	7.50	7.50
+260.00			+243.5	165.69	158.74		6.95	7.50	7.50
+280.00				166.31	158.61		7.70	7.50	7.50
+300.00				166.36	158.48		7.88	7.50	7.50
ZH+315.00				166.30	158.37		7.93	7.50	7.50
+340.00				164.06	158.22		5.84	7.50	7.71
HY+360.00				162.06	158.08		3.98	7.50	7.90
+380.00				160.20	157.96		2.24	7.50	7.90
+400.00			+404.6	159.01	157.83		1.18	7.50	7.90
+420.00	JD₅右 78°53′21″ $R=200m$ $L_{s1}=45m$ $L_{s2}=45m$ $T_1=187.38m$ $T_2=187.38m$ $L=321.27m$ $E=59.533m$			158.95	157.7		1.25	7.50	7.90
+440.00				157.61	157.6		0.01	7.50	7.90
+460.00				156.63	157.52	0.89		7.50	7.90
QZ+476.08				155.02	157.47	2.45		7.50	7.90
+500.00		157.175m K2+500 $i=0.41\%$ $L=400m$	凹 $R=18\ 000m$ $T=95.4m$	154.05	157.43	3.38		7.50	7.90
+520.00				153.02	157.41	4.39		7.50	7.90
+540.00				152.43	157.42	4.99		7.50	7.90
+560.00				151.89	157.46	5.57		7.50	7.90
+580.00				151.21	157.51	6.30		7.50	7.90
YH+591.27				150.13	157.55	7.42		7.50	7.90
+600.00				150.60	157.59	6.99		7.50	7.82
+620.00			+595.4	151.86	157.67	5.81		7.50	7.64
GQ+636.27				152.35	157.73	5.38		7.50	7.50

注:变坡点高程、桩号及纵坡坡度、坡长一栏中 K2+100 和 K2+500 分别为两个变坡点桩号;157.175 为变坡点 K2+500

表 4-26

路边及中桩与设计高程之高差(m)			施工时中桩(m)		边坡 1:m		边 沟					脚坡口至中桩距离(m)		备注
左	中桩	右	填	挖	左	右	坡度(%)		形状	底宽(m)	沟深(m)	内坡	左	右	
							左	右							
11	12	13	14	15	16	17	18	19	20	21	22	23	24	25	
0.00	0.15	0.00		0.69	0.5	0.5	-0.65	-0.65	梯形	0.5	0.5	1:1	10.35	10.36	
0.00	0.15	0.00		1.66	0.5	0.5	-0.65	-0.65	梯形	0.5	0.5	1:1	10.83	10.86	
0.00	0.15	0.00		4.29	0.5	0.5	-0.65	-0.65	梯形	0.5	0.5	1:1	12.15	12.23	
0.00	0.15	0.00		4.65	0.5	0.5	-0.65	-0.65	梯形	0.5	0.5	1:1	12.33	12.42	
0.00	0.15	0.00		2.72	0.5	0.5	-0.65	-0.65	梯形	0.5	0.5	1:1	11.36	11.41	
0.00	0.15	0.00		3.88	0.5	0.5	-0.65	-0.65	梯形	0.5	0.5	1:1	11.94	12.02	
0.00	0.15	0.00		4.05	0.5	0.5	-0.65	-0.65	梯形	0.5	0.5	1:1	12.03	12.11	
0.00	0.15	0.00		4.85	0.5	0.5	-0.65	-0.65	梯形	0.5	0.5	1:1	12.43	12.52	
0.00	0.15	0.00		6.80	0.5	0.5	-0.65	-0.65	梯形	0.5	0.5	1:1	13.40	13.54	
0.00	0.15	0.00		7.55	0.5	0.5	-0.65	-0.65	梯形	0.5	0.5	1:1	13.78	13.93	
0.00	0.15	0.00		7.73	0.5	0.5	-0.65	-0.65	梯形	0.5	0.5	1:1	13.87	14.02	
0.00	0.15	0.00		7.78	0.5	0.5	-0.65	-0.65	梯形	0.5	0.5	1:1	13.89	14.05	
0.59	0.29	-0.04		5.55	0.5	0.5	-0.65	-0.65	梯形	0.5	0.5	1:1	12.78	13.10	
1.11	0.51	-0.12		3.47	0.5	0.5	-0.65	-0.65	梯形	0.5	0.5	1:1	11.74	12.20	
1.11	0.51	-0.12		1.73	0.5	0.5	-0.65	-0.65	梯形	0.5	0.5	1:1	10.87	11.32	
1.11	0.51	-0.12		0.67	0.5	0.5	-0.65	-0.65	梯形	0.5	0.5	1:1	10.34	10.75	
1.11	0.51	-0.12		0.74	0.5	0.5	-0.65	-0.65	梯形	0.5	0.5	1:1	10.37	10.78	
1.11	0.51	-0.12	0.50		0.5	1.5	-0.65	-0.65	梯形	0.5	0.5	1:1	10.75	11.16	
1.11	0.51	-0.12	1.40		0.5	1.5	-0.65	-0.65	梯形	0.5	0.5	1:1	12.09	12.53	
1.11	0.51	-0.12	2.96		1.5	1.5							14.41	14.90	
1.11	0.51	-0.12	3.89		1.5	1.5							15.80	16.31	
1.11	0.51	-0.12	4.90		1.5	1.5							17.30	17.85	
1.11	0.51	-0.12	5.50		1.5	1.5							18.20	18.76	
1.11	0.51	-0.12	6.08		1.5	1.5							19.06	19.64	
1.11	0.51	-0.12	6.81		1.5	1.5							20.15	20.75	
1.11	0.51	-0.12	7.93		1.5	1.5							21.82	22.45	
0.89	0.42	-0.09	7.41		1.5	1.5							21.04	21.58	
0.40	0.20	-0.02	6.01		1.5	1.5							18.95	19.28	
0.00	0.15	0.00	5.53		1.5	1.5							18.24	18.41	

处的高程;$i = -0.65\%$ 和 $L = 400\mathrm{m}$ 分别为 K2+100 和 K2+500 两个变坡点间的坡度和坡长。

(高速公路、一级公路)路基设计表

桩号	平曲线		纵坡及竖曲线			地面高程(m)	设计高程(m)	填挖高度(m)		路基左侧		
	左	右	凹	凸				填	挖	W_1	W_2	W_3
K0+000						320.453	320.453	0.000		0.75	2.50	7.50
+020						322.467	321.337		1.130	0.75	2.50	7.50
+042.661		K0+042.661				325.786	322.339		3.447	0.75	2.50	7.50
+060		ZH				326.784	323.106		3.678	0.75	2.50	7.50
+080					4.422%	327.346	323.990		3.356	0.75	2.50	7.50
+100						325.673	324.875		0.798	0.75	2.50	7.50
+120						326.683	325.759		0.924	0.75	2.50	7.50
+142.661		K0+142.661				327.515	326.761		0.754	0.75	2.50	7.50
+160		HY				328.689	327.528		1.161	0.75	2.50	7.50
+180						327.451	328.412	0.961		0.75	2.50	7.50
+200			QD			325.782	329.297	3.515		0.75	2.50	7.50
+220			K0+216.265			329.562	330.178	0.616		0.75	2.50	7.50
+240						330.451	330.925	0.474		0.75	2.50	7.50
+246.879	$\alpha=88°21'38.2''$ $R=200m$ $L_s=100m$ $L_y=208.437m$					331.562	331.135		0.427	0.75	2.50	7.50
+260				$R=2000m$ $T=73.735m$ $E=1.359m$		333.456	331.472		1.984	0.75	2.50	7.50
+280						334.561	331.819		2.742	0.75	2.50	7.50
+300						335.216	331.966		3.250	0.75	2.50	7.50
+320						334.214	331.913		2.301	0.75	2.50	7.50
+340						330.157	331.660	1.503		0.75	2.50	7.50
+351.097		K0+351.097	ZD			331.458	331.433		0.025	0.75	2.50	7.50
+360		YH	K0+363.735			330.357	331.207	0.850		0.75	2.50	7.50
+380						331.478	330.620		0.858	0.75	2.50	7.50
+400						330.964	330.030		0.934	0.75	2.50	7.50
+420						329.761	329.439		0.322	0.75	2.50	7.50
+440					-2.952%	329.765	328.849		0.916	0.75	2.50	7.50
+451.097	K0+451.097	K0+451.097				328.715	328.521		0.194	0.75	2.50	7.50
+460	ZH	HZ				327.569	328.259	0.690		0.75	2.50	7.58

表 4-27

宽度(m)				以下各点与设计高程之高差(m)						边 沟						坡口、坡脚至中桩距离(m)		备注
中分带	右侧			左侧			右侧			左侧			右侧					
W_0	W_3	W_2	W_1	A_1	A_2	A_3	A_3	A_2	A_1	坡度(%)	底宽(m)	沟深(m)	坡度(%)	底宽(m)	沟深(m)	左	右	
3.00	7.50	2.50	0.75	-0.223	-0.200	-0.150	-0.150	-0.200	-0.223							15.25	15.25	
3.00	7.50	2.50	0.75	-0.223	-0.200	-0.150	-0.150	-0.200	-0.223	4.422	0.6	0.6	4.422	0.6	0.6	16.45	17.35	
3.00	7.50	2.50	0.75	-0.223	-0.200	-0.150	-0.150	-0.200	-0.223	4.422	0.6	0.6	4.422	0.6	0.6	17.21	17.98	
3.00	7.64	2.50	0.75	-0.049	-0.027	-0.020	-0.153	-0.203	-0.225	4.422	0.6	0.6	4.422	0.6	0.6	18.78	19.46	
3.00	7.80	2.50	0.75	0.151	0.173	0.130	-0.156	-0.206	-0.228	4.422	0.6	0.6	4.422	0.6	0.6	18.72	17.96	
3.00	7.96	2.50	0.75	0.351	0.373	0.280	-0.297	-0.391	-0.419	4.422	0.6	0.6	4.422	0.6	0.6	15.46	16.23	
3.00	8.12	2.50	0.75	0.551	0.573	0.430	-0.466	-0.609	-0.652	4.422	0.6	0.6	4.422	0.6	0.6	15.78	16.45	
3.00	8.30	2.50	0.75	0.778	0.800	0.600	-0.664	-0.864	-0.924	4.422	0.6	0.6	4.422	0.6	0.6	15.12	16.05	
3.00	8.30	2.50	0.75	0.778	0.800	0.600	-0.664	-0.864	-0.924	4.422	0.6	0.6	4.422	0.6	0.6	16.34	16.58	
3.00	8.30	2.50	0.75	0.778	0.800	0.600	-0.664	-0.864	-0.924							16.56	17.05	
3.00	8.30	2.50	0.75	0.778	0.800	0.600	-0.664	-0.864	-0.924							19.45	20.62	
3.00	8.30	2.50	0.75	0.778	0.800	0.600	-0.664	-0.864	-0.924							16.48	18.21	
3.00	8.30	2.50	0.75	0.778	0.800	0.600	-0.664	-0.864	-0.924							15.79	16.57	
3.00	8.30	2.50	0.75	0.778	0.800	0.600	-0.664	-0.864	-0.924	3.147	0.6	0.6	3.147	0.6	0.6	15.38	16.01	
3.00	8.30	2.50	0.75	0.778	0.800	0.600	-0.664	-0.864	-0.924	2.254	0.6	0.6	2.254	0.6	0.6	16.54	17.06	
3.00	8.30	2.50	0.75	0.778	0.800	0.600	-0.664	-0.864	-0.924	0.598	0.6	0.6	0.598	0.6	0.6	17.11	17.63	
3.00	8.30	2.50	0.75	0.778	0.800	0.600	-0.664	-0.864	-0.924	-1.357	0.6	0.6	-1.357	0.6	0.6	17.20	17.98	
3.00	8.30	2.50	0.75	0.778	0.800	0.600	-0.664	-0.864	-0.924	-2.346	0.6	0.6	-2.346	0.6	0.6	16.73	17.42	
3.00	8.30	2.50	0.75	0.778	0.800	0.600	-0.664	-0.864	-0.924							16.54	17.73	
3.00	8.30	2.50	0.75	0.778	0.800	0.600	-0.664	-0.864	-0.924							15.31	16.42	
3.00	8.23	2.50	0.75	0.706	0.729	0.547	-0.600	-0.782	-0.837							16.69	16.45	
3.00	8.07	2.50	0.75	0.546	0.569	0.427	-0.459	-0.601	-0.644	-2.952	0.6	0.6	-2.952	0.6	0.6	15.23	15.98	
3.00	7.91	2.50	0.75	0.386	0.409	0.307	-0.323	-0.425	-0.456	-2.952	0.6	0.6	-2.952	0.6	0.6	15.04	16.41	
3.00	7.75	2.50	0.75	0.226	0.249	0.187	-0.193	-0.255	-0.277	-2.952	0.6	0.6	-2.952	0.6	0.6	15.45	16.65	
3.00	7.59	2.50	0.75	0.066	0.089	0.067	-0.067	-0.090	-0.112	-2.952	0.6	0.6	-2.952	0.6	0.6	15.38	16.51	
3.00	7.50	2.50	0.75	-0.023	0.000	0.000	0.000	0.000	-0.023	-2.952	0.6	0.6	-2.952	0.6	0.6	15.05	16.1	
3.00	7.50	2.50	0.75	-0.091	-0.065	-0.049	0.049	0.065	0.042							16.46	16.82	

第十节　路基土石方数量计算与调配

路基土石方是道路工程的一项主要工程量,在设计和路线方案比选中,路基土石方数量是评价道路测设质量的主要技术经济指标之一。

土石方数量计算与调配的主要任务包括计算路基土石方工程数量,合理进行土石方调配,计算土石方运量。为编制施工概(预)算、施工组织、施工计量支付提供依据。

因地面形状复杂,填挖方不是规则的几何体,其计算只能是近似的,计算的精度取决于中桩间距、测绘横断面时采点密度和计算公式与实际的接近程度等。

一、横断面面积计算

路基填挖的横断面面积,是指横断面图中原地面线与路基设计线所围面积,高于地面线为填方,低于地面线为挖方,填、挖面积应分别计算。下面介绍几种常用的面积计算方法。

(一)积距法

如图 4-51 所示,将断面按单位横宽划分为若干梯形与三角形条块,每个小块的面积近似为:

$$F_i = bh_i$$

则横断面面积:

$$F = bh_1 + bh_2 + \cdots + bh_n = b\sum_{i=1}^{n} h_i \tag{4-48}$$

当 $b = 1\text{m}$ 时,则 F 等于各小条块平均高度之和 $\sum h_i$。

$\sum h_i$ 值可用卡规逐一量取各条块高度值后累积得到。当面积较大、卡规张度不够时,也可用厘米方格纸折成窄条代替卡规量取积距。用积距法计算面积简单、迅速。若地面线较顺直,可增大 b 值;若要提高精度,可减小 b 值。b 值视地面线规则程度而定。

(二)坐标法

如图 4-52 所示,已知断面图上各转折点坐标 (x_i, y_i),则断面面积为:

$$F = \frac{1}{2}\sum_{i=1}^{n}(x_i y_{i+1} - x_{i+1} y_i) \tag{4-49}$$

坐标法精度较高,适于计算机计算。

计算横断面面积还有几何图形法、数方格法、求积仪法等。

图 4-52 中 $x_{n+1} = x_1, y_{n+1} = y_1$。

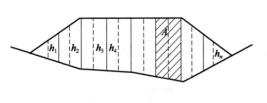

图 4-51 横断面面积计算(积距法)

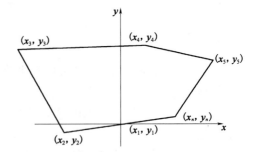

图 4-52 横断面面积计算(坐标法)

二、土石方数量计算

若相邻两断面均为填方或均为挖方且面积大小相近,则可假定断面之间为一棱柱体(图 4-53),其体积的计算公式为:

$$V = \frac{1}{2}(F_1 + F_2)L \tag{4-50}$$

式中:V——体积,即土石方数量(m^3);
F_1、F_2——分别为相邻两断面的面积(m^2);
L——相邻断面之间的距离(m)。

此法计算简易,较为常用,一般称之为"平均断面法"。

若 F_1 和 F_2 相差甚大,则与棱台更为接近。其计算公式为:

$$V = \frac{1}{3}(F_1 + F_2)L\left(1 + \frac{\sqrt{m}}{1+m}\right) \text{ 或 } V = \frac{1}{3}(F_1 + F_2 + \sqrt{F_1 F_2})L \tag{4-51}$$

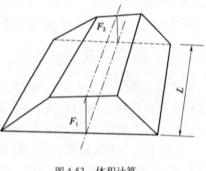

图 4-53 体积计算

式中:$m = \frac{F_1}{F_2}$,其中 $F_2 > F_1$。

采用式(4-51)的方法计算精度较高,特别是用计算机计算时,应尽量采用此方法。

用上述方法计算的土石方体积中,包含了路面体积。若所设计的纵断面有填有挖且基本平衡,则填方断面中多计的路面面积与挖方断面中少计的路面面积相互抵消,其总体积与实际体积相差不大。但若路基是以填方为主或以挖方为主,则填方要扣除、挖方要增加路面面积。特别是路面厚度较大时更不能忽略。

三、路基土石方调配

土石方调配是指路基挖方合理移作填筑路堤,以及适当地布置取土坑及弃土坑的土石方调运量计算工作。

土石方调配的目的是为确定填方用土的来源、挖方弃土的去向,以及计价土石方的数量和运量等。通过调配,合理地解决各路段土石方平衡与利用,使从路堑挖出的土石方,在经济调运条件下移挖作填,避免不必要的路外借土和弃土,以减少耕地占用,降低道路造价,减少对环境的破坏。

(一) 土石方调配原则

(1) 在半填半挖断面中,应先考虑在本路段内移挖作填进行横向平衡,再作纵向调配,以减少总的运输量。

(2) 土石方调配应考虑桥涵位置对施工运输的影响,一般不跨越深沟调运,尽可能避免和减少上坡运土。

(3) 为使调配合理,必须根据地形和施工条件,选用适当的运输方式,采用合理经济运距,以确定工程用土是调运还是外借。

(4) 土方调配"移挖作填"要考虑经济运距,综合考虑弃方或借方占地、赔偿青苗损失及对农业生产的影响等。有时移挖作填虽运距超出一些,运输费用可能稍高一些,但如能少占地,少影响农业生产,综合考虑是有利的。

(5) 不同的土方和石方应根据工程需要分别调配,以保证路基稳定和人工构造物的材料供应。

(6) 位于山坡的回头曲线路段,优先考虑上下线的土方竖向调运。

(7) 土方调配对借土和弃土应事先同地方协商,妥善处理。借土应结合地形、农田规划等选择借土地点,并综合考虑借土还田、整地造田等措施。弃土应不占或少占耕地,在可能条件下宜将弃土平整为可耕地,防止乱弃乱堆,或堵塞河流,损坏农田。

(二) 土石方调配方法

土石方调配方法有多种,如累积曲线法、调配图法及土石方计算表调配法等,目前生产上多采用土石方计算表调配法,该法不需绘制累积曲线图与调配图,直接可在土石方表上进行调配。其优点是方法简捷,调配清晰,精度符合要求。该表也可由计算机自动完成。具体调配步骤是:

(1) 土石方调配是在土石方数量计算与复核后进行,调配前应将可能影响运输调配的桥涵位置、陡坡、大沟等标注在表旁,供调配时参考。

(2) 掌握各桩号间路基填挖方情况并作横向平衡,确定利用、填缺与挖余数量。

(3) 在作纵向调配前,应根据施工方法及可能采用的运输方式定出合理经济运距,供土石方调配时参考。

(4) 根据填缺挖余分布情况,结合路线纵坡和自然条件,本着技术经济和支农的原则,具体拟订调配方案。方法是逐桩逐段将毗邻路段的挖余就近纵向调运到填缺内利用,并将具体调运方向和数量用箭头标注在纵向利用调配栏中。

(5) 经纵向调配,如仍有填缺或挖余,则应会同当地政府协商确定借土或弃土地点,将借土或弃土的数量和运距分别填注到借方或废方栏内。

(6) 土石方调配后,应按下式复核检查:

$$横向调运 + 纵向调运 + 借方 = 填方$$
$$横向调运 + 纵向调运 + 弃方 = 挖方$$
$$挖方 + 借方 = 填方 + 弃方$$

以上检查一般是逐页进行复核,如有跨页调配,须将其数量考虑在内,复核可发现调配与计算过程有无错误。经核无误后,即可分别计算计价土石方数量、运量和运距等,为编制施工预算提供土石方工程数量。

(三)关于调配计算的几个问题

1. 经济运距

经济运距是确定借土或调运的限界及距离。当调运距离小于经济运距时,采取纵向调运是经济的;反之,则可考虑就近借土。

填方用土来源,一是路上纵向调运,二是就近路外借土。一般调运路堑挖方来填筑距离较近的路堤是比较经济的。但如调运的距离过长,以致运价超过在填方附近借土所需的费用时,移挖作填不如在路堤附近借土经济。因此,采取"调"还是"借",存在限度距离问题,该限度距离即所谓"经济运距",其值按式(4-52)计算:

$$L_{经} = \frac{B}{T} + L_{免} \quad (4-52)$$

式中:$L_{经}$——经济运距(km);
　　B——借土单价(元/m³);
　　T——远运运费单价[元/(m³·km)];
　　$L_{免}$——免费运距(km)。

2. 平均运距

平均运距指土石方调配时从挖方体积重心到填方体积重心的距离。为简化设计计算,按挖方路段中心至填方路段中心的距离计算。

在纵向调配时,当其平均运距超过定额规定的免费运距时,应按其超运运距计算土石方运量。免费运距是指不计运费的最大距离。

3. 运量

土石方运量为平均运距与土石方调配数量的乘积。

在生产中,工程定额是将平均运距每10m划为一个运输单位,称之为"级",20m为两个运输单位,称为二级,余类推。在土石方计算表内可用符号①、②表示,不足10m时,仍按一级计算或四舍五入。于是:

$$总运量 = 调配(土石方)方数 \times n$$

式中:n——平均运距单位(级),其值按式(4-53)计算。

$$n = \frac{L - L_{免}}{10} \quad (4-53)$$

式中:L——平均运距(m);
　　$L_{免}$——免费运距(m)。

在土石方调配中,所有挖方无论是"弃"或"调",都应计价,但对填方要根据用土来源决定是否计价。若对路外借土要计价,如是移挖作填调配利用则不应再计价,否则形成双重计价。因此,计价土石方数量为:

$$计价土石方数量 = 挖方数量 + 借方数量$$

一般包括路基工程、排水工程、临时工程、小桥涵工程等项目的土石方数量。对独立大、中桥梁和长隧道的土石方数量应另外计算。

土石方数量计算表见表4-28。

土石方数量计算表

桩号	横断面面积 (m²)		距离 (m)	挖方分类及数量(m³)										
				总数量	土						石			
					I		II		III		IV		V		VI	
	挖方	填方			%	数量	%	数量	%	数量	%	数量	%	数量	%	数量
1	2	3	4	5	6	7	8	9	10	11	12	13	14	15	16	17
K237+780	296.58	0.00														
K237+800	611.72	0.00	20.00	9 083.0			10	908.3	20	1 816.6	70	6 358.1				
K237+810	1 376.23	0.00	10.00	9 939.8			10	994.0	20	1 988.0	70	6 957.8				
K237+830	723.22	0.00	20.00	20 994.5			10	2 099.4	20	4 198.9	70	14 696.1				
K237+835	898.00	0.00	5.00	4 053.0			10	405.3	20	810.6	70	2 837.1				
K237+850	929.98	0.00	15.00	13 709.9			10	1 371.0	20	2 742.0	70	9 596.9				
K237+870	893.44	0.00	20.00	1 8234.3			10	1 823.4	20	3 646.9	70	12 764.0				
K237+890.770	745.38	0.00	20.77	17 019.2			10	1 701.9	20	3 403.8	70	11 913.5				
K237+900	518.63	0.00	9.23	5 833.4			10	583.3	20	1 166.7	70	4 083.4				
K237+920	280.24	0.00	20.00	7 988.7			10	798.9	20	1 597.7	70	5 592.1				
K237+940	12.76	1.79	20.00	2 930.0			10	293.0	20	586.0	70	2 051.0				
K237+941.500	49.37	4.64	1.50	46.6			10	4.7	20	9.3	70	32.6				
K237+950	5.07	52.84	8.50	231.4			10	23.1	20	46.3	70	162.0				
K237+953	33.47	46.64	3.00	57.8			10	5.8	20	11.6	70	40.5				
K237+960	93.20	17.04	7.00	443.3			10	44.3	20	88.7	70	310.3				
K237+980	572.38	0.00	20.00	6 655.8			10	656.6	20	1 331.2	70	4 659.0				
K237+996	753.57	0.00	16.00	10 607.6			10	1 060.8	20	2 121.5	70	7 425.3				
K238+000	764.52	0.00	4.00	3 036.2			10	303.6	20	607.2	70	2 125.3				
K238+010	551.32	0.00	10.00	6 579.2			10	657.9	20	1 315.8	70	4 605.5				
K238+030	129.00	0.00	20.00	6 803.3			10	680.3	20	1 360.7	70	4 762.3				
K238+050	0.00	114.86	20.00	1 290.0			10	129.0	20	258.0	50	645.0	20	258.0		
K238+051	0.00	167.73	1.00				10		20		50		20			
K238+057	0.00	176.26	6.00				10		20		50		20			
K238+060	0.00	198.20	3.00				10		20		50		20			
K238+063	0.00	209.33	3.00				10		20		50		20			
K238+080	0.00	289.28	17.00				10		20		50		20			
K238+100	0.00	280.46	20.00				10		20		50		20			
小计				145 536.9				14 553.7		29 107.4		101 617.8		258.0		

注：I 代表松土；II 代表普土；III 代表硬土(包括砂砾)；IV 代表软石；V 代表次坚石；VI 代表坚石。

表4-28

填方数量(m³)			利用方数量及调配(m³)						远运利用及纵向调配示意	备注
			本桩利用		填缺		挖余			
总数量	土	石	土	石	土	石	土	石		
18	19	20	21	22	23	24	25	26	27	28
							2 724.9	6 538.1	土8 542.8(135m) 石19 933.2(135m) (调至K237+605)	本表除填方总量为压实方外,其余均为自然方
							2 981.9	6 957.8		
							6 298.3	14 696.1		
							1 215.9	2 837.1		
							4 113.0	9 596.9		
							5 470.3	12 764.0		
							5 105.8	11 913.5	土25 666.0 石59 946.3 弃入K238+100弃土场	
							1 750.0	4 083.4		
							2 396.6	5 592.1		
17.9	19.9		19.9				859.1	2 051.0		
4.8	5.4		5.4				8.6	32.6		
244.3	69.4	167.4	69.4	162.0		5.4				
149.2	17.3	122.9	17.3	40.5		82.5			石87.9(5m)	
222.9	133.0	95.1	133.0	95.1				215.3		
170.4	189.6		189.6				1 807.1	4 659.0	土2 380.0 石6 123.1 弃入K238+100弃土场	
							3 182.3	7 425.3		
							910.9	2 125.3		
							1 973.8	4 605.5		
							2 041.0	4 762.3		
1 148.6	387.0	736.6	387.0	736.6				166.4	土4 926.6(77m)石11 659.5(76m) 土2 609.4(51m)石6 088.6(51m) (调至K238+100)	
1 141.3		130.0				130.0				
1 032.0	288.9	710.5			288.9	710.5				
561.7	163.5	381.5			163.5	381.5				
611.3	177.9	415.2			177.9	415.2				
4 238.2	1 233.7	2 878.7			1 233.7	2 878.7				
5 697.4	1 658.5	3 869.9			1 658.5	3 869.9				
14 240.0	4 344.2	9 507.5	821.6	1 034.1	3 522.6	8 473.7	42 839.5	100 841.7		

复核:

【待深入研究的问题】

在山区高速公路建设中，易出现沟谷狭窄的地形或横坡较陡的山坡地带，在这种地形困难地区如仍按正常路基横断面设计，可能会产生外侧高填方、内侧高边坡，使开挖工程数量巨大，造成边坡稳定性差、破坏自然生态平衡的严重问题。解决该问题的方法有两个：一是采用整体式断面而合理缩减路肩宽度和中间带宽度；二是采用分离式断面或同时缩减路肩宽度。上述方法中缩减后应保留的合理路肩宽度或中间带宽度应通过试验研究确定。

隧道内行车光线暗，影响驾驶员的视线、汽车的行驶速度和行车位置，应对隧道内行车道宽度、侧向安全净距进行研究，合理确定隧道内横断面。

路侧宽容设计可降低事故率和降低事故损失，我国目前对路侧宽容设计的研究成果还较少。

对于行车视距的要求是通过平面的横净距和纵断面的竖曲线半径保证的，公路修建通车后实际上是一个三维视距保证问题，平面或纵断面可能满足视距的要求，但在三维视距中不一定能满足，需进一步研究。

【习题与思考题】

4-1 某新建三级公路，设计速度 $V=30$ km/h，路面宽 $B=7$ m，路拱 $i_G=2\%$。路肩宽 $b_J=0.75$ m，路肩横坡 $i_J=3\%$。某平曲线转角 $\alpha=34°50'08''$，半径 $R=150$ m，缓和曲线 $L_s=40$ m，加宽值 $b=0.7$ m，超高 $i_h=3\%$，交点桩号为 K7+086.42。试求平曲线上5个主点及下列桩号的路基路面宽度、横断面上的高程与设计高程之差：①K7+030；②K7+080；③K7+140；④K7+160。

4-2 某双车道公路，设计速度 $V=60$ km/h，路基宽度8.5m，路面宽度7.0m。某平曲线半径 $R=125$ m，$L_s=50$ m，$\alpha=51°32'48''$。平曲线内侧中心附近的障碍物距路基边缘3m。试检查该平曲线能否保证停车视距和超车视距。若不能保证，清除的最大宽度是多少？

4-3 公路横断面的组成、类型及其适用性是什么？

4-4 城市道路横断面的组成、类型及其适用性是什么？

4-5 各级公路都要设置路肩，路肩的作用是什么？

4-6 四条和四条以上车道的公路应设置中间带，其作用是什么？

4-7 无中间带道路的超高过渡方式及适用条件是什么？

4-8 有中间带道路的超高过渡方式及适用条件是什么？

4-9 在确定超高过渡段长度时应考虑哪些因素？

4-10 在高等级公路设计中，为避免在缓和曲线全长范围内均匀过渡超高而造成路面横向排水不畅，超高过渡可采取哪些措施？

4-11 简述路侧安全净区的定义以及计算净区宽度的确定方法。

4-12 在路侧安全净区内如何处理障碍物？

4-13 各级公路对视距有何要求？

4-14 道路上可能存在视距不良的路段有哪些？如何保证？

4-15 试述缓和曲线、超高过渡段、加宽过渡段长度的作用及相互关系。

第五章

总体设计

【学习目的与要求】

通过本章学习,使学生了解总体设计的主要内容和相关要求。了解总体设计指导思想与设计原则;了解总体设计方案应解决的主要问题及要点;了解设计标准与技术指标确定应考虑的主要因素等。

第一节 总体设计概述

总体设计是在综合考虑建设规模、设计标准的前提下,对方案拟定、设计构思、工程内外各专业间协调等方面做出的综合设计。总体设计是勘察设计的总纲,既要体现道路使用安全、功能、质量、环保、节约的基本要求,又要处理好主体工程与附属工程、各专业之间的衔接与协调配合,是一项系统工程。其内容涵盖了道路自身的功能要素和大自然的各种因素,对这些要素和因素进行综合分析,使其系统化,最终使建造的道路既能达到满足其自身功能和安全的要求,又能与自然相融合,达到协调与平衡的目的。总体设计的优劣直接影响道路各专业设计及工程建设的成败,关系到道路建设投资的合理性、运营的安全性和经济性、建设及运营的环保性。总体设计应统一协调路线与各相关专业及项目内外部的衔接关系,统领整个公路项目设计,并最终使路线与相关专业成为完整的系统工程。

各级道路应根据公路功能、公路等级及其在路网中的作用进行总体设计。城市道路也应在城市路网规划的基础上做好总体设计。

一、总体设计的主要内容

1. 明确项目的功能和定位

根据路线在路网中的位置和路网规划的特点及要求,综合考虑路线走廊带范围的远期社会、经济发展及其交通需求,城市、工矿企业的现状与规划,其他道路、铁路、水路、航空、管道的布局,交通特性和建设目标,自然资源状况等明确道路的功能和定位。

2. 提出项目设计指导思想、制订设计原则

提出项目设计指导思想、制订设计原则时应考虑以下主要关系和因素：

(1) 项目区域城镇现状布局及规划与拟建项目的关系。
(2) 区域路网现状及规划与拟建项目的关系。
(3) 沿线自然地理条件及对项目的影响。
(4) 沿线环境敏感区重要设施的分布及对项目建设的影响。
(5) 区间交通量分布状况和交通组成特点及对交叉设置方式的影响。
(6) 沿线土地资源状况及对项目的影响。
(7) 项目区域内其他运输方式情况及对项目的影响。
(8) 筑路材料供应和运输情况及对项目的影响。
(9) 有关部门对重大问题的意见。
(10) 沿线居民的要求建议等建设条件的综合分析。

3. 拟定路线总的走向及主要控制点

在查明路线走廊带的自然环境、地形、地质情况的基础上,了解项目沿线环境分布特征,根据路网规划的主要节点要求,结合项目的功能和定位,拟定路线的总体走向及主要控制点,确定与其他道路(含规划道路)的衔接方式。采用分期修建方案时,应研究近期实施方案及远期预留方案,并研究两者的衔接方式。

4. 确定技术标准、主要技术指标

依据道路路网规划,结合道路功能和定位、交通量分布特点、建设条件,在详细分析路线走廊带的地形、地质以及重要控制因素的基础上,确定项目的设计速度、平纵面、视距、路基横断面组成及宽度、超高、加宽等主要控制技术指标,论证分段采用不同技术标准,并确定不同技术标准之间的衔接过渡方式。具体包括以下内容：

(1) 根据公路的功能,结合交通量及建设条件综合论证公路的技术等级。同一公路项目可根据功能和交通量变化,论证分段采用不同的技术标准。
(2) 应根据道路的功能、交通组成、车型比例,确定设计车辆。
(3) 高速公路、一级公路应根据公路功能、设计交通量,确定基本路段的车道数,车道数增加时应按双数增加。
(4) 各级公路可根据项目沿线地形、地质与自然条件变化,分段选用设计速度,并符合有关规定。
(5) 应根据路段设计速度、沿线地形、地质、环境和交通需求等因素,合理确定路线平纵

面、视距、超高、加宽等主要控制指标。

(6) 应根据公路技术等级、设计交通量、沿线环境和横断面各组成部分的功能，综合确定公路路基横断面组成及宽度。

(7) 改扩建公路应采用改扩建后的公路技术标准和指标，对于利用原有公路的路段，因提高设计速度可能诱发工程地质病害、增加工程造价或对环境保护、文物有不利影响时，经论证该局部路段可维持原设计速度和指标，其长度高速公路不宜大于15km，一级、二级公路不宜大于10km，但不应降低技术等级。

5. 研究路线的总体方案、确定方案比较段落

根据指定的路线总方向（路线起、终点和中间主要控制点）和设计道路的功能、使用任务及其在道路网中的作用，考虑社会、经济因素和自然条件等拟定出各种可行的路线方案，并在各种可能的方案中，通过调查分析和比选，确定比较方案和推荐方案。路线方案应由面到带、由带到线考虑各类影响因素，通过综合论证确定。

6. 确定其他各专业的总体设计原则和方案

确定路基路面、桥梁涵洞、隧道工程、交叉工程、交通工程及沿线设施、景观及环保工程、地质勘探等专业的总体设计原则，并拟定设计方案，做好典型工程方案的比选。

7. 确定工程规模

(1) 应根据公路网规划和公路功能，综合考虑路线走廊带内的铁路、水路、航空、管道等综合交通运输体系的布局与规划，工矿企业的现状与发展规划，自然资源开发利用状况等，研究确定路线起终点、主要控制点、路线长度、交叉数量、管理与服务设施配置等，确定建设规模。

(2) 应根据项目的总体建设规模、控制性工程施工条件、交通量发展需求和项目资金筹措情况等相关因素，论证确定项目的建设方式，是否采用分期修建方式。

8. 确定建设方案

(1) 确定公路路基横断面形式。

(2) 研究公路与邻近铁路、管线的相互布置关系，应在调查掌握铁路及各类管线设施的走向、位置的基础上合理确定。

(3) 研究公路项目与沿线相关公路的交叉方式，应根据公路功能、等级及交通组织方式综合确定。

(4) 交通工程及沿线设施应与主体工程同步设计，并应根据公路功能及等级、交通组织方式及安全与运营管理等需要，合理确定公路收费站场、服务区、停车区等管理和服务设施的位置、形式、间距和配置规模。必要时，可根据交通量等发展需要，论证采用一次规划，分期建设的方案。

(5) 改扩建公路应遵循利用与改造相结合的原则，应在原有公路交通安全性评价，以及原有路基、桥梁、隧道检测和评价的基础上，结合论证既有路线和构造物等的利用原则和利用方案，合理、充分地利用原有工程。

9. 环境保护与资源节约

(1) 应坚持保护优先、以防为主、以治为辅、综合治理的原则，严格执行工程建设项目环境影响评价、水土保持方案编制和环境保护制度，在总体设计中落实环境保护相关措施和意见，

结合项目实际协调好公路建设与环境的关系，减少对环境的不利影响。

(2) 应加强路线走廊带、路线方案的综合比选，将土地压占、矿产压覆等资源占用和高边坡开挖、压占河道等环境影响作为方案选择的重要指标，优先选择资源占用少、环境影响小的方案。

(3) 应合理设置取土场，路侧取土不宜距离路基过近，取土场避免直接开挖路侧山坡坡体。当路基、隧道弃方或弃渣量大时，应结合项目施工组织设计最大限度利用弃方和弃渣；难以利用时，应合理设置弃土、弃渣场地，做好专项设计，保证其稳定，防止水土流失。

(4) 应加强对路域施工范围及取弃土场地的表土收集与利用，做好对取弃土场、施工便道等临时用地的植被保护与恢复。

(5) 应加强服务区、停车区等公路附属设施生产、生活污水处理能力，采用先进工艺，保证污水达标回用或集中收集存放，达到水资源循环利用；在公路运营、管理与服务设施设计中，应合理利用风能、太阳能、地热能等可再生能源。

(6) 应加强对钢材、复合材料等的循环利用；推进粉煤灰、建筑废料等在公路路基填筑及混凝土浇筑中的综合利用；倡导对沥青、水泥混凝土路面及结构物拆除构件等的再生利用。

10. 设计检验与安全评价

(1) 公路设计应运用运行速度方法，对路线设计、几何设计和线形组合设计进行分析检验，检验运行速度的协调性和一致性。

(2) 高速公路、一级公路和二级干线公路应在设计时进行交通安全性评价，其他公路在有条件时也可进行交通安全性评价。应根据交通安全性评价结论，对线形设计、几何指标取用等进行调整优化，对交通安全设施及管理措施进行检查完善。

11. 做好主体工程与附属工程、各专业之间的衔接与协调配合

为保证项目设计的统一、完整，主体工程与附属工程之间、各专业之间的衔接应协调一致，明确各专业设计工作的范围和具体内容，以保证各专业交叉设计时不漏项、不重复，使工程内部专业之间衔接紧密。

由于不同的公路建设项目具有不同的建设条件和特点，总体设计的内容会有所差异，不能一概而论。总体设计环节和内容，应贯穿公路项目勘察设计的全过程，并随着项目建设阶段不同，逐步深入和细化。

二、总体设计应考虑的因素

总体设计时应考虑如下主要因素：

(1) 根据路线在路网中的位置、功能，综合考虑路线走廊带范围的远期社会、经济发展，城市、工矿企业的现状与规划，铁路、水路、航空、管道的布局，自然资源状况等，确定项目起讫点、主要控制点以及与之相互平行、交叉等项目的衔接关系。

(2) 科学确定技术标准，合理运用技术指标，注意地区特性与差异，精心做好路线设计，必要时进行安全性评价，以保障行车安全。因条件受限制而采用上限(或下限)技术指标值或对线形组合设计有难度的路段，应采用运行速度进行检验，并采取相应技术对策。

(3) 应在查明路线走廊带自然环境、地形、地质等条件的基础上，认真研究路线方案或工程建设同生态环境、资源利用的关系，采取工程防护与生态防护相结合等技术措施，减少对生

态的影响程度,加强恢复力度,最大限度地保护环境。

(4)做好同综合运输体系、农田与水利建设、城市规划等的协调与配合,充分利用线位资源,合理确定建设规模,切实保护耕地,使走廊带的自然资源得以充分利用,道路建设得以可持续发展。

(5)总体协调道路工程各专业间、相邻行业间和社会公众间的关系,其设计界面、接口等应符合相关法规、标准、规范的要求或规定,并听取社会公众意见。

(6)路线方案比选应对设计、施工、养护、运营、管理的各阶段,从安全、环保、可持续发展理念等角度,运用全寿命周期成本分析方法进行论证,采用综合效益最佳、服务质量最好的设计方案。

第二节 总体设计指导思想与设计原则

一、总体设计的指导思想

道路设计应采取一切有效措施,保障道路设施的自身安全和运营安全;应推行道路设计安全性评价,从根本上解决行车安全问题,为道路使用者提供安全保障和人性化的服务,提高道路交通的安全水平和服务水准。道路设计必须将安全放在首位。

平原微丘区地形平坦,村镇密布,道路纵横,经济组团发达,产业布局密集,在此地区设计的道路要求路线短捷、顺直,强调线形舒展顺适、平纵组合协调合理,达到行车舒适、视线良好及快速高效的目的。在强调道路的功能和用者利益的同时,应正确处理好路线与环境特别是人文环境的关系,高度重视环境保护设计和景观设计,使整条道路与周围自然环境相互交融,给道路使用者以独特的视觉感受。对于平原微丘区道路设计,舒适和环保应处于第二、三位。

山区沟壑交错,横坡陡峻,地形、地质、水文条件复杂,不良地质病害多,生态环境脆弱,一旦破坏很难恢复。如果山区道路仍强调采用较高的技术标准,使得路基填挖高度增大,出现大量的高填深挖路段,不仅严重破坏区域的自然环境,影响道路景观,而且诱发大量的地质灾害,直接影响道路的正常运营。因而,山区道路应强调"环保优先",坚持地形选线、地质选线、生态选线,合理、灵活地运用技术指标,并保证技术指标的连续与均衡,坚持最大限度地保护、最低程度地破坏、最强力度地恢复,实现环境保护与道路建设并举、道路发展与自然环境相和谐,实现可持续发展。

以"经济为主"的设计指导思想不利于道路交通的持续发展,已逐渐成为广大道路建设者的共识,但这不等于道路设计不需要重视经济性。只不过考虑的不仅仅是工程本身的造价,而应建立全寿命周期成本的理念,统筹考虑规划、建设、养护、运营的全过程,系统解决工程结构的耐久性、抗疲劳性,人车行驶的安全性,养护维修的可行性,防灾减灾的有效性,以及环境景观的协调性等问题,实现道路使用寿命更长、总体投资更省的目标。虽然技术标准与工程造价的矛盾已不突出,但经济因素仍是目前道路交通发展的瓶颈,应坚持从国情出发,从实际需要出发,不盲目追求和攀比力所不能及的高指标、高要求,要增加成本意识,采用合理的工程规模、技术标准和建设方案,在确保安全和使用功能的前提下,努力降低工程造价,节约工程投资。

促进技术进步与技术创新,是道路持续发展的保证。没有技术创新作支撑,不论多好的设计思路和方案,只能是一纸空谈。应结合设计、施工实际对重大技术难点问题开展技术研究开发工作,实现勘测手段和设计方法的创新,广泛采用新技术、新材料、新工艺、新设备,提高道路的设计质量。

综上所述,平原微丘区道路的总体设计指导思想以"安全、舒适、环保、经济、创新"为宜,山区道路的总体设计指导思想则以"安全、环保、和谐、经济、创新"为好。

二、总体设计原则

按照平原微丘区和山区道路各自的总体设计指导思想,不同地形的道路应根据各自的特点制订相应的设计原则。

(一)平原微丘区道路总体设计原则

平原微丘区地势平坦,城镇密布,人口众多,道路纵横,灌溉沟渠发达,土地肥沃,耕地资源紧张,软土等不良地质分布广泛,这类地形的道路总体设计一般应遵循以下原则。

1. 符合区域道路网规划总体布局的要求

路线总体方案布局应符合项目所在区域干线道路网规划总体布局的要求,处理好拟建项目与干线道路网及其规划的关系,合理选择交通流集散点位置,充分发挥道路主干线为工程所在地区和沿线群众提供可持续发展条件和改善生产、生活环境的作用。

2. 正确处理好与沿线城镇规划与发展的关系

路线总体方案应努力做到与所经地区的城镇规划形成良好的结合,以"近而不进,远而不离"为原则,尽量不侵占城镇规划用地,给城镇发展留下足够空间;结合城镇规划及周边路网现状,合理布设出入口位置,发挥道路的最佳运营效益,促进沿线各地的经济发展。

3. 力求路线短捷、顺直

结合工程所在地区的自然地理环境,力求路线短捷、顺直,灵活选用规范所规定的各种指标,在合理的工程造价范围内,尽量选用较高指标,同时严格控制工程造价,做到安全、舒适、高效、经济。

4. 重视地质选线

尽可能将路线布设在建设条件较好的区域,尽量绕避工程地质、水文地质不良地带,尤其是严重液化土、软土地带、湖泽湿地、煤矿采空区等,以减少处理费用,降低工程造价。

5. 正确处理好路线与占地、拆迁的关系

平原微丘区人口密集,村庄星罗棋布,土地资源紧张。道路总体设计应尽量避绕电力、电信、国防光缆等重要设施和工厂、学校等公共设施,减少拆迁;应最大限度地降低土地征用规模,特别是高产田、经济作物田,以保护当地人民赖以生存但日益紧缺的土地资源。应合理确定取土坑占地和临时占地复耕以及居民搬迁的实施方案。

6. 综合考虑路线与农田水利布局的关系

平原微丘区地势平坦,土地肥沃,产量高,灌溉沟渠发达。在道路总体设计中,必须结合沿线实际情况,最大限度地保持原有灌溉环境和灌溉格局,合理布设桥梁、分离式立体交叉、通道、涵洞,为沿线居民生产、生活提供足够的互通条件。对现状农田水利布局影响较大的路段,在路线方案总体布局时要与沿线乡镇政府和有关部门密切配合,做好水系和农田规划的调整工作。

7. 有效降低路基填土高度

合理确定通道与分离式立体交叉的位置、数量及净空,对与地方道路的交叉做支线上跨和下穿的比较,选择最为合理的交叉方式,有效降低路基填土高度,从而降低工程造价。

8. 重视与周围环境的协调

注重与周围环境的协调,减少对生态环境、人文景观的破坏,注意路线指标的均衡、连续、协调,重视环保设计,防止水土流失和噪声扰民,重视路容美观,路基防护与路容美化、绿化有机结合。对环境敏感的重点工程、重要路段的线位应进行反复比选,深入研究,综合考虑,并充分征求地方政府意见。

(二)山区道路总体设计原则

山区山岭纵横、沟壑交错、横坡陡峻,地形复杂;地层岩性差异较大,地质构造复杂,断裂带、滑坡、坍塌、落石等不良地质病害多;气候条件变化多端;生态环境脆弱,一旦破坏很难恢复;可耕种和适宜居住的土地少,在已有道路、铁路、电力、通信等通道和大型水电、水利设施的共同占用挤压下,道路路线走廊带稀缺。根据这些特点,山区道路总体设计原则如下。

1. 坚持地形选线,做到地质选线,突出生态选线

山区地形、地质、水文条件复杂,路线布设应遵循地形选线、地质选线和生态选线相结合的原则。

(1)地形选线:为避免大填大挖,有效控制工程规模,降低工程造价,保护区域的生态环境,必须使路线顺应地形。在保证行车安全的前提下,强调因地制宜,灵活和均衡地选用技术指标,坚持路线与地形条件相互协调的原则,不应片面追求高指标。灵活运用整体式、分离式、错台式、半路半桥等断面形式,减少对自然地形、地貌的破坏,使路线与周围环境融为一体。

(2)地质选线:山区地质构造复杂,地质灾害的类型多,分布面广,且成因复杂。有些灾害会对道路施工和运营带来不可估量的影响,同时地质灾害的发生将直接影响到区域的自然环境,造成水土流失,甚至会诱发新灾害,形成不良的连锁反应。在路线方案拟定过程中,应首先研究路线走廊内的地质条件,合理布设路线,避开大型不良地质地带,从根本上提高道路抵御自然灾害的能力,保证施工和运营安全、降低工程风险。必须穿越时,应选择有利地带通过,并采取稳定技术措施。

(3)生态选线:生态选线是道路建设与环境保护协调发展的有效途径,是可持续发展思想的具体体现,在地形、地质选线的基础上,更加注重生态保护。对路线方案进行多方案深入、细致的论证比选,不仅要着眼于路线和工程方案本身,还应将生态环境保护列为重要的比选内容,使得拟定的方案具有利于生态和环境保护、技术可行、经济合理的优点。

2. 以人为本,重视交通安全设计

山区地形复杂、地面起伏较大、重载交通较多,应重视交通安全设计,体现"以人为本,预防在先,容错与防护相结合"的原则。路线应选择纵坡平缓、线形均衡、行车安全的方案。线形设计应运用运行速度等设计方法加强检验,改善相邻路段指标的组合,降低相邻路段容许速度差,提高线形设计的连续性和一致性,消除安全隐患。连续上、下坡路段,既要考虑上坡方向

的爬坡能力和道路通行能力,又要考虑载货车辆连续下坡制动失效时的安全。要通过合理设置爬坡车道、避险车道及安全防护设施,提高交通行车安全。

3. 对典型工程方案加强综合比选

在山区道路设计中不可避免地会出现一些典型工程,一般有高路堤、高架桥、深路堑、隧道、高边坡、半边桥或纵向桥等,这些工程不仅对路线总体方案和工程造价有极强的控制作用,而且不同工程方案在山体开挖及土石方数量方面有较大差异,从而严重影响区域的生态环境,同时还会影响道路的安全运营,因此在山区道路设计中必须强调对典型工程方案的综合比选。

4. 合理利用路线走廊资源

山区路线走廊资源十分贫乏,是铁路、道路、管线等线状工程争夺的对象,应把走廊带作为不可再生的资源,统筹规划、合理布局、近远结合、综合利用。

由于地形、地质、区域经济布局、道路施工等方面的原因,拟建道路往往与既有的铁路、道路、管线等工程位于同一走廊带,对此资源空间各行业应互助协作,进行综合考虑,合理布局。道路与铁路交叉的上跨桥梁,除留有足够的净空外,还应考虑如电气化、复线等改扩建的需求;与管线交叉时应设置检修通道。既有道路是道路建设中各种物资十分重要的运输通道,也是道路建成后交通来源的路径,应注意保护。

5. 正确处理道路建设与自然景观、人文景观的关系

山区独特的自然条件往往是名胜、古迹的诞生地,优美的生态环境也会形成独特的自然景观,是人们休闲、度假、旅游的好去处。因此,道路总体设计应从自然和人文景观这一重要因素出发,不仅要做到与周围环境、景观的相互协调,讲求美感,还应结合沿线地形、地貌及周边环境,合理设置停车区、服务区、观景台等设施,有利于当地旅游资源的开发。

6. 正确处理道路建设与占地、拆迁的关系

虽然山区的土地资源较为丰富,但可用于农业耕作的土地十分贫乏,高产农作物耕地大多分布于山间平原或河谷阶地,同时居民的居住地也分布于此,而这些区域往往也是较为优越的路线走廊。因此,道路总体设计应尽量少占高产田、经济作物田或经济林园,以保护当地人民赖以生存的土地资源,并应综合考虑占地、拆迁与路线绕避及增加结构物的比选方案,合理确定造地还田和居民搬迁的实施方案。

7. 综合考虑路线与水源地的关系

山区独特的地形和生态环境形成了丰富的水资源,往往是下游居民赖以生存的水源地,道路设计必须重视保护,避免污染,并做好水土保持工作。

8. 充分考虑填挖平衡

山区道路建设中的最大问题是土石方工程数量较大,往往会出现挖方大于填方的情况,从而导致大量弃方。挖方和弃方不仅直接破坏了山体植被,影响区域生态环境,而且极易造成水土流失,因此,在设计时要重点寻求土石方利用的路径和途径,讲求土石方平衡。除合理布设路线方案、恰当运用技术指标外,还要对"以桥代路、以隧代路"以及为减少边坡开挖率所采取的工程措施进行全面的评价比选,从各个角度出发,综合寻求减少土石方数量的途径。对于取土场应做好土地复垦和植被恢复设计;对于弃土场,首先应做好防洪设计,防止水土流失,进而做好造地工作,进行植被种植设计,并将由此而发生的工程全部计入道路工程中,进行综合造价比选。

9. 充分进行分期修建的论证

拟建的山区道路近期交通量不大时,经过充分分析论证,可以按照一次设计、分期实施的原则,合理安排建设计划。分期修建分为纵向分期修建和横向分期修建两种。纵向分期修建主要根据交通增长的需求予以确定,即分析各个路段现有道路的通行能力,按此路段交通量的增长情况计算分期修建的实施年限。对于高速公路和一级公路,整体式路基不得采用分幅分期修建方案,分离式路基的分幅分期修建应在一次设计的基础上,提出便于与二期工程衔接的配套措施,保证项目一期工程的有效利用和整体功能的实现。同时,在充分研究地形、地质等自然条件的基础上,应分析二期工程的实施对一期工程的影响以及对自然环境造成的新的破坏程度及其恢复环境的代价。

第三节　总体设计方案

一、路线总体方案

1. 起终点的位置

道路一般都以重要城市、港站、码头或大型工矿基地为起讫或中间控制点,其具体位置应根据路网规划的路线总方向和城市规划方案综合考虑选定。道路起终点位置宜靠近城市出入口或接于城市外环线上。对于规划需要延伸的路线起、终点,则对起、终点前后一定长度范围内的线形必须做出接线方案和近期实施的具体设计。

2. 经过沿线城镇的路线布置

对一些区域道路网中的重要节点,为吸引沿线交通量和促进地区发展,路线不宜离开城镇太远。应结合城镇发展规划、国土开发、环境保护及道路的功能,确定其连接方式(穿越、绕行或以支线连接)和地点。一般以距城镇规划区 2~5km 为宜,最大不要超过 8km,一般不宜穿越城镇。

3. 立体交叉

应根据相交道路的等级、使用任务和性质、交通条件、社会条件、自然条件等决定立体交叉类型(分离式或互通式)和相交位置。对互通式立体交叉位置的选择应考虑道路本身立体交叉的整体布局、横向交通的便利以及相交道路的集散作用等,以做到与路网的有机衔接,满足区域路网之间交通流转换和地方交通便捷上下道路的需要。道路互通式立体交叉的合理位置、间距,应综合考虑相交道路交通流向、社会环境、自然条件等因素。

4. 工程控制点

在确定道路路线控制点时,除了路线起终点、必须连接的城镇或交通枢纽外,指定的特大桥、特长隧道(或路线必须经过的越岭垭口)位置等为路线总方向的工程控制点,大桥、隧道、互通式立体交叉、铁路立体交叉等位置,原则上应服从路线走向,一般可作为路线走向控制点。

平原微丘区道路的路线方案布置应注重考虑与区域路网的关系,路线控制点主要为路线起终点、城镇或交通枢纽,强调方案的交通功能。路线方案比选主要围绕路线顺捷、与交通源的关系、减少拆迁、少占良田、避让不良地质、大桥桥位等方面进行。

山区道路的路线方案布置受地形、地质、水文等自然条件的限制,上述路线控制点较为分散,应从面上进行总体研究。在道路网规划规定的两个控制点之间的较大面积范围内,着重研究可通的路线走廊,通过路网结构、项目辐射影响、建设条件、路线长度、工程投资、控制工程、环境保护、地质条件等方面的综合比较论证,确定走廊方案,落实局部控制点(中小城镇、垭口等)。最后综合地形、地质、水文、生态和环境保护等因素进行局部方案优化比选,确定路线线位。山区道路路线方案比选内容除考虑平原微丘区的因素外,要注重考虑自然环境保护和地质条件影响的内容。

二、路基高度与土地资源保护

1. 路基填土高度

平原微丘区道路路基基本以路堤为主,路基设计高度是控制工程造价、决定占地(包括取土占地)的主导因素。平原微丘区高等级公路路基设计高度除了满足干湿类型的路基最小填土高度外,主要受道路设置的大量横向通行构造物控制。当地方道路与主线立体交叉时,在纵面设计时应对纵断面方案进行充分的分析比较,控制路基填土高度,以减少占用的耕地资源。

(1)进行主线上跨与下穿方案的比选

对于平原微丘区软土地区道路与支线道路的交叉方案,单从工程造价角度而言,主线下穿方案的造价一般为上跨方案的 65%~85%,且较少占用耕地资源,具有较大的优势。因此,当支线距离村庄等居民点较远、路侧无较大灌溉渠及其他控制因素时,优先采用下穿方案。

(2)对地方道路进行必要、合理的归并

平原微丘区村庄密集,人口密度较大,相应地与主线交叉的乡村道路较多。纵段面设计时,在对区域乡村道路网功能进行全面分析的基础上,在不过分影响沿线群众出行要求的前提下,可对一些地方道路进行必要地改移、归并。另外,在通行构造物的总体布局上,充分考虑沿线大型农用机械的通行要求,每隔一定距离设置一处通行标准不低于农用汽车通道标准的通行构造物,以达到控制工程规模、降低填土高度的目的。

(3)严格控制通行构造物净空

在纵面线形设计中,除部分被交道路留有一定的规划空间外,其他通行构造物应严格控制其净空高度。对于被交道路两侧布设有排灌渠道,具备排水条件的通行构造物宜适当下挖,以降低主线路基填土高度。

(4)采用建筑高度较小的桥梁上部结构

道路上跨被交道路,应尽量采用建筑高度较小的桥梁上部结构,如预应力钢筋混凝土梁、板式结构等,以降低桥面设计高程。

通过以上综合措施,可有效降低路基填土高度,对降低平原微丘区道路的工程造价、节省投资、减少取土占地起到较好的作用。

2. 土地资源保护

土地是农业和国民经济赖以持续发展的基本资源,保护土地资源是我国的一项基本国策。

道路是路基宽度宽、占地规模大的线性工程,对土地资源有很强的依赖性。道路总体设计时,应从路线方案选择、降低路基填土高度及取土、弃土方案等方面考虑土地资源的保护问题。

在路线方案设计阶段,借助航测遥感等先进手段对路线走廊方案进行深入、细致地分析,结合占用耕地情况进行多方案地论证、比选,在工程量增加不大的情况下,应优先选择能够最大限度地节约土地、保护耕地,并能充分利用荒山、荒坡及废弃地的方案。平原微丘区道路应尽量避让基本农田保护区,做到不分割和占用高产农田,尽可能沿地势较高处布线,既利于少占高产农田和路基稳定,又便于填方借土。山区道路布设的路线走廊,往往是铁路、道路、管线等线性工程利用的有限优越通道,也是贫乏的高产农作物耕地的分布地,对不可再生的路线走廊资源进行合理规划是开发和节约国土资源不容忽视和回避的问题。

三、桥涵总体设计

桥涵总体设计时,一般应根据道路使用功能和未来发展的需要,合理布局,按照"结构安全耐用、使用舒适、经济合理、方便施工、造型美观与自然环境相协调"的原则进行。

1. 特大桥及大、中桥设计

(1)桥位选择与桥孔布设

道路桥位选择的总原则是:中、小桥严格服从路线布设,大桥、特大桥等大型工程应进行多方案同深度的桥位比选,并以其为控制点,总体上达到与路线走向一致,做到路、桥综合考虑,合理衔接。

桥位选择应从国民经济的发展和国防建设的需要出发,做到整体布局合理。另一方面桥位选择时应对各个可比选的方案进行详细调查和勘测,并根据实际需要对桥址区进行必要的工程地质勘探和水文地质分析,考虑桥位设置对其周围环境的影响,充分征求地方政府有关部门的意见,经全面分析比选,确定出推荐方案。

桥孔布设除满足设计流量、水位和通航要求外,一般不压缩河床,对有防洪、抢险和通行要求的河堤,要留有人、车通道。不良地质地段的桥梁,应充分考虑施工因素、运营效果及结构安全性、经济性等进行布孔。

(2)桥型选择

桥梁结构应根据道路所在地区的自然条件、河流特点、航道要求,结合地质、水文、材料来源及施工方便等因素综合确定,尽量做到标准化、系列化和施工工厂化。

2. 小桥涵设计

当路线跨越人工河沟时,小桥涵的布设应以原有沟渠为基础,以不影响现有排灌系统为原则,排、灌渠道分别设置桥涵,对于渠道过于密集,位置相距不远,且具有合并条件的毛渠予以适当合并、改移,并辅以线外改建水渠相连接,以保证排灌功能。渠、沟的改移、合并设置原则,均应征求当地群众或主管部门的意见。

四、隧道总体设计

1. 隧道设计原则

隧道设计首先应确保隧道主体结构(洞口坡体、洞门、衬砌、路面等)稳定可靠,避免运营期间病害的发生。在总体设计中应全面比较,重点勘察,尽可能将隧道布置在地质条件较好的稳定地层中,并有利于两端接线及洞外工程布置,尽可能降低运营期间的养护费用。

设计隧道结构时,要对地层条件、地理位置选择条件、隧道规模、工期以及施工方法等加以考虑,达到安全可靠、技术可行、经济合理的要求。隧道设计应考虑远景规划,并通过技术经济比较后可分期实施。

本着"安全可靠、经济合理、以人为本"的原则,隧道内需设置与隧道交通量、重要性相适应的运营管理监控设施,提供一个安全、舒适的运营环境。监控设施应具有可扩充性和可升级性。

注重环保,尽可能降低隧道修建对原有自然生态的破坏,特别注意对地下水资源的保护。

2. 隧道平面线形设计

隧道平面线形设计在服从路线走向的原则下,应考虑隧道位置的地形、地质、辅助坑道位置(长大隧道)、洞口线形、洞外构造物以及环境等因素。中长隧道的平面线形一般以直线或大半径曲线为宜,考虑隧道内防灾救灾要求,需设置横向联络通道。因此,原则上应采用分离式隧道;中短隧道的平面线形一般同洞外路线线形,但应尽可能不使洞内出现过大的超高。一般也应采用分离式设置的原则。在受地形条件限制或为了绕避不良地质或考虑到洞口外其他工程的建设条件时,可采用近间距分离式隧道、连拱隧道或大间距高差较大的分离式隧道。要注意隧道平面线形对通风的影响。

隧道洞口内侧不小于3s设计速度行程长度与洞口外侧不小于3s设计速度行程长度范围内的平、纵线形应一致,同时应保证有足够的视距。

3. 隧道纵坡设计

隧道纵坡的选择应以隧道的交通功能为依据,从设计速度、地质条件、排污和通风、交通事故频率、火灾救援、洞口高差及两端接线、排水、施工、工程投资等因素综合考虑,隧道内纵坡一般尽可能采用较小的坡度。长大隧道纵坡最好控制在2%以内,实施难度不大时,尽量采用单向坡,也可采用人字坡;中、短隧道纵坡原则上应符合规范要求,对于设有超高的隧道应保证隧道内的排水沟坡度不小于0.3%,即隧道纵坡值至少为0.3%加上超高渐变率。地形困难路段,经过充分的技术经济论证后,中、短隧道的纵坡限制可适当放宽。隧道内纵坡采用过大的坡度和坡长,易使大型车辆行驶速度降低,隧道通行能力下降,诱发交通事故,应慎重采用。

4. 隧道横断面设计

隧道横断面设计主要是根据隧道建筑界限、受力状态、地质条件、通风方式、机电设施安装空间和施工方式等因素综合确定,道路隧道采用的横断面形式有马蹄形与圆形断面。在特殊地质条件下还可采用不对称的横断面形式,以适应地质条件,使隧道处于较为有利的受力状态。对于双车道隧道横断面多采用单心圆或三心圆断面,三车道隧道横断面多采用三心圆断面。隧道内的路面可采用双向横坡或单向坡,应与洞外路面横坡相统一,但从排水工程数量与限制火灾时油污的扩散范围来看宜采用单向坡,坡度值以2%~3%为宜。

5. 隧道群设计

隧道群的设计主要从驾驶员的眼适应、行车舒适性与安全性方面考虑,在隧道线形设计时作为一整座隧道进行设计,对隧道主体设计基本无影响,但对运营设施的设计有影响。隧道照明设计中,后续隧道入口段亮度应予以适当折减;通风设计方面,由于后续隧道会被行驶车辆带入更多的受污染空气,隧道内二氧化碳浓度会增加;管理控制上,应采用一室共用的控制室集中管理;供电上应统筹考虑。

6. 隧道运营管理设施总体设计

隧道运营管理设施主要包括隧道通风、照明、消防系统、监控系统、供配电系统、标志标线和管理用房等。系统的设置应遵循"可靠、实用、经济、合理、先进"的设计原则,进行系统总体方案设计,着重从以下几方面考虑:

(1)隧道附属工程设计应充分考虑隧道主体工程的特点,与主体工程设计相配套和协调,使人、车、路、环境和附属工程设施组成有机统一的交通系统。

(2)系统总体设计规模应符合规范要求,做到合理、经济,并与投资相适应。

(3)在进行系统方案比选时,应充分考虑隧道内潮湿、烟尘大、腐蚀性强等恶劣环境条件,以确保整个系统可靠性高、寿命长。

(4)为了使隧道机电系统能安全地运行,避免遭受雷电侵害,总体设计时应重视隧道机电系统的接地与防雷方案设计。

(5)山区道路隧道多为由两个或两个以上隧道组成的隧道群,在进行隧道附属工程总体方案设计时,在条件许可的情况下,可考虑将多个隧道集中管理,以节约投资及运营费用。

(6)系统应具有易操作性和易维护性,便于管理。

(7)尽可能采用新技术、新设备,使系统具有高可靠性。

五、立体交叉总体设计

(一)立体交叉总体设计的基本原则

立体交叉总体设计应贯穿设计的各个阶段。互通式立体交叉、服务及其他设施的布置应纳入全线总体考虑,所有出入口的间距应满足主线接入控制要求。根据节点功能定位和建设条件,立体交叉总体设计应提出明确的建设目标和设计原则。立体交叉总体设计应符合如下基本原则:

(1)多因素原则。应综合考虑道路功能、安全、环境、资源、全寿命周期成本、驾乘者的舒适和便利等因素。

(2)系统性原则。组成节点系统的各单元之间、节点与整体路网系统之间、节点与环境之间应相互协调。

(3)一致性原则。立体交叉的形式、几何构造及信息分布等应与驾驶员的期望相一致。

(4)连续性原则。交通流运行方向、车道布置和运行速度等应具有连续性。

(二)立体交叉的布置规划

立体交叉的设置应综合考虑路网结构、节点功能及地位、交叉道路的功能及等级、交通发生源、地形、地质和社会等因素。

1. 立体交叉设置条件

一般应根据下列条件选定立体交叉:

(1)相交道路的等级。高速公路同其他各级道路相交,必须采用立体交叉;一级公路与交通量大的其他道路相交,应采用立体交叉;其他各级道路间的交叉,在交通条件需要或有条件的地点,可采用立体交叉。

(2) 相交道路的性质。国家及省属主干线公路之间及其与交通繁忙的一般公路相交时,应设置互通式立体交叉。

(3) 相交道路的任务。高速公路、一级公路与通往大城市、重要政治或经济中心、重点工矿区、重要港口、机场、车站和游览胜地及重要交通源的公路相交处,应设置互通式立体交叉。

(4) 相交道路的交通量。一级公路为干线公路且被交公路为四车道,按各种车辆折合成小客车的年平均日交通量达到 10 000 辆以上时,设置互通式立体交叉;城市道路当进入交叉口的交通量达 4 000~6 000 辆/h(小客车),相交道路为四车道以上,且对平面交叉采取交通管理及交通组织措施均难以改善交通状况时,可设置互通式立体交叉。

(5) 人口数量。在人口超过 3 万人的城市附近或互通式立体交叉影响范围的人口超过 4.5 万时,可设置互通式立体交叉。

(6) 地形条件。当交叉处地形条件适宜修建立体交叉,且与平面交叉相比不会过多增加工程造价时,可考虑采用立体交叉。如高填方路段与其他道路交叉处,较高的桥头引道与滨河路交叉等。

(7) 经济条件。通过对投资成本、运营费用和安全性进行分析,设置互通式立体交叉的效益投资比和社会效益等大于设置平面交叉时,可修建互通式立体交叉。

2. 互通式立体交叉位置的选择

互通式立体交叉的位置选择,应以道路网现状和规划为依据,综合考虑交通条件、地形和地质条件,以及用地、文物保护、景观和环保等社会和环境因素,并同时考虑下列因素:

(1) 互通式立体交叉的位置应能够为主交通发生源提供近便的服务。

(2) 被交叉公路应有与互通式立体交叉出入交通量相适应的通行能力。

(3) 出入互通式立体交叉的交通量应能适当地分配到该地区路网中,不应因过分集中而加剧局部路网的负担。

(4) 互通式立体交叉的位置应避开不良地质、陡峭地形、基本农田、经济林、水产和矿产资源等。

(5) 立体交叉范围内主线及其出入口附近的平纵面线形指标、视距和横坡等,能提供安全的分合流条件并能与匝道顺适连接。

(三) 互通式立体交叉的间距

1. 主要影响因素

确定互通式立体交叉间距时,应考虑以下主要影响因素:

(1) 满足交通密度的要求。相邻立体交叉之间保持合适的间距,能均匀地分散交通,使整条道路和区域交通流为各立体交叉均衡、合理负担。立体交叉间距过大,不仅难以满足交通需要,而且会影响高速道路功能的发挥;间距过小,则会使行车速度和通行能力降低,导致交通运行困难,发生交通事故的可能性增加,建设投资加大。

(2) 满足交织段长度的要求。相邻立体交叉之间要有足够的交织路段,以在相邻立体交叉出入口之间设置足够长度的加、减速车道。

(3) 满足设置交通标志的要求。相邻立体交叉之间应保证足够的距离,以满足设置连续的出口预告标志的需求。

（4）驾驶员操作顺适的要求。互通式立体交叉间距应满足驾驶操作顺适、交通流稳定及景观的要求。

2. 互通式立体交叉的间距和净距

互通式立体交叉的间距是指相邻互通立交主线与被交线交叉位置之间的距离。互通式立体交叉的净距是指相邻的两互通式立交中，前一个互通式立交加速车道渐变段的终点与后一个互通式立交减速匝道渐变段的起点之间的距离。互通式立体交叉的间距和最小净距应满足下列要求：

（1）高速公路互通式立体交叉的间距，在大城市、重要工业园区附近的平均间距宜为5~10km，其他地区宜为15~25km。

（2）高速公路相邻互通式立体交叉的最大间距，在一般地区最大间距不宜超过30km，在大城市或主要工业区周围，最大间距不宜超过20km。当最大间距超过上述规定时，应在相邻互通式立体交叉之间加设U形转弯设施，且U形转弯设施与相邻互通式立体交叉之间的距离不应超过最大间距的规定。

（3）互通式立体交叉之间、互通式立体交叉与服务及其他设施之间相邻时，最小间距不宜过小，以满足标志的设置、驾驶员对标志的认读、车辆变换车道、安全驶出和驶入的要求。

（4）因路网结构或受地形条件及其他特殊情况限制，经论证相邻互通式立体交叉的间距需适当减小时，互通式立体交叉之间、互通式立体交叉与服务及其他设施之间的净距应满足规定。当净距小于规定，且经论证两者均须设置时，应将相邻互通式立体交叉合并设置为复合式互通式立体交叉。互通式立体交叉与服务及其他设施的合并可参照复合式互通式立体交叉进行设计。

（5）城市道路相邻互通式立体交叉的最小间距按正线设计速度80km/h、60km/h、50km/h和40km/h，分别采用1km、0.9km、0.8km和0.7km。

（四）互通式立体交叉范围内主线线形

在互通式立体交叉出入口附近，车流状况较复杂，驾驶员的操作、判断负荷较大，设有变速车道的主线线形应保证车辆驶出、驶入时的横向稳定性要求，满足驾驶员操作的舒适性要求，同时也要保证曲线路段出入口的识别视距，利于驾驶员安全从容的驾驶。

1. 互通式立体交叉范围内主线最大纵坡

在互通式立体交叉范围内，主线最大纵坡应有利于减速车道路段的安全下坡和加速车道路段的加速。利用加、减速车道长度计算模型，结合纵坡对主导车型加速度和减速度的影响，分别计算主线不同纵坡时主导车型到达出口分流鼻和入口汇流点的运行速度，并与安全运行速度相比较，互通式立交主线范围内减速车道下坡路段和加速车道上坡路段的主线纵坡不应大于规定值。

2. 互通式立体交叉范围内主线竖曲线最小半径

互通式立体交叉范围内主线竖曲线最小半径比一般路段主线要求高，分流鼻前路段凸形竖曲线半径还应满足识别视距要求，具体如下：

(1)互通立交区凸形竖曲线最小半径一般值按 2 倍停车视距计算确定,极限值按 1.5 倍停车视距计算确定。识别视距一般为停车视距的 1.6~2.3 倍,极限值为 1.25 倍;识别视距的计算物高为 0(路面标线)。

(2)互通立交区凹形竖曲线最小半径一般值按基本路段凹形竖曲线一般值的 4 倍确定,极限值按基本路段的 2~3 倍确定。

(五)互通式立体交叉出口一致性和主流交通的连续性

1. 互通式立体交叉出口的一致性

高速公路全线的出口应采用相对一致的形式。当有连续多个出口时,宜合并为单一的出口,有条件时分流端部宜统一设置于交叉点之前[图 5-1a)]。不一致的出口形式不宜采用[图 5-1b)]。当运行条件与驾驶员期望不一致时,驾驶员需要更长的反应时间,甚至会反应失当。一致性设计强调运行条件与驾驶员期望相一致,一致性的出口可与驾驶员的期望相符,有效减少出口判识和决策时间,提高出口的安全性。

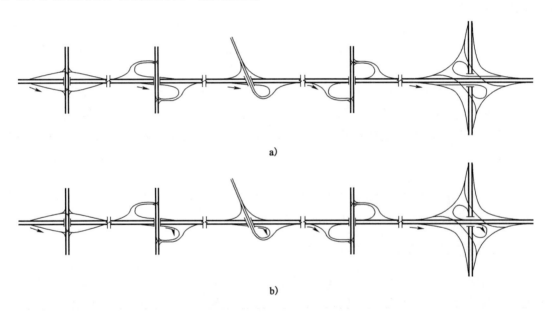

图 5-1　全线出口形式的一致性
a)一致的出口形式;b)不一致的出口形式

2. 互通式立体交叉主流交通的连续性

互通式立体交叉应保证主交通流方向车道的连续性,交叉形式及车道布置应符合主交通流方向车辆连续快速运行的要求。

(1)当原直行交通为主交通流时,应保持原有的交叉形态[图 5-2a)]。

(2)当主交通流在交叉象限内转弯且其交通流线为同一主骨架公路或干线公路的延续时,该转弯交通流宜按主线设计,原直行交通流则可按匝道设计[图 5-2b)、c)]。

(3)当主线在交叉象限内转弯时,转弯路段设计速度可适当降低,但与相邻路段的运行速度差应满足运行速度连续性的要求。

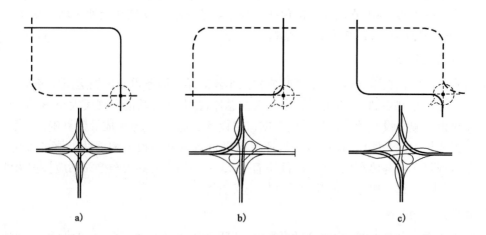

图 5-2 主交通流方向的连续性
a)主交通流呈十字交叉;b)主交通流在象限内转弯;c)主交通流呈 X 形分布

六、交通工程及沿线设施总体设计

(一)一般原则

(1)按照"保障安全、提供服务、利于管理"的原则,结合道路功能、等级、交通量确定拟建道路的安全设施、管理设施、服务设施的合理布局和建设规模。论证其收费制式、收费方式及站点布置。

(2)道路交通工程及沿线设施的总体设计必须同主体工程同步进行,并随时交换相关衔接部分的设计数据、资料,注意与主体工程总体设计的密切配合、协调一致,确保道路总体设计方案的实施。

(3)沿线的各种设施之间应相互匹配、协调统一、互为补充,以形成统一的整体,并据此确定各项设施的设置原则、设计内容、系统构成、设施位置、设备种类数量、运行与操作等,使各项设施能保持最佳运转状态。

(4)应遵照主体工程设计与交通工程及沿线设施设计之间的设计内容与界面的划分,使各项设施的设计不漏项、不重复。

(5)应同道路以外的相关系统相配套,以应对紧急情况时的抢险、救援。

(6)应注意同道路主体设计单位及与本项目相衔接的不同项目就以下内容进行协调:协调同邻省或不同收费制式的关系,论证收费制式;协调管理、养护、服务设施的合适位置和间距;协调互通式立体交叉、特大桥梁、隧道等构造物同管理、养护、服务设施的间距;协调收费设施、监控设施、通信设施、供电照明设施以及服务设施在路基横断面上的设置;协调交通工程设施同主线各类构造物的设置位置等。

(二)交通工程及沿线设施的配置

交通工程及沿线设施分为服务设施及管理设施两种,这些设施应按总体规划、分期实施的原则配置。重要的是做好前期基础工作,即总体规划设计,确定系统的设置规模,一次性征用土地和实施基础工程、地下管线及预留预埋工程等。依据技术发展和交通量增长情况等分期布设设备,逐步补充完善,最终形成系统规模。

1. 服务设施的配置

道路服务设施包括服务区、停车区及公共汽车停靠站。服务设施依据道路服务水平、交通量的增长情况和路网规划,全省或区域内一次性总体规划,区分功能和规模大小,有重点、分层次地分期建设。服务设施的建设规模应根据道路设计交通量、交通组成等计算确定。服务区、停车区位置应根据区域路网、地形、景观、环保等进行规划和布设。相邻两处服务设施(服务区与停车区或停车区与停车区之间)的间距宜为 15~25km。公共汽车停靠站应根据沿线城镇分布、出行需求,并结合服务区或互通式立体交叉设置。

2. 管理设施的配置

道路管理设施包括监控、收费、通信、配电、照明和管理养护等设施,实时收集交通流信息并及时发布,迅速采取相应对策,疏导交通,保障行车安全。监控设施应坚持分期修建和区分重点的原则进行布设。收费设施应与道路设计采用的服务水平相协调,合理确定收费制式和方式,实行区域或省内联网收费,提高管理水平。收费设施的机电设备宜按开通后 5 年的预测交通量配置,收费广场、站房及其征地等应按远期规划设计。通信设施应满足监控、收费和管理要求,结合路网统一规划、统一标准、统一体制,适应信息化管理和通信技术的发展。道路两侧应设置紧急报警设施。

道路收费广场、服务区应设置照明设施。位于城市出入口路段的互通式立体交叉、特大桥等处宜设置照明设施。管理所(监控分中心)和养护工区应根据道路管理业务需求设置,平均间距宜为 50km。

七、景观设计总体设计

道路景观设计是使道路立体线形与桥梁、隧道、边坡、沿线设施等人工构造物构成同自然景观相协调的建筑群体,具体要求如下。

1. 通视良好

要求路线平、纵、横各组成部分的空间充裕,以保证必要的视距与视野,使驾驶员与乘客感到线形流畅、景观协调、安全舒适。

2. 诱导视线

各种设施所构成的视觉系统,应使驾驶员在视觉上能预知道路前方方向和路况的变化,并能有效地采取安全行驶的措施。

3. 景观协调

道路的各种构造物本身不仅要造型美观,而且要同自然景观、人文景观环境相协调,尽可能减少和消除道路对自然景观和人文景观的破坏。

4. 建设风格

要充分利用各种沿线设施和绿化手段,改善沿线景观,并在不同地域及自然景观路段,形成与当地景观协调的各具特色的建筑风格。

平原微丘区道路建设除连续的高路堤易割裂视觉环境和影响风土民情外,总体对原有的自然景观和人文景观影响不大,主要是处理好道路的内部景观问题以及与区域自然景观和人文景观的配合问题。内部景观主要包括立体线形和沿线构造物的造型、沿线的绿化、标志标线、边坡处理、沿线景点的造型与设计、道路的色彩等。

山区道路沿线往往拥有丰富的景观资源,道路建设应重点体现对原有独特景观资源的保护、利用和开发,在此前提下,再考虑内部景观如何与沿途地形、地貌、生态特征以及其他自然和人文景观的配合问题,而且这种配合设计必须与工程设置紧密衔接。

八、环境保护总体设计

道路环境保护设计应贯彻以防为主、以治为辅、综合治理的原则,在工程设计开始阶段即主动考虑环境保护问题,通过设计上的努力,开发利用环境,尽可能地改善和提高道路环境的质量。

(一)道路设计各阶段的环境保护

道路工程项目建设的各个阶段必须做好环境保护设计,在可行性研究阶段应进行环境影响分析评价;在初步设计阶段应落实环境影响评价文件提出的环境保护措施和水土保持方案;在施工图设计阶段应根据初步设计审定意见做出环境保护工程设计。道路环境保护设施的设计年限应与道路的远景设计年限一致。

(二)道路环境保护的总体设计原则

道路工程环境保护总体设计应结合项目工程自然环境、社会环境、交通需求、地区经济发展等工程建设条件,以保护沿线自然环境、维护生态平衡、防治水土流失、降低环境污染为宗旨,以环境敏感点为主,点、线、面相结合,确定环境保护总体设计原则和工程方案。

(1)在道路方案比选中充分考虑环境因素。道路建设项目除工程方案因素比选外,还应对该地区相关敏感点进行深入调查,充分研究工程与环境的相互影响,论证不同道路路线方案给沿线环境带来的不同影响。

(2)因地制宜制订道路环境保护设计方案。根据环境质量标准、技术指标及其治理原则,结合本项目沿线的自然环境、社会环境、生态环境特点制订道路环境保护总体设计方案,做出与环境协调、技术先进、经济合理、安全适用、便于养护的道路环境保护设计。

(3)提供良好的视觉环境。道路工程要与自然环境融为一体,各种构造物同周围环境相协调并成为新的人文景观。道路环境保护设计应结合不同区域环境,分段做出相应建筑风格设计。路线平、纵、横组合得当,线形均衡、行车安全,为用户提供良好的行车环境。

(4)环境保护设施必须有长远规划。根据设计交通量和不同保护对象而拟分期修建的环境保护设施,必须按总体规划研究的各项技术指标制订分期修建方案,分期实施。

(三)道路环境保护总体设计的主要内容

总体设计时,应着重进行以下方面的分析:路线及其相邻路网交通量增减变化所带来的噪声、废气的影响;对沿线农田水利设施与水土保持的影响;开挖或填筑路基对自然植被覆盖的影响;处理工程地质病害、开挖隧道等改变水文地质情况的做法对农作物的影响;路线对生态环境、行政区划、农业耕作区、水利排灌系统等现有设施造成分割所产生的影响；与城镇规划的配合及其影响；对文物、遗址、古迹、风景区等的影响；线位与环境敏感点的距离及其影响；施工期间对空气、声环境、水环境的影响。设计时应采取相应的措施及对策来防止或减缓这些影响。

第四节　技术标准与技术指标

一、技术标准的确定

技术标准的确定是一项科学性强、涉及因素广的工作，是道路勘察设计的前提条件。平原微丘区道路在拟定技术标准时，主要依据道路网规划、项目在路网中的地位和作用，从全局出发，按照道路的功能和远景交通量综合确定，一般以交通功能为主，强调采用较高的技术标准。对于山区道路，除考虑平原微丘区的因素外，还要着重从路线走廊的地形、地质、水文条件和环境保护的要求等方面入手，正确处理技术标准与自然环境的关系，在最大限度地保护区域自然环境的前提下，拟定技术标准。

（一）决定技术标准的主要因素

1. 规划道路网的层次对技术标准的影响

规划道路网的层次对技术标准的拟定有较大的影响，在全国道路网中，国家级主骨架道路网占主导地位，道路网中的道路应采用高的技术标准，而省级及区域级主骨架道路网中道路的技术标准一般要低于国家级路网的技术标准，但有时由于区域城镇布局、经济组团布局等因素的影响，这些道路的技术标准应适当提高。

2. 道路的使用任务、功能对技术标准的影响

位于同一道路网层次的道路，由于使用任务与功能的不同，其技术标准也不尽相同。道路按其使用任务、功能可分为四种：一是连接两个重要经济中心的道路，往往是国家主骨架路网的组成部分，如平原微丘区道路，应采用高的技术标准，对于连接两个相距较远的重要经济中心的山区道路，其技术标准的定位不需过高；二是连接两条主骨架路线的道路，由于主骨架道路承担了主要方向的交通，连接项目仅起到路网的连接作用，其技术标准可适当降低；三是连接区域内经济组团或位于中心城市外围的进出口道路，这类道路十分重要，应选择较高的技术标准；四是旅游或兼有旅游性质的道路，应注意选择的技术标准对自然景观的影响。特别是山区道路，过高的技术标准会对自然景观产生破坏，较高的车速也不利于游客的观光，因此应选择适当的技术标准。

3. 设计交通量对技术标准的影响

应根据拟建项目初拟的技术标准和道路的交通组成，分析其通行能力，结合预测的设计交通量选择合理的技术标准。特别是路基横断面各部分的尺寸，必要时可根据各特征年交通量的预测值加以详细分析。由于同一技术标准所适应的交通量是一个变化范围，其与相邻技术

标准所适应的交通量也有重叠范围,所以选用技术标准时应加以注意。

4. 路线走廊的选择对技术标准的影响

路线走廊不同,交通吸引能力可能也不同,因此路线走廊的选择对技术标准的拟定会产生一定的影响,这种影响在平原微丘区道路上一般比山区道路明显。在平原微丘区,道路布设在不同的路线走廊,其衔接的区域路网也不同,吸引的交通量会有较大区别,一般需要采用不同的技术标准;在山区,由于道路所处的地理位置及所处路网的特殊性,一般情况下,不同路线走廊对交通的吸引能力差异不大,对技术标准拟定的波动性影响较弱,而路线走廊内复杂的自然条件是影响技术标准拟定的关键因素。因此,对于山区道路,应充分了解和查明走廊内的地形、地质和水文条件,依据初拟的技术标准,按照相应的技术指标要求,对不同路线走廊进行布线,研究在不同技术标准条件下路线平纵面指标的变化情况和典型工程的分布情况,定量分析拟定标准的合理性。

5. 环境保护对技术标准的影响

环境保护是评价技术标准运用合理性的重要指标,因此应首先研究在拟定的技术标准前提下,路线布设对环境的影响程度。在平原微丘区要重点分析道路对人文环境和景观的影响,充分掌握沿线环境敏感点的分布,合理确定技术标准;在山区要重点分析生态环境和水环境,了解和掌握区域生态环境的特点和水资源的分布情况,结合路线布置情况,从定性和定量两方面综合论证技术标准的合理性。

6. 工程造价对技术标准的影响

较高的技术标准必然有较高的工程造价,有时采用不同的技术标准其工程造价有较大的差异,但有时技术标准的波动对工程造价影响的量级不大。因此,应按照不同技术标准的工程造价,结合前述因素进行综合分析,根据建设项目资金筹措的方式和数量,从道路的建设需求和国家、地方的财政投入几方面综合考虑技术标准的合理性。

(二)技术标准的变化

对于一条较长的道路,可根据其功能和预测的交通量等情况分段采用不同的技术标准。为保证车辆的良好运行,设计速度以及设计标准相同的路段,最小设计路段长度一般不宜小于15km,并且相邻设计路段的设计速度之差不宜超过20km/h。路线分段和技术标准的变化一般应从以下几方面入手。

1. 路段交通量的变化

交通量是拟定技术标准的基础条件。根据路网规划与现状、城镇布局等因素确定的路线节点,对节点间路段的交通量有一定影响,因此,技术标准可根据路段交通量的变化进行必要的调整。

2. 地形条件的变化

一条长的道路可能通过不同的地形分区,要注意根据地形特征,合理地确定地形类别、设计速度及技术标准。平原微丘区道路的技术标准较高,而山岭区道路由于山区地形条件十分复杂,其技术标准较低,在山区道路与平原微丘区道路连接时,其起始路段可根据交通量的变化、地形条件等因素采用较高的技术标准,之后采用相对低的技术标准,使拟定的技术标准呈高、中、低变化,逐步改变驾驶员在驾驶操作中的心理活动,以适应山区复杂的自然环境。对于山区道路,路线布置区域经过的地形经常是河谷、山间平原及山岭交替出现,应根据不同的地形类别,拟定技术标准的可变化长度。

3. 路基布置方式的变化

分离式路基是山区高等级道路常用的布线方式。对于平面分离的分离式路基,两条路线所处的路线走廊或布设线位不同,其面对的自然环境会有所差异,可考虑采用不同的技术标准。一般情况下,上坡方向宜采用较高的技术标准,而下坡方向可采用相对较低的技术标准。在具体掌握上可采用三种方式:一是完全不同的技术标准;二是技术标准相同,但路基宽度不同;三是路基宽度相同,在技术指标的掌握程度上不同。

二、技术指标的掌握

技术指标的运用不仅影响道路的使用功能和工程造价,而且影响道路沿线的自然环境。应合理、灵活地运用技术指标,避免片面追求高指标和机械使用技术指标。

平原微丘区的地形、地质条件简单,道路一般采用高指标,以最大限度满足行车的舒适性。山区道路技术指标的运用强调与自然条件相结合,应在满足道路基本使用功能的前提下,结合地形、地质条件的变化,灵活地运用技术指标,并强调不同设计路段间和同一设计路段内技术指标的连续性和均衡性。

【待深入研究的问题】

每一个公路建设项目都是独一无二的,其相应的地理位置、环境特征、社会价值、使用者需求、机遇与挑战都具有唯一性,都应是设计影响因素。设计者所面临的任务是:寻求一种在满足安全和需求的同时,与周围自然条件、人文环境相和谐的解决方案。为达到上述目标,需要一个由多学科专业人员组成的设计团队,如何快速高效地协调设计团队中不同学科专业人员,找寻最优的总体解决方案,确保项目与周围环境之间的协调及项目各要素之间的协调,是值得深入研究的问题。

【习题与思考题】

5-1 道路总体设计的主要内容有哪些?

5-2 平原区和山区道路总体设计的基本原则有何不同?

5-3 总体设计方案主要包含哪些部分?

5-4 立体交叉总体设计的基本原则是什么?

5-5 立体交叉总体设计需要考虑哪些内容？与路线方案设计有何关系？

5-6 确定道路技术时应考虑哪些主要因素？

5-7 平原区典型的工程方案有哪些？各自特点是什么？

5-8 山区典型的工程方案有哪些？各自特点是什么？

第六章 选线与定线

【学习目的与要求】

通过本章学习,使学生了解和掌握选线和定线的原则和具体要求。掌握平原区、山岭区公路选线的步骤、方法,解决的主要问题及其要点;重点掌握平原区路线布局的要点,山区沿河线、越岭线布局解决的主要问题及其具体解决方案;掌握不同地形条件下定线的步骤;了解各设计阶段选线的主要内容与方法;了解丘陵区选线、定线的要点;了解特殊地质和不良地质条件下的选线要点;了解山脊线的特点及选择条件。

第一节 概 述

选线是在规划道路的起终点之间选定一条技术上可行,经济上合理,又能符合使用要求的道路中心线的工作。它是道路建设的基础工作,面对的自然环境和社会经济环境十分复杂,需要综合考虑多方面因素。为了保证选线和勘测设计质量,降低工程造价,必须全面考虑,由粗到细,由轮廓到具体,逐步深入,分阶段、分步骤地加以分析比较,进行多方案比选,才能定出最合理的路线来。

本章内容主要适用于公路选线,城市道路路线则主要取决于城市干道网及红线规划。

一、公路选线的一般原则和要求

路线是道路的骨架，它的优劣影响道路功能的发挥和在路网中的作用。路线设计除受自然条件影响外，尚受诸多社会因素的制约，既要考虑经济方面的限制，也要考虑安全、环保、快速和美观的要求。选线要综合考虑多种因素，妥善处理好各方面的关系。其基本原则如下：

(1) 应全面掌握路线所经区域城镇布局和经济发展规划，路线方案应与沿线城市规划相协调，促进地方经济发展，创造最大经济效益。

(2) 公路路线方案应服从公路网规划，应考虑走廊带内各种运输体系及不同层次路网间的分工与配合，按照其功能统筹规划，近远期结合，合理布局，以充分发挥公路的综合运输效益。

(3) 公路选线必须由面到带、由带到线，在对地形地貌、地质水文、气候气象、环境敏感期等调查与勘察的基础上论证、确定路线方案。同一起终点的路段内有多个可行路线方案时，应对各设计方案进行综合比选，选定最优路线方案。

(4) 路线应考虑同农田与水利建设、矿产资源开发和城市发展等规划的配合。

(5) 公路选线应充分利用建设用地，严格保护农用耕地。选线应注意同农田基本建设相配合，做到少占田地，并应尽量不占高产田、经济作物田或穿过经济林园（如橡胶林、茶林、果园等）。对沿线必须占用的田地，应按国家有关法规，做好造地还田等规划和必要的设计。

(6) 路线应尽可能避让不可移动文物、水源地和自然保护区。

(7) 路线应与易燃、易爆等危险源及污染源间保持一定的安全距离。

(8) 公路改建工程应注重节约资源，坚持利用与改扩建相结合的原则，合理、充分利用原有工程。

(9) 应听取沿线地方政府和群众的意见。

公路选线应符合下列要求：

(1) 对路线所经区域、走廊带及其路线的工程地质和水文地质应进行深入调查、勘察，查清其对公路工程的影响程度。遇有不良工程地质的地段应根据其对路线的影响程度，分别对绕、避、穿等方案进行论证。

(2) 调查沿线各类敏感点及矿产资源，研究其对路线方案的影响，合理选择线位。

(3) 应通过区域路网或新建连接道路实现高速公路、一级公路与沿线交通生成源的衔接。

(4) 二级公路、三级公路在符合项目总体功能和走向的前提下，应尽量避免穿越城镇。以减少交通和城镇居民生活的相互干扰，保障运营安全。

(5) 应综合考虑与相关公路、铁路、输电线路、油气管道等的几何位置关系，合理利用走廊带资源，节约用地。

上述选线原则和要求，除特别指明外，对于各级道路都是适用的。但在掌握这些原则时，不同的项目应有所侧重，设计者应在充分了解项目所在区域的特殊性的基础上，综合考虑道路的功能和等级，提出拟建项目的选线原则，为下一步路线方案的选择和设计提供理念层面的指导。如高速公路和一级公路主要是为起终点及中间重要控制点间快速直达交通服务的，该功能决定了它的基本方向不应偏离总方向太远，需要与沿线城镇连接时，宜用支线连接。对于设计速度低的地方道路主要是为地方交通服务，在合理的范围内，多联系一些城镇是无可非议的。

二、选线的步骤和方法

一条路线的起终点确定以后,它们之间有很多走法。选线的任务就是在这众多的方案中选出一个符合设计要求、经济合理的最优方案。因为影响选线的因素很多,这些因素有的互相矛盾,有的又相互制约,各因素在不同场合的重要程度也不相同,不可能一次确定理想方案。最有效的做法是从大面积着手,由面到线,由粗到细,逐步接近优化路线方案,经过经济、技术综合比较确定路线具体位置。选线按工作内容一般分以下三步进行。

1. 路线走向选择

路线走向选择主要应对拟建公路路线起终点、重要控制点进行研究,分析、研究、论证提出确保建设项目在路网中的功能和作用能够充分发挥的路线走向。必须按照公路网规划的系统性要求,做好拟建项目路线总体布设与相关项目的协调与衔接,发挥公路网的整体功能。应处理好与沿线城镇、其他交通运输方式等的衔接关系,选定跨越大江大河或穿越重要山岭可能出现的特大型桥梁、特长隧道的位置。此项工作通常是先在小比例尺(1:5万~1:10万)地形图上从较大面积范围内找出各种可能的方案,收集各种可能方案的有关资料,进行初步比选,列出所有可能的路线走向方案。然后进行现场勘察,通过多方案的比选论证后基本确定重要控制点和路线走向。当没有地形图时,可采用调查或踏勘方法现场收集资料,进行方案比选。当地形复杂或地区范围很大时,可以通过现代航空技术手段(如航空摄影、遥感等)收集资料,进行方案比选。

2. 路线走廊带选择

在预可行性研究阶段初步确定路线起终点、重要控制点和路线走向的基础上,按地形、地质、水文等自然条件定出一些细部控制点,连接这些控制点,即构成路线走廊带,也称为路线带或路线布局。对不同的路线走廊带方案和局部路线方案进行总体设计,估算工程规模,完成工程估算,进行方案比选论证,基本确定路线走廊带。路线走廊带的确定一般应该在1:5 000~1:10 000比例尺的地形图上进行。只有在地形简单、方案明确的路段,才可以在现场直接选定。

3. 确定路线具体位置

经过上述两步的工作,路线雏形已经显现。确定路线具体位置(或称定线)就是根据技术标准和路线方案,结合有关条件在有利的定线带内进行平、纵、横综合设计,具体定出道路中线的工作。

上述选线工作的具体实施是分阶段进行的,预可行性研究阶段应主要把握好路线走向,如果拟建项目不需进行预可行性研究,那么在可行性研究阶段应首先进行路线方案的研究;工程可行性研究应主要选定路线走廊带;设计阶段首先应确定路线具体位置。

需要明确的是,路线走向、路线走廊带,最终都要通过一个线条方案表达出来,在设计工作中,这个线条方案称为路线方案。

第二节 路线方案选择

一、影响路线方案选择的主要因素

路线方案的选择是路线设计中最根本的问题,目的是合理地确定设计道路的起终点和走向。一般新建公路的走向,已在国家或当地路网规划中有了初步规划,但由于我国社会经济的快速发展,工矿资源的不断发现和开发,国家对公路建设不断提出新的要求,因此在勘测设计过程中,要结合路线的性质及其在路网中的作用、政治经济控制点、近远期交通量、主要技术标准、自然条件等因素,进一步研究落实。影响路线方案选择的因素很多,应综合考虑以下主要因素。

(1) 拟建项目的功能定位。

项目的功能定位体现了国家或地方建设对拟建项目使用任务、性质的要求。确定路线走向时,首先应根据国家、省、市的公路网规划、综合交通运输现状及规划、社会经济发展规划、产业布局等分析拟建项目在公路网中的地位和作用,确定拟建项目的功能、性质和任务。高速公路和一级公路的功能主要是解决起终点间繁重的直达客货运输。因此,路线除必须经过的控制点外,一般对沿线城镇不宜过多靠近,路线的走向应力求顺直,不可过多偏离路线总方向,以缩短直通客货运输的距离和时间。对有些政治、经济控制点,路线经过有困难时,应与支线连接的方案做比较。对于地方公路则宜靠近城镇和工矿区,以满足当地客货运输的需要。

(2) 拟建项目区域路网的分布以及项目在铁路、公路、水运、航空等综合交通运输系统中的作用,与沿线工矿、城镇等规划的关系,以及与沿线农田水利等建设的配合及用地情况。

拟建项目在区域路网中处于骨干地位或在综合交通运输系统中处于联络地位的,并且远景交通量较大时,除必须经过的控制点外,一般不宜过多靠近沿线市镇,特别是货车混入率较大的干线,必须保证以过境货运便捷为主。

(3) 沿线自然条件的影响。

地形、地质、水文、气象等自然条件,决定了工程难易和运营质量,对选择路线走向有直接的影响。对于地质严重不良的地区、缺水地区、高烈度地震区以及高大山岭、困难峡谷等自然障碍,选线时宜考虑绕避。

(4) 设计道路主要技术标准和施工条件的影响。

设计道路的主要技术标准如最大纵坡在一定程度上影响路线走向的选择。例如,同一条三级公路,在翻越垭口时,若采用的最大坡度不同,路线的走向是不同的。采用较大的路线纵坡,可使路线更靠近短直方向。

施工期限、施工技术水平等,对困难山区的路线方向选择具有重大影响,有时甚至成为决定性的因素。

(5) 其他。

影响路线方案选择的因素是多方面的,各种因素又多是互相联系和互相影响的,如与沿线旅游景点、历史文物、风景名胜的联系等。路线应在满足使用任务和性质要求的前提下,综合考虑自然条件、技术标准和技术指标、工程投资、施工期限和施工设备等因素,通过多方案的比较,精心选择,提出合理地推荐方案。

二、预可行性研究阶段路线走向选择

如前所述,路线方案选择牵涉面广,问题复杂,相关因素较多,需要分阶段分步骤进行,才能得到满意的结果。路线方案的筛选、比选与优化工作贯穿于从预可行性研究(可行性研究)到公路初步设计、技术设计和施工图设计的各个阶段。但是,各个阶段对路线方案的研究和工作重点有所区别。

预可行性研究阶段主要是解决拟建项目起终点间路线的基本走向问题。从建设项目在公路网中的功能和作用出发,经分析、研究、论证,提出确保其功能和作用发挥的路线走向,必须按照公路网规划的系统性要求,做好拟建项目路线总体布设与相关项目的协调与衔接,发挥公路网的整体功能。

一条路线的起终点及中间必须经过的重要城镇或地点,通常是由公路网规划所规定或相关部门根据国家或地方经济建设需要指定的。这些指定的点称为"据点",把据点连接成线,就是路线的总方向或称大走向。图6-1中的 A、C 为规划路线的起终点,B 为必须经过的经济据点。如果该项目没有其他必须经过的据点,那么,将线路起终点和必须经过的经济据点直接连接,即 $A \to B \to C$ 即为这条路线的总方向,或路线走向。

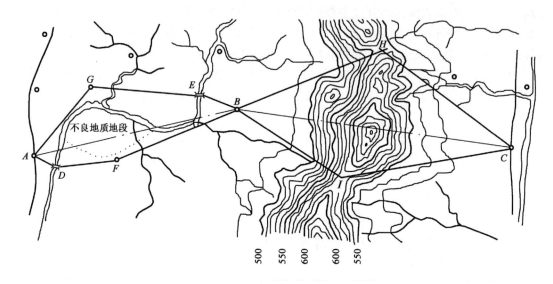

图6-1 路线走向的确定

路线走向方案应处理好与沿线城镇、其他交通运输方式等的衔接关系,选择跨越大江大河或穿越重要山岭可能出现的特大型桥梁、特长隧道的位置;应列出所有可能的路线走向方案,论证后基本确定重要控制点和路线走向。

路线走向的确定应按照基础资料调查收集、筛选可能的路线走向方案、方案综合比选三个阶段进行,其步骤和方法如图6-2所示。

1. 路线走向确定需要的资料

路线走向的确定应通过调查和实地踏勘进行,并收集以下必要的资料:

(1) 项目影响区域现状调查。收集现有公路历年交通量及交通出行分布特征(包括交通量OD调查)、经济发展现状及产业布局特征、人口分布状况等资料,分析项目影响区域交通出行特征及路网现状交通量分布状况,预测拟建项目及区域路网的交通量发展趋势;分析论证不同的路线走向方案对区域辐射影响的范围及带动地方经济发展、满足区域交通需求的程度。

(2) 项目影响区域发展规划调查。收集项目影响区域社会经济现状和发展规划、综合交通运输发展规划和公路网规划、城市总体规划及土地利用规划进行调查,分析论证拟建项目在综合运输网及公路网中的功能和作用,分析不同的路线走向方案在公路网中的合理性及与城市规划的协调性。

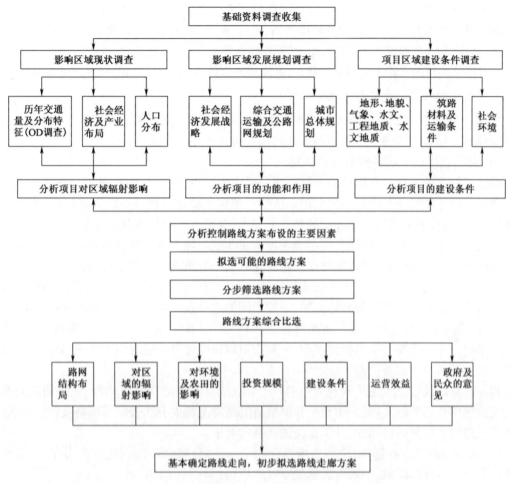

图6-2 预可行性研究阶段路线走向确定的步骤和方法流程图

(3) 项目区域建设条件调查。

①地形、地貌、气象、水文、工程地质及水文地质，不良地质及特殊岩土等特征调查。应调查分析论证不同路线走向方案的工程实施条件、工程建设规模及建设项目对自然环境的影响程度，调查宜以搜集资料为主，以观测测量为辅，应在项目区域沿线市、县收集总体方案研究必需的工程资料。宜采用遥感判释、现场踏勘相结合的工作方法，收集研究项目所在区域地质资料，对控制路线走向方案的不良地质和区域工程地质条件进行综合研究，工程地质勘察的内容和深度应按《公路工程地质勘察规范》(JTG C20—2011)执行。

②工程项目的筑路材料来源及运输条件调查。主要包括自采加工材料如块石、片石、料石、砾石、砂、黏土、料源的质量和数量；矿层的产状、水文地质条件、开采季节、工作面大小、弃土场位置等；了解当地的交通运输情况以及道路建设中所需材料料源，以及运输所需要的费用等。

③社会环境分析调查。调查了解沿线城镇总体规划、土地利用规划及其对路线走向方案的影响；调查了解沿线综合运输方式的分布及其对路线走向方案的影响，如高速公路、国省道路、铁路、机场、港口码头等；了解沿线农田、水利设施、自然保护区、环保设施、电力电信设施、旅游、文物保护区等对路线走向方案的影响；调查了解沿线地方政府及人民群众对公路路线走向方案的意见和建议。

除了收集上述资料外,路线走向方案的选择应充分考虑公路沿线地方经济的发展需求,应征询地方政府及相关主管部门(包括城市规划、交通、农田、水利、环保、铁路、旅游、文物、航道等)对拟建公路路线方案的意见,听取对拟建公路路线起终点、主要控制点、路线走向、与城市出入口道路及其他公路衔接方式等的意见和建议,并取得地方政府及相关部门的正式书面意见。

2. 路线走向确定的步骤和方法

路线走向确定一般包括:路线起终点及重要控制节点研究和选择,路线走向方案的初步拟订,现场踏勘,综合比选确定主要控制点和路线走向方案几个步骤。

(1)路线起终点及重要控制节点研究。

路线起终点的选择应在批准的公路网规划确定的节点基础上,由政府和交通主管部门在拟建项目可行性研究任务委托书中提出初步节点位置或城镇名称,从技术和经济等方面进行论证比选确定,应根据路网衔接和交通转换的要求,提出不同的起终点连接方案。

拟建项目系两个城市连接时,应结合两城市总体规划和干线公路过境规划,研究、分析、论证路线的连接方式和地点;路线起终点应选择在有利于公路网的合理构成、过境交通流快速通过、干线交通流快速转换、城市出入交通流快速集散的位置;其前后一定长度范围内的路线走向应有接线方案和近期实施的具体方案;一般不同的起终点将组合形成不同的路线方案,应从技术、经济等方面进行比选论证后提出推荐意见;重要交通区位的大中城市有多条干线公路汇合和过境时应作为重要的交通枢纽城市,一般应对城市的过境交通规划作专题研究,其成果作为项目可行性研究的主要依据。

拟建项目路线起终点为路网规划中的两个节点或有明确的接线原则时,应在服从公路网规划主要控制点的基础上,研究拟建项目路线的起终点与其他现状公路及规划公路连接状况,分析形成路网后衔接的协调性,并满足交通转换的要求。

(2)重要控制节点的选择,应考虑城市化水平、人口分布、资源分布、生产力布局、自然地理条件等众多因素的影响,一般应遵循如下基本原则:

①满足交通运输的需求,带动和引导区域经济及城市化发展;

②最大限度地吸引交通流,提高运输通道的使用效率;

③路线走向的选择应与区域的整体规划相协调。

(3)路线走向方案的初步拟订。

根据初步论证拟订的路线起终点、中间重要控制点初步拟订路线走向方案。

①对平原区公路,一般可在1:10万、1:5万地形图上初步研究可能的路线走向方案,经筛选和调整,确定外业踏勘方案,并在1:5万或1:1万地形图上进行方案研究。

②对山岭区公路,除在1:10万、1:5万地形图上初步研究可能的路线走向方案外,宜考虑利用遥感地质影像图、卫星图片、航空图片等,采用数字地面模型技术,建立区域三维模型,对山脉走向、河谷、盆地等重要地形特征进行研究,综合考虑路网、主要控制点、工程规模等因素,初步拟选可能的路线走向方案,确定外业踏勘的方案,并在1:5万或1:1万地形图上进行方案研究。

(4)现场踏勘。

对于初步选定的路线方案,应充分征求地方政府意见,对区域内的地形条件、地质条件等自然环境和社会环境进行踏勘,现场核实和研究,反复调整,通过初步分析筛选,提出有比选价值的路线方案,进行路线方案综合比选。

(5)综合比选,确定主要控制点和路线走向方案。

对路线走向方案的综合比选,应采取定性与定量相结合的原则,避免仅从个别指标,如工程量(经济)角度片面评价方案的优劣,而应从以下几个方面进行多目标分析论证:

①路线走向方案应符合公路网规划的要求,路网结构应合理,与沿线城市路网规划的衔接应协调;

②最大程度地带动区域经济的发展,形成有效的辐射影响范围;

③与自然环境和社会环境相协调;

④进行工程数量和工程投资估算比较,并对大型构造物等控制性工程的建设条件进行分析,降低工程造价,节约工程投资,方便施工;

⑤对所经区域地形地质条件、不良地质分布、筑路材料和运输条件、施工场地布置、施工便道、地方政府支持力度等方面进行评价和比较;

⑥最大限度地满足区域交通需求,吸引地方交通,充分发挥公路的整体运营效益;

⑦地方政府及相关部门对路线方案选择的意见和建议。

论证后,推荐路线主要控制点及路线走向方案。

三、可行性研究阶段路线走廊选择

1. 路线走廊及其确定步骤

如前所述,预可行性研究阶段确定的路线起终点及重要控制节点,一般是由政府和交通主管部门根据国家或地方建设需要指定的,在指定这些重要控制点时,考虑的问题较宏观,对技术层面的问题考虑较少。下面仍以图6-1为例,说明路线走廊和路线走向的区别和联系。图6-1中,若将线路起终点和必须经过的经济据点直接连接,路线虽短捷,但多次跨越大河,直穿较高的山岭和不良地质地段,不仅投资多,而且工程质量差、隐患大。为了降低工程造价、消除隐患,可根据自然条件选择有利地点通过,如特大桥或复杂大桥的合适桥址 D、E,绕避不良地质的 F、G,垭口 H、I,这些点称为中间控制点。这样,据点 A、B 之间就有 $ADFB$ 和 $AGEB$ 两种可能走法,而据点 BC 之间也有 BHC 和 BIC 两种可能走法,每一种可能的走法就是一个大的路线方案。因此在路线起终点 A、C 和重要控制点 B 的大走向确定以后,通过考虑技术、安全、经济等因素,可以得到南、中、北三个备选路线走廊方案(图6-1)。至此,我们可以归纳路线走向与路线走廊的区别和联系,即将公路网规划所确定的路线起终点和控制点依次连接,就是路线走廊的基本走向。基本走向控制点间有不同的连接方法,构成路线走廊的若干可能方案,即一个路线走向内可能存在多个路线走廊。走廊内的控制点间有不同的连接方法,构成了路线走廊的可能方案。路线走廊方案确定后,就决定了路线的大致长度、对环境的影响程度、对经济的带动作用、施工难易程度和工程的基本造价等。

确定路线走廊的步骤,按先后顺序包括:在预可行性研究的基础上进行社会环境、建设条件和自然条件等的补充调查;对控制路线走廊方案布设的主要因素进一步分析,拟选可能的路线走廊方案;对提出的路线走廊方案,进行必要的实地踏勘和专业调查,并听取有关部门意见;对不同的路线走廊方案进行概略总体设计,估算工程数量,进行投资估算;通过路线走廊方案比选论证,提出推荐方案。

2. 路线方案研究应补充调查、勘察的主要工作内容

(1)补充和加深对项目社会环境和建设条件的调查。包括调查项目影响区域社会经济、

综合交通运输现状及发展规划、沿线城镇总体规划、土地利用规划、沿线重大建筑物、农田、水利设施、环境保护设施、电力设施、旅游、文物古迹保护区,进一步分析控制路线走廊方案布设的因素,与当地有关主管部门协调,取得地方政府及相关部门的正式书面意见。

(2)补充和加深对项目自然条件的调查、测量和工程地质勘察。工程所在区域的自然条件调查包括地形、地貌、气象、水文、地震、工程地质、水文地质、不良地质及特殊性岩土等基础资料。工程地质勘察的目的和任务是进一步了解项目所在区域工程地质特征,查明工程可行性研究确定的路线走廊方案的一般工程地质条件及控制性工程方案的主要地质状况,为拟订路线走廊方案、桥位、隧址工程的比选及编制工可报告提供地质资料。工程可行性研究阶段地质勘察应采用遥感释义和工程地质调绘(1:5万或1:1万)的方法进行,对路线走廊区域内不良地质地段、特殊岩土和控制性工程应补充必要的地质勘察,基本查明全线的地质状况。工程地质勘察的内容和深度要求按照《公路工程地质勘察规范》(JTG C20—2011)执行,调查成果应形成项目工程地质勘察专题报告。

3. 工程可行性研究阶段路线走廊方案比选的步骤、方法和要求

(1)路线走廊方案研究应在预可行性研究成果及初步评估意见的基础上,针对初步论证拟订的路线走向方案和起终点、中间重要控制点,充分听取沿线地方政府、交通主管、城市规划、环境保护等部门对路线方案的意见和建议,在1:1万(或1:5 000)地形图上进行走廊方案布设并进行研究分析,经优化、筛选、论证,选择路线走廊方案和比较方案。

(2)工程可行性研究阶段应对不同的起终点方案从路网衔接的合理性、满足交通需求、工程投资规模等方面进行分析比较,合理确定路线的起终点。

(3)路线走廊方案的研究应坚持全面、协调、可持续的科学发展观,充分利用有利地形,尽量绕避不良地质地段,考虑安全、环保、保护农田和水资源等因素,选择线形均衡、纵坡平缓、行车安全及与环境相协调的方案。

(4)应根据选择的路线走廊方案和比较方案,各专业进行现场踏勘和必要的勘察工作,并与地方政府所属规划、交通、水利、土地、环保、铁路、机场、军事设施、文物等部门及相关单位就路线走廊、重要桥梁、隧道方案及互通式立交的设置等重大事项作进一步协调,基本确定路线走廊方案。

(5)综合比选。路线走廊方案的综合比选应采取定性与定量相结合的方法进行。重点考虑以下几个方面:路网结构布局合理、路线顺直;带动地方经济发展,方便区域交通出行;建设条件(地形条件、工程地质条件、建设环境及施工难易程度等);环境影响和占用农田;主要工程数量和投资规模;路线平纵面设计总体技术指标;公路养护、综合管理及运营效益;地方政府及民众意见。

(6)根据不同的路线走廊方案,在1:1万地形图(大型控制性工程可采用1:5 000地形图)上进行概略总体设计,包括路线、路基路面、桥涵、隧道、立交、交通工程及沿线设施等,估算工程数量,进行投资估算。

(7)推荐路线走廊方案及主要控制点,并推荐路线走廊方案主要技术指标及工程规模。

四、工程可行性研究阶段方案比选案例

某新建高速公路K43+000～K63+700一段路线,因需要考虑路线方案与县城规划协调以及减少公路建设对水源的影响等问题,设计单位在工程可行性研究(简称工可)阶段提出了

两个过境方案进行比较。A 方案从县城西侧过境后,经四季河进入洎河,路线绕行。D 方案起于县城以北,向南偏东方向设线,数次跨越岚河并以隧道方式穿过县城北侧的耳扒山,出隧道后跨岚河及国道 541,之后以特长隧道穿过山梁,出隧道后路线沿洎河上行,洎河地形狭窄弯曲,路线以纵向桥和中短隧道为主,与 A 方案相接。D 方案路线长 18.21km,比 A 方案路线短 2.4km,如图 6-3 所示。

图 6-3 路线方案示意图

两方案的综合分析比较结果简述如下:

1. 地形、地质条件

A 方案峡谷路段较长,D 方案开阔路段略多,D 方案地形条件略好。

A 方案与 D 方案同处于城关镇附近的低山丘陵、中低山区,工程地质背景总体相似,由于两方案相距较远,工程地质条件略有不同。A、D 方案在城关镇及其以北地区,由于受曾家坝—红椿坝断裂的影响,岩石破碎风化严重,河谷两侧边坡常大量分布碎石土残坡积松散堆积,易形成滑坡、泥石流。A 方案 K47+700~K49+500 有较厚的松散土石堆积,稳定性差。D 方案县城前后几座隧道受断裂带影响,围岩稳定性也较差。

A 方案凤树梁(4 700m)隧道沿洞水湾—麦溪街断裂南侧布设,隧道走向与断层及地层走向平行,地层产状对隧道围岩稳定不利,但隧道位于岩石完整性较好的地层中,围岩稳定性尚可。D 方案隧道与地层走向夹角较大,产状较为有利,但隧道穿越多条断层破碎带,部分路段围岩稳定性较差。

总体而言,在地形、地质条件方面,A 方案和 D 方案各有特点,两方案优劣相当。

2. 与县城总体规划的协调

A 方案从县城西过境,与县城主体规划区无干扰,并且在最新总体规划中已按此线位标识了高速公路。最初拟定的原 D 方案以隧道避开县城,从主城区东侧的柑竹坝过境。后来现场调查中发现,规划中的柑竹坝组团已进入实质性开发建设阶段。高速公路若从柑竹坝通过,则对县城建设产生严重干扰。高速公路若从柑竹坝东侧通过,则不但与蔺河电站引水隧洞交叉,隧道距离水库也较近,对隧道安全不利。因此,D方案从柑竹坝西侧建筑较少区域通过。在耳扒山以北,D方案需从规划的西窑组团下面穿过,需对规划进行调整。

因此,从与县城规划的协调性方面考虑,A方案明显优于D方案。

3. 对县城饮用水源的影响

该县有多个饮用水源:一个是火神庙水源地,位于县城上游的岚河中,根据现场调查,现已暂停使用;另一个是堰溪沟两岔河水源地,仍在使用,但供水能力较小;目前正在使用的还有四季河水源地,取水口位于四季河上游,与A方案无干扰。该水源供水量也有限,遇干旱气候常不能满足用水需求。为了满足县城日益增长的用水需求,岚皋县准备将蔺河口水电站水库作为备用水源地。

两方案均与现有水源无干扰。但D方案有约1km路段位于蔺河电站库区范围,对县城备用水源影响相对较大。

4. 占地、拆迁

A方案占地1 298亩(1亩≈666.667m^2),D方案占地994亩。A方案较D方案多占地304亩,尤其在四季河路段占用耕地较多。

A、D方案拆迁数量分别为35 390m^2和23 350m^2,A方案房屋拆迁数量较大。

在占地拆迁方面,D方案相对较优。

5. 隧道工程

A、D方案各有一座特长隧道,A方案特长隧道4.7km,D方案特长隧道6.56km,A方案比D方案特长隧道短1.86km,从特长隧道的施工和运营方面考虑,A方案优于D方案。

A、D方案隧道总长分别为7 750m和11 985m,D方案隧道数量明显多于A方案,其行驶条件也逊色于A方案。研究区内地形复杂、降雨充沛,弃土场设置困难。D方案隧道弃方量大,增加了弃土难度。

可见,在隧道工程方面,A方案明显优于D方案。

6. 地方政府意见

县政府主要从路线方案与县城规划的协调方面考虑,同意采用A方案。

工程规模与投资情况见表6-1。

D方案与A方案工程数量比较表 表6-1

工程项目		单位	D方案 K43+000~K61+210	A方案 K43+000~K63+700
路线长度		km	18.210	20.610
路基宽度		m	26.0、25.5	26.0、25.5
路基工程	路基土石方	m^3	478.600	1 046.190
	防护排水 C20水泥混凝土	1 000m^3	8.692	12.293
	防护排水 M7.5浆砌块片石	1 000m^3	20.470	52.234
	沥青混凝土路面	1 000m^2	23.614	83.172
桥梁工程	特大桥	m/座	2 222/2	4 869/4
	大桥	m/座	2 878/7	4 751/15
	中桥	m/座	162/2	—
	总长	m	5 262	9 620

续上表

工程项目		单位	D方案 K43+000~K61+210	A方案 K43+000~K63+700
隧道工程	特长隧道	m/座	6 560/1	4 700/1
	长隧道	m/座	1 530/1	1 570/1
	中隧道	m/座	2 540/3	770/1
	短隧道	m/座	1 355/5	710/3
	总长	m	11 985	7 750
互通式立交		处	1	1
占地		亩	994	1 298
拆迁		1 000m²	23.350	35.390
静态投资		亿元	30.187	28.943
平均每千米造价		万元/km	16 577	14 043

综合比较认为：虽然 A 方案里程较长，占地拆迁较多，但 A 方案与县城规划更为协调，对水环境影响小，隧道工程量较小，行车条件较好，投资较少。因此，推荐采用 A 方案。

第三节　设计阶段不同地形条件下的道路选线

工程可行性研究批复后，批准的路线走廊仍是一条具有一定宽度的带，路线中线的具体位置仍待设计阶段确定，这项工作是初步设计、技术设计和施工图设计的主要任务之一。确定路线的具体位置时，由于项目所在区域的自然特征不同，考虑问题的侧重点也有所不同，掌握的原则和工作要点也不同，甚至采用的方法也有所区别。本节主要讨论不同地形条件下道路选线、定线的要点和方法。

一、各设计阶段选线的主要内容与方法

公路选线工作应贯穿于公路工程初步设计、技术设计和施工图设计的各个阶段，并随着设计阶段的进展由面到带、由带到线、由线到点，逐步加深。

1. 初步设计阶段

应根据批复的可行性研究报告、测设合同的要求，收集有关基础资料，拟订选线原则，确定路线设计方案。

（1）收集的基础资料包括：

①各种比例尺的地形图、卫星相片、航摄像片及已有勘测设计资料；
②工程可行性研究阶段的地质、环境等评估报告；
③路线经过地区的地质、水文、气候等有关资料；
④路线经过地区的城镇、工矿、公路、铁路、航空、水利建设和规划资料；
⑤村镇、建筑、管线等分布资料；
⑥环境分区和环境敏感区(点)及动、植物保护区的分布资料；

⑦动物迁徙路径和日常穿行的通道资料;
⑧文化、文物遗迹资料;
⑨土地资源及自然风景点分布资料;
⑩料场分布资料。

(2)对工程可行性研究阶段推荐的路线走廊进行研究,提出推荐的路线方案,具体参见下面的案例分析。

(3)基本确定路线起、终点的平面位置和纵断面衔接关系。

(4)基本确定一般路段的平面和纵断面设计方案。

(5)基本确定特殊路段的平面和纵断面设计方案。

(6)基本确定大型构造物路段的路线平面和纵断面设计方案。

2. 技术设计阶段

技术设计阶段应根据初步设计批复意见、测设合同的要求,进一步修改完善选线原则,重点解决初步设计中未解决的重大、复杂技术问题,并完成以下工作内容:

(1)根据路线方案分析比较结果,对初步设计推荐的路线方案进行优化调整,确定路线方案。

(2)对于关系到路线方案的重大技术问题应反复比较,按照施工图要求的深度进行放线,确定路线的具体位置。

3. 施工图设计阶段

施工图设计阶段应根据初步设计或技术设计的批复意见、测设合同的要求,审定选线原则,确定路线方案。

(1)对初步设计阶段或技术设计阶段推荐的路线方案进行核查、审定,确定路线方案。

(2)确定路线起、终点的平面位置和纵断面衔接关系。

(3)完成一般路段的平面和纵断面设计。

(4)完成特殊路段的平面和纵断面设计。

(5)完成大型构造物路段平面和纵断面设计。

各阶段的工作方法如下:

初步设计阶段应将所收集的资料进行归纳整理,展布在选线所需的不同比例尺地形图上,并根据公路等级选用现场定线、纸上定线或三维互动定线。

二级、三级、四级公路一般可采用现场定线,有条件时宜采用纸上定线,地形受限时应采用现场定线与纸上移线、现场核查相结合的方法;高速公路、一级公路应采用纸上定线与现场核查相结合的方法;高速公路、一级公路及景观要求高的公路宜采用计算机三维互动定线并现场进行核查。

技术设计阶段应在初步设计收集资料的基础上补充收集技术设计所需的基础资料,测量影响路线线位的控制点和控制断面,采用纸上定线并进行现场核对。

施工图设计阶段应进一步补充收集基础资料,测量影响路线线位的控制点和控制断面,根据控制要素进行纸上定线并现场核对,测量放线,并根据需要进行动态调整。

下面举例说明初步设计阶段方案比选的主要工作内容。

某高速公路扩建工程 K0+000~K20+460 段,由于桥隧和高边坡工程相对集中,路线平均纵坡较大。为减小平均纵坡,减短隧道工程,减少施工风险,降低运营费用和提高行车舒适性,同时结合黄陵西立交的布设及相关单位的外业咨询意见,在该段共布设四个方案进行方案比选,分别为 K 方案(初设方案)、A0 方案(上报工可方案)、A1 方案(专家咨询方案一)、A2 方案(专家咨询方案二)。如图 6-4 所示。

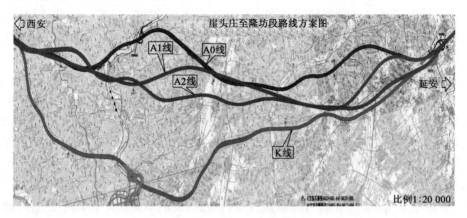

图 6-4 初步设计方案比选示意图

(1)路线布设

K 方案:路线起于崖头庄(K0+000),沿川道设线,经淌川隧道后上跨秦七铁路、沮河及黄店公路,于 K7+921.751 处布设黄陵西立交,向北设小园子隧道至王村沟,沿沟上行约 1.8km,设王村隧道,上跨淤泥河至隆坊塬,经牛夫咀、墩台塬,至终点隆坊镇西侧。

A0 方案:起点同 K 方案,经陈家塬隧道、同兴砖厂,于 K6+435 处设高架桥跨秦七铁路、沮河、黄店公路,经真村隧道,上跨淤泥河,沿坡面设线至隆坊与 K 方案相接。

A1 方案:起点同 K 方案,经陈家塬隧道后上跨秦七铁路、沮河、黄店公路,经麦洛安东侧上塬,设盘家沟隧道、真村隧道,于冯家河西侧上跨淤泥河,经牛夫咀至隆坊与 K 方案相接。

A2 方案:起点同 K 方案,经陈家塬隧道,沿侧沟坡面设线,于 K4+100 处设置黄陵西立交,路线上跨秦七铁路、沮河、黄店公路,经麦洛安东侧上塬,经桃洼、冯家河、牛夫咀至隆坊与 K 方案相接。

(2)方案比较

技术指标:K 方案平曲线最小半径 800m;最大纵坡 3.5%,坡长 840m;上塬段 K7+060(设计高程 899.423m)~K17+620(设计高程 1 140.465m),长 10.56km,平均纵坡 2.28%。

A0 方案平曲线最小半径 1 025.714m;最大纵坡 3.5%,坡长 900m;上塬段 K12+940(设计高程 1 021.282m)~K20+500(设计高程 1 198.330m),长 7.56km,平均纵坡 2.34%。

A1 方案平曲线最小半径 1 500m;最大纵坡 3.0%,坡长 600m;上塬段 K6+300(设计高程 987m)~K13+000(设计高程 1 133m),长 6.7km,平均纵坡 2.18%。

A2 方案平曲线最小半径 1 100m;最大纵坡 3.0%,坡长 1 000m;上塬段 K3+690(设计高程 1 001.748m)~K9+500(设计高程 1 135.568m),长 5.81km,平均纵坡 2.3%。

立交布设:黄陵西互通以承担店头煤区运煤车辆为主,根据店头矿区煤炭规划,2034 年原煤产量约 2 500 万 t,考虑内部消耗和铁路运输后,公路承担煤炭运量约 600 万 t,换算为煤车交通量,店头方向上下该立交交通量为 7 223pcu/d,占黄陵西互通转向交通量的 71.7%。

K 方案主线跨沮河桥梁高度为 9~46m,两隧道口间距仅 1 580m 左右,布设条件较差。立交占地 318.41 亩,填方 99 186m³,挖方 400m³,主线桥 1 623m/1 座,匝道桥 3 190m/6 座,造价 3.82 亿元(含立交区内主线);店头至西安方向运煤车辆上下高速较 K 线多绕行 6km。

A0方案立交处地形相对开阔，布设条件好，车辆上下高速公路顺捷，运营条件好。立交占地416.2亩，填方49 460.9m³，挖方515 770.4m³，主线桥1 761m/4座，匝道桥1 601.7m/6座，造价2.82亿元(含立交区内主线)。

A1方案跨沮河桥梁高度为55m，距盘家沟隧道仅300m左右，立交布设条件较差，匝道布设时为避免隧道加宽，将伸入沮河大桥，立交匝道桥工程较大，桥长3 200m，匝道需展线约3km与黄店路相接。

A2方案立交布设于陈家塬出口侧坡处，隧道出口与连续刚构桥主跨间距仅1km，由于距离较短，立交加减速车道将不可避免地进入隧道或刚构桥，实施难度较大。匝道桥梁长度4 200m，E匝道切山嘴，最大挖深22m，最大边坡高度约60m。立交区与黄店路高差达90m，匝道需展线4.2km与黄店路相接，平均纵坡2.6%，高边坡段落长度约700m。A2方案若将立交布设于真村塬，为克服高差需展线新建约15km的连接线，运煤重车需克服约250m高差上塬进入高速，运营成本较高。

由于黄陵西立交承担着店头煤区煤炭外运的功能，运输车辆以大型车辆为主，因此立交及连接线都应采用较高标准，从立交及连接线方面分析，A0方案优势明显。

与地方规划区干扰情况：K方案K7+750~K8+180段从黄陵县梨园规划区边缘并以高架桥形式通过。该方案与梨园新区略有干扰。其他方案路线布设与黄陵县规划无干扰。

工程地质与施工条件：K方案深挖方及高边坡路段短，在王村沟存在滑坡及湿软地基，制约路线布设，适当处理后可通过；A0方案隧道长，隧道富水量大，且位于土石分界面，地质情况复杂，施工风险大，特殊桥梁多，工期长，造价高，深挖方及高边坡路段长；A1方案桥隧工程与A0方案相当，地质情况相当；A2方案隧道虽较短，但桥梁工程大，路线所经区域冲沟发育，地质情况复杂，岸坡防护量大。

运营与维修费用：A0、A1、A2方案路线较K方案短捷，黄陵西立交距店头较近，运煤车上下高速便捷，车辆运营费(车辆油耗及磨损)较省；K方案距店头较远，运煤车上下高速距离增长，但其桥隧工程规模小，运营管理部门投入的设备维修养护费用低，总工程投资低。

工程规模如表6-2所示。

路线方案比较表 表6-2

工程项目		单位	崖头庄至隆坊段(K0+000~K20+460)				K-A0
			K方案	A0方案	A1方案	A2方案	
			K0+000~ K20+460	K0+000~ K20+460	K0+000~ K19+128	K0+000~ K20+370	
路线长度		km	22.093	19.827	19.60	19.737	2.266
最小平曲线半径		m	799.28	1 025.714	1 500	1 100	
最大纵坡		%	3.5	3.5	3.0	3.5	
路基工程	路基土方	1 000m³	挖:2 340 填:301.2	挖:4 058 填:11.69	挖:3 662 填:748	挖:3 155 填:239	-1 428.49
	防护及排水	1 000m³	砌石:15 混凝土:37.6	砌石:1 混凝土:35	砌石:15.66 混凝土:45	砌石:19.06 混凝土:54.77	16.6

续上表

工程项目			单位	崖头庄至隆坊段(K0+000～K20+460)				K-A0
				K方案 K0+000～K20+460	A0方案 K0+000～K20+460	A1方案 K0+000～K19+128	A2方案 K0+000～K20+370	
沥青路面/复合式路面			1 000m³	244.173/42.281	95.545/30.959	229.83/0	278.52/0	148.628/11.322
桥梁涵洞	特大桥		m	2 751.3/2	—	2 330/1	6 196/2	489.69
	大桥		m	3 246.3/20	5 691.89/24	2 486/4	1 736/4	
	中、小桥		m	468.05/8	284.09/6			
	涵洞		道	7	2			5
隧道工程	特长隧道		m		9 897/3			-2 279.5（双洞）
	长隧道		m	9 006/6	2 995/1	11 552/4	3 980/2	
	中、短隧道		m		673/2	1 364/2		
交叉工程	互通式立交		处	2	2	2	2	0
	分离式立交	与公路	处	1	1	1	1	0
		与铁路	处	1	1	1	1	0
	天桥/通道		处	7/7	3/3			4/4
改移地方路			km	400/2				400/2
占地			亩	1 660.93	1 555	1 577	1 683	
拆迁建筑物			m²	7 928	10 297			
造价			万元	235 331	269 846	282 418	277 564.77	-34 515
平均每公里造价			万元	10 645	13 610	14 409	14 063	
工程地质条件				较好	较差	较差	较好	
施工条件				较好	相当	相当	相当	
环境影响				相当	较小	较小	较大	
比较结果				推荐				

(3)结论

综上所述，A0、A1、A2方案路线里程及纵面指标相差不大，工程造价相当，制约方案比选的最重要因素是黄陵西立交，鉴于A0方案与其余两个方案相比，立交交通量转换便捷，车辆行驶安全，A0方案相对较优。A0方案与K方案相比，平纵面指标相当，路线里程较K方案短约2km，但隧道工程地质复杂，施工安全隐患大；K方案隧道、土方工程均较少，造价较A0方案省3.45亿元。经综合分析比较，推荐K方案。

二、平原区选线

平原地区地形平坦，坡度平缓，除草原、戈壁外，一般城镇、居民点、工业区稠密，土地资源宝贵，河流水网发达。公路、铁路及管线等交通运输设施密集。村镇、农田、河流、湖泊、水塘、沼泽、盐渍土等为平原地区较常遇到的自然障碍。所以，平原地区选线的主要特征是克服平面

障碍,路线方案应根据拟建项目的功能和性质合理布设。其要点如下:

(1)平原区地形对路线的限制不大,路线的基本线形应短捷、顺直,转角应控制得当,曲线长度搭配均匀,平纵技术指标均衡,当采用较小指标时,应注意线形的渐变过渡,避免采用长直线和小偏角平曲线。

两控制点之间,如无地物、地质等障碍和应趋就的风景、文物及居民点等时,则两点间直接连线是最理想的。而在一般地区,农田密布,灌溉渠道网纵横交错,城镇、工业区较多,居民点也较稠密。按照公路的使用任务和性质,有的需要靠近,有的需要绕避,从而产生了路线的转折,虽增加了距离,但这是必要的。因此,平原区的选线方法为:先把路线总方向规定经过的地点如城市、工厂、农场和乡镇以及文物风景地点作为大控制点;然后在大控制点之间进行实地勘察,了解农田优劣及地物分布情况,确定可穿越、该绕避、应趋就的点,从而建立起一系列中间控制点。路线一般应由一个控制点直达另一个控制点,不做任意的扭曲。

(2)路线应尽可能采用较高的平纵面技术指标,在满足路基最小填土高度、桥涵建筑高度的情况下,应适应地形起伏,尽量降低路基高度,节省工程造价。同时,便于将来提高道路等级时能充分利用原路基、桥涵等工程。

(3)公路选线、定线应针对路线沿线社会环境、生态环境的区域性质,分别采取相应的环境保护措施。公路选线、定线应绕避居民饮用水源区、珍稀动植物栖息地及生长区,宜避让主要农作物生长区、果园、苗圃及自然保护区,如无法绕避时,应采取相应的保护治理措施;应绕避学校、医院、养老院等敏感区,宜绕避居民小区、房屋密集的村镇,如无法绕避时采取相应的保护防治措施;应综合考虑桥涵、交叉、通道等构造物设置的条件,充分利用有利地形,降低路基高度,减少取土数量,取土坑应尽可能选择在荒山荒坡上,如必须在公路两侧取土时,应做好复垦改造设计。

(4)正确处理道路与农业的关系。路线布设应尽量少占耕地,避免切割大块良田,节约土地资源。

平原区新建道路要占用一些农田,这是不可避免的,但要尽量做到少占和不占高产田。布线要从路线的地位、支农运输、地形条件、工程数量、运营费用等方面全面分析比较,既不片面求直占用大片良田,也不片面强调不占某块田,使路线弯曲,造成行车条件恶化。如图6-5所示,道路通过某河附近时,如按虚线方案走田中间穿过,路线短,线形好,但多占良田,填筑路基

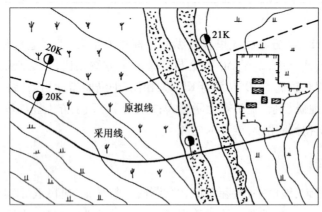

图6-5 跨河路线方案比较

取土困难；如将路线移向坡脚（实线），里程虽略有增长，但避开了大片高产田，而且沿坡脚布线，路基可为半填半挖，既节省了土方，又避免了填方借土的远运。

（5）路线平面位置的布设应有利于交通组织和地方路网功能的发挥，对于相对发达、密集的路网，可结合各条道路的等级、交通量及重要性归纳整理，适当合并，减少路网与拟建项目的交叉次数。

（6）合理考虑路线与城镇的关系。平原区有较多的城镇村庄、工业及其他设施，路线应尽量避绕城镇密集区，尽量不破坏或少破坏，并采用较高的技术指标通过。路线与城镇边缘的距离要合理，既要为城镇的发展预留足够空间，又要方便居民出行。

①路线选择应绕避城镇规划用地和备用水源地。

②当条件受限，路线必须从城镇密集区附近通过时，布线应注意以下事项：

a. 路线平面布置应与城镇周边路网协调，利于城镇路网衔接，避免纵断面出现"阻断、隔离"现象；

b. 高速公路选线时宜考虑设置集散道路，纵断面宜优先考虑高架桥方案，以利于城镇的拓展延伸，其次宜考虑低填或浅挖方案，以利于设置跨线构造物。

（7）在河网区布线时，应根据灌溉渠、排涝渠和自然沟、河的组成及其比降小、流速缓慢的特点，对河网进行归纳整理，分清主次关系，合理布设路线位置。

①有条件时可合并小型沟、河，以减少构造物数量，降低路基填土高度，减小工程规模，节约工程造价。

②特大桥是路线基本走向的控制点。大桥原则上应服从路线总方向，应综合考虑桥、路线形组合设计。桥位中线应尽可能与洪水的主流流向正交，桥梁及其引道宜采用直线，位于直线上的桥梁，两端引道设置曲线时，应使桥梁与引道的线形合理组合，使路线视野开阔，视线诱导良好。当条件受限时，也可设置斜桥或曲线桥。要防止两种倾向：一种是只强调桥位，造成路线过多地迂绕，或过分强调正交桥位，出现桥头急弯影响行车安全；另一种是只顾线形顺直，不顾桥位，造成桥位不合适或斜交角过大，增加建桥难度。如图6-6所示，路线跨河有三个方案：就桥梁而言，乙线较好，但路线较长；就路线而言，甲线里程最短，但桥梁多，且都为斜交；丙线则各桥都近于正交，线形也较舒顺美观。三个方案都有可取之处，但因为这条路交通量甚大，且有超车需要，故采用甲线。

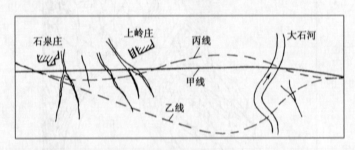

图6-6 路线与桥位的关系

③中、小桥和涵洞位置应服从路线走向，当桥轴线与洪水流向的夹角小于45°或河沟过于弯曲时，可采取改河或改移路线，调整桥轴线与洪水流向的夹角，避免过分增加施工难度和加大工程投资。

④当河流有通航要求时，路线应选择在河道顺直、岸坡稳定的河段跨越，纵断面应考虑足

够的通航净空。

⑤对于泄洪能力要求高的河流，路线应选择在河道通畅、顺直、稳定的河段通过，当路线为曲线时，宜使曲线的凹面正对水流方向，路线与河流的夹角宜为90°或接近90°，纵断面设计应考虑救援、抢险通道的净空需求。

(8)合理确定与被交叉道路的交叉形式。当两条路为平面交叉时，应根据主路优先的原则选择路线的位置；当两条路为立体交叉时，应根据纵段面前后的线形综合考虑上跨或下穿形式。

(9)路线与各种管网管线相交或平行时，应满足相关行业标准规范的规定。路线应尽量避开重要的电力、电信设施，当必须靠近或穿越时，应保持足够的距离和净空，尽量不拆或少拆各种电力、电信设施；原油、天然气输送管道与高速公路、一级公路相交时，应采用下穿方式，埋置地下专用通道；与二级、三级、四级公路相交时，应埋置保护套管，埋置深度除满足相关行业规定外，还应符合现行《公路桥涵设计通用规范》有关规定，并按所穿越公路的车辆荷载等级进行验算，穿越公路的保护套管顶面距路面底层的底面不应小于1.0m。

(10)路线宜采用大半径平曲线绕避障碍，保证路线顺直流畅；路线绕避山嘴、跨越沟谷或其他障碍时，宜使曲线交点正对主要障碍物，使障碍物在曲线的内侧并采用较小的偏角；若曲线半径不大，视距受限时，曲线交点与障碍物宜错开，保证视距要求。

三、山岭区河谷选线

沿河(溪)线是沿河(溪)走向布设的路线，如图6-7所示。

图6-7　沿河(溪)线

山区河流，谷底一般不宽，两岸台地宽窄不一，谷坡时缓时陡，间或为浅滩和悬崖峭壁。河流多呈弯曲状，凹岸较陡而凸岸较缓，如沿一侧而行，陡岸缓岸相间出现。两岸陡崖处均为峡谷，开阔处常有较宽台地，多是山区仅有的良好耕地。

河谷地质情况复杂，常有滑坡、岩堆、泥石流等病害存在。寒冷地区的峡谷因日照少，常有积雪、雪崩和涎流冰等现象。

山区河流，平时流量不大，但一遇暴雨，山洪暴发，洪流常夹带泥沙、砾石、树木等急速下泄，冲刷河岸，毁坏桥涵，淹没田园，危害甚大。

上述自然条件给选线工作造成一些困难，但和山区其他线形相比，沿河（溪）线具有路线走向明确，平、纵线形指标高，联系居民点多，便于为工农业生产服务，建筑材料来源方便，水源充足，便于施工、养护，工程造价低等优点。只要善于利用有利地形，克服不良地质、水文等不利因素，山区选线应优先考虑沿河（溪）线。利用山区河谷选线，需处理好如下几方面的问题。

（一）河谷选择

河谷选择是确定路线走廊的基础，在定线阶段，应对路线走廊所确定的河谷的水系分布、水文、地质、地形、自然环境、人文环境、土地资源等进行核查，如果存在影响路线方案的重大问题，应重新进行河谷走廊的选定工作。河谷选择时应注意以下要点：

(1) 河谷走向应与路线走向基本一致，偏离路线走向的河谷应及早放弃。
(2) 应注意选择两岸开阔、地质条件较好、纵坡及岸坡较平缓的河谷。
(3) 当河谷上下游纵坡相差较大时，应根据定线的平均坡度，处理好上下游的衔接。
(4) 应避免选择人口密集、土地资源珍贵、自然景观秀美的河谷作为路线走廊。

（二）路线布局

河谷选择以后，沿河（溪）线的路线布局，主要解决河岸选择、高度选择和桥位选择三个问题。这三个问题往往是互相联系和互相影响的，选线时要抓主要矛盾，结合路线性质、等级标准，合理解决。

1. 河岸选择

对于所选的河谷，应结合地形、地质、水文，农田及城镇分布等情况，选择有利的一岸定线。当有利的岸侧分布在河谷两侧时，应注意选择有利的地点跨河换岸。需要展线时，应选在支沟较大、利于展线的一岸。有利的条件常交错出现在两岸，选线时应深入调查，综合比较，全面考虑。选择河岸时应考虑以下主要因素。

1) 地质、地形、农田及城镇分布情况

这是影响河岸选择的主要因素，要深入调查，摸清其特点和规律。

(1) 地质条件

如遇不良地质时，应进行不良地质评估，对跨河绕避与综合整治方案进行比较，确定采用何种方案；在山区河谷中，如山体为单斜构造，路线宜选山体稳固、逆层的一岸；两岸均有不良地质分布时应对设置高架桥、隧道及不良地质的治理等方案进行综合比较，确定路线布设位置。如图6-8所示，乙方案为避让河左岸的两处断续陡崖，跨河利用右岸的较好地形，但过夏村后，右岸出现更陡更长悬崖，路线又须跨回左岸，在3km内，两次跨河，须建两座中桥。甲方案一直走左岸，虽要集中开挖一段石方，但较建两座中桥经济，因此不宜跨河换岸。

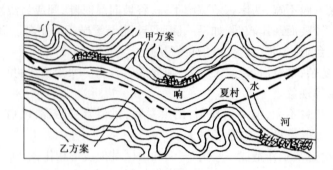

图 6-8　跨河换岸比较线

对区域性地质构造、滑坡、岩堆、崩塌、泥石流、岩溶等严重不良地质地段,应认真调查其特征、范围及对路线的影响。如不易处理时,应跨河绕避。

(2) 地形条件

当河谷两岸地质条件较好或差异不大时,路线应选择在地形平坦顺直、支沟较少和不受水流冲刷一岸的阶地上;当需要展线时,应选择在支沟较开阔,利于展线的一岸。

(3) 农田及城镇分布条件

路线一般应选择在居民点和工矿企业较多、经济较发达的一岸,以便于为地方服务,但为避免大量拆迁民房和妨碍城镇发展等原因,也可能需要绕避,此时应根据具体情况进行比选;土地稀少、珍贵是河谷地带最为突出的问题,选线中应采取必要的措施,少占或不占农田。

2) 积雪和冰冻地区的选线

积雪和冰冻地区的阳坡和阴坡,迎风面和背风面的气候差异很大,在不影响路线整体布局的前提下,尽可能选择阳坡和迎风的一岸,以减少积雪、涎流冰等病害。有时即使阳坡工程量大些,从保证行车安全考虑,宜选择阳坡方案。

2. 高度选择

路线高度一般应避免路基直接遭受洪水侵蚀,当无法避免时应采取切实可行、安全可靠的防护措施。路线设计高程与洪水位之间应预留足够的安全高度$(0.5+h)$,安全预留高度 h 应包括河道沙石淤积高度、急弯处水位由于离心作用的抬升高度等。

沿河线按路线高度与设计洪水位的关系,有低线和高线两种。

低线是指高出设计水位(包括浪高加安全高度)不多,路基临水一侧边坡常受洪水威胁的路线。低线的优点是平、纵面线形比较顺直、平缓,易争取到较高标准;土石方数量较小,边坡低易稳定;路线活动范围较大,便于利用有利地形和避让不良地形、地质;跨支流方便,必须跨越主流时也易处理。缺点是受洪水威胁,防护工程较多。

高线是指高出设计水位较多,基本不受洪水威胁的路线,一般多用在利用大段较高台地,或傍山临河低线易被积雪掩埋以及为避让艰巨工程而提高线位等情况。它的优点是不受洪水侵袭,废方较易处理。但由于高线一般位于山坡上,路线必然随山势弯曲,线形差,工程量大;遇缺口时,常需设置较高的挡土墙或其他构造物;避让不良地质和路线跨河换岸困难。

沿河(溪)线的线位高低,是根据两岸地形、地质条件以及水文情况,结合路线等级和工程经济选定。沿河线的路肩设计高程既要保证路肩高出规定洪水频率的设计水位,又要避免路线高悬于山坡之上。路线一般以低线位为主,但必须做好洪水位的调查,以保证路基稳定和安全。在安全的前提下做到"宁低勿高"。

高度选择时,需全面掌握河谷特征,统筹规划纵断面设计。

(1)坡度受限地段应根据路线纵坡,尽量利用支沟和其他有利地形、地质条件适当展线。一般"晚展不如早展",使路线高度尽早降低至河谷台地上,以便利用下游平缓河段,减少路基、桥隧工程,也利于跨河换岸。

(2)自由坡度地段可结合地形、水文及工程的需要,使路线适当起伏。路基最低高程应在设计洪水位以上,但不宜过高,以减小桥涵工程,便于河岸选择。如图6-9所示,原线为避让沿河1.7km断续陡崖,采用了高线方案。由低线过渡到高线的升坡段很长,且弯急坡陡,行车不安全,经局部改线,纵坡虽有改善,但增加了小半径曲线,线形更加弯曲,最后改走低线直穿陡崖,路线平、纵标准显著改善,路线长度缩短760m。

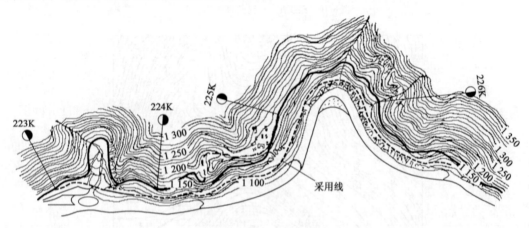

图6-9 峡谷路线的低线和高线

3. 桥位选择

按路线与河流的关系,有跨支流和跨主流两类桥位。跨支流桥位选择,一般属于局部方案问题,而跨主流桥位选择多属于路线布局的问题。跨主流桥位常是决定路线走向的控制点,应与河岸选择同时考虑。当路线因地形、地质需换岸布线时,若桥位选择不当,会导致桥头线形差,或增加桥梁工程。因此在选择河岸的同时,需处理好桥位及桥头路线的布设问题。

路线跨越主河,因路线与河流接近平行,桥头布线一般比较困难。在选择桥位时应处理好桥位与路线的关系。

(1)在S形河段腰部跨河,以争取桥轴线与河流成较大交角,如图6-10所示。本例为中小桥,采用斜桥方案,更有利于路桥配合。

(2)在河弯附近跨河,如图6-11所示。但应注意河湾水流对桥的影响,采取防护措施。

(3)顺直河段跨河,应处理好桥头引道线形。如图6-12a)所示桥位应尽量避免。当必须在这种河段跨河时,中、小桥可设置成斜桥以改善桥头线形;如为大桥不宜设斜桥时,宜把桥头路线做成勺形或布置一段弯引桥,如图6-12b)所示,或两者兼用。总之,桥头曲线要争取较大半径,以利于行车。

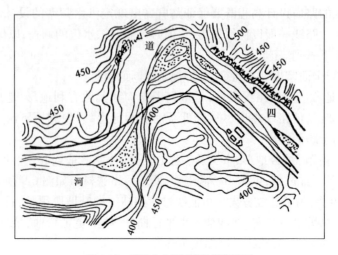

图 6-10　路线在 S 形河段的腰部跨河

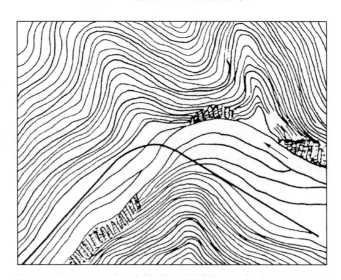

图 6-11　路线在河弯附近跨河

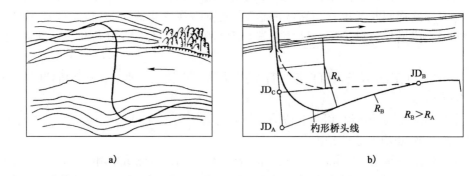

图 6-12　桥头线形处理

路线跨支流的桥位，有支河（沟）口直跨和绕进支沟上游跨越两种方案，如图 6-13 所示。应根据路线等级和桥位处的地质、地形条件，经过技术经济比较后确定。

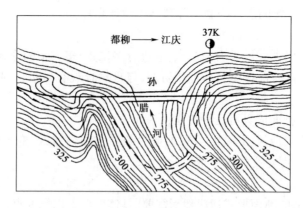

图 6-13　路线跨支流的桥位

上述所提及的要点和注意事项对各级公路都是适用的,除此以外,对于高速公路和一级公路,在选线时还应注意以下几个问题。

1)线位与村镇关系的处理

在狭窄的河道两岸分布有村镇时,路线布设应尽可能远离村镇,减少对居民的声、水及光污染,减少房屋拆迁。

(1)泉水或地下水是山区居民主要的饮用水源,路线应布设在村庄周围地势较低的一侧,避免污染饮用水源。

(2)路线布设应考虑汽车灯光污染,当线形为右偏曲线时,路线应布设在村庄左侧;当线形为左偏曲线时,路线应布设在村庄右侧;如果条件不允许时,则应采取栽植遮光林等遮挡措施。

(3)路线布设应尽量避免或减少对当地居民出行的干扰,应避免村庄被围在山凹之中;如无法避免时,应设置通道或高架桥保证居民出行。

(4)线位选择应避免大规模的拆迁安置。

2)傍山隧道的线位选择

傍山隧道方案具有提高路线线形指标、绕避不良地质、减少土方开挖数量、保护自然环境等诸多优点,在沿溪线中广泛采用,布线时应注意以下要点:

(1)线位应尽量向山体内部偏移,以减少隧道偏压,当路线沿溪右侧(相对于路线前进方向)布设时,隧址段线形宜采用左偏曲线;反之,宜采用右偏曲线。

(2)隧址段平面线形宜采用灵活的布线方式,以适应洞外线形衔接的需要。如果洞口段地形狭窄,宜采用小间距隧道形式,以减小洞外工程规模。

(3)长隧道、特长隧道平面线形布设,在确保隧道不受偏压的情况下,可将线位外移,为隧道侧向通风方案和侧向逃逸、救援方案提供条件。

(4)在有条件时,宜采用半路半隧的形式,以节约工程造价。

3)跨河换岸位置的确定

(1)跨河换岸宜选择在河道主河槽稳定、两岸边坡稳定、桥址处无隐伏的地质断裂带、地质条件良好的位置;宜使路线与河流接近正交,桥梁最短。

(2)两岸的线形布设应有利于洪水迅速宣泄。

(3)当路线与河道交角较小时,路线纵断面必须充分考虑洪水位变化的影响,确定桥梁起点、中心及终点等多处位置的洪水控制高程和路线设计高程。

4) 互通式立交

(1) 互通式立交是沿溪线的重要控制点,应进行多位置、多方案的论证比选。

(2) 互通式立交位置的选择应与环境相协调,与自然景观有机结合,避免破坏自然环境和景观。

(3) 立交区主线平纵面应具有良好的通视条件。

(4) 互通式立交形式应灵活多样,可根据地形条件采用分体式、变异式等多种形式,在充分论证的前提下灵活掌握立交的线形指标。

5) 横断面形式

沿溪线应采用灵活的断面形式适应地形需要,具体应注意以下要点:

(1) 根据地形条件可采用纵向分离式路基,以减少路基上边坡的开挖高度和下边坡的填筑高度,线位布设应适度把握左右线分离距离和纵断面分离高度。

(2) 分离式路基可沿河两岸布设,也可采用左右线交叉换位的布线方式,以减轻对沿线自然景观的破坏。

(3) 岸坡陡峻、河道狭窄的路段可采用半桥半路基或半隧半路基的横断面方式,以减少对山体的开挖和减少路基对河道泄洪断面的挤压。

(4) 河谷宽度仅允许布设一侧路基且傍山隧道布设条件困难时,路线线位布设可采用左右幅叠加的高架桥方案。

6) 土方平衡

(1) 如河谷内有大量的填方材料可供利用,应采用多填少挖的布线方式,减少挖方数量,以减轻对自然环境的破坏。

(2) 如河谷内天然填方材料较少,挖方材料适合于再利用时,应采用填挖平衡的布线方式。

(3) 如河谷内天然填方材料较少,挖方材料不适合再利用时,应采用多挖少填的布线方式。

(三) 几种河谷地形条件下具体线位的确定

(1) 当河谷较开阔,横坡较缓且地质良好时,路线位置应设在不受洪水冲刷的阶地上。如图 6-14 所示,路线有三种走法。

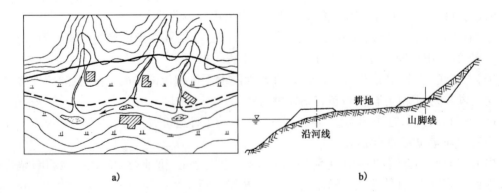

图 6-14 开阔河谷路线方案

a) 沿河与山脚线平面示意图;b) 沿河与山脚线横断面示意图

①沿河岸布线,如图6-14a)中虚线所示,纵坡均匀平缓,线形好,临河一侧受洪水威胁,须做防护工程。可采用。

②靠山脚布线,如图6-14a)中实线所示,路线略有增长,纵面有起伏,但不占或少占良田。可采用。

③直接穿越田地布线,线形标准高,但占田最多,在稻田地区,为使路基稳定,有时还需换土。除高速公路和一级公路外,一般不宜采用。

(2)当河谷弯曲时,可根据山嘴或河湾的实际情况,采取沿河绕行或取直方案。

路线遇到山嘴时,有以下两种布线方式,如图6-15a)所示。

①沿山嘴自然地形绕行。因线路展长,在纵坡受限地段利于争取高度(隧道情况除外),但易受不良地质的危害和河流冲刷,路线安全条件较差。

②以路堑或隧道取直通过。路线短而顺直,安全条件较好,但隧道较长时,工程造价较高,应全面分析,综合比选。一般当取直方案与绕行方案工程量相差较小时,宜采用取直方案。

路线遇到河湾时,有沿河绕行、建桥跨河和改移河道三种方案。沿河绕行方案,路线迂回,岸坡陡峭,水流冲刷严重,路基防护工程大,路线安全条件差;建桥跨河和改河方案,裁弯取直,路线短,安全条件好,如图6-15b)所示。无论改河或建桥跨河方案,均应根据地形、地质、水文条件,结合农田水利建设一并考虑。

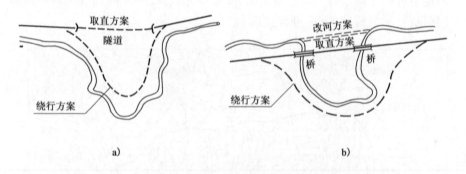

图6-15 山嘴、河湾路线方案示意图
a)山嘴;b)河湾

对个别有宽河滩的大河湾,为了提高路线标准,可在河滩布线。只要处理得当,还可起护田、造田的作用,但要注意路基防护和加固,防止水流对路基的冲刷破坏。

对个别突出的山嘴,可用切嘴填湾的办法处理,设线时应注意纵向填挖平衡,防止大量废方弃置河滩,堵塞河道,如图6-16所示。

另外,遇山嘴或河湾地形是采用绕行还是取直方案,应与道路等级结合考虑。等级较高的道路宜取直以争取较好的线形,等级较低的道路采用何方案应根据技术和经济条件比较确定。

(3)当河谷狭窄,横坡较陡,且地质不良时,路线宜避开山坡,并与外移建桥(顺河桥)方案比选。

山区河谷常有陡崖峭壁出现,两岸都是陡崖峭壁的河段为峡谷。峡谷一般河床狭窄,水流湍急。路线通过这种地段可采用绕避和穿过两种方案。应根据峡谷的水文、地质条件和道路等级、技术标准、工程量大小、施工条件等因素通过比较确定。

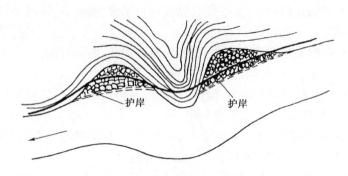

图 6-16 切山嘴填河湾的路线布置

对低等级道路,绕避的方法有两种:一是翻上峡谷陡崖顶部选择有利地带通过,崖顶应有可供布线的合适地形;二是另找越岭路线,附近应有基本符合路线走向的低垭口。两种绕避方法的共同点是纵断面上而复下,需要有适合布设过渡段的地形。过渡段的纵坡应缓于该道路等级所允许的最大纵坡,高差越大,过渡段越长。因此,崖顶过高,不宜翻崖顶绕避;若峡谷不长,除特别困难外,两种绕避方法均不宜采用,可考虑直穿方案。如图 6-17 所示,河谷曲折迂回,且有近 5km 长的陡崖,布线困难;而越岭线的瓦窑垭口,方向较顺,且两侧地形、地质条件较好,越岭绕避是可取方案。对等级较高道路,线形指标较高,路线的位置可与向山体内移建隧道或向外移设桥(顺河桥)的方案进行比选。

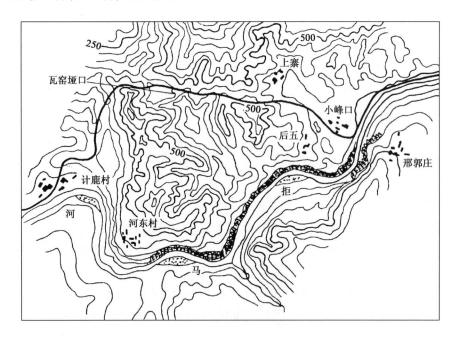

图 6-17 越岭绕避峡谷的路线

直穿陡崖峭壁河段和峡谷的路线,其平、纵面受岸壁形状和洪水位限制,活动范围不大。路线一般以低线为宜,如洪水位过高或有严重积雪时,不宜采用。

直穿峡谷的路线,可根据河床宽窄、水文状况、岸壁陡缓等采用以下方法通过:

①与河争路,侵占部分河床。当河床较宽,水流不深,压缩部分河床不致引起洪水位抬高

过多时,路线可在崖脚按低线通过。根据河床可压缩的程度,有以下两种情况:

　　a. 河床较宽,压缩后洪水位抬高不多,路基可全部或大部分设在紧靠崖脚的水中或滩地上,借石或少开石崖填筑,路基临水一侧应设防护工程。

　　b. 河床狭窄,压缩后使洪水位有较大抬高时,采取筑路与治河相结合的办法。路基也可部分占用河床,"开""砌"结合,以砌为主。开的是对岸突出的山嘴,砌的材料主要取自清理河床的漂石及削除对岸突出山嘴的石料,使路基占用河床的泄水面积能从清理河床中得到补偿,如图6-18所示。

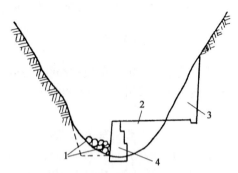

图6-18　路基部分占用河床
1-清理河床;2-填筑路基;3-开挖石崖;
4-临水路基防护

　　②硬开石壁。当两岸峭壁逼近,河床很窄,不能容纳并行的河与路时,可硬开石壁通过,如图6-19a)所示。

　　a. 在石壁上硬开路基如图6-19b)所示,开采的废方应妥善处理,尽量就近利用,考虑散失在河中的废方对水位的影响,应适当提高线位或清除河道。

　　b. 岸壁石质良好,可开凿半隧道,以减少石方和废方,如图6-19c)所示。

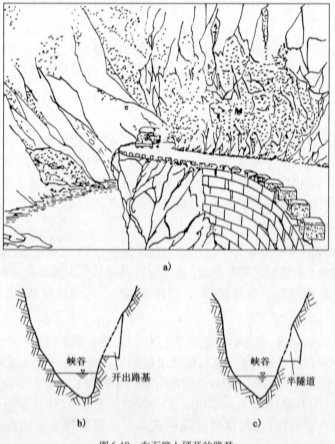

图6-19　在石壁上硬开的路基

c. 对个别缺口或不够宽的路段,可用半边桥或悬出路台来处理。
d. 当两岸石壁很近,不宜硬开路基时,可建顺水桥通过。

四、山区越岭选线

越岭线指翻越山岭布设的路线。其特点是需克服很大高差,路线长度和平面位置主要取决于路线纵坡的安排。在越岭线选线中,须以安排路线纵坡为主导,处理好平面和横断面的布设。

越岭线选线主要解决垭口选择、过岭高程选择和垭口两侧路线展线三个问题。它们是相互联系,相互影响的,布局时应结合水文及地质条件,处理好三者的关系。对海拔较高、气候恶劣、雾雪严重的越岭线,应结合道路的使用任务及功能,要求常年保持畅通的干线道路,应与在雪线以下或气候较好地段,以采用隧道方案通过进行比较。高速公路、一级公路因纵坡控制较严,要求路线短捷,越岭线必须根据地形、地质及气候条件,对越岭隧道与越岭展线进行详细的技术、经济比较。

(一)垭口选择

垭口是山脊上呈马鞍状的明显下凹地形。垭口是体现越岭线方案的主要控制点,应在基本符合路线走向的较大范围内选择,全面考虑垭口的位置、高程、地质条件和展线条件等。一般应选择基本符合路线走向、高程较低、地质条件较好、两侧山坡利于展线的垭口。

1. 垭口位置选择

垭口位置在基本符合路线走向的前提下,与两侧山坡展线方案结合考虑。先考虑高差较小,且展线降坡后能与山下控制点顺直连接的方案,不要无效延长路线;再考虑稍微偏离路线方向,但接线较顺,且不过于增长里程的其他垭口方案。

2. 垭口高程选择

垭口海拔高低及其与山下控制点的高差,对路线长短、工程量大小和运营条件影响较大。在高寒地区,特别是积雪、结冰地区,海拔高的路线对行车不利。有时为走低垭口,即使方向有些偏离,距离有些绕远,也应注意比较。但如积雪、结冰不太严重,对基本符合路线走向,展线条件较好,接线较顺,地质条件较好的垭口,即使海拔稍高,也不应放弃。

3. 垭口展线条件选择

山坡线是越岭线的主要组成部分。山坡坡面的曲折程度、横坡陡缓、地质好坏等条件,与线形指标和工程量大小有直接关系。因此,选择垭口必须结合山坡展线条件一起考虑。如有地质较好、地形平缓、利于展线降坡的山坡,即使垭口位置略偏或较高,也应进行比较。

4. 垭口地质条件选择

垭口一般地质构造薄弱,常有不良地质存在,应深入调查地层构造(图6-20),查清其性质和对路线的影响。对软弱层型、构造型和松软土侵蚀型的垭口,只要注意岩层产状及水的影响,路线通过一般问题不大。对断层破碎带型及断层陷落型垭口,一般应尽量避开;必须通过时,应查清破碎带的大小及程度,选择有利部位通过,并采取工程措施(如设置挡土墙、明洞)保证路基稳定。对地质条件差的垭口,局部移动路线或采取工程措施也不能保证安全时,应予以放弃。

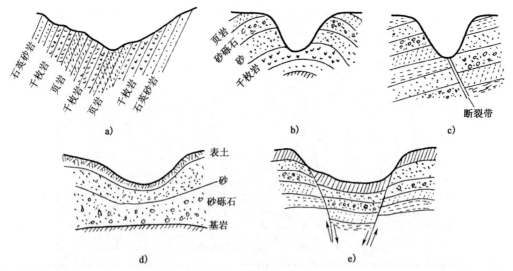

图 6-20 垭口的地层构造
a)软弱层型;b)构造型;c)断层破碎带型;d)松软层型;e)断层陷落型

(二)过岭高程选择

路线过岭,可采用路堑或隧道通过。过岭高程越低,路线也会越短,但路堑或隧道就会变深、变长,工程量也会增加。因此过岭高程应结合路线等级、垭口地形、地质以及两侧展线方案、过岭方式等因素经技术经济比较选定,这些因素互相影响,应全面分析各种可能的比较方案,做出合理选择。过岭方式主要有如下几种:

1. 浅挖低填

对宽而缓的垭口,有的达到数公里,偶有沼泽出现时,宜采用浅挖低填的方式过岭,过岭高程基本是垭口高程。

2. 深挖垭口

当垭口比较瘦削时,常采用深挖的方式过岭。深挖垭口,虽土石方工程较集中,但因降低了过岭高程,缩短了展线长度,总工程量不一定增加。即使有所增加,也可从改善行车条件、节约运营费中得到补偿。对垭口挖深,应视地形、地质、气候条件以及展线对垭口高程的要求等因素确定。地质条件良好时,一般挖深在 30m 以内。垭口越瘦,越宜深挖。

过岭高程是越岭线布局的重要控制因素,不同的过岭高程有不同的展线方案。如图 6-21 所示,路线通过垭口,因选用不同的挖深有三个可能方案。甲方案挖深 9m,需要设两个回头曲线;乙方案挖深 13m,需设一个回头曲线;丙方案挖深 20m,可顺山势布线,不需要设回头曲线。经对比,丙方案线形最好,路线最短,有利于行车和节约运营费用。

深挖垭口工程量集中,要处理大量废方,且施工条件差,影响施工期限,同时运营期边坡病害较多,稳定性差,这些都应在选定过岭高程时充分考虑。

3. 隧道穿越

当垭口挖深在 30m 以上时,应与隧道穿越方案进行技术经济比较。垭口瘦薄时,采用隧道能降低路线高度,缩短里程,提高线形指标,减小积雪、结冰的影响。

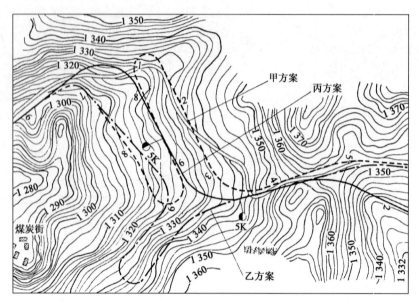

图 6-21　垭口采用不同挖深的展线布局方案

一般情况下，隧道高程越低，路线越短，技术指标越高，运营也越有利。但高程低，隧道就长，工期也长，造价就高。因此，隧道高程的选定应根据越岭地段的地质条件，以临界高程作为参考依据。临界高程是隧道造价和路线造价总和最小的过岭高程。设计高程如高于临界高程，则路线展长费用将多于缩短隧道；设计高程如低于临界高程，则隧道加长费用将多于缩短路线。设计高程降低，可节约运营费用，对交通量大的路线为重点考虑的因素。

隧道高程的选定除经济因素外，还应考虑以下因素：

(1)地质和水文条件是隧道选择的重要因素，尽可能将隧道设在较好的地层中。

(2)隧道高程应在常年冰冻线和常年积雪线以下，以保证施工和行车安全。

(3)要考虑施工期限和施工技术条件等。

(4)在不过多增加工程造价的情况下，要适当考虑远期发展，尽可能将隧道高程降低一些。

(三)垭口两侧路线展线

展线是为使山岭区路线纵坡符合技术标准，利用地形延伸路线长度用以克服高差的布线方法。

1. 展线布局

越岭线的高程主要是通过垭口两侧山坡上的展线来克服的，路线布局应以纵坡为主导。越岭线展线利用有利地形、地质，避让不良地形、地质，是通过合理调整纵坡和设置必要的回头曲线来实现的，而回头曲线的布置，也要根据纵坡选定。只有符合纵坡标准的路线方案，才能成立。因此，展线布局必须从纵坡的安排开始，其工作步骤如下：

(1)拟订路线大致走法。在视察或踏勘阶段确定的主要控制点间，进行广泛勘察，调查周围地形及地质情况，以带角手水准粗略勘定纵坡作为指引，利用有利地形、地质，拟订路线大致走法。

(2)试坡布线。试坡的目的是进一步落实初拟路线走法的可能性;发现和加密中间控制点,发现局部比较方案,拟订路线布局。

试坡由已定的控制点开始,通常先固定垭口,由上而下,视野开阔,便于利用有利地形。试坡选用的平均纵坡,应根据标准规定。在地形曲折,小半径曲线多的地段,可略低于规定值。在试坡过程中,遇到必须避让的地物、工程艰巨与地质不良地段,以及拟用作回头的地点,应将路线最适宜通过的位置,暂作为中间控制点。若适宜位置与试坡线接近,并与前面一个暂定控制点间的纵坡不超过最大纵坡或过于平缓,将该点大致里程、高程及可活动范围记录,供调整落实时参考。若该点与试坡线的高差较大,则应返回重新试坡,或修改前面暂定控制点,认为合适后再向前试坡。如经修改后的路线纵断面或路线行经位置不尽合理,应另寻比较线。这是通过试坡发现控制点和局部比较线的大致过程。

主要控制点间,可能有几个方案,经比选后保留一两个较好的方案,进行下一步工作。

(3)分析、落实控制点,决定布局方案。控制点有固定和活动之分:第一种是位置和高程都不能改变,如工程特别艰巨地点的路段和某些受限制很严的回头地点,必须利用的桥梁,必须通过的街道等;第二种是位置固定,高程可以活动,如垭口、重要桥位等;第三种是位置、高程都可活动,如侧沟展线的跨沟地点,宽阔平缓山坡的回头地点等。第一种情况较少,第二、三种情况居多,多数控制点是有活动余地的,但活动范围大小不一。对活动范围小的控制点,可视为固定控制点,将位置、高程确定。再研究固定控制点之间活动范围较大的控制点,通过适当调整,满足线形和工程经济要求。

活动控制点的调整,有以下两种做法:

(1)活动性较大的回头地点,可从前后两个固定控制点以适当纵坡分别放坡交会得出。

(2)两固定控制点间的非回头活控制点,在其可活动范围内调整,以使固定控制点间纵坡尽量均匀。

2. 展线方式

越岭线的展线方式主要有自然展线、回头展线和螺旋展线三种。

1)自然展线

自然展线是以适当的纵坡,顺着自然地形,绕山嘴、侧沟来延展距离,克服高差的布线方式。自然展线的优点是方向符合路线基本走向,行程与升降统一,路线最短。与回头展线相比,线形简单,技术指标一般较高,特别是路线不重叠,对行车、施工、养护均有利。如路线所经地带地质稳定,无割裂地形阻碍,布线应尽可能采用自然展线。缺点是避让艰巨工程或不良地质的自由度不大,只有调整纵坡这一途径。如遇到高崖、深谷或大面积地质病害很难避开,不得不采取其他展线方式。

2)回头展线

回头展线是路线沿山坡一侧延展,选择合适地点,用回头曲线作方向相反的回头后再回到该山坡的布线方式。

当控制点间高差大,靠自然展线无法取得需要的距离以克服高差,或因地形、地质条件限制,不宜采用自然展线时,路线可利用有利地形设置回头曲线进行展线。利用狭窄山坡回头展线的不良示例如图6-22所示。

图 6-22 利用狭窄山坡回头展线的不良示例

回头展线的优点是便于利用有利地形，避让不良地形、地质和难点工程。其缺点是在同一坡面上、下线重叠，尤其靠近回头曲线前后的上、下线相距很近，对行车、施工、养护都不利，因此不得已时方可采用这种展线方式。

回头地点对回头曲线的工程量和使用质量影响很大，应慎重选择。回头曲线的形状取决于回头地点的地形，一般利用以下三种地形设置：

（1）直径较大、横坡较缓、相邻有较低鞍部的山包或平坦的山脊，如图6-23a）、b）所示。

（2）地质、水文良好的平缓山坡，如图6-23c）所示。

（3）地形开阔、横坡较缓的山沟或山坳，如图6-23d）、e）所示。

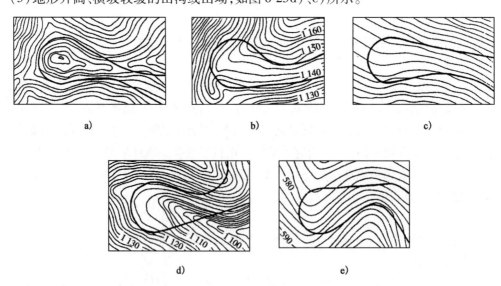

图 6-23　适宜设回头曲线的有利地形
a）利用山包回头；b）利用山脊平台回头；c）利用缓坡回头；d）利用山沟回头；e）利用山坳回头

为消除或减轻回头展线对行车、施工、养护的不利影响,要尽量将回头曲线间的距离拉长,以分散回头曲线、减少回头个数。回头展线对不良地形、地质的避让有较大自由度,但不应遇到难点工程,不分困难大小和能否克服就轻易使用回头曲线,致使路线在小范围内重叠盘绕。对障碍应具体分析,当突破一点而有利于全局时,应设法突破。

3)螺旋展线

螺旋展线是当路线受到限制,需要在某处集中提高或降低某一高度才能充分利用前后有利地形或位置时,而采用的螺旋状展线方式。螺旋展线一般多在山脊利用山包盘旋,以隧道跨线,如图6-24实线所示;或在山谷内就地迂回,用桥跨线,如图6-25实线所示;也可在山体内以隧道方式旋转。

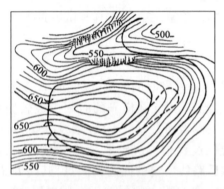

图6-24 山脊螺旋线　　　　　图6-25 山谷螺旋线

螺旋展线与回头展线相比,具有线形较好、避免路线重叠的优点,但因建隧道或高长桥,造价较高,因而较少采用。必须采用时,应根据路线性质和任务,与回头展线方式作详细比较。

五、山岭区山脊线选线

(一)山脊线的特点及选择条件

大体上沿山脊布设的路线,称为山脊线。山脊又称分水岭,山脊顺直平缓、起伏不大、岭肥脊宽的地形是布设路线的理想地带,路线大部或全部设在山脊上。山脊常是峰峦、垭口相间排列,有时相对高差较大,山脊线多为一些较低垭口控制,路线须沿山脊的侧坡在垭口之间穿行,线位大部分设在山坡上。山脊线一般线形大多起伏、曲折,其起伏和曲折程度视山脊的形状、控制垭口间的高差和地形而异。

山脊线一般具有土石方工程小、水文和地质情况好、桥涵构造物较少等优点。山脊线线位较高,一般远离居民点,不便为沿线工农业生产服务;有时筑路材料及水缺乏,施工困难;地势较高,空气稀薄,有云雾、积雪、结冰等对行车和养护不利等缺点。山脊线方案主要应考虑以下条件决定取舍:

(1)山脊的方向不能偏离路线总方向过远。

(2)山脊平面不能过于迂回曲折,纵面上各垭口间的高差不过于悬殊。

(3)控制垭口间山坡的地质情况较好,地形不过于陡峻零乱。

(4)上下山脊的引线要有合适的地形可利用,这是能否采用山脊线的主要条件之一。

完全具备上述条件的山脊不多,很长的山脊线比较少,常作为沿河线或山坡线的局部比较线及越岭线两侧路线的连接段。

(二)山脊线布局

山脊线布局主要解决控制垭口选择、侧坡选择和试坡布线三个问题。

1. 控制垭口选择

每一组控制垭口代表着一个山脊线的方案,选择控制垭口是山脊线选线的关键。当山脊方向顺直、起伏不大时,几乎每个垭口都可暂定为控制点。如地形复杂,各垭口高低悬殊,则高垭口之间的低垭口一般为路线的控制点,突出的高垭口可舍去;在有支脉横隔时,相距不远、并排的几个垭口,只选择其中一个与前后联系条件较好的垭口。

控制垭口的选择还应与山脊两侧山坡的布线条件综合考虑,在侧坡选择和试坡布线中,对初步选定的控制点加以取舍、落实。

2. 侧坡选择

山脊的侧坡是山脊线的主要布线地带。应选择布线条件较好的一侧,以保证平、纵线形好、工程量小和路基稳定。坡面整齐、横坡平缓、地质情况好、无支脉横隔的向阳山坡较为理想。除两侧坡优劣明显外,两侧都要比较取舍。同一侧坡可能有不同的路线方案,可通过试坡布线决定。多数初选的控制垭口,在侧坡选择过程中可决定取舍,少数则需在试坡布线中落实。如图 6-26 所示,A、D 两垭口是由前后路线所定的固定控制点,其间 B、C、E 等垭口,哪个选为中间控制点,取决于路线布设在山脊的哪一侧。位于左侧的甲线应舍 C、E 而取 B,位于右侧的乙线应舍 B 而取 C 或 E。C、E 的取舍以及甲、乙方案的比选,则由试坡布线解决。

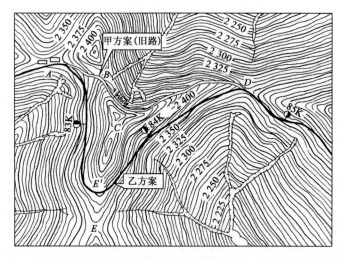

图 6-26 山脊线布局比较示意图

3. 试坡布线

在两固定控制点间布线,力求距离短捷,坡度平缓。山脊线有时因控制点间高差很大,需要展线;有时避免路线过于迂绕,要采用起伏坡,以缩短距离。山脊线难免有曲折、起伏,但不应过于急促、频繁,平、竖曲线和视距等指标应尽量高些,以利行车。

山脊布线常有三种情况：

(1)控制垭口间平均纵坡不超过规定。

两控制垭口间,地形、地质无大障碍时,应以均匀坡度沿侧坡布线。如控制垭口间平均纵坡较缓,而其间遇有障碍或难点工程时,可加设中间控制点,调整纵坡避让,中间控制点和各垭口间仍以均匀坡度布线。如图6-26的甲方案,AB、BD两段,地面自然坡度上、下坡很陡,适当挖深垭口B后,才分别获得+5.5%和-5%较合理的纵坡;BD段两次跨冲沟,需要防治,工程稍大。如欲减小防治工程,要在冲沟头上方加设中间控制点,将使B到D的一段纵坡过陡,因而不宜采用。

(2)控制垭口间有支脉横隔。

路线穿过支脉,要在支脉上选择合适垭口作为中间控制点。该垭口应不使路线过于迂绕,合理深挖后两翼路线纵坡都不超过规定,路线能在较好地形、地质地带通过。有时在支脉上选择的控制垭口虽能满足纵坡要求,但线形过于迂绕,为缩短距离,控制点可不选在垭口上。

图6-26所示乙方案是穿支脉的路线,支脉上有C、E两个垭口,选中间控制点时,先考虑C,因其位置过高,合理深挖后两翼路线纵坡仍超过规定,放弃垭口C。E的两翼自然纵坡均低于规定值,为保证纵坡符合要求,尽量缩短距离,从低垭口D以5%~5.5%的纵坡向垭口E试坡,定出控制点位置E',AE'之间按均匀坡度(约3%)布线。

(3)控制垭口间平均纵坡超过规定。

根据地形、地质条件,采用填挖、旱桥、隧道等工程措施提高低垭口,降低高垭口,也可利用侧坡、山脊有利地形设置回头展线或螺旋展线,如图6-27所示。选线方法详见本节越岭线。

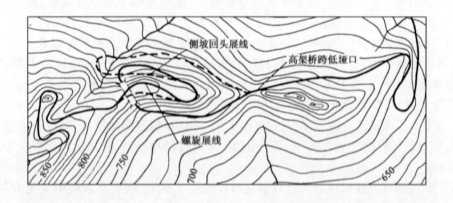

图6-27　山脊展线示意图

六、丘陵区选线

与山岭区相比,丘陵区的地貌特点是:山丘连绵,岗坳交错,此起彼伏,山形迂回曲折,岭低脊宽,山坡较缓,丘谷相对高差不大。重丘区与山区无明显界线,微丘区与平原区也难于区别。

丘陵区路线特点:局部方案多,且为充分适应地形,路线纵断面有起伏,平面线形以曲线为主,如图6-28所示。

图 6-28 丘陵区路线

(一)丘陵区选线、定线要点

丘陵区选线应充分利用有利地形,根据地形起伏,考虑平、纵面配合,以曲线定线方法为主,布设优美流畅的线形。其要点如下:

(1)当地形开阔布线条件理想时,路线技术指标应选择中偏高水平;当地形起伏较大布线条件相对较差时,指标可选择中偏低水平。

(2)对于山体外形不规则、分布零乱的丘陵地形,应首先确定地形控制点,初步拟订路线布设位置,然后进行局部调整;对构造物数量、规模及土石方数量影响较大的地形应充分利用,可采用适当偏高的路线技术指标;当采用小半径曲线时,应注意前后线形的过渡。

(3)对于山体外形规则、坡面顺滑舒展、分布错落有致的丘陵地形,应充分利用各类曲线要素组合搭配布线。根据山体的自然条件,可采用曲线定线手法,选择整体式、分离式或高低错落式路基等,使路线适应地形变化,与自然相融合。

(4)对于宽浅河川式丘陵地形,宜选择沿河堤布线,路堤兼做防洪堤,减少通道设置数量;也可沿山脚布线,避免切割农田;也可距山脚一定高度的坡面布线,减少民房拆迁等;合理利用既有道路。

(5)丘陵区固有的地形特点为公路景观设计提供了有利条件,在选线中应充分利用有利地形,将公路美学设计贯穿于选线的全过程。

①优美的线形是公路景观设计的基础,选线过程中在不过多增加工程造价的前提下应把握以下要点:

a. 曲线是美的主要元素,在丘陵区的选线过程中应尽量提高曲线比例;

b. 各曲线半径应分布均匀,避免突变;曲线长度搭配合理,不宜设置短曲线;平纵配合力争做到一一对应;凸曲线半径尽量选用较大值,以消除线形自身视觉缺陷;

c. 横断面可采用半分离、完全分离、高低错位甚至左右幅路基交叉换位等多种形式。平面位置的确定宜考虑为路基边坡形态模拟周围环境创造条件。

②路线沿线景观分自然景观和人文景观,首先应按景观重要性进行分类排序,对自然景

观、风景名胜、文化遗址、民俗风情等重要景点应采取绕避、保护等相应的措施。

③选线过程中应最大限度地维护丘陵区的主要地形走势，不宜改变区域固有的地势特点，当无法避绕而产生改变时，路线布设应有利于修复和模拟还原自然形态。

④对于具有代表性的重要景观，路线位置的布设应适当把握空间关系。对于规模宏大的景观，路线布设应远离景区，给观赏者提供足够的视野；对于点式景观，路线位置宜适当靠近。

⑤公路景观是动态景观，在路线布设完成后，应采用三维设计系统对道路的总体景观进行检验，对不协调和考虑不周之处应进行修改完善，使公路真正地融入自然景观之中。

(6)丘陵区公路选线主要是对生态环境和自然环境产生影响。选线时应注意以下事项：

①丘陵区的地形条件特点使路线的方案具有更多的选择余地，线位布设应尽量绕避生态敏感区(植被茂盛区、物种分布连续区以及独特珍稀物种分布区)，尽量减少破坏和避免切断生态链。

②精心布设平、纵线位，合理控制填、挖高度，严格控制土石方数量，从源头解决水土流失问题。

③纵断面布设应考虑土石方综合平衡。

a. 如果挖方材料品质较好易于利用，则纵面设计应采用填挖基本平衡原则，考虑土方调配的因素，挖方与填方的比例应控制在 6:4 左右；

b. 如果挖方材料品质差不能作为路基填料，则纵面设计应采用挖方大于填方的原则，填、挖方的比例应根据弃方和借方的费用综合比选确定。

④慎重选择弃土场位置，并采取有效的水土保持措施。

(7)丘陵区土地资源珍贵，选线时应采取必要的措施，少占或不占农田。

①线路宜靠近山坡，应少占耕地不占良田，但应避免因靠近山坡过多增大工程量。应做出不同的路线方案，征求地方政府意见后，综合比选确定。

②当路线通过个别高台地或山鞍时，应结合地质、水文条件，进行深路堑与隧道方案的比选。

③当路线跨越宽阔沟谷或洼地时，应按照节约用地的要求进行高架桥与高填路堤方案的比选，并将占地指标作为比选的重要内容。

④应根据流量要求，结合灌溉系统设置相应的桥涵，避免引起水害，冲毁或淹没农田。

⑤应充分利用丘陵区丰富的石材，合理选用护坡、挡土墙等防护方案，收缩坡脚减少占地数量。

(8)路线布设应避开动物迁徙路径和日常穿行通道分布密集的区域，避免穿行、切割动物日常集中活动区；无法绕避时，应结合便利性和隐蔽性，设置动物天桥和穿行通道。

(二)丘陵区路线布设方式

丘陵区地形复杂，布线方法应随路线行经地带的具体地形而采用不同的布线方式。根据经验，可概括为三类地形地带和相应的三种布线方式。

1. 平坦地带——走直线

两已定控制点间，地势平坦，应按平原区以方向为主导的原则布设。如其间无地物、地质障碍，或应趋就的风景、文物以及居民点时，路线应走直线；如有障碍，或应趋就的地点，则加设中间控制点，相邻控制点间仍以直线相连，路线转折处设长而缓的平曲线。

2. 较陡横坡地带——走匀坡线

匀坡线是两控制点之间，顺自然地形，以均匀坡度定的地面点连线，如图6-29所示。匀坡线须多次试放才能获得。

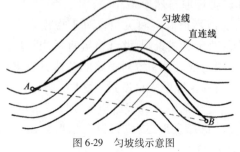

图6-29 匀坡线示意图

在具有较陡横坡地带，两已定控制点间，如无地物、地形、地质障碍，路线应沿匀坡线布线；如有障碍，则在障碍处加设控制点，相邻控制点间仍沿匀坡线布线。

上述两类地带的布线方式，与前述平原区和山岭区无明显区别。

3. 起伏地带——走直连线和匀坡线之间

起伏地带也属具有横坡的地带，特点是地面横坡较缓，匀坡线迂回。

1) 两已定控制点间包括一组起伏

路线交替跨越丘陵和坳谷，两相邻梁顶(或谷底)间，存在一组起伏。此类地形布线，如沿直连线走，路线最短，但起伏很大，为减缓起伏，将出现高填深挖，增加工程量；如沿匀坡线走，纵坡较缓，但路线绕长过多，也不经济。这种"硬拉直线"和"弯曲求平"的做法，都不可取。

如路线走在直连线和匀坡线之间，比直连线的起伏小，比匀坡线的距离短，且工程较省。路线在平面上的具体位置，应根据路线等级，做到平、纵、横合理组合。

对较小起伏地带，先应设置纵坡，让其平缓，再考虑平面与横断面。低等级道路工程宜小，平面上稍迂回增长距离是可行的，即路线可离直连线远些；高等级道路则尽可能缩短距离，使路线离直连线近些。

较大起伏地带，两控制点间梁谷高差不同，高差大的侧坡坡度常成为决定因素，应根据采用的合理纵坡，结合梁顶挖深和谷底填高确定路线的平面位置。

2) 两已定控制点间有多组起伏

两已定控制点间有多组起伏时，需在每个梁顶(或谷底)定出控制点，再按上述方法处理各组起伏。

已定控制点间的起伏组数越多，直连线和匀坡线间范围越大，路线方案越多。可分别从两已定控制点向中间布线，逐步减少包括的起伏组数。

两已定控制点间，有时因地形、地质、地物障碍，路线会突破直连线与匀坡线的范围。为避让障碍所定的中间控制点，应视为增加的已定控制点，将原已定控制点间的路线分为两段，分别按"走直连线和匀坡线之间"的原则布线。

第四节 特殊地区和不良地质地区选线

公路选线会遇到的一些特殊地区和不良地质地区，常控制线路走向。如路线方案选择不当，公路建成后建筑物易遭受破坏，造成中断交通的严重后果。因此，选线时应深入调查研究，收集足够的气候、水文、地质等资料，查明特殊地区和不良地质地区的分布范围、类型、规模和严重程度及其发展。根据具体情况，提出各种可行的绕避或通过方案，做到绕有根据，治有办法，保证公路建成后交通畅通。本节仅就常见的几种特殊地区和不良地质条件下的选线要点进行简要介绍。

一、水库地区选线

1. 水库对公路的影响

沿河修建水库工程，改变了河流天然状况，使库区范围内的工程地质与水文地质条件产生一系列变化，影响公路建设。其中水库坍岸、地下水壅升和水库淤积是三个主要因素。

（1）水库坍岸。水库蓄水后，由于水位的变化，波浪对库岸的冲击和淘刷，加之库岸受水浸泡和不良地质现象随地下水壅升而加速发展等原因，使库岸产生变形，造成坍岸，威胁公路安全。

（2）地下水壅升。水库水位升高后，原有地下水壅升，使黄土和黄土类地层产生湿陷，已趋稳定的古滑坡复活。当地下水位上升至接近地表时，可使泉水出露，土地沼泽化。

（3）水库淤积。水库建成后，水库上游回水区内流速降低，产生淤积现象，河床逐渐上升，水流的回水曲线抬高，影响桥梁净空。

2. 水库地区选线要点

1）路线应与水库协调

如水库为远期规划且未落实时，为不使公路增加过多投资，经比较可按暂无水库影响布线，但须征得有关方面的同意。当水库修建计划已落实时，如对公路建设投资影响不大，应尽量配合水库建设要求进行公路选线。当河谷地形困难，地质条件复杂，水库规模较大，水坝较高，使公路修建技术难度过大或增加投资过多时，可考虑避开水库影响，另行选线。

当路线通过既有水库地区时，应测绘和查明水库的影响范围，研究路线通过或绕避库区的合理方案。

2）路线研究和方案比选

根据水库有关资料及沿线工程地质和水文地质条件，在大比例平面图上绘出水库淹没范围，选择有代表性垂直库岸的地质横断面，根据有关条件分别求出坍岸宽度，逐一放到平面图上并连成预测坍岸线。坍岸宽度受水文和气象因素的影响，与库岸地形、地质条件有关，可近似按浅滩类比法（即图解分析法）进行预测。

（1）路线位置一般选在最终坍岸线以外，并留有一定安全距离。个别地段有防护和跨越条件，确能保证路基稳定，且能显著节省投资时，可考虑在坍岸范围内布线。

路线应尽量选在地质条件较好、库岸平缓的一岸，尽量避免设在垂直主导风向的一岸，以减少风浪对路线的不良影响。对滑坡、崩塌等不良地质地段，应评估水库建成后对其稳定性的影响。若加固工程投资过大或不能确保安全时，路线应尽量绕避。

（2）路线应避开水库淹没范围，以减少水下工程。如必须通过淹没区时，路肩高程应保证水库最高水位时不淹没路基，并须保证路基稳定。水库路基的设计高程，可按式（6-1）计算：

$$H = h_1 + h_2 + h_3 + \delta \tag{6-1}$$

式中：H——路基设计高程（m）；

h_1——对应公路设计洪水频率的水库水位（m）；

h_2——回水高(m);

h_z——波浪侵袭高(m);

δ——安全高度,一般不小于0.5m。

因影响水位高程的因素复杂,确定路肩高程时应留有余地。

(3)路线应尽量绕避因地下水壅升,造成湿陷、翻浆、沼泽化和使滑坡、崩塌等不良地质现象恶化的地区。如经处理可保证安全,且经济合理,可考虑通过。

(4)路线跨过支沟时,应尽量离开沟口,选择在水浅、风浪小、地质条件好的地段通过。跨越支沟的大中桥,应注意支沟坍岸的影响,桥台基础应在坍岸范围以外。

(5)路线跨越水库,一般选择在水库上游回水曲线以上或水库下游集中冲刷范围以下河段通过。如必须在水库淹没区内跨越时,桥位应选择在较窄地段,桥梁高度应适当留有余地。

(6)路线由坝顶通过时,坝身质量必须符合公路路基要求。泄水建筑物能达到公路桥涵荷载强度,基底无渗漏现象。并与水利部门充分协商,落实坝顶通过方案。

(7)遇有隧道时,应按坍岸断面及地下水壅升曲线检查路线位置。在湿陷性黄土地区,还应调查和推断沉陷影响,以确定隧道的平面位置及设计高程。

二、人为坑洞地区选线

1. 人为坑洞对公路建筑物的危害

人为坑洞是指因人的活动所挖掘的地下洞穴,如矿区的采空区、采煤洞、淘沙洞、淘金洞、窑洞、坎儿井、地下渠道和墓穴等。选线时如对此类地区重视不够,工程措施考虑不周,通车后将导致公路建筑产生病害,严重影响行车安全。

2. 人为坑洞地区选线要点

(1)路线应尽量绕避人为坑洞地区,尤其是人为坑洞密集地区和处理工程复杂的大型人为坑洞,需修建桥梁、隧道、立交等重要建筑物地段,更应绕避。当绕避有困难时,路线应尽量选择在矿层薄、埋藏深、倾角缓和垂直于矿层走向等有利地带通过,并采取措施确保公路安全。

(2)路线通过小型坑洞时,应采取适当的工程措施。对埋藏浅的坑洞应挖开回填。对不易开挖的坑洞,应使用必要的勘探方法,查明坑洞情况,加以处理。

(3)对正在开采或计划开采的矿区,为避免压矿,路线应尽量绕避。如必须通过时,须与有关部门协商,选择通过矿体长度最短的部位,并采取措施,保证安全。

三、风沙地区选线

1. 风沙对公路的危害

风沙给公路养护、运营带来沙害,危害程度与沙源、风力和地貌有关。沙害的具体表现:一是风蚀,路基易发生边坡或路肩被风蚀而遭破坏,路堤的路肩和路堑的边坡受害较为严重,危及行车安全;二是沙埋,在路基的零断面、低路堤、浅路堑路段易遭沙埋而造成路基积沙和排水不良等病害;三是堵塞桥涵,当风沙地区的桥涵被流沙堵塞时,一旦出现暴雨,因排水不畅,会冲毁路基。此外,风沙还使空气混浊不清,影响驾驶员视线,危及行车安全。应采取各种有效措施,做好公路沙害防治。

2. 风沙地区选线要点

(1) 应深入调查研究,查明各种沙丘的成因、性质、活动情况以及风力、风向、沙源、地形、地貌等,尽可能绕避严重流沙地带。

(2) 在大面积沙丘地区,如流沙不能绕避,应尽可能选择在下列沙害较轻的地带通过:

① 沙丘边缘地带。该地带风力较小、沙埋较轻,且多潜水溢出,植物容易生长,多为半固定和固定沙丘。

② 沙丘中的河流两岸、古河道及沙丘之间的湖盆草滩。这些地段地形平缓,地下水位较高,植物生长较好,有利于固沙造林,防治沙害。

③ 大山或高地的前缘背风地带。

(3) 在风沙覆盖的山地、丘陵地区,路线宜选在沙带间的丘陵地通过。如条件限制,必须穿越沙带时,宜选择在沙带最窄部位,以路堤正交跨过。

(4) 在半固定和固定沙丘为主的局部流沙地区,路线应尽量通过半固定、固定沙丘地区,并尽可能不通过沙丘的下风侧,避免沙体移动掩埋公路。

(5) 路线走向应尽量与当地主风向平行,若路线与主风向垂直,路堤上风侧常形成大量积沙,使路肩遭受风蚀,路堑亦容易积沙,边坡易遭风蚀。

(6) 应尽量少设曲线,必须设置时,宜采用大半径曲线,曲线段只宜设路堤,并将曲线外侧面对主导风向。

(7) 路线应尽量靠近筑路材料产地和水源地带,以降低工程造价及施工、养护难度。

(8) 路线纵断面设计,应尽量采用适当高度的路堤,不填不挖路段及路堑路段易被沙埋。

四、多年冻土地区选线

1. 多年冻土对公路建筑物的危害

(1) 路基冻害主要表现为融沉和冻胀。一般遭受冻害的是松散土及粉状土的路堑及不填不挖路基。路堑冻害常导致边坡滑动、侧沟挤坏,若遇埋藏冰层易形成泥槽。石质路堑有裂隙水时,冬季易冻结形成冰锥,危及行车安全。

(2) 桥涵建筑物的冻害,主要为基础凸起和下沉。桥涵附近的冰锥、冰丘可能产生冰塞,挤压桥涵。

2. 多年冻土地区选线要点

(1) 路线通过山坡时,应尽量选在平缓、干燥、向阳的地带。该处多年冻土埋藏较深,水分蒸发量大,地表及地下水含量相对较小,冻害和其他病害较轻。但阳坡的融解层深度大,在山坡较陡,节理发达,风化严重的阳坡选线时,要注意绕避不良地质地段。

(2) 路线通过山岳丘陵地区时,宜选择在融冻坡积层缓坡的上部。沿着大河河谷定线时,宜选在高台地上,以较短的距离通过多年冻土边缘地带。避免沿融区附近的多年冻土边缘地带布线。

(3) 路线宜选择在岩石、卵石土、砾石土、砂和含水率低的黏土、黏砂土、砂粒土等少冰冻土地带。在多冰冻土的地层通过时,应避让腐殖土、黏砂土、砂黏土、粉砂地段,尤其避免在饱冰、富冰冻土的含冰土层中通过。对厚层地下冰、热融滑坍、热融湖(塘)、冰锥冰丘、沼泽等不良地质地段应尽量绕避。

（4）路线应尽量采用填方，尽可能避免挖方、零断面或低填浅挖断面，如受条件限制时，应缩短路段长度。在饱冰冻土和厚层地下冰地段，应避免以挖方通过。

（5）大、中桥宜选在大河的融区地段或基底为少冰冻土的河段。避免将一座桥设在融区和冻土两种不同的地基上。

（6）隧道应尽量避免穿过地下水发育的地层。洞口位置应避开热融滑坍、冰锥、冰丘以及厚层地下冰等不良地质地段。

五、黄土地区选线

1. 黄土对公路工程的影响

（1）黄土湿陷对建筑物的影响。黄土遇水使联结土粒的胶膜胀大，联结力减弱，并使土内起胶结作用的易溶盐溶解，在自重及外力作用下产生沉陷。公路建筑物不能适应这种迅速沉陷，轻则变形开裂，重则破坏倒塌。

（2）黄土崩塌、滑坍、滑坡。黄土沟谷两岸一般工程地质条件比较差，坡脚不稳，易发生崩塌或滑坍。此外，黄土与其下红土层接触面多向沟床倾斜，有的红土层不透水，地下水沿此接触面移动或渗流，易产生滑坡。

（3）黄土陷穴。地面水渗入松散的黄土体内，破坏了黄土的胶结性，同时在动水压力作用下，黄土中的胶体黏土微粒被水带走，形成地面坍陷，继而冲成洞穴，即陷穴。

（4）黄土路堑边坡的崩塌与冲刷。黄土路堑的主要问题是边坡的稳定性。它与路堑的深度、边坡坡度、排水和防护等有关，还受地貌、气候及黄土性质的影响。

2. 黄土地区选线要点

（1）路线应尽量设在黄土塬、宽谷阶地、平缓斜坡以及比较稳定的沟谷地带，尽量绕避陷穴与冲沟发育的塬边和斜坡地带。

（2）路线通过湿陷性黄土地区时，应尽量选择湿陷性轻微、地表排水条件较好的地区通过。

（3）路线跨越黄土深沟时，应结合地形，降低填土高度。当沟谷宽敞，谷坡稳定平缓时，可沿沟坡绕向沟谷上游以降低填高。当沟谷深窄，谷坡陡峻且不稳定，绕线困难，同时沟谷不长，沟底坡度较陡时，可将线位移向沟壑附近来降低填高。

（4）选线时应对高填与高桥进行综合比较。高填存在下沉量大、多占耕地等缺点，在工程造价差别不大时，应尽量采用高桥方案。但需考虑基底不均匀下沉的影响。在跨越深沟时，应尽量降低线位高度，并选在墩台地基较好的地段通过。

（5）选线时应对深挖与隧道进行综合比较。工程造价差别不大时，应采用隧道方案。黄土隧道应绕避不良地质地段，尽量设在土质较好的老黄土层中，并防止偏压。

六、软土和泥沼地区选线

1. 软土和泥沼对公路工程的危害

软土和泥沼都具有压缩性高和强度低的特点，对工程建筑物会造成滑坍和沉陷等危害。公路建成后路基常有下沉，导致路面过早破坏，给行车、养护带来很大困难。

2. 软土和泥沼地区选线要点

（1）软土和泥沼地区，选线时应进行全面比较。在技术经济指标相差不大时，应采用绕避方案。如软土或泥沼范围较小，工程处理能确保安全，工程投资较省时可以路堤通过。

（2）路线必须通过软土、泥沼地区时，路线位置应尽量选择在软土、泥沼最窄，泥炭、淤泥较浅，沼底横坡不大，地势较高及取土条件较好的地段通过。

（3）软土、泥沼地区，以修建路堤为宜，且路堤高度不宜超过极限高度。沼泽地区需利用路堤自重将泥炭压缩达到稳定，填土高度也不宜大于极限高度。

在淤泥和泥炭较厚，沼底横坡较陡，路基处理工程困难地段，应考虑与建桥的方案进行比较。

（4）河谷软土地带或古盆地的中央部位软土层较厚，土颗粒较细，含水较多，基底松软，路线宜绕避，选择在边缘地区通过，但也要注意绕开土质软硬差别极大的边缘地段。

（5）在宽广的软土地区，路线应尽量避免沿排水管道边缘或湖塘边缘布线，因这些地方为水流浸润，地基较软弱，基底两侧的变形也不均匀，对路基的稳定不利。

七、盐渍土地区选线

1. 盐渍土对公路工程的影响

地表 1m 以内土层中易溶盐含量大于 0.5% 的土称盐渍土。对路基工程的影响，主要有下列几种：

（1）因盐渍土中有盐分，在夯实过程中，其最佳密实度随含盐量的增加而减小。含盐量超过一定限度时，就达不到路基的标准密实度，使路基下沉、变形。

（2）盐渍土中水分和温度随气候条件的变化而变化，使土体中盐分溶解与结晶交替，土体膨胀与收缩循环，破坏了稳定性。这种现象在日温差大的干旱内陆地区较突出。

（3）松散和膨胀作用

松散多发生于表层 0.3m 内，土层疏松，足踏下陷。松散是因表土受昼夜温差变化引起的。膨胀常发生于表层 1m 内，个别到 3m 深，因土体膨胀使路面拱起，危害较大。

2. 盐渍土地区选线要点

（1）盐渍土地区选线，应尽量选在排水条件良好、地下水位低、含盐量小、通过地段短和地势较高等有利地段。内陆盐渍土地区路线宜在砾石带、沙土灌丛带通过。冲积平原盐渍土地区路线，宜远离河岸边的湿盐渍土地区，而在地下水位较深的干燥地带通过。

（2）湿盐渍土地区，地下水位高，排水困难，路基基底一般需填渗水土或采取抬高路堤等措施，造价较高，应尽量绕避。如必须通过时，应将路线设置在地势较高和工程地质条件较好的地段；对一般盐渍土或干盐渍土地区，含盐量一般较低，可考虑以路堤通过。

（3）当降低地下水位有困难，且不易取得渗水土做填料时，宜采用抬高路堤的方法通过。此时路肩高程应考虑冻前地下水位、毛细水强烈上升高度、临界冻结深度和一定安全距离。

八、膨胀土地区选线

1. 膨胀土对公路工程的危害

膨胀土是一种裂隙特别发育、工程性质不良的黏土。干缩湿胀，使土体结构遭受破坏，造

成边坡不稳定,影响正常行车。其危害有下列几种:

(1) 冲刷。冲刷现象存在于所有膨胀土边坡。其破坏是雨季地表水使土层湿化,崩解后,遭水流冲刷,坡面呈无数"V"形小沟,由上而下逐渐加宽加深,边坡越高冲刷越严重。

(2) 剥落。坡面龟裂松胀的土层,逐步散裂成颗粒状碎屑,在重力及地表水作用下顺坡剥落,堆于坡底淤塞侧沟。

(3) 溜坍。路堑顶或坡面表土的滑动现象,呈马蹄形,坡度陡而不规则。原因为雨季地表水在风化裂隙中迅速集中,使松散土层顺坡滑动。当降雨大而久时,可能发展为泥流。

(4) 滑坡。有塑流型滑坡及剪切型滑坡两类。前者具有一般滑坡的弧形外貌,滑体呈塑流状;后者含水较多,裂缝密布,滑带呈软塑和可塑状。

2. 膨胀土地区选线要点

(1) 膨胀土地区,路线宜填不宜挖,尽量减少深长路堑,选定合理方案。否则应与绕避方案进行比较。

(2) 岗沟相间是膨胀土地区的一种地貌。路线遇到垄岗时,应垂直于垄岗方向,并选择垭口较低、较薄地段通过,以缩短路堑的长度和深度。

(3) 路线应尽量避开建有重要建筑物和建筑群的垄岗,避免路堑开挖后,路堑发生变形时,影响附近建筑物的安全。

(4) 路线跨越沟谷处,一般宜建桥并增加桥梁高度。如在垄岗处修建隧道,应避免浅埋,否则应采用加固措施。

九、滑坡地段选线

1. 滑坡对公路工程的危害

滑坡发生时,大量土体下滑推移,埋没路基或其他建筑物,修复困难,造成行车中断,对公路危害极大。

2. 滑坡地段选线要点

(1) 对技术复杂,工程量大,采用整治措施也不能确保稳定的大型滑坡,选线时应绕避。在河谷地段,可移到滑坡的对岸通过,或在滑动面底适当位置以隧道通过。

(2) 对中小型滑坡,如经整治能确保稳定,工程投资有显著节省时,可考虑在其下部以低填方或其上部以浅挖方通过。

(3) 当路线位置受到控制,无法绕避滑坡地段(含可能产生滑坡地段)时,必须采取有效工程措施,以确保施工和运营的安全。

十、崩塌、岩堆地段选线

1. 崩塌、岩堆对公路工程的危害

山坡陡峻、裂隙发育、岩层倾向公路的地段,或构造复杂、岩块松动的陡坡,因雨水侵蚀、温度变化或受其他外力作用可能产生崩塌。崩塌一般出现在峡谷陡坡地段,它直接威胁公路安全,尤其是大型崩塌来势凶猛,破坏力大。

悬崖及陡坡上部,岩石经物理风化作用后,通过重力或暴雨搬运至山坡或坡脚的松散堆积体,叫作岩堆。岩堆往往由崩塌、错落形成,也可由缓慢的堆积形成,这在河谷中较为常见。在岩堆地段修筑公路,易发生顺层牵引坍滑,影响公路稳定。

2. 崩塌、岩堆地段选线要点

(1)在山体不稳、岩层破碎的陡峻山坡,或预计人工开挖使稳定条件破坏,将发生较大规模崩塌,且工程处理困难的地段,应尽量绕避。若采用修建明洞、在稳定岩层内修建隧道等措施通过,需经比较后选定。

(2)在崩塌范围不大,且性质不严重,采取清理山坡危石以及其他有效工程措施能保证安全时,可考虑在崩塌影响范围内通过。

(3)当处在发展阶段或较大范围松散、稳定性差的岩堆时,路线宜向山体内移设隧道在堆积体范围外的基岩中通过,或外移设桥通过,或考虑跨河至对岸的绕避方案。

(4)对稳定的岩堆,路线以低路基或浅路堑通过,应避免深挖高填,以免破坏岩堆的稳定性。

十一、泥石流地段选线

1. 泥石流对公路工程的危害

泥石流是一种携带大量固体物质,如黏土、砂、砾石、块石等骤然发生的洪流,主要发生在地质不良、地形陡峻的山区。

泥石流来势凶猛,破坏力巨大,冲毁路基、桥涵、房屋、村镇和淹没农田,堵塞河道,给公路交通和工农业生产造成严重危害。

2. 泥石流地段选线要点

(1)对严重泥石流集中地段,应考虑绕避。当沿河两岸均有泥石流时,则应选泥石流较轻微的一岸通过,必要时可多次跨河绕避。

(2)路线跨越泥石流沟时,首先应考虑从流通区或沟床比较稳定、冲淤变化不大的洪积扇顶部以桥跨越。但这种方案平面线形一般较差、纵坡起伏大、沟口两侧路堑边坡容易发生崩塌、滑坡等病害。此外,还应注意目前流通区有无转化为堆积区的趋势。

(3)路线必须通过泥石流地段时,应尽量避免穿过沉积区,二级及以上的公路宜在通过区设桥跨过,并留有足够孔跨及净高。如受高程控制不能设桥时,不宜设计为路堑,可以明洞或隧道通过,应将明洞或隧道的进出口设在泥石流影响范围外,并有足够埋藏深度。

(4)只有泥石流不严重,技术上可以处理,并经比选,方能采用在沉积区通过的方案。在沉积区,宜分散设桥,不宜改沟合并设桥。一般对山前区泥石流,路线宜在沉积区下方通过,山区泥石流路线宜在沉积区上方通过,如必须通过洪积扇下方时,应以不受大河影响为度。

十二、高烈度地震区选线

1. 地震对公路工程的影响

强烈地震可使地层断裂、山体崩塌、房屋倒塌、桥梁破坏和造成人畜伤亡。地震对公路工程的破坏程度与地震烈度、当地地形、地质条件和建筑物的抗震能力有关。

1)不同地形和地质条件下地震的危害

深谷、悬崖、陡坡、陡坎等地段受震后容易产生崩塌。地震对不稳定、风化破碎的陡峻山坡也易造成滑坡及崩塌。地震还可促使古老滑坡、泥石流复活,并可造成新的泥石流。平原地区地震时,也会产生地面裂缝,出现翻砂冒泥现象。

地层的工程地质和水文地质条件不同,地震危害的程度也不同。完整、微风化的基岩、洪积胶结的大块碎石土等地基最为稳定。流塑状黏性土、黏沙土层、饱和沙层(不包括粗沙,砾沙)、淤泥质土、填筑土等地基抗震性能最差。饱和松散的粉细沙、细沙或中沙受震后,可能发生液化现象,使地基承载能力减弱或丧失。

2)不同建筑物的抗震能力

建筑物因强度、结构的不同具有不同的抗震能力。隧道因埋藏在地层中而抗震能力强,但洞口和浅埋的隧道较易受地震的破坏。高路堤、深路堑易受地震的破坏。具有对称的或整体结构的桥涵抗震力较好。特大桥、大桥等大型建筑物,如地基不良,受震后墩台基础易产生下沉,桥墩台支座、梁部易受到破坏或推移,修复困难。

对建筑物的抗震能力,涵洞比桥梁好,隧道比深路堑好。

2. 地震区选线要点

(1)干线公路应尽量绕避高烈度地震区,难以避开时,路线应选择在最窄处通过,并宜采用低路堤。

(2)路线必须通过高烈度地震区时,应尽量利用有利地形,避开悬崖陡壁、地形复杂和不良地质地区,以减小地震可能造成的破坏。

① 路线应选择在比较稳定的地基和地下水埋藏较深的地区,或地形开阔平缓和稳定的山坡地段上。

②路线应尽量绕避活动断层和两个构造线的交汇点。如必须穿过构造带时,应选择在最窄处以正交通过。

③当路线必须通过非岩质和岩层风化破碎的陡峻山坡时,应考虑以隧道通过。其洞口位置应避免设置在岩层松软、崩塌、滑坡等不稳定的地段。难以避开时,应早进洞晚出洞和采取加强措施,尽量避免傍河隧道的洞身埋藏过浅。

④路线应避免高填深挖或半填半挖,尤其在土质松软地区更应避免。

(3)地震区桥梁位置应尽量选择在良好的地基和稳定的河岸地段。如必须在易液化沙土、黏沙土及软土或稳定性较差的河岸地段通过时,路线应尽量与河流正交。

第五节 定 线 方 法

定线是根据既定的技术标准和路线方案,结合地形、地质等条件,综合考虑路线的平面、纵断面、横断面,具体定出道路中线的工作。这是一项涉及面很广、技术要求较高的工作。除受地形、地质、地物等有形因素限制外,道路定线还要受技术标准、国家政策、社会需求、道路美学、风俗习惯等因素的制约。要求设计人员具有广博的知识、熟练的定线技巧和精益求精的工作态度。设计者很难一次试线就能定出理想线位,复杂条件下的定线往往存在多个设计方案供研究比选,每一个方案都是众多相互制约因素的一种折中方案,理想的路线只能通过比较的方法选定。定线按工作对象的不同分为纸上定线、现场定线和航测定线。按照现行设计文件编制要求,除少数特殊情况(如山区四级公路,所在区域又没有地形图)外,定线均应采用纸上定线。本章主要讲述纸上定线的方法和步骤。

一、纸上定线

纸上定线是在 1:1 000～1:2 000 大比例尺地形图上确定道路中线位置的方法。地形图范围大、视野开阔,定线人员在室内容易定出合理的路线。不同的地形定线中有不同的侧重点,平原、微丘区地形平坦,路线一般不受高程限制,定线中主要是正确绕避平面上的障碍,力争控制点间路线短捷顺直;而山岭、重丘区地形复杂,横坡陡峻,定线时要充分利用有利地形,避让艰巨工程、不良地质地段或地物等。

(一)平原、微丘区定线步骤

(1)认真分析路线走向范围内的地形、地质及建筑物和其他地物的分布情况,确定中间控制点及其可活动的范围。若沿线有需要跨越的河流,应估算桥梁的长度,如果是大桥或特大桥,跨河位置一般应作为控制点。

(2)通过或靠近大部分控制点连直线,交汇出交点。分析前后直线的合理性,如该直线是否会引起大量建筑物拆迁、是否经过了大面积水田或不良地质地区、前后直线长度是否过短等。若不合理,则应根据控制点的可活动范围调整个别控制点位置后重新穿线或调整穿线方案。

(3)用量角器和直尺量出偏角和交点间距或通过交点坐标计算出偏角和交点间距,根据交点位置处的实际情况,分析该平曲线半径的控制因素并选配平曲线半径和缓和曲线长度。推荐半径时应考虑现行《公路工程技术标准》(以下简称《标准》)的有关规定、地形地质特点和有关技术经济要求。平曲线半径一般受曲线内侧障碍物和切线长控制。设计中可以根据实际控制因素反算平曲线半径。

(4)计算曲线要素和路线里程,按切线长在地形图上定出曲线的直缓点和缓直点并画出整个曲线。由设计起点或后方曲线的缓直点开始,量出各公里桩、百米桩和主点桩。

(5)按里程及地面特征点(设加桩)的高程,以规定的比例尺绘出纵断面图的地面线,在纵断面图"直线及平曲线"栏按里程绘出平面示意图,曲线内侧填注曲线要素。

(6)根据地面起伏、地面横坡、地质条件和规范有关规定,进行纵断面设计,定出各个坡段长度(一般取 50m 的整倍数)及坡度大小,计算变坡点处的设计高程,绘出设计坡度线。

(7)通常在定出一段平面后,紧接着设计纵断面。在试定出 3～5km 路线后,进行全面的检查、分析,看路线是否合理。经过修改,直到满意为止。

重复以上步骤,设计下一段线路,直至设计终点。最后,按标准图式绘制平面图与纵断面图。

(8)桥涵及其他单项工程的布置

路线设计的合理性,要结合单项工程的布置与设计综合考虑。应进行桥梁、涵洞的分布,流量与孔径的计算,确定交叉口的位置及形式,以及布置挡土墙等。这些工作应由有关的专业配合进行,综合反映到平、纵断面设计中。

(二)山岭、重丘区定线步骤

1. 判断是否需要展线

若连续 3km 以上的地面平均自然坡度大于设计道路的平均纵坡(5%～5.5%),则考虑展线,否则不需要展线或只有局部地段需要展线。

2. 定导向线

(1)分析地形,找出各种可能的走法。在地形图上仔细研究路线布局阶段选定的主要控制点间的地形、地质情况,选择有利地形如平缓顺直的山坡、开阔的侧沟、利于回头的地点等,拟订路线各种可能的走法。如图 6-30 所示,图左侧地形较陡,图右侧地形较缓,A、D 为两控制点,B 为可利用的山脊平台,C 为应避让的陡崖,则 A-B-C-D 为路线的一种可能走法,须由放坡试定,纸上定线的放坡是用两脚规进行的。

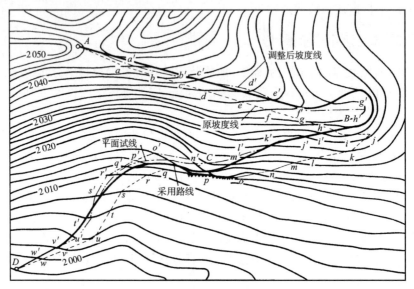

图 6-30 纸上定线平面图
注:本图无比例,仅为示意。

(2)放坡定坡度线。由等高距 h 和选用的平均纵坡 $i_{均}$(5.0%~5.5%,视地形曲折程度和高差而定),按 $a = h/i_{均}$ 计算等高线间平距 a,使两脚规的张开度等于 a(按地形图比例尺),从某一固定点如 A 点开始,沿拟订走法依次截取每根等高线得 a、b、c 等点,在 B 附近回头(如图中 j 点)后再向 D 点截取,当最后一点的位置和高程都与 D 点接近时,说明该方案成立,否则应修改走法(如改变回头位置)或调整 $i_{均}$(在 5.0%~5.5% 内),重新放坡至方案成立为止。

连线 $Aab……D$ 为具有平均纵坡的折线,称为坡度线,它验证了一种走法的成立,并可发现一些中间控制点为下一步工作提供依据。

(3)确定中间控制点,分段调整纵坡,定导向线。导向线是在分析坡度线利用有利地形、避让地物或不良地质情况的基础上,根据找出的中间控制点,分段调正纵坡后得到的具有分段均匀坡度的折线。因此,为了确定导向线,应首先分析坡度线利用地形、避让地物或不良地质情况,找出应穿或应避的中间控制点。如图 6-30 中,在 B 处利于回头的地点未能利用,在 C 处的陡崖未能避让,若调整 B、C 前后的纵坡(可在最大和最小纵坡间选用,但不轻易采用极限值且不出现反坡),能避开陡崖和利用有利回头地点,可将 B、C 定为中间控制点。再仿照放坡分段调整纵坡试定匀坡线,各段匀坡线的连线 $Aa'b'…D$ 为分段安排纵坡的折线。导向线利用了有利地形,避开了不利障碍,示出了路线将行经的大概位置。

3. 定修正导向线

(1)试定平面和纵断面。参照导向线定出直线和平曲线即平面试线,按地形变化特征点量出或读取桩号及地面高程,点绘纵断面图的地面线,参考地面线和前面分段安排的纵坡设计,理想纵坡如图 6-31 所示,量出或读取各桩的概略设计高程。

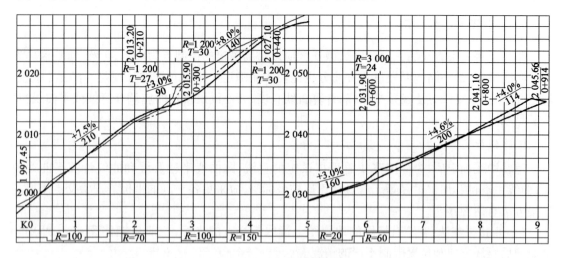

图 6-31　纸上定线纵断面图

(2)定一次修正导向线。目的是用纵断面修正平面,避免纵向大填大挖。在平面试线各桩的横断面方向上点出与概略设计高程相应的点,这些点的连线是具有理想纵坡、中线上不填不挖的折线,称为一次修正导向线。当纵断面上填挖过大时,应进行修改。如图 6-31 所示,K0+200～K0+400 之间,实线地面线挖方较大,该段纵坡已近极限值无法调整,如将路线移到崖顶通过,平面线形变化不大,但挖方工程减少很多,如图 6-31 中虚线地面线(平面图中修正导向线未示出)。

(3)定二次修正导向线。目的是用横断面最佳位置修正平面,避免横向填挖过大。对一次修正导向线各点绘制横断面图,用路基模板逐点找出最经济或起控制作用的最佳中线位置及其可移动范围,如图 6-32 中的②、③。根据最佳位置的性质分别用不同符号点回到平面图上,这些点的连线是具有理想纵坡、横向位置最佳的平面折线称为二次修正导向线(小比例尺地形图上显示不出最佳位置时可不做)。

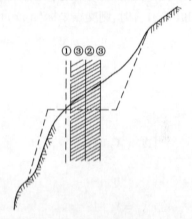

图 6-32　横断面最佳位置

4. 定线

定线是在二次修正导向线的基础上进行的。二次修正导向线是一条平面折线,不满足技术标准的要求,必须适当取直,并用平曲线连接,定出中线的确切位置。定线必须按照二次修正导向线上各特征点的性质和可活动范围,反复试线,才能定出满足要求的中线。定线的具体操作可采用直线形定线方法或曲线形定线方法,具体方法详见后述。

纸上定线是一个反复试线修改的过程,试线中是修改纵坡还是改移中线位置或两者都改,应对平、纵、横三方面充分研究后确定。在一定程度上,试线越多,最后的成品就越好,直到无论修改哪一方都不能显著节省工程或增进美观时,才可认为纸上定线工作结束。中线定出以后就可以进行纵断面、横断面以及相关内容设计。

二、纸上定线操作方法

(一)直线形定线方法

路线上每一条直线的方向,平原、微丘区应以布局确定的控制点为依据,山岭、重丘区应参照导向线试定,最终路线要经过多方面分析比较才能确定。所定直线的长度是否满足《标准》规定,应采用本定线方法设置平曲线,计算直线长度,若不满足规定时应调整直线或平曲线,直至满足规定为止。

1. 路线标定

道路中线确定后,为标定路线需根据试定的直线、圆曲线半径及缓和曲线计算平曲线要素、曲线主点桩和加桩里程等。需要计算逐桩坐标时,应采集各交点的坐标。通常交点坐标的采集方法有两种:

(1)直接采集法:在绘有格网的地形图上读取各交点的坐标,一般只能估读到米,适用于交点前后直线方向和位置限制不严的情况。

(2)定前后直线间接推算法:在绘有格网地形图上先固定交点前后的直线(即在直线上读取两个点的坐标),再用相邻直线相交的解析法计算交点坐标,一般适用于交点前后直线方向和位置限制较严的情况。

当已知交点前直线上两点的坐标(X_1,Y_1)和(X_2,Y_2),交点后直线上两点的坐标(X_3,Y_3)和(X_4,Y_4)时,则交点坐标(X,Y)可由式(6-2)计算。

$$\left. \begin{array}{l} k_1 = \dfrac{Y_2 - Y_1}{X_2 - X_1}, k_2 = \dfrac{Y_4 - Y_3}{X_4 - X_3} \\ X = \dfrac{k_1 X_1 - k_2 X_3 - Y_1 + Y_3}{k_1 - k_2} \\ Y = k_1(X - X_1) + Y_1 \end{array} \right\} \tag{6-2}$$

当$X_1 = X_2$时:

$$X = X_1 = X_2$$
$$Y = k_2(X - X_3) + Y_3$$

当$X_3 = X_4$时:

$$X = X_3 = X_4$$
$$Y = k_1(X - X_1) + Y_1$$

2. 曲线设置

曲线设置的任务是确定圆曲线半径R及缓和曲线长度L_s。曲线设置是在定出直线和交点后进行的,应根据技术标准和地形条件,通过试算或反算的办法确定R和L_s。试算是根据经验先初定R和L_s,计算曲线要素切线长T、外距E和平曲线长度L,检查线形是否满足技术标准和线位是否适应地形条件,当不满足时应调整R或L_s或两者都调整,直至满足要求为止。反算是根据控制较严的切线长T(或外距E)和试定的L_s计算半径R,取整并判断R是否满足标准要求,否则应进行调整。试算或反算的结果经调整后仍然不能满足技术标准时,应调整路线导线。以下公式中当平曲线不设缓和曲线时,只要令$L_s = 0$即可。

1) 单交点曲线

(1) 已知切线长 T 反算半径 R

测算出路线导线转角 α 和控制切线长 T,根据缓和曲线的要求试定 L_s,取 $p \approx L_s^2/24$、$q \approx L_s/2$,用式(6-3)解算半径 R。

$$\tan\frac{\alpha}{2}R^2 + \left(\frac{L_s}{2} - T\right)R + \frac{L_s^2}{24}\tan\frac{\alpha}{2} = 0 \tag{6-3}$$

对反算出的半径 R 应根据控制切线长 T 取整,当 T 为最大控制值时,R 向小取整;当 T 为最小控制值时,R 向大取整,取整后再由精确计算公式计算曲线要素。另外,当 T 为一个严格控制值时,不宜用上式反算 R,应取 p 和 q 的更精确值,采用牛顿求根法解算高次方程求得半径 R。

(2) 已知外距 E 反算半径 R

根据转角 α、控制外距 E 和试定的 L_s,取 $p \approx L_s^2/24$,用式(6-4)解算半径 R。

$$\left(\sec\frac{\alpha}{2} - 1\right)R^2 - ER + \frac{L_s^2}{24}\sec\frac{\alpha}{2} = 0 \tag{6-4}$$

同理,对由 E 反算出的 R 取整或精确计算。

2) 双交点和虚交点曲线

双交点曲线是虚交点曲线的特例。双交点适用于转角较大、交点过远或交点处难以安置仪器(如河中、建筑物或陡坡上)的情况,现场定线常采用这种曲线,而纸上定线一般采用较少,只有当设置回头曲线或因交点过远和难以安置仪器而使实地放线困难时采用双交点曲线。虚交点曲线也具有这种作用,但从控制线位和推算合适半径考虑,采用双交点曲线反算半径更准确一些。

如图 6-33 所示,已知基线长 AB、转角 α_A 和 α_B、试定 L_s,则由式(6-5)解算半径 R。

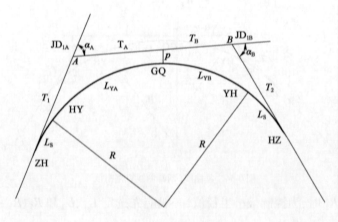

图 6-33 双交点曲线

$$R^2 - \frac{AB}{\tan\frac{\alpha_A}{2} + \tan\frac{\alpha_B}{2}}R + \frac{L_s^2}{24} = 0 \tag{6-5}$$

解算出的半径 R,若为双交点曲线不取整,若为虚交点曲线则可取整。检查各曲线要素和平曲线指标是否满足规定,否则应进行调整。虚交点曲线元素计算比较简单,只要解算出基线三角形后按单交点曲线计算即可,而双交点曲线计算相对复杂,计算公式如下:

$$p = \frac{L_s^2}{24R}$$

$$q = \frac{L_s}{2} - \frac{L_s^3}{240R^2}$$

$$AB = T_A + T_B$$

$$\beta_0 = 28.6479 \frac{L_s}{R}$$

$$T_A = (R+p)\tan\frac{\alpha_A}{2}$$

$$T_B = (R+p)\tan\frac{\alpha_B}{2}$$

$$T_1 = T_A + q$$

$$T_2 = T_B + q$$

$$L_{YA} = (\alpha_A - 2\beta_0)\frac{\pi}{180}R + \frac{L_s}{2}$$

$$L_{YB} = (\alpha_B - 2\beta_0)\frac{\pi}{180}R + \frac{L_s}{2}$$

3）复曲线

复曲线是指不同半径的两圆曲线直接衔接，下面设置其方法。

如图 6-34 所示，曲线两端分别设有缓和曲线 L_{s1} 和 L_{s2}，为使两圆曲线 R_1 和 R_2 在公切点（GQ）直接衔接，两缓和曲线的内移值必须相等，即 $p_1 = p_2 = p$，则式(6-6)成立。

$$\frac{L_{s1}^2}{R_1} = \frac{L_{s2}^2}{R_2} \tag{6-6}$$

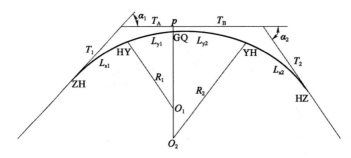

图 6-34 复曲线（两圆曲线直接衔接）

在确定 R_1 和 R_2 时，为控制最小半径值，一般应先选定 L_{s1}、L_{s2} 和 R_1、R_2 中较小者，用下式计算较大值。

$$R_1 = \frac{AB - T_B}{\tan\frac{\alpha_1}{2}} - p_1 = \frac{AB - \left(R_2 + \frac{L_{s2}^2}{24R_2}\right)\tan\frac{\alpha_2}{2}}{\tan\frac{\alpha_1}{2}} - \frac{L_{s2}^2}{24R_2}$$

$$L_{s1} = L_{s2}\sqrt{\frac{R_1}{R_2}}$$

按此推算出的 R_1 和 L_{s1} 不能取整,检查 R_1、R_2、L_{s1}、L_{s2} 的规定及其他曲线要素,若不满足时应重新选定并试算,必要时应调整路线导线。

4)回头曲线

回头曲线的圆曲线半径 R 和缓和曲线 L_s 一般都是已知的,而且线位控制较严,可参照双交点设置回头曲线。如图 6-33 所示,当 R、L_s、α_A 和 α_B 已知时,可由式(6-7)计算基线长 AB。

$$AB = \left(R + \frac{L_s^2}{24R}\right)\left(\tan\frac{\alpha_A}{2} + \tan\frac{\alpha_B}{2}\right) \tag{6-7}$$

求得 AB 后,平行移动 T_1 或 T_2 直线或两者都平移(即保持 α_A、α_B 不变),使 JD_{1A} 和 JD_{1B} 间的距离等于 AB,则回头曲线位置确定,检查回头曲线与其前、后平曲线的配合,若满足要求则按双交点曲线公式计算回头曲线的曲线要素,否则应对路线导线调整后重新设置回头曲线。具体设置方法可见现场定线的曲线插设。

3. 坐标计算

建立统一坐标系,一般采用国家坐标系统。根据路线地理位置和几何关系计算出道路中线上各桩点的统一坐标,编制逐桩坐标表。

1)路线转角、交点间距、曲线要素及主点桩计算

设起点坐标 $JD_0(XJ_0, YJ_0)$,第 i 个交点坐标为 $JD_i(XJ_i, YJ_i)$,$i = 1, 2, \cdots, n$,则:

坐标增量:

$$DX = XJ_i - XJ_{i-1}$$
$$DY = YJ_i - YJ_{i-1}$$

交点间距:

$$S = \sqrt{(DX)^2 + (DY)^2}$$

象限角:

$$\theta = \arctan\left|\frac{DY}{DX}\right|$$

计算方位角 A:

$$DX > 0, DY > 0, \quad A = \theta$$
$$DX < 0, DY > 0, \quad A = 180 - \theta$$
$$DX < 0, DY < 0, \quad A = 180 + \theta$$
$$DX > 0, DY < 0, \quad A = 360 - \theta$$

转角:

$$\alpha_i = A_i - A_{i-1}$$

α_i 为"+"路线右转,α_i 为"-"路线左转。

曲线要素及主点桩号计算公式详见有关《测量学》教材。对于高速公路和一级公路,由于精度要求较高,在应用计算公式时,必须注意取舍误差,否则会影响计算精度。如 p、q、x、y 等均为级数展开式,应增大项数。

2)直线上中桩坐标计算

如图 6-35 所示,设交点坐标为 $JD(XJ, YJ)$,交点相邻直线的方位角分别为 A_1 和 A_2。则 ZH(或 ZY)点坐标:

$$\left.\begin{array}{l}X_{ZH} = XJ + T\cos(A_1 + 180)\\Y_{ZH} = YJ + T\sin(A_1 + 180)\end{array}\right\} \quad (6\text{-}8)$$

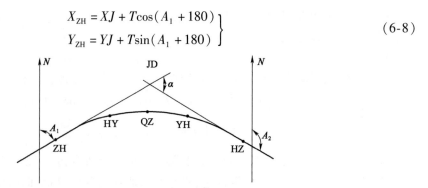

图 6-35 中桩坐标计算示意图

HZ(或 YZ)点坐标：

$$\left.\begin{array}{l}X_{HZ} = XJ + T\cos A_2\\Y_{HZ} = YJ + T\sin A_2\end{array}\right\} \quad (6\text{-}9)$$

设直线上加桩里程为 L，ZH、HZ 表示曲线起、终点里程，则前直线上任意点坐标（$L \leqslant$ ZH）：

$$\left.\begin{array}{l}X = XJ + (T + ZH - L)\cos(A_1 + 180)\\Y = YJ + (T + ZH - L)\sin(A_1 + 180)\end{array}\right\} \quad (6\text{-}10)$$

后直线上任意点坐标（$L >$ HZ）：

$$\left.\begin{array}{l}X = XJ + (T + L - HZ)\cos A_2\\Y = YJ + (T + L - HZ)\sin A_2\end{array}\right\} \quad (6\text{-}11)$$

3）单曲线内中桩坐标计算

（1）不设缓和曲线的单曲线

曲线起终点坐标按式（6-8）、式（6-9）计算，设其坐标分别为 ZY(X_{ZY}, Y_{ZY})，YZ(X_{YZ}, Y_{YZ})，则圆曲线上坐标为：

$$\left.\begin{array}{l}X = X_{ZY} + 2R\sin\left(\dfrac{90l}{\pi R}\right)\cos\left(A_1 + \xi\dfrac{90l}{\pi R}\right)\\Y = Y_{ZY} + 2R\sin\left(\dfrac{90l}{\pi R}\right)\sin\left(A_1 + \xi\dfrac{90l}{\pi R}\right)\end{array}\right\} \quad (6\text{-}12)$$

式中：l——圆曲线内任意点至 ZY 点的曲线长；

R——圆曲线半径；

ξ——转角符号，右转为"$+$"，左转为"$-$"，下同。

（2）设缓和曲线的单曲线

缓和曲线上任意点的切线横距：

$$x = l - \dfrac{l^5}{40R^2L_s^2} + \dfrac{l^9}{3\,456R^4L_s^4} - \dfrac{l^{13}}{599\,040R^6L_s^6} + \cdots \quad (6\text{-}13)$$

式中：l——缓和曲线上任意点至 ZH（或 HZ）点的曲线长；

L_s——缓和曲线长度。

①第一缓和曲线（ZH～HY）任意点坐标

$$\left. \begin{array} { l } { X = X _ { \mathrm { ZH } } + \dfrac { x } { \cos \left(\dfrac { 3 0 l ^ { 2 } } { \pi R L _ { \mathrm { s } } } \right) } \cos \left(A _ { 1 } + \xi \dfrac { 3 0 l ^ { 2 } } { \pi R L _ { \mathrm { s } } } \right) } \\ { Y = Y _ { \mathrm { ZH } } + \dfrac { x } { \cos \left(\dfrac { 3 0 l ^ { 2 } } { \pi R L _ { \mathrm { s } } } \right) } \sin \left(A _ { 1 } + \xi \dfrac { 3 0 l ^ { 2 } } { \pi R L _ { \mathrm { s } } } \right) } \end{array} \right\} \quad (6\text{-}14)$$

② 圆曲线内任意点坐标

在 HY ~ YH 之间时：

$$\left. \begin{array} { l } { X = X _ { \mathrm { HY } } + 2 R \sin \left(\dfrac { 9 0 l } { \pi R } \right) \cos \left[A _ { 1 } + \xi \dfrac { 9 0 (l + L _ { \mathrm { s } }) } { \pi R } \right] } \\ { Y = Y _ { \mathrm { HY } } + 2 R \sin \left(\dfrac { 9 0 l } { \pi R } \right) \sin \left[A _ { 1 } + \xi \dfrac { 9 0 (l + L _ { \mathrm { s } }) } { \pi R } \right] } \end{array} \right\} \quad (6\text{-}15)$$

式中： l ——圆曲线内任意点至 HY 点的曲线长；

$X _ { \mathrm { HY } }$、$Y _ { \mathrm { HY } }$ ——HY 点的坐标，由式(6-14)计算而来。

在 YH ~ HY 之间时：

$$\left. \begin{array} { l } { X = X _ { \mathrm { YH } } + 2 R \sin \left(\dfrac { 9 0 l } { \pi R } \right) \cos \left[A _ { 2 } + 1 8 0 - \xi \dfrac { 9 0 (l + L _ { \mathrm { s } }) } { \pi R } \right] } \\ { Y = Y _ { \mathrm { YH } } + 2 R \sin \left(\dfrac { 9 0 l } { \pi R } \right) \sin \left[A _ { 2 } + 1 8 0 - \xi \dfrac { 9 0 (l + L _ { \mathrm { s } }) } { \pi R } \right] } \end{array} \right\} \quad (6\text{-}16)$$

式中：l ——圆曲线内任意点至 YH 点的曲线长。

③ 第二缓和曲线（HZ ~ YH）内任意点坐标

$$\left. \begin{array} { l } { X = X _ { \mathrm { HZ } } + \dfrac { x } { \cos \left(\dfrac { 3 0 l ^ { 2 } } { \pi R L _ { \mathrm { s } } } \right) } \cos \left(A _ { 2 } + 1 8 0 - \xi \dfrac { 3 0 l ^ { 2 } } { \pi R L _ { \mathrm { s } } } \right) } \\ { Y = Y _ { \mathrm { HZ } } + \dfrac { x } { \cos \left(\dfrac { 3 0 l ^ { 2 } } { \pi R L _ { \mathrm { s } } } \right) } \sin \left(A _ { 2 } + 1 8 0 - \xi \dfrac { 3 0 l ^ { 2 } } { \pi R L _ { \mathrm { s } } } \right) } \end{array} \right\} \quad (6\text{-}17)$$

式中：l ——第二缓和曲线内任意点至 HZ 点的曲线长。

（二）曲线形定线方法

曲线形定线方法是根据导向线和地形条件及相应技术指标，先试定出合适的圆曲线单元，然后将这些圆曲线用适当的直线和缓和曲线连接的定线方法，即与传统的先定直线后定曲线相反的以曲线为主的定线法。当相邻圆曲线之间相距较远时，可插设适当的直线段。一般宜用于地形复杂的山岭重丘地区。

1. 定线步骤

(1) 参照导向线或控制点，徒手勾绘线形顺适、平缓并与地形相适应的概略线位。

(2) 用直尺或不同半径的圆曲线弯尺拟合徒手线位，形成一条由圆弧和直线组成的具有错位（即设缓和曲线后圆曲线的内移值）的间断线形。

(3) 在圆弧和直线上各采集两点坐标固定位置，通过试定或试算，用合适的缓和曲线将它们顺滑连接，形成连续的平面线形。

对纸上定线有经验者,可参照导向线或控制点从第(2)步开始操作。当在电子地图上定线时,可直接从第(3)步开始操作。

2. 确定回旋线参数

曲线形定线法的缓和曲线仍然采用回旋线,确定回旋线参数 A 值是采用曲线形定线法的关键。随着计算工具的发展,目前常用计算的方法确定 A 值。

1)近似计算法

回旋线参数 A 的近似计算公式为:

$$A = \sqrt[4]{24DR^3} \qquad (6\text{-}18)$$

式中:D——基本型曲线时为内移值 p,S 形和卵形曲线(如图 6-36)时为圆弧之间的距离;

R——基本型曲线时为单圆曲线半径,S 形和卵形曲线时为换算半径,分别按下式计算:

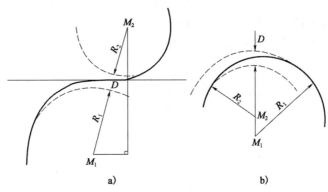

图 6-36 S 形和卵形曲线计算图

S 形曲线换算半径:

$$R = \frac{R_1 R_2}{R_1 + R_2}$$

卵形曲线换算半径:

$$R = \frac{R_1 R_2}{R_1 - R_2}$$

其中,R_1 为大圆半径,R_2 为小圆半径。

计算出 A 值后,应检查其大小是否满足 $A \geq A_{\min}$ 或 $R/3 \leq A \leq R$ 的要求,不满足时可调整圆弧位置,使 D 值变化后重新计算 A 值,直到满足要求为止。

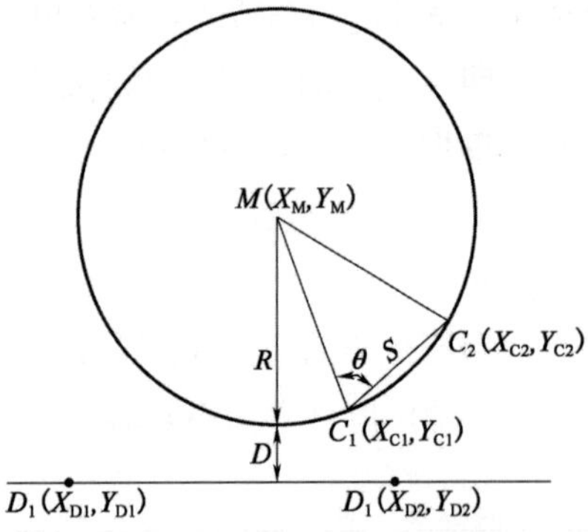

2)解析计算法

解析计算法是根据几何关系,建立含有参数 A 的方程式,通过精确计算确定 A 值的过程。下面分三种连接情况介绍。

(1)直线与圆曲线连接

如图 6-37 所示,已知直线上两点 $D_1(X_{D1}, Y_{D1})$、$D_2(X_{D2}, Y_{D2})$ 和圆上两点 $C_1(X_{C1}, Y_{C1})$、$C_2(X_{C2}, Y_{C2})$ 以及圆曲线半径 R。

图 6-37 直线与圆曲线连接计算图

① 圆心坐标

由图 6-37 得：

$$\theta = \cos^{-1} \frac{S}{2R}$$

C_1M 方位角：

$$\alpha_m = \alpha_c + \xi\theta$$

式中：α_c——C_1C_2 的方位角。

圆心坐标为：

$$\left. \begin{array}{l} X_M = X_{C1} + R\cos\alpha_m \\ Y_M = Y_{C1} + R\sin\alpha_m \end{array} \right\} \tag{6-19}$$

式中：$R = |R|$，下同。

② 直线与圆曲线间距 D

令：

$$k = \frac{Y_{D2} - Y_{D1}}{X_{D2} - X_{D1}}$$

则：

$$D = \frac{|k(X_M - X_{D1}) - (Y_M - Y_{D1})|}{\sqrt{1+k^2}} - R \tag{6-20}$$

③ 回旋线参数 A 及长度 L_s

由回旋线的几何关系得：

$$p = y + R\cos\tau - R \tag{6-21}$$

式中：$y = \frac{L_s^2}{6R}\left(1 - \frac{L_s^2}{56R^2} + \frac{L_s^4}{7040R^4} - \cdots\right)$；

$\tau = \frac{L_s}{2R}$。

因 $p = D$，故式 (6-21) 只含未知数 L_s，可采用牛顿求根法解出 L_s，一般精确到 10^{-4}。则参数 A 值计算公式为：

$$A = \sqrt{L_s R} \tag{6-22}$$

(2) 两反向曲线连接

如图 6-36 a) 所示，已知两圆曲线上各两点坐标及相应半径 R_1 和 R_2，用上述方法可算出圆心坐标为 $M_1(X_{M1}, Y_{M1})$ 和 $M_2(X_{M2}, Y_{M2})$。

① 计算两圆间距 D

$$M_1M_2 = R_1 + R_2 + D = \sqrt{(X_{M2} - X_{M1})^2 + (Y_{M2} - Y_{M1})^2} \tag{6-23}$$

则：

$$D = |M_1M_2 - R_1 - R_2| = \left|\sqrt{(X_{M2} - X_{M1})^2 + (Y_{M2} - Y_{M1})^2} - R_1 - R_2\right|$$

式中：$R_1 = |R_1|$；

$R_2 = |R_2|$，下同。

②计算回旋线参数 A

S形两个回旋线参数 A_1 与 A_2 宜相等，当采用不同参数时，A_1 与 A_2 之比宜小于2.0，有条件时以小于1.5为宜。用 $k = A_1/A_2$ 表示回旋线参数的比值，则由几何关系知：

$$M_1M_2 = \sqrt{(R_1 + R_2 + p_1 + p_2)^2 + (q_1 + q_2)^2} \tag{6-24}$$

式中：$p_i = y_i + R_i\cos\tau_i - R_i (i=1,2)$；

$q_i = x_i - R_i\sin\tau_i (i=1,2)$；

$x_i = 2R_i\tau_i\left(1 - \dfrac{\tau_i^2}{10} + \dfrac{\tau_i^4}{216} - \dfrac{\tau_i^6}{9\ 360} + \cdots\right)(i=1,2)$；

$y_i = \dfrac{2}{3}R_i\tau_i^2\left(1 - \dfrac{\tau_i^2}{14} + \dfrac{\tau_i^4}{440} - \dfrac{\tau_i^6}{25\ 200} + \cdots\right)(i=1,2)$；

$\tau_2 = \dfrac{1}{k^2}\left(\dfrac{R_1}{R_2}\right)^2\tau_1$。

由式(6-23)和式(6-24)可建立含 τ_1 的方程 $F(\tau_1) = 0$，解算出 τ_1 并求得 τ_2 后按式(6-25)计算参数：

$$\left.\begin{aligned} A_1 &= R_1\sqrt{2\tau_1} \\ A_2 &= R_2\sqrt{2\tau_2} \end{aligned}\right\} \tag{6-25}$$

3）两同向曲线连接

如图6-36 b)所示，求得圆心 M_1 和 M_2 的坐标后，则：

$$D = |R_1 - R_2 - M_1M_2|$$

$$M_1M_2 = \sqrt{(R_1 + p_1 - R_2 - p_2)^2 + (q_2 - q_1)^2}$$

同样可建立含 τ_1 的方程，解出 τ_1 后按式(6-26)计算 τ_2 和 A：

$$\left.\begin{aligned} \tau_2 &= \left(\dfrac{R_1}{R_2}\right)^2\tau_1 \\ A &= R_1\sqrt{2\tau_1} \end{aligned}\right\} \tag{6-26}$$

定线操作是一个由粗到细的工作过程。因近似法计算中只保留了级数展开式中的第一项，所以计算简单但精度不高，适用于初定线位或精度要求不高的定线。解析法精度较高但计算复杂，需在计算机上计算，适用于精细定线。

（三）坐标计算

采用曲线形定线法定出的路线平面线形仍然是由直线、圆曲线和回旋线三种线形要素组成。当各线形单元衔接点的坐标确定时，路线平面线形的形状和位置就被确定。目前各种组合线形单元衔接点的坐标和线形上任意点坐标计算过程较为烦琐，一般通过计算机辅助设计软件计算，具体计算公式可参见相关书籍，不在此赘述。

【待深入研究的问题】

道路选线、定线涉及政治、经济、国防、技术、环境等诸多因素。从路线基本走向地确定到路线方案选择和具体定线,所考虑因素的侧重点又有所不同,在各种因素综合作用下要选定出一条最佳路线,技术上是非常复杂且困难的。但是,路线方案又直接影响到建设项目的质量、投资及运营效益,影响到道路本身路基、路面、桥涵等组成实体功能的正常发挥和安全使用,因此,路线方案多目标优化和决策,是需要进一步研究的问题。选线工作的进步依赖于新技术地发展,最终的目标就是选线自动化。随着计算机技术和应用数学的迅猛发展,开发新一代具有方案设计功能的公路辅助设计系统,研制公路选线专家系统,开发多目标路线方案评价与决策系统,BIM 技术应用系统等将成为公路设计领域新的研究热点。

【习题与思考题】

6-1 道路选线的一般原则有哪些?
6-2 叙述公路选线的步骤和方法。
6-3 影响路线方案的主要因素有哪些?
6-4 叙述各设计阶段选线的主要内容与方法。
6-5 叙述平原区选线的特征及要点。
6-6 沿河线选线主要解决的问题及其要点有哪些?
6-7 越岭线选线主要解决的问题及其要点有哪些?
6-8 展线方式有哪些?试分析其各自的特点。
6-9 分析山脊线的特点及选择条件。
6-10 丘陵区选线、定线要点有哪些?
6-11 定线有哪几种方法?分析各种方法的特点和适用范围。
6-12 叙述不同地形条件下定线的步骤。
6-13 匀坡线、导向线、修正导向线的概念及其作用。

第七章 道路平面交叉设计

【学习目的与要求】

通过本章学习,使学生了解和掌握平面交叉口设计的主要任务、设计方法和基本要求。了解平面交叉口的交通特性、设计依据及其类型和适用范围;了解交叉口的车辆、行人及非机动车的交通组织设计方法;掌握平面交叉口的视距和转弯半径的确定方法;掌握拓宽交叉口转弯车道的设置条件、设置方法及其长度与宽度的设计;了解普通环形交叉口和入口让路环形交叉口的设计方法;掌握交叉口立面设计的基本要求、基本类型和设计方法。

第一节 概 述

一、平面交叉设计的基本要求和内容

道路与道路(或其他线形工程)在同一平面上的相互交叉称为平面交叉,又称交叉口。在道路网中,各种道路纵横交错,必然会形成许多交叉口,交叉口是道路系统的重要组成部分,是道路交通的咽喉。相交道路的各种车辆和行人都要在交叉口汇集、通过和转换方向,由于它们之间的相互干扰,会使行车速度降低,阻滞交通,延误通过时间,也容易发生交通事故。因此,如何正确设计交叉口,合理组织交通,对提高交叉口的车速和通行能力,减少延误和交通事故,

避免交通阻塞,保障行车通畅,都具有重要意义。

交叉口设计的基本要求:一是保证车辆与行人在交叉口能以最短的时间顺利通过,使交叉口的通行能力满足各相交道路的行车要求;二是正确设计交叉口立面,保证转弯车辆行车稳定,符合排水要求。

交叉口设计的主要内容:

(1)选择交叉口的交通管理方式和交叉口的类型。

(2)进行交通组织,布置各种交通设施,包括设置专用车道和组织渠化交通。

(3)通行能力与服务水平分析。

(4)交叉口的平面设计,确定各组成部分的几何尺寸,包括行车道的宽度、转角曲线的转弯半径、各种交通岛及绿化带的尺寸等。

(5)验算交叉口的行车视距,保证安全通视条件。

(6)交叉口立面设计与排水设计。

二、平面交叉的交通特征分析

进出交叉口的车辆,因行驶方向的不同,车辆与车辆之间的交错方式也不相同,可能产生交错点的性质也不同。

同一行驶方向的车辆向不同方向分离行驶的地点称为分流点;来自不同行驶方向的车辆以较小的角度,向同一方向汇合行驶的地点称为合流点;来自不同行驶方向的车辆以较大的角度相互交叉的地点称为冲突点。分流点与合流点在任何交叉口都存在,冲突点在有些交叉口没有。此三类交错点都存在相互尾撞、挤撞或碰撞的可能性,是影响交叉口行驶速度、通行能力和行车安全的主要原因。其中,以直行与直行、左转与左转以及直行与左转车辆之间所产生的冲突点,对交通的干扰和行车的安全影响最大,其次是合流点,再次是分流点。因此,设计时应尽量采取措施减少冲突点和合流点,尤其要减少或消灭冲突点。

无交通管制时,三路、四路和五路(即三岔、四岔、五岔,均为双车道)相交时平面交叉的交错点数量如表7-1所示,其分布如图7-1 所示。有交通管制时,交错点相应减少,其数量如表7-1 所示。

平面交叉交错点数量表　　　　　　　　　　　表7-1

交错点类型	无交通管制			有交通管制		
	相交道路的条数			相交道路的条数		
	3条	4条	5条	3条	4条	5条
分流点	3	8	15	2或1	4	4
合流点	3	8	15	2或1	4	4
冲突点	3	16	50	1或0	2	4
总数	9	32	80	5或2	10	14

分析图 7-1 和表 7-1 可得出以下两点结论:

(1)在无交通管制的交叉口,都存在各种交错点。其数量随相交道路条数的增加而显著增加,其中增加最快的是冲突点。当相交道路均为双车道时,各交错点的数量可用下式计算:

$$\left. \begin{array}{l} 分流点 = 合流点 = n(n-2) \\ 冲突点 = \dfrac{n^2(n-1)(n-2)}{6} \end{array} \right\} \quad (7\text{-}1)$$

式中：n——交叉口相交道路的条数。

因此，在规划和设计交叉口时，应力求减少相交道路的条数，尽量避免五条或五条以上道路相交。

（2）产生冲突点最多的是左转弯车辆。如图7-1b）所示，四路交叉口若无左转车流，则冲突点可由16个减至4个，而图7-1c）中五路交叉口则从50个减到5个。因此，在交叉口设计中如何正确地处理和组织左转弯车辆，是保证交叉口交通通畅和安全的关键。

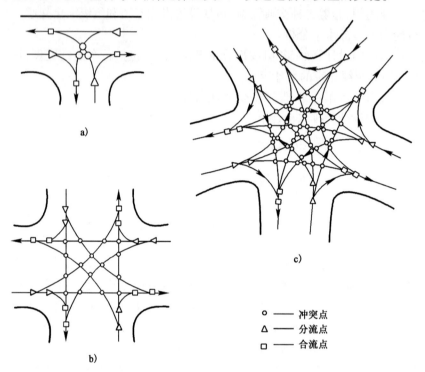

图7-1 平面交叉交错点
a）三路交叉口；b）四路交叉口；c）五路交叉口

减少或消灭冲突点的方法如下：

（1）交通流在时间上分离。用交通组织和交通管制的办法，对平面交叉的交通进行限制，使发生冲突的车流从通行时间上错开。通常在交叉口设置交通信号灯，或由交通警察指挥，或设置让路交叉口，或定时不准左转车辆通行等，均属在时间上分离的措施。如四路交叉口设置交通信号灯后，冲突点由16个减至2个，分、合流点分别由8个减至4个。若禁止车流左转可完全消灭冲突点。

（2）交通流在平面上分离。在交叉口采用各种交通设施或进行交通组织，使交通流在平面上分离，是减少交叉口危险点的有效方法。通常采用的措施和方法有：

①在交叉口设置专用车道，将不同方向车辆在通过交叉口前分离在各专用车道上，减少行车干扰。

②合理组织交通路线，变左转为右转，如设置中心岛组织环形交叉、街坊绕行、远引掉头等。

③组织渠化交通。在交叉口采用画线、交通岛、各种交通标志和标线等方法，限制交通路

线,使交通流在平面上分离的交通组织方法。

(3)交通流在空间上分离。将相互冲突的车流从通行空间上分开,即修建立体交叉。这是解决交叉口交通问题最彻底的办法。

三、平面交叉的交通管理方式

平面交叉管理是交通管理的重点,交通管理方式决定了交叉的几何构造、交叉类型和几何设计。平面交叉根据相交道路的功能、等级、交通量等可分别采用无优先交叉、主路优先交叉或信号控制交叉三种不同的交通管理方式。对平面交叉实施科学管理的目的是为保障交叉口的交通安全和提高交叉口的通行能力。

1. 无优先交叉

无优先交叉是在相交道路交通流量都很小时,各方向车流在交叉口处寻找间隙通过,不设任何管理措施的交叉口。

无任何管理控制的交叉口,交叉范围内冲突点多,若交通量大时,会严重影响交叉口的畅通,安全性较差。

2. 主路优先交叉

主路优先交叉也称停、让控制交叉,是指对没有实施信号控制的主、次道路相交交叉口,主路车辆可优先通行,次路车辆必须停车让行或减速让行的控制方式。适用于交通量较低的交叉口或有明显主、次关系的交叉口。在非优先车流的进口道上设置停车让行或减速让行标志,在保障有优先通行权车辆通行的前提下,以停车让行或减速让行方式通过交叉口。主路上的车流通常不受影响,无须停车,顺畅通过,其速度可保证和路段上的速度基本一致;次路车流需在交叉口进口处先停车或减速观望,利用主路的车头间隙通过交叉口。如果主、次路上都有左、右转车流,可遵循以下优先规则通过交叉口:次路右转车流、主路左转车流、次路直行车流、次路左转车流。

有停车让行或减速让行标志的交叉口可最大限度地保证主路车辆顺畅通过,但次路因让行,会产生较大延误,特别是当交叉口的交通量接近其通行能力时,停车、延误更加严重,此时应考虑采用其他交通控制方式。

3. 信号控制交叉

信号控制交叉是采用交通信号控制灯方式,对平面交叉路口的交通流实施动态控制和调节的交叉口。交通信号配时有多种方法,目前应用较普遍的是多相位定周期配时方法。相位是在一个周期内,安排若干种控制状态,每一种控制状态对某一方向的车辆或行人配给通行权,并合理安排这些控制状态的显示顺序。车辆进入信号控制交叉口,要根据信号灯提供的通行相位排队等候通过。

实行信号控制的交叉口,在时间上使相互冲突的车流分离,减少了各向车流之间的相互干扰,提高了车辆运行的安全性和效率。

公路平面交叉交通管理方式应按如下方法选择:

(1)公路功能、等级、交通量有明显差别的两条公路相交,或交通量较大的T形交叉,应采用主路优先交叉的交通管理方式。

(2)主路优先交叉又分为停车让行控制和减速让行控制两种,其中若交叉口视距不足,无法满足减速让行视距三角形的交叉口应采用停车让行控制。

(3)两条相交公路或多条交叉岔路的等级均低且交通量均较小时,应采用无优先交叉交通管理方式。

(4)下述交叉应采用信号控制方式:

①交通量均大,且功能、等级相同的公路相交,难以用"主路优先"的规则管理时;

②相交公路虽有主次之别,但交通量均较大(主要公路双向交通量大于或等于600辆/h,次要公路单向交通量大于或等于200辆/h),采用"主路优先"交通管理方式会出现较频繁的交通事故和过分的交通延误时;

③主要公路交通量相当大(主要公路双向交通量大于或等于900辆/h),次要公路尽管交通量不大,但采用"主路优先"交通管理方式,次要公路上的车辆由于难以遇到可供驶入的主流间隙而引起不可接受的交通延误,或冒险驶入长度不足的主流间隙而危及安全时;

④相交公路的交通量虽未达到上述程度,但因有相当数量的行人和非机动车穿越交叉而引起交通延误,甚至造成阻塞或交通事故时;

⑤环形交叉的入口因交通量大而出现过多的交通延误时,则入口应采用信号管理;

⑥位于城镇路段的平面交叉。

城市道路平面交叉应按下列规定选择交通管理方式:

(1)主干路与主干路、主干路与次干路、次干路与次干路相交,应采用信号控制交叉口。

(2)主干路与支路相交,支路可采用右进右出的交通管理方式。

(3)次干路与支路、支路与支路相交,可采用停车让行和减速让行标志控制的交通管理方式。支路与支路相交,也可采用无优先交叉的交通管理方式。

四、平面交叉的类型及其适用范围

平面交叉的形式应根据相交道路的功能、等级、交通量、交通管理方式、用地条件和工程造价等因素确定。常见的形式有"十"字形、T形及其演变而来的X形和Y形、错位、多路交叉等;X形和Y形当相交的锐角较小时,不利于交通组织和易发生交通事故,应尽量避免;多路交叉用地大,交通组织较困难,应慎重采用。交叉口在平面上的几何图形,由规划道路网和街坊建筑的形状所决定,一般不易改变。在具体设计中,常因相交道路的功能、交通量、交通管理和组织方式,将交叉口设计成各具特点的形式,可归纳为加铺转角式、分道转弯式、扩宽路口式及环形交叉四类。

(1)加铺转角式:是用适当半径的单圆曲线或复曲线平顺连接各个转角构成的平面交叉,如图7-2所示。此类交叉口形式简单,占地少,造价低,设计方便,但行车速度低,通行能力小。适用于车速低,交通量小,转弯车辆少的次要道路或地方道路,若斜交不大时,也可用于转弯交通量较少的主要道路与次要道路交叉。设计时主要需考虑选用合适的转角曲线半径和保证足够视距要求。

(2)分道转弯式:采用设置导流岛、划分车道等措施,使转弯车辆分道行驶的平面交叉,如图7-3所示。此类交叉口转弯车辆,尤其是右转弯车辆行驶速度较高和通行能力较大。适用于车速较高,转弯车辆较多的主要道路。设计时主要解决分道转弯半径、保证足够的视距和满足导流岛端部半径的要求。

(3)扩宽路口式:在接近交叉口的道路两侧展宽或增辟附加车道的平面交叉。可单增右转或左转车道,也可同时增设左、右转车道,如图 7-4 所示。此类交叉口可减少转弯交通对直行交通的干扰,车速较高,事故率低,通行能力大,但占地多,投资较大。适用于交通量较大、转弯车辆较多的干线公路和城市主干路。设计时主要解决扩宽的车道数和位置,也要满足视距和转角曲线半径的要求。

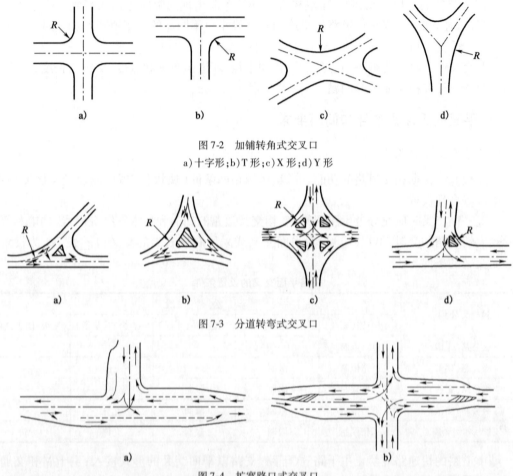

图 7-2 加铺转角式交叉口
a)十字形;b)T 形;c)X 形;d)Y 形

图 7-3 分道转弯式交叉口

图 7-4 扩宽路口式交叉口

(4)环形交叉:多条道路交汇处设有中心岛的平面交叉。在交叉口中央设置中心岛,用环道组织渠化交通,使进入环道的所有车辆一律按逆时针方向绕岛单向行驶,直至所要去的路口离岛驶出,如图 7-5 所示。

环形交叉的优点:驶入交叉口的各种车辆可连续不断地单向运行,没有停滞,减少了车辆在交叉口的延误时间;环道上行车只有分流与合流,消灭了冲突点,提高了行车的安全性;交通组织简便;对多路交叉和畸形交叉,用环道组织渠化交通更为有效;中心岛绿化可美化环境。缺点:占地面积大,城区改建困难;增加了车辆绕行距离,特别是左转弯车辆;一般造价高于其他平面交叉。

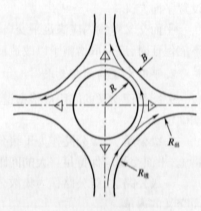

图 7-5 环形交叉

环形交叉适用于多条道路相交或转弯交通量较大，且地形较平坦的交叉口。在快速道路和交通量大的干线道路、有大量非机动车和行人的道路、位于斜坡较大地形上的道路以及桥头引道上均不宜采用。按规划需修建立体交叉处，近期可采用平面环形交叉作为过渡形式，并预留远期改建为立交的可能性。

"入口让路"的环形交叉，驶入车辆要等候环行车流出现间隙时才插入行驶。一般适用于一条四车道道路和一条双车道道路相交或两条高峰小时不明显的四车道道路相交且行人和非机动车较少的交叉口。

环形交叉设计时主要解决中心岛的形状和半径，环道的布置和宽度，交织段长度，交织角，进出口曲线半径和视距要求等问题。

五、平面交叉设置条件和间距要求

1. 平面交叉设置条件

平面交叉应根据相交道路的功能、等级、区域路网条件(现状和规划)以及交叉区域地形、地貌条件等合理设置。

设置平面交叉时应充分考虑路网衔接、相交叉道路的功能和技术等级等因素，功能和等级差异较大的道路相交时，不宜(应)设置平面交叉或采用右进右出的交叉口。表 7-2 为设置公路平面交叉的条件。

公路平面交叉的设置条件　　　　表 7-2

被交叉公路	公路主线				
	一级公路(干线)	一级公路(集散)	二级公路(干线)	二级公路(集散)	三级、四级公路
一级公路(干线)	严格限制	—	—	—	—
一级公路(集散)	严格限制	限制	—	—	—
二级公路(干线)	严格限制	限制	限制	—	—
二级公路(集散)	严格限制	限制	限制	允许	—
三级、四级公路	严格限制	限制	限制	允许	允许

城市道路的快速路应禁止主干路、次干路、支路以平面交叉的形式接入；主干路和交通性次干路应严格控制平面交叉的接入，特别是支路交叉口的接入；其他次干路和支路可根据需要设置平面交叉。

平面交叉范围内应满足平交口范围对应的通视条件要求。当受地形、地貌或地物等影响不能保证时，应采取措施予以改造或移位设置平面交叉。

2. 平面交叉的间距要求

公路平面交叉的间距应根据道路功能、等级，及其对行车安全、通行能力和交通延误的影响确定。

一级公路、二级公路作为干线公路时，应优先保证干线公路的畅通，采取排除纵、横向干扰措施，平面交叉应保持足够大的间距，必要时可设置立体交叉。

一级公路、二级公路作为集散公路时，应合理设置平面交叉，通过支路合并等措施，减少平面交叉的数量。

一级公路、二级公路的平面交叉最小间距应符合表 7-3 的规定。

平面交叉最小间距 表 7-3

公路等级	一级公路			二级公路	
公路功能	干线公路		集散公路	干线公路	集散公路
	一般值	最小值			
间距(m)	2 000	1 000	500	500	300

为使公路平面交叉有足够的间距,规划和设计时应根据公路功能和公路等级,必要时限制平面交叉和出、入口数量,设置互通式立交、分离式立交、通道和天桥。沿线开发程度高的路段,应将街道或小区用道路布置在与公路相交的支路上,或平行于公路而与公路间只提供有限出、入口的辅道上。

城市道路平面交叉口间距应根据城市规模、路网规划、道路类型及其在城市中的区域位置而定;从提高车辆通行条件出发,城市道路上平面交叉的间距越大越好,从道路网结构的要求看,交叉口的间距不宜过大,应具有一定的密度。城市道路平面交叉的最小间距,应考虑以下交通要求:

(1)在交叉口之间如存在交织和超车时,应保证具有足够的安全交织和超车的距离。

(2)应满足红灯期车辆最大排队长度以及满足进出口道总长度的要求。

(3)在车速较高的道路上,为确保安全,交叉口的间距应使驾驶员在专心通过交叉口时,不需分心同时观察前方的交通情况。

为满足上述交通要求,一般情况下,城市道路平面交叉口的间距不应小于表 7-4 所列数值。如交叉间距无法满足上述交通要求时,应将交叉间的道路组织为单向交通或在交叉内禁止左转,以排除交通干扰。

城市道路平面交叉最小间距 表 7-4

交叉口性质	平面交叉最小间距(m)	备 注
无信号交叉之间	$1.5V$	禁止左转弯时
无信号交叉之间	$1.5V \cdot n$	
有信号交叉之间	$3V$	
有信号交叉与无信号交叉之间	$1.5V \cdot n$	

注:V 为设计速度,km/h;n 为单向车道数(不包括附加车道)。

六、平面交叉的设计依据

1. 交叉口的设计速度

交叉口的交通岛、附加车道和转角曲线等各部分几何尺寸均取决于设计速度。交叉口的设计速度与路段设计速度密切相关,两者速差大时会因减速过大而影响行车安全,两者速差小而路段车速又高时仍有行车危险,对环形交叉又会造成用地过大和左转绕行过长等问题。

平面交叉范围内主要道路的设计速度,宜与路段设计速度相同。相交道路的功能、等级相同或交通量相近时,平面交叉范围内直行车道的设计速度可适当降低,但不应低于路段的 70%。当主要道路与次要道路相交时,次要道路因交角等原因改线,或因条件受限采用较低的线形指标时,可适当降低设计速度。

转弯车道的设计速度应根据路段设计速度、交通量、交叉类型、交通管理方式和用地情况等因素综合确定,或按变速行驶需要而定。交叉范围车辆的加、减速度见表7-5。

加、减速度值(m/s^2)　　　　　　　表7-5

道路类别		加速度	减速度
城市道路		1.5	3.0
公路	主要公路	1.0	2.5
	次要公路	1.5	3.0

城市道路平面交叉口内的设计速度在保证安全的前提下,应按组成交叉口的各条道路的设计速度的50%~70%计算,转弯车取小值,直行车取大值。在交叉口视距三角形验算时,进口道直行车设计速度应与相应道路设计速度一致。

2. 设计车辆

道路设计采用小客车、大型客车、铰接客车、载货汽车、铰接列车作为设计车辆,平面交叉的设计也采用这五种车辆作为设计依据,但在实际使用时应根据交叉口相交道路功能、交通组成情况等综合确定。平面交叉转弯曲线的线形和路幅宽度应以设计车辆转弯时的行迹作为设计控制,其转弯时的行迹与行驶速度有关。

各级公路的平面交叉应根据对应设计车辆的行迹进行转弯设计,必要时应对弯道的路面加宽、转向净空等进行检验。左转弯曲线应采用载重汽车的行迹控制设计,转弯设计速度宜采用5~15km/h。大型车比例很少或条件受限的公路,可采用5km/h速度时载重汽车的行迹控制设计,但左转弯内缘曲线的最小半径不应小于12.5m。设置分隔的右转弯车道时,其转弯设计速度不宜大于40km/h;当主要公路设计速度小于或等于60km/h时,其右转弯设计速度不宜低于其50%。公路技术等级低、交通量不大时,可不设右转弯专用行车道。

城市道路的平面交叉应根据道路与交通的性质、交通组成等情况,选择合适设计车辆的转弯行迹作为设计控制。

3. 设计交通量

平面交叉设计多采用相交道路设计小时交通量作为交叉口设计交通量,并根据实测的转弯车辆比率决定各路口的左转、右转和直行交通量。对缺乏观测资料和新建的交叉口,可参照条件相似交叉口的交通量观测值类推确定。平面交叉设计年限不一定等于道路设计年限,其值应根据相交道路交通量的发展趋势和交通管理方式决定,有时道路未达到设计年限,其交通量已较大,一般形式的平面交叉已无法适应,需要改扩建或修建立体交叉。

确定设计交通量时,还应考虑其他影响通行能力的因素,如车辆种类、自行车及行人交通等。

4. 通行能力

平面交叉设计必须使其设计服务水平下的通行能力满足交叉口的设计交通量要求,而且不同的交通管理方式,交叉口的通行能力不同,计算方法也不同,相关内容参见交通工程有关文献。

七、平面交叉的设计步骤

1. 收集资料

(1)测量资料:收集或现场实测交叉口及其周围区域的大比例尺地形图(1:200~

1∶1 000),详细标注附近地坪及建筑物标高。收集交叉口的控制高程和控制坐标。

(2)交通资料:规划交通量及通行能力。改建交叉口,还应收集交通现状资料(直行、右转、左转交通量)及交通事故发生的情况。

(3)道路资料:与交叉口相连道路的等级、宽度、半径、纵坡、横坡等平纵横设计或规划资料。

(4)用地资料:可供交叉口使用的用地范围及条件。

(5)水文资料:区域排水方式,已建或拟建地下、地上排水管渠的位置和尺寸。

2. 交叉口方案设计或形式的确定

对大型复杂的平面交叉或改建平面交叉,可根据收集的资料及要解决的主要交通问题,拟定交叉口的位置、形式及交通管理方式,并用不同道路条件与交通管理方式组合成多种设计方案。对每一方案应进行概略计算与设计,绘制草图,并进行方案比较,确定采用方案。

对简单或方案明确的平面交叉,可不进行方案比选,直接选择交通管理方式和平面交叉的形式,进行详细设计。

3. 详细设计

根据推荐的方案或选定的形式作细部设计。其设计内容有:

(1)确定交通管理方式。对设置信号的平面交叉,根据初拟的道路条件,设计计算交通管制的具体方法和控制参数。

(2)根据规划交通量及管理方式检验交叉口通行能力,计算车道数,确定各部分几何尺寸和平面设计参数,根据交通组织布置附加车道、交通岛等(城市道路和公路两侧土地开发程度高的交叉口还有停车线和人行横道等)。

(3)绘制平面设计图。将上述设计成果绘制在交叉口的大比例尺地形图上,构成平面交叉设计详图。交叉口的设计范围一般为转角圆曲线的切点以外 5~30m,用于过渡处理。平面设计完成后,需检查交叉口的视距和用地条件。

(4)进行立面设计,计算工程数量。

(5)编制工程概(预)算。

通过详细设计,提出全部工程实施的设计文件和设计图纸资料。通常一个平面交叉的施工图应有交叉口平面设计图与立面设计图。若调整被交道路的纵坡,则还应提供被交道路的纵断面图。

第二节　交通组织设计

一、机动车交通组织方法

机动车交通组织的目的是保证交叉口上车辆行驶安全、通畅,提高交叉口的通行能力。交通组织设计归纳起来就是正确选择交通管理方式,设置必需的车道数,合理布置交通岛和各种标志、标线,使车辆在交叉口能按渠化交通的原则组织起来,顺利通过交叉口。常用的交通组织方法有:设置专用车道,组织渠化交通,实行信号管制,调整交通组织等。

(一)设置专用车道

组织不同行驶方向的车辆在各自的车道上分道行驶,互不干扰。根据行车道宽度和左、直、右行车辆的交通量大小可做出多种组合的车道划分,如图7-6所示。

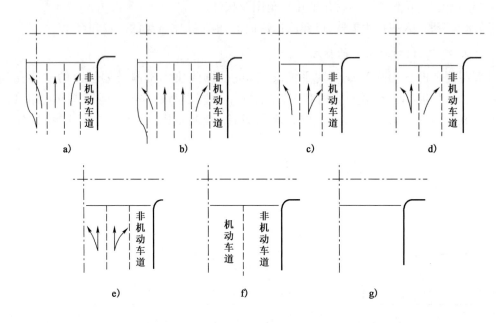

图 7-6　交叉口车道划分

a)左、直、右方向车辆数均匀,各设一条专用车道;b)直行车辆较多且左、右转也有一定数量时,设两条直行车道和左、右转各一条车道;c)左转车多而右转车少时,设一条左转车道,直行和右转车共用一条车道;d)左转车少而右转车多时,设一条右转车道,直行和左转共用一条车道;e)左、右转车辆都较少时,分别与直行车合用车道;f)行车道宽度较窄,不设专用车道,只画快、慢车分道线;g)行车道宽度很窄,单向只设一条车道

平面交叉应保证进口道车道数与出口道车道数平衡,原则上出口道车道数必须大于或等于进口道车道数。若平面交叉的直行车道数是2,则直行方向的出口道也需2条及以上车道。同样,需设2条左转车道时,左转方向的出口道也需2条及以上车道。这种设置利于出入口车道位置对应和出入口通行能力对应,避免出口拥堵和发生追尾、碰撞事故。平面交叉还应保证进口道直行交通流在交叉口范围内不改变驾驶方向即可驶入出口车道。

左转弯车辆是引起交叉口车流冲突的主要原因,合理组织左转弯车辆的交通,是保证交通安全,提高交叉口通行能力的有效方法。左转弯车辆交通组织方法可采用以下几种形式:

1. 设置专用左转车道

如图7-6所示,在行车道宽度内紧靠中线画出一条车道供左转车辆专用,以免阻碍直行交通[图7-6c)];若原有行车道宽度不够时,可向中线左侧适当扩宽设置专用左转车道[图7-6a)、b)]。设置专用左转车道后左转车辆须在左转车道上等待开放或寻机通过,而不影响直行交通。

2. 实行交通管制

通过信号灯控制或交警手势指挥,在规定时间内不准左转或允许左转。

3. 变左转为右转

(1) 环形交通:利用环道组织逆时针单向交通,变左转为右转,使冲突车流变为分流与合流,如图 7-7a) 所示。

(2) 街坊绕行:使左转车辆环绕邻近街坊道路右转行驶实现左转,如图 7-7b) 所示。此法行程增加很多,通常仅用于左转车辆所占比例不大,旧城道路扩宽困难,或在桥头引道纵坡大的十字形交叉口,为防止车辆高速下坡时直角转弯发生事故而采用。

(3) 远引掉头:利用中间带开口远引掉头实现左转,如图 7-7c) 所示。左转车辆在禁左交叉口右转后,从下游中央分隔带开口处掉头直行,间接实现左转。该法简化了路口配时,同时也分离了冲突区域,减少了冲突点。远引掉头一般要求中央分隔带宽度不小于 4m。

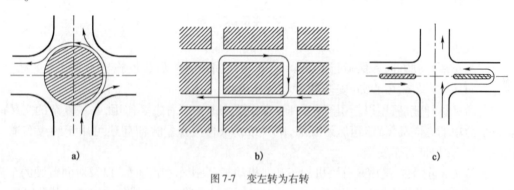

图 7-7 变左转为右转

(二) 组织渠化交通

在交叉口设置交通标志、标线和交通岛等,引导车流和行人各行其道的措施称为渠化交通。

1. 渠化的作用

渠化交通在一定条件下可有效提高道路通行能力,减少交通事故,对解决畸形交叉口的交通问题较为有效。

(1) 利用分车线或分隔带、交通岛等,将不同方向和速度的车辆划分车道行驶,使行人和驾驶员容易看清互相行驶的方向,避免车辆相互侵占、抢占车道和干扰行车路线,减少车辆相互碰撞的机会,增加行车安全,如图 7-8a) 所示。

(2) 利用交通岛,限制车辆行驶方向,使斜交对冲的车流为直角交叉或锐角交叉,如图 7-8b)、c) 所示。

(3) 利用交通岛,限制车道宽度,控制车速,防止超车,如图 7-8d)、e) 所示。

(4) 利用交通岛或分隔带,设置各种交通标志,并可作为行人过路时避让车辆的安全岛。

在交通量较大、车速较高的交叉口利用交通岛组织渠化交通,还需考虑设置变速车道和候驶车道,如图 7-8f) 所示,以利左转弯车辆转向行驶和变速行驶的需要。

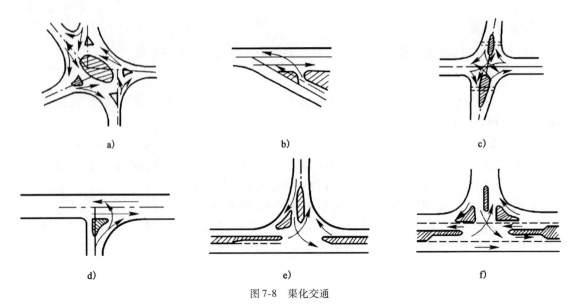

图 7-8 渠化交通

2. 交通岛设计

为控制车辆行驶方向和保障行人安全,在车道之间设置的岛状设施称为交通岛。按其功能分为方向岛、分隔岛、中心岛、安全岛等。

方向岛又称导流岛,用以指引行车方向,在渠化交通中起着重要作用,一些复杂的交叉口,只需几个简单的方向岛,就能组织好交通,减少或消灭冲突点。方向岛还可用于约束车道,使车辆减速转弯,保证行车安全。

分隔岛又称分隔带,是用来分隔机动车和非机动车、快速车和慢速车,以及对向行驶的车流,保证行车速度和交通安全的长条状交通岛,有时也可通过在路面上画线的方式来代替分隔岛。

中心岛是设在交叉口中央,用来组织左转弯车辆和分隔对向车流的交通岛。

安全岛供行人过路时避让车辆之用。在宽阔、交通繁忙的道路上,宜在人行横道线中央设置安全岛,以保证行人过路安全。

交通岛的形状为直线与圆曲线的组合图形,环形交叉中心岛的形状和尺寸详见后述。分隔岛的宽度按其用途规定见表7-6。交通岛边缘的线形取决于相邻车道的路缘线形,直行车道边缘的岛缘线应根据缘石构造作不同值的偏移,岛端迎车流边应偏移且圆滑化。转角导流岛的形状和岛端后退量如图7-9所示,岛端圆弧半径见表7-7,缘石后退量见表7-8。表7-8中,立式路缘石为具有一定形状和高度,能够阻碍车辆驶离路面的界石;半可越式路缘石为在紧急情况下车辆可以驶过或在特殊情况下对车辆无损害的一种路缘石;可越式路缘石为车辆可以驶过且对车辆无损害的一种路缘石。导流岛端部内移距在主要道路一侧按 1/10~1/20 过渡,次要道路一侧为 1/5~1/10。

分隔岛的宽度 表7-6

用 途	宽度(m)	用 途	宽度(m)
设置标志	1.2	左转车道及剩余分隔带	4.3~5.5
个别行人避险以及今后可能设信号	1.8	标线式左转弯分隔带	至少为车道宽度
多车道公路的信号交叉中较多行人的越路避险	2.4	二次等候左转或穿越	7m 或设计车辆长度

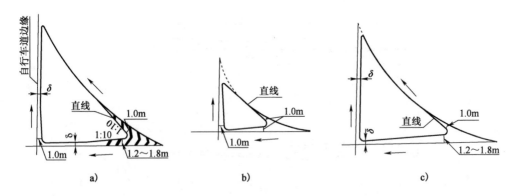

图 7-9 转角导流岛(尺寸单位：m)
a)一般形式；b)小形式；c)变通形式

岛端圆弧半径　　　　　　　　　　　　　　　　　表 7-7

岛端形式及车流方向				
半径(m)	0.3	0.6	0.6	1.0

缘石后退量　　　　　　　　　　　　　　　　　　表 7-8

缘石类型	$\delta(m)$	缘石类型	$\delta(m)$
立式	0.6	可越式	0
半可越式	0.3		

交叉口主要道路上的分隔岛如图 7-10 所示，设计参数见表 7-9。次要道路或支路上的分隔岛如图 7-11 所示，设计参数见表 7-10，图中 R_2 一般等于 R_1，但有时需变动，以保证岛端至主要公路行车道边缘底距离为 2~4m 和岛底宽度为 2~5m。

主要道路上分隔岛的设计参数　　　　　　　　　　表 7-9

设计速度(km/h)	40	50	60	80
渐变参数 n	15	20	25	30
D(m)	40	50	60	80
T(m)	40	45	55	70

支路上分隔岛的设计参数　　　　　　　　　　　　表 7-10

$\theta(°)$	70	80	90	100	110	W(m)	≤10	11	≥14
d(m)	1.5	2.0	2.5	2.0	1.5	R_1(m)	12	14	20

交通岛按其构造分为用缘石围成而高出周围行车道路面的实体岛、路面上用标线画出的隐形岛和无缘石的浅碟式岛三种。各种交通岛的面积在城区不小于 $5m^2$，其他地区不小于 $7m^2$。

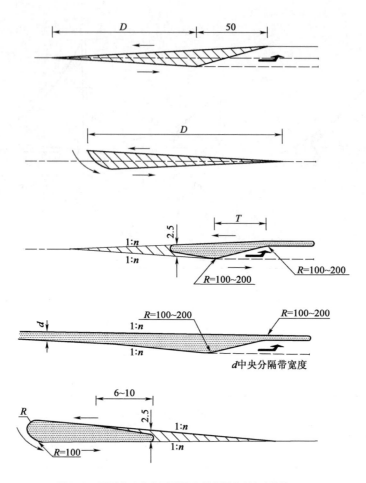

图 7-10 平面交叉中主要道路上的分隔岛(尺寸单位:m)

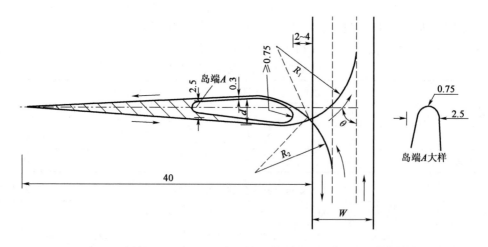

图 7-11 平面交叉中支路上的分隔岛(尺寸单位:m)

(1)当被交通岛分隔的行车道有不少于两条的车道或虽为一条车道但设有绕避故障车辆的加宽时应采用实体岛,岛缘宜采用斜式缘石或半可越式缘石。岛缘与车道边线间应有 0.3 ~

0.5m宽的路缘带。

(2)岛的面积较小或不需要或不宜采用强行分隔时,宜采用隐形岛。

(3)岛的面积很大或可不依赖缘石导向(如速度较高的右转车道的导流岛),可采用设宽度不小于0.5m路缘带的行车道围成的浅碟式岛。

(4)夜间交通量较大且交通岛复杂的渠化交叉应设置照明。

(5)不具备设置照明条件时,应采用反光路标勾出岛界轮廓。路缘线、隐形岛的所有标线、迎流岛端部缘石的立面上,均应采用反光涂料。

3.公路平面交叉的渠化布设

二级及二级以上公路的平面交叉**必须**进行渠化设计,三级公路的平面交叉**应**进行渠化设计,四级公路的平面交叉**宜**进行渠化设计。城市道路平面交叉可参照布设。

(1)主要公路为二级公路的T形交叉,当直行交通量不大,而与次要公路间的转弯交通量占相当比例时,可采用图7-12a)所示的只在次要公路上设分隔岛的渠化T形交叉。当主要公路的直行交通量较大时,则采用图7-12b)所示的在主要公路和次要公路上均设分隔岛的渠化T形交叉。

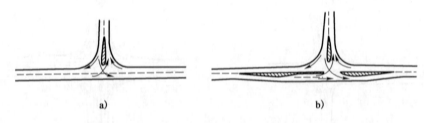

图7-12 只设分隔岛的渠化T形交叉

(2)主要公路为四车道公路,或设计速度大于等于60km/h且有相当比例转弯交通量的二级公路,或直接与互通式立交连接的双车道公路T形交叉应采用图7-13所示设置导流岛的渠化T形交叉。当主要公路为双车道公路,应根据左、右转弯交通量的大小选用图7-13a)、b)、c)所示的某种渠化布置方式,主要公路上的分隔岛宜为隐形岛。当主要公路为四车道,应采用图7-13d)所示的渠化布置方式,次要公路上的导流岛可根据左、右转弯交通量分别按图7-13a)、b)、c)处理,主要公路上的分隔岛应为实体岛。

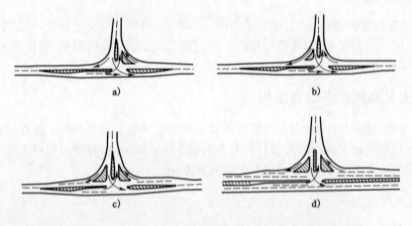

图7-13 设导流岛的渠化T形交叉

(3)相交公路等级较高或交通量较大时,十字形交叉应采用由分隔岛、导流岛指定各向车流的行径。此类十字形交叉口的转弯车辆,尤其是右转弯车辆行驶速度和通行能力都较高。适用于车速较高、转弯车辆较多的干线公路,主要公路为四车道公路以及设计速度为80km/h的双车道公路,或设计速度为60km/h,但属区域干线的双车道公路,其上的十字形交叉应采用图7-14所示的渠化交叉。当主要公路为四车道公路,或虽为双车道公路,但交叉所在的局部路段为四车道,次要公路为双车道公路且转弯交通量不平衡时,之间的十字形交叉可采用图7-14c)的形式;若转弯交通量较大且各向转弯较平衡时,则应按图7-14b)布置完善交通岛。两四车道公路或四车道以上公路相交,或其中之一为四车道以上的公路时,应按图7-14d)布置完善交通岛和转弯车道,且应设置足够相数及合适配时的信号系统。

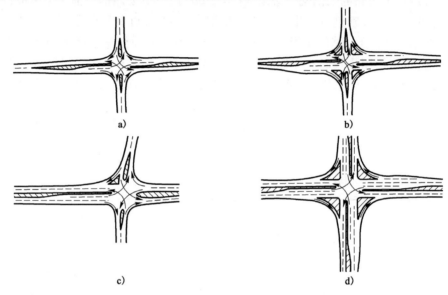

图7-14 渠化十字交叉

(三)实行信号管制

采用自动控制的交通信号指挥系统,提高行车速度和通行能力。

(四)调整交通组织

当旧城道路改建困难时,可对城市道路网综合考虑,采取改变交通路线,限制车辆行驶,控制行驶方向,组织单向交通,以及适当封闭一些主要干道上的支路等措施,简化交叉口交通,提高整个道路网的通行能力。

二、行人及非机动车交通组织

远离城镇的公路设计中常较少考虑行人和非机动车交通。但对两侧土地开发程度高的公路、城市出入口的公路及城市因大量行人和非机动车存在的道路,合理组织行人和非机动车交通,是消除交叉口交通阻塞,保障交通安全的有效方法。

(一)行人交通组织

行人交通组织的主要任务是组织行人在人行道上行走,在人行横道线内安全过街,使人、车分离，干扰最小。

人行道通常对称布置在行车道两侧。交叉口内相邻道路的人行道应互相连通，并将转角处人行道加宽，以适应人流集中转向地需要。为使行人安全、有序地横穿行车道，应在交叉路口设置人行横道。交叉范围的人行道和人行横道相互连接，共同组成可达任意方向的步行道网。尽量不将吸引大量人流的公共建筑出入口设在交叉口上。

若人、车流量较大且行车道较宽时，应在人行横道中间设安全岛；必要时转角处用栏杆将人、车隔离，人行横道两端设置信号灯。

当交叉口宽阔、人流量多、车流量大且车速高时，可考虑设置人行天桥或人行地道，这是行人交通组织最彻底、最有效的办法。交叉口处的人行道除满足行人通过外，还应为过街行人提供等待场地，其宽度原则上不小于路段人行道的宽度。若因设置附加车道不得已压缩人行道时，应根据人流量决定最小宽度。拟设人行天桥或地道时，人行道还应考虑梯道或坡道出入口宽度。在人行道上除必要的道路标志、交通信号、照明栏杆等外，不允许布置其他设施，以保证人行道的有效宽度。

人行横道应设置在驾驶员容易看清的位置，标线应醒目。人行横道一般可布置在交叉口人行道的延续方向后退 4~5m 的地方，如图 7-15a)所示。当转角半径较大时可将人行横道设在圆弧段内，如图 7-15b)所示。原则上人行横道应垂直于道路设置，可使行人过街距离最短；但如道路斜交时，为避免行人不拐直角弯及扩大交叉口交通面积，人行横道可与相交道路平行，如图 7-15c)所示。T 形和 Y 形交叉口人行横道可按图 7-15d)、e)所示设置。

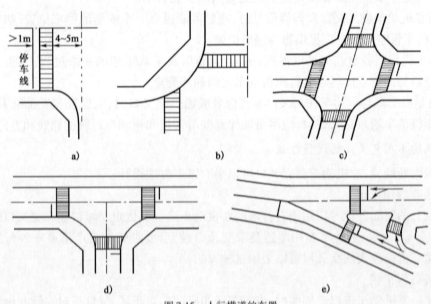

图 7-15 人行横道的布置

人行横道的宽度取决于过街人流量的大小，一般应比路段人行道宽些。其最小宽度为 4m，当过街人流量较大时，可适当加宽，但不宜超过 8m。

人行横道的长度与路口信号显示时间有关。一次横穿过长的距离会使过街行人思想紧张，尤其是行走迟缓的人，会感到不安全。当机动车车道数大于或等于 6 条或人行横道长度大于 30m 时，应在道路中线附近设置宽度不小于 1m 的安全岛。

在信号灯控制或设置停车标志的交叉口，应在路面上标绘停车线，指明停车位置。对无人行横道的交叉口,在不影响相交道路交通的条件下,停车线应尽量靠近交叉口,以减小交叉口的范围,提高通行能力。当有人行横道时,停车线应布置在人行横道线后至少1m处,并应与人行横道平行,如图7-15a)所示。

(二)非机动车交通组织

非机动车与机动车混合行驶,给机动车交通和非机动车交通都带来了诸多不利影响。在平面交叉口非机动车与机动车对通行时间和空间资源的争夺,大大增加了机动车在绿灯期间所遇到的冲突点数,由2个冲突点增加到18个,如无信号灯控制,则由16个增加到88个,这一方面增加了事故的隐患,另一方面又降低了交叉口的通行效率。由于交叉口在信号灯配时上很难同时照顾到非机动车与机动车的需要,因此常无谓增加非机动车或者机动车的延误时间。

非机动车与机动车在交叉口的相互干扰问题,只要机动车与非机动车在同一个平面上行驶,就不可能完全避免。

1.非机动车在交叉口的交通管理原则

(1)应促使非机动车以较低的速度有序地进入交叉口。

(2)非机动车交通应与机动车交通进行空间和时间分离。

(3)如无条件分离,也必须给出适当的空间让非机动车与机动车分道行驶。

(4)应尽量使非机动车处于危险状态的时间减少到最小。

(5)当非机动车进入交叉口等待信号时,应尽可能提供一个安全的停车位置,如果空间允许,对非机动车暂停的地方应提供物理隔离措施。

(6)为了简化驾驶员在交叉口观察、思考、判断以及采取措施的复杂过程,非机动车交通与机动车交通的冲突点应尽可能远离机动车之间的冲突点。

(7)当非机动车与机动车在交叉口等候信号或通过交叉口时,应保证相互都能看得清楚,特别是当非机动车通过交叉口时,应尽可能使驾驶员知道非机动车行驶的路线和方向。

2.非机动车在交叉口的通行办法

借鉴国内外经验,非机动车在交叉口可以采取以下方法设计。

1)右转弯专用车道

利用现有的路面开辟专门用于右转弯的非机动车道。其优点是可以缓和交叉口的交通拥挤,有利于交通安全。右转弯专用车道要求交叉口较宽,要求骑车人严格遵守各行其道的原则。非机动车流量较大的交叉口可以采用这种方法。

2)左转弯候车区

在交叉口非机动车进口道的前面,设置左转非机动车候车区,绿灯亮时左转非机动车随直行非机动车运行至对面的左转候车区内,待另一方向的绿灯亮时再前进,即变左转为两次直行。左转候车区的优点如下:

(1)消除了左转非机动车对机动车的干扰,因而可以提高机动车通过交叉口的运行速度及通行能力。对于交叉口范围较大者,一般都具备了建立非机动车候车区的条件。

(2)减少了左转非机动车与直行机动车流的冲突点,有利于交通安全。

左转候车区的缺点是增加了非机动车的运行路程,只适用于左转非机动车流量较低的情况,且须加强对非机动车的交通管理。

3) 停车线提前法

将非机动车停车线画在前面,机动车停车线画在后面,当绿灯亮时,非机动车先进入交叉口,可避免同机动车相互拥挤。两条停车线之间的距离依非机动车和机动车交通量大小及路口的几何尺寸而定。此法对提高交叉口的通行能力与交通安全都是有利的,也适合于左转非机动车流量较大的情况。但应对骑车人加强管理与教育,使非机动车做到合理停车,才能发挥此方法的作用。

4) 两次绿灯法

在机动车的进口道处,机动车与非机动车的停车线仍然在同一位置上,但考虑到非机动车启动较快且总是成群地通过交叉口的特点,可使非机动车交通信号的绿灯先亮,让非机动车群先进入交叉口,然后再亮机动车交通信号的绿灯,前后两次绿灯的时间间隔具体根据交叉口的交通量大小与交叉口的几何属性确定。两次绿灯法的优点是缓和了交叉口的交通拥挤,缺点是延长了交通信号周期的时间。不过对于非机动车流量特大而机动车交通量较小的交叉口或在非机动车早晚高峰期间采用两次绿灯法是有利的。

当车流量很大,机、非之间干扰严重时,可考虑采用立体非机动车交通组织,并与人行天桥或地道合并设置。上下人行天桥或地道可用梯道、坡道或混合型。一般行人宜用梯道型升降方式;非机动车应采用坡道型;非机动车较多,又因地形或其他条件限制不能设坡道时,可用梯道带坡道的混合型升降方式。

第三节 交叉口平面与视距设计

一、平面交叉处道路的平面线形

平面交叉范围内两相交道路应正交或接近正交,平面线形宜为直线或大半径曲线,尽量避免采用需设超高的圆曲线半径。但由于进口道线形、地形特征以及周围用地的开发等条件限制,难以做到正交时,则应保证两相交道路相交不小于70°,受地形情况或其他特殊情况限制时,应大于45°,否则应进行平面交叉的扭正设计。图7-16列出了5种斜交的扭正方法。

图7-16 平面交叉斜交扭正示意图

(1) 图7-16a)和b)是对一条交叉道路的扭正改线,一般对功能等级较低的道路进行改造,使其垂直交叉。此法缺点是次要道路的重新定线所增加的几个曲线段,会成为危险路段,应与减速措施和前置警告标志相结合。

（2）图7-16c）和d）是将斜交改成错位交叉。错位交叉是指两个相距很近的反向T形交叉相连接的形式。图7-16c）为逆错位，其中次要道路的改线，提供了右转连续进入，而穿越的车辆离开主路时，必须左转弯重新进入次要道路，对主路的干扰较大。只用于与中、小交通量的次要道路交叉。图7-16d）为顺错位，次要道路线形的连续性比图7-16c）好，因为穿越的车辆等待主路直行车辆的间隙安全左转进入主路后，只需右转弯重新进入次要道路，对主路上的直行交通干扰较小。若次要道路交通量较大时，需要的交织段较长，设计中应尽量避免采用错位交叉。

（3）图7-16e）为道路曲线段斜交的处理措施，该交叉口是曲线与其一条切线相交而成。这种改线能改善交叉处的视线，但给转弯车辆带来的反向超高，影响了车辆行驶的平顺性（尤其当圆曲线超高较大时），因此应设置足够的超高过渡段。最彻底的解决方法是避免在具有超高的曲线段设置交叉口。

二、平面交叉的转弯设计

为保证右转车辆能以一定速度顺利转弯，交叉口转角处的缘石或行车道边缘应做成圆曲线或复曲线，圆曲线的半径 R_1 称为转角半径，如图7-17所示。

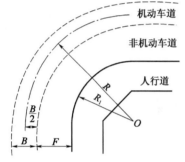

图7-17 转角半径计算图式

在未考虑机动车道加宽的情况下，转角半径 R_1 为：

$$R_1 = R - \left(\frac{B}{2} + F\right) \text{（m）} \quad (7-2)$$

$$R = \frac{V_1^2}{127(\mu \pm i_h)} \quad (7-3)$$

式中：B——机动车道宽度（m），一般采用3.5m；

F——转弯处的非机动车道宽度（m），无非机动车道时，$F=0$；

R——右转车道中心线半径（m）；

V_1——右转弯设计速度（km/h），可取路段设计速度的0.5~0.7倍；

μ——横向力系数，在0.15~0.20取值；

i_h——交叉口路面横坡度，一般采用2%。

城市道路平面交叉口转角处缘石转弯半径应满足机动车和非机动车的行驶要求，可按表7-11选定。当平面交叉口为非机动车专用路交叉口时，路缘石转弯半径可取5~10m。在条件允许时应尽量采用较大转角半径，满足行车和交通发展的需要。

各级公路应根据对应设计车辆的行迹进行转弯设计，载重汽车路面内缘的转角最小圆曲线半径见表7-12。

城市道路交叉口缘石转角最小半径　　　　表7-11

右转弯设计速度（km/h）	30	25	20	15
无非机动车道路缘石转角推荐半径（m）	25	20	15	10

公路转弯路面内缘的最小半径　　　表 7-12

速度(km/h)	≤15	20	25	30	40	50	60	70
最小半径(m)	15	20(15)	25(20)	30	45	60	75	90
最小超高(%)	2	2	2	2	3	4	5	6
最大超高(%)	一般值:6;绝对值:8							

注:条件受限时可采用括号内的数值。

公路交叉口转弯路面边缘线形应符合车辆转弯时的行迹。渠化平面交叉的右转弯车道,其内侧路面边缘应采用三心圆复曲线,三心圆复曲线详细设计见下节。左转弯内侧路面边缘以一单圆曲线来控制分隔岛端的边缘线。当按铰接列车设计时,路面边缘可采用符合转弯行迹的复曲线。非渠化平面交叉的转弯路面边缘可采用半径为 15m 的圆曲线。

三、平面交叉的视距设计

(一)视距三角形

为保证交叉口行车安全,驾驶员在进入交叉口前的一定距离内,应能看到相交道路上的行车情况,以便能及时采取措施顺利驶过或安全停车。这段必要的距离应该大于或等于停车视距 S_T。

由相交道路上的停车视距所构成的三角形称为视距三角形(通视三角形)。在该范围内不能有任何阻挡驾驶员视线的障碍物,如图 7-18 所示。视距三角形应以最不利的情况绘制,绘制的方法和步骤如下。

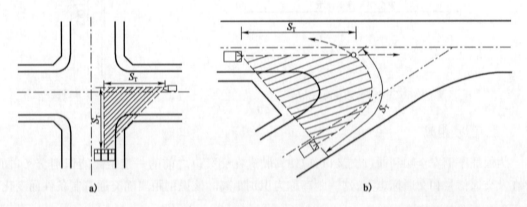

图 7-18　视距三角形
a)"十"字形;b)T字形

(1)确定停车视距 S_T:可用前述停车视距计算公式计算或根据相交道路的设计速度按表 7-13 选用。

安全交叉停车视距　　　表 7-13

设计速度(km/h)	100	80	60	40	30	20
停车视距(m)	160	110	75	40	30	20
安全交叉停车视距(m)	250	175	115	70	55	35

(2)找出行车最危险冲突点:不同形式交叉口的最危险冲突点不尽相同。常见"十"字形和T形(或Y形)交叉口的最危险冲突点可按下述方法确定:

①对"十"字形交叉口如图7-18a)所示,最靠右侧第一条直行机动车道的轴线与相交道路最靠中线的第一条直行车道的轴线所构成的交叉点为最危险冲突点。

②对T形(或Y形)交叉口如图7-18b)所示,直行道路最靠右侧第一条直行车道的轴线与相交道路最靠中线的一条左转车道的轴线所构成的交叉点为最危险冲突点。

(3)从最危险冲突点向后沿行车轨迹线各量取停车视距S_T。

(4)连接末端构成视距三角形。

条件受限不能保证由停车视距构成的视距三角形时,应保证主要道路的安全交叉停车视距和次要道路至主要道路边车道中线5~7m所组成的视距三角形,如图7-19所示。安全交叉停车视距值规定见表7-13。

对信号交叉口,各进口道的车辆受信号控制,速度低且直接冲突少,信号交叉口的视距,只要满足任一条车道路口停车线前第一辆车的驾驶员看到相邻路口第一辆车即可,如图7-20所示。

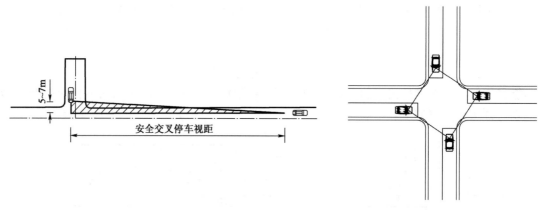

图7-19 安全交叉停车视距三角形　　图7-20 信号交叉通视三角区

(二)识别距离

为保证车辆安全顺利通过交叉口,应使驾驶员在交叉口之前的一定距离能识别交叉口的存在及交通信号和交通标志等,这一距离称为识别距离。该识别距离随交通管制条件而变化。

1. 无信号控制交叉口

对无信号控制的交叉口,多是等级低、交通量小及车速不高的次要交叉口,识别距离可采用各相交道路的停车视距。

2. 有信号控制交叉口

对有信号控制的交叉口,识别距离为使正常行驶的驾驶员能看清交通信号和显示内容,有足够时间制动减速直至停车,但这种制动停车并非紧急制动,识别距离可用式(7-4)计算。

$$S_s = \frac{V}{3.6}t + \frac{V^2}{26a} \text{ (m)} \tag{7-4}$$

式中：S_s——交叉口的识别距离(m)；

V——路段设计速度(km/h)；

a——减速度(m/s^2)，取 $a=2m/s^2$；

t——识别时间(s)。

识别时间 t 包括驾驶员的反应时间和制动生效时间。在公路上识别时间可取 10s；在城市道路上因交叉口较多，驾驶员对其存在已有思想准备，识别时间可取 6s。

3. 停车标志控制交叉口

对停车标志控制的交叉口，一般为主要道路与次要道路交叉，主次关系明确，且对标志的识别要比对信号容易，可采用式(7-4)及识别时间为 2s 计算。

信号控制及停车标志控制交叉口的识别距离见表 7-14，在此范围内不应有任何障碍物。

交叉口的识别距离(m) 表 7-14

设计速度(km/h)	信号控制交叉口				停车标志控制交叉口	
	公路		城市道路			
	计算值	采用值	计算值	采用值	计算值	采用值
80	348	350	—	—		
60	237	240	171	170	104	105
40	143	140	99	100	54	55
30	102	100	68	70	35	35
20	64	60	42	40	19	20

第四节　交叉口扩宽设计

当相交道路交通量较大、转弯车辆较多而车速又高时，若交叉口进口道仍采用路段上的车道数，会导致转弯车辆和直行车辆受阻，分流与合流困难，且易发生交通事故。此时应采用向道路的一侧或两侧扩宽的办法增加车道数，设置专用转弯车道，以改善交叉口的通行条件，提高通行能力。

扩宽的车道数主要取决于进口道的各向交通量、交通组织方式和车道的通行能力等。一般应比路段单向车道数多增加 1~2 条车道。

转弯车道是指平面交叉范围内供车辆转弯行驶的附加车道。转弯车道包括右转车道和左转车道两种。

一、转弯车道的设置条件

(一)公路平面交叉转弯车道的设置条件

1. 右转车道的设置条件

(1)主要公路设计速度大于或等于 60km/h 时，应在主要公路上增设减速分流车道和加速合流车道。

(2)两条一级公路相交或一级公路与交通量大的二级公路相交时,其右转弯运行应设置经渠化分隔的右转车道。

(3)一级公路、二级公路的平面交叉中,符合下列情况之一者应设置右转车道:
①斜交角接近于70°的锐角象限;
②交通量较大,右转弯交通会引起不合理的交通延误时;
③右转弯车流中重载车比例较大时;
④右转弯行驶速度大于30km/h时;
⑤互通式立体交叉连接线中的平面交叉右转弯交通量较大时。

2.左转车道设置条件

(1)四车道公路除左转交通量很小且对直行交通不造成阻碍或延误者外,均应在平面交叉范围内设置左转弯车道。

(2)二级公路符合下列情况之一者,应设置左转车道:
①与高速公路或一级公路互通式立体交叉连接线相交的平面交叉;
②非机动车较多且未设置慢车道的平面交叉;
③左转弯交通会引起交通拥阻或交通事故时。

(二)城市道路平面交叉转弯车道的设置条件

平面交叉口机动车设计交通量应区分直行及左右转交通量。确定进口道车道数等平面设计时,应采用高峰小时内信号周期平均到达车辆数。当确定渠化及信号相位方案时,应当用信号配时时段的高峰小时内高峰15min的到达车辆数。

信号控制交叉口应根据交通流量、流向确定进口道车道数。进口道车道数应大于上游路段的车道数,有条件时宜分设各流向的专用车道,并应满足其交通量所需的车道数要求。当高峰15min内每信号周期左转车平均流量达2辆时,宜设左转专用车道;当每信号周期左转车平均流量达10辆,或需要的左转专用车道长度达90m时,宜设2条左转专用车道。左转交通量特别大且进口道上游路段车道数为4条或4条以上时,可设3条左转专用车道。

让行交叉口次要道路进口道宜扩宽成两个车道,一个右转车道,一条直左混行车道(四岔交叉口)或左转车道(三岔交叉口)。主要道路进口道不设停止线,车道条数可与路段一样。当两条车道时,四岔交叉口可分别设直右、直左混行车道,三岔交叉口可分别设直行车道、直行与转弯混行车道;当三条车道时,四岔交叉口可别设直右、直行、直左混行车道,三岔交叉口可分别设两条直行车道、一条直行与转弯混行车道。

二、设置方法

(一)右转车道设置方法

车道等宽的右转车道设置方法比较简便,且方法固定。即在进口道的右侧或同时在出口道的右侧扩宽右转车道,如图7-21所示。

车道变宽的右转车道设置方法如图7-28所示。

(二)左转车道设置方法

左转车道是向进口道左侧扩宽的,依相交道路是否设置中间带和中间带的宽窄可按以下方法设置左转车道。

1. 宽型中央分隔带

当路口的中央分隔带宽度大于拟设左转车道必需的宽度时,可将道口一定长度的中央分隔带宽度压缩,增辟出左转车道,如图 7-22 所示。

2. 窄型中央分隔带

当路口设有较窄中央分隔带且宽度不足以容纳整个左转车道时,可同时压缩中央分隔带和减小车道宽度,如图 7-23 所示,保证左转车道的宽度。为使左转交通与直行明确分离,应设置鱼肚形导流带。

图 7-21 扩宽右转车道

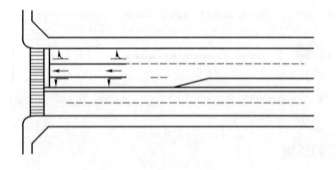

图 7-22 压缩中央分隔带设置左转车道

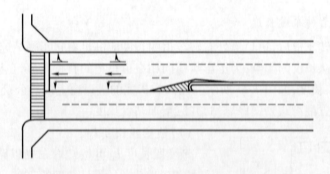

图 7-23 压缩中央分隔带和减小车道宽度设置左转车道

3. 无中央分隔带

当路口不设中央分隔带时,可通过车道中心单黄线(或双黄线)向左偏移半个车道和减小车道宽度,设置左转车道,如图 7-24 所示,一般采用鱼肚形导流带形式。

为避免直行车辆误入左转车道,应采用左转车辆从直左车流分出的方式设置左转车道,并配以完善的指示标志、标线提前预警。左转车辆必须进行车道变换后驶入左转车道,不宜将直行车道直接设置为左转车道,如图 7-25 所示。

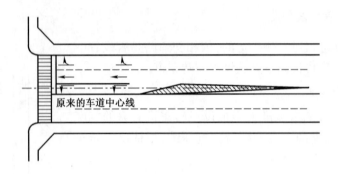

图7-24 向左偏移半个车道设置左转车道

应使左转车道在对向路口对称布置,如图7-26所示。

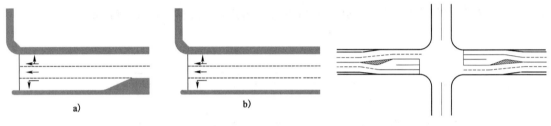

图7-25 正确的左转车道设置
a)好的例子;b)不好的例子

图7-26 对向路口左转车道对称布置

三、扩宽车道的长度

(一)右转车道长度

1. 车道等宽的右转车道长度

进口道设置右转车道后,进口道处右转车道的长度应满足右转车辆减速所需长度,并保证右转车不受等候车队长度的影响;为不影响横向相交道路上的直行车流,在出口道应设加速车道,并保证加速所需长度,如图7-27所示。当向右扩宽的进口道上设置公交停靠站时,应利用扩宽段的延伸段设置港湾式公交停靠站,并应增加站台长度。

(1)渐变段长度 l_d

渐变段长度 l_d 可按转弯车辆以路段平均行驶速度 V_A(城市道路为路段设计速度的70%)侧移行驶计算,即:

$$l_d = \frac{V_A}{3.6J}B \text{ (m)} \tag{7-5}$$

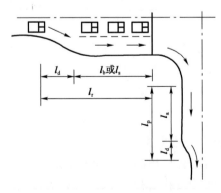

图7-27 车道等宽的右转车道长度

式中:V_A——路段平均行驶速度(km/h);
B——右转车道宽度(m);
J——车辆行驶时变换车道的侧移率(m/s),一般取 $J=1.0$ m/s。

公路最小渐变段长度可按表 7-15 选用。城市道路的渐变段最小长度不应少于：支路 20m，次干路 25m，主干路 30~35m。

最小渐变段长度　　　　　　　　　　　表 7-15

设计速度(km/h)	100	80	60	40
最小渐变段长度(m)	60	50	40	30

(2) 减速所需长度 l_b 和加速所需长度 l_a

进口道减速所需长度 l_b 和出口道加速所需长度 l_a 可用下式计算：

$$l_b(\text{或} l_a) = \frac{V_A^2 - V_R^2}{26a} \quad (\text{m}) \tag{7-6}$$

式中：V_A——减速时进口道或加速时出口道处路段平均行驶速度(km/h)；

V_R——减速后的末速度或加速前的初速度(km/h)；

a——减速度或加速度(m/s²)。

进口道的 l_b 和出口道的 l_a 可采用表 7-16 所列变速车道长度数值。变速车道是指平面交叉在需要加速合流和减速分流处，为适应加、减速而设置的附加车道。

变速车道长度　　　　　　　　　　　表 7-16

类别	设计速度(km/h)	减速车道长度 l_b(m)			加速车道长度 l_a(m)		
		末速度(km/h)			初速度(km/h)		
		0	20	40	0	20	40
主要道路	100	100	95	70	250	230	190
	80	60	50	32	140	120	80
	60	40	30	20	100	80	40
	40	20	10	—	40	20	—
次要道路	80	45	40	25	90	80	50
	60	30	20	10	65	55	25
	40	15	10	—	25	15	—
	30	10	—	—	10	—	—

(3) 等候车队长度 l_s

右转车道长度应能使右转车辆从直行车道最长等候车队的尾车后驶入扩宽的右转车道，其长度为：

$$l_s = n l_n \quad (\text{m}) \tag{7-7}$$

式中：l_n——直行等候车辆所占长度(m)，一般取 6~12m，小型车取低值，大型车取高值，车型比例不明确时，一般可取 9m；

n——高峰15min内每信号周期的右转车的排队车辆数,可用下式计算:

$$n = \frac{\text{每条直行车道通行能力} \times (1 - \text{右转车比例})}{\frac{\text{每小时周期数}}{\text{该向红灯占周期长的比例}}}$$

右转车道长度 l_r 为:

$$l_r = l_d + \max(l_b, l_s) \quad (\text{m}) \tag{7-8}$$

式中: l_r——右转车道长度(m);
　　　l_d——渐变段长度(m);
$\max(l_b, l_s)$——减速所需长度 l_b 和等候车队长度 l_s 中取大值。

城市道路当需设两条转弯专用车道时,扩宽段长度可取一条专用车道长度的60%。无交通量资料时,扩宽段最小长度不应小于:支路30~40m,次干路50~70m,主干路70~90m,与支路相交取下限,与主干路相交取上限。

出口道加速车道长度 l_p 为:

$$l_p = l_d + l_a \quad (\text{m}) \tag{7-9}$$

式中:l_p——出口道加速车道长度(m);
　　　l_a——加速所需长度(m);
　　　l_d——意义同前。

城市道路出口道扩宽段最小长度不应小于30~60m,交通量大的主干路取上限,其他可取下限;当设置公交停靠站时,应再加上站台长度。

【例7-1】 已知某交叉口的右转车道宽为3.5m,卡车行驶速度为40km/h,右转速度规定为20km/h,一次红灯受阻直行车为4辆。若减速度用2.5m/s²,加速度用1.0m/s²,试计算右转车道长度和加速车道长度。

解:因为

$$l_d = \frac{V_A}{3.6} B = \frac{40}{3.6} \times 3.5 = 38.89 (\text{m})$$

$$l_b = \frac{V_A^2 - V_B^2}{26a} = \frac{40^2 - 20^2}{26 \times 2.5} = 18.46 (\text{m})$$

$$l_a = \frac{40^2 - 20^2}{26 \times 1} = 46.15 (\text{m})$$

$$l_s = n l_n = 4 \times 9 = 36.00 (\text{m})$$

所以

$$l_r = l_d + l_s = 38.89 + 36.00 = 74.89 (\text{m})$$

$$l_p = l_d + l_a = 38.89 + 46.15 = 85.04 (\text{m})$$

2. 车道变宽的右转车道长度

车道变宽的右转车道由渠化的右转车道和两端的变速车道组成,如图 7-28 所示,图中右转车道的参数见表 7-17。此类右转车道的变速车道为一渐变段,其长度可按图 7-28 中车辆行驶时变换车道的侧移率根据式(7-5)计算。

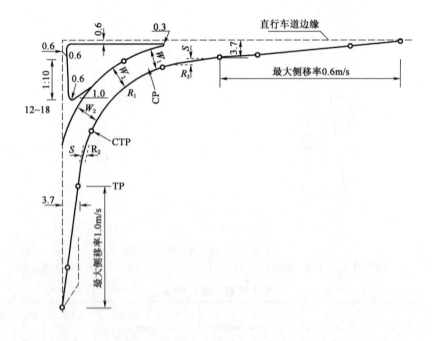

a)

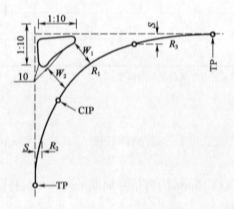

b)

图 7-28

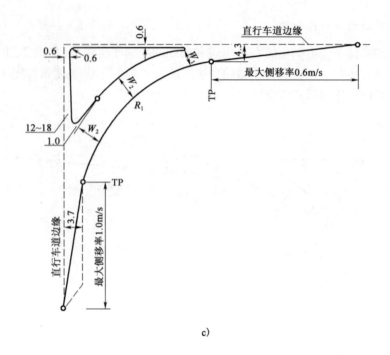

图 7-28 车道变宽的右转车道设置(尺寸单位:m)

a)正规的处理；b)不考虑绕越停放车辆时的处理；c)转弯半径较大时(大于45m)的简化处理

右转车道参数　　　　　　　　　　　　　　　　表 7-17

R_1(m)	12	14	16	18~22	24~28	30	45	90~135	150
W_1	6.4	6.1	6.1	5.5	5.2	5.2	4.9	4.6	4.6
W_2	7.7	7.7	7.4	7.1	6.8	6.4	6.1	5.8	5.8
S	1.5	1.5	1.5	1.2	1.2	1.2	0.9	0.9	0.9
R_2	$1.5R_1$						$2R_1$		
R_3	$3R_1$						$2R_1$		

注：W_1 为单车道宽度；W_2 为能绕越停放车辆的单车道宽度；R_1、R_2、R_3 为转角曲线半径。

(二)左转车道长度

左转车道长度也是由渐变段长度 l_d、减速所需长度 l_b 或等候车队长度 l_s 组成，即采用式(7-8)计算。

但式(7-7)中的 n 应为高峰 15min 内每信号周期的左转车的排队车辆数，对信号控制交叉口，可用下式计算：

$$n = \frac{一条车道的通行能力 \times 车道数 \times 左转车比例}{每小时的周期数}$$

对无信号控制交叉口，考虑到车辆到达的随机性，n 可按平均每分钟左转弯车辆数的 2 倍取用，即等候车队长度按式(7-10)计算，且不应小于 30m。当左转弯交通量很小时，可不考虑等候车队长度。

$$l_s = 2nl_n \text{ (m)} \tag{7-10}$$

其余计算公式及符号意义同前。

当左转车道位于右偏曲线路段时,应缩短渐变段长度。当交叉口间隔较小或其他特殊原因不能容纳所需长度的左转车道时,减速车道长度可适当减小。

四、扩宽车道的宽度

等宽的右转车道,其宽度应尽量与路段车道宽度相同。如因占地等限制,需要变窄车道宽度时,最窄不得小于3m,一般在3~3.5m之间;转角导流交通岛右侧右转专用车道应按设计速度及转弯半径大小设置车道加宽。当右转车道为变宽车道时,应按图7-28所示的宽度与渐变率设置。

左转车道的宽度规定见表7-18。

左转车道宽度(m)　　　　　　　　　　　表7-18

剩余分隔带类型	车道分划线	宽度大于0.5m的标线带	实	体	岛
左转车道宽度	3.5	3.25	3.0		3.25
左路缘带宽度	0	0	0.5		0.3

第五节　环形交叉设计

一、环形交叉的形式

环形交叉的组成如图7-29所示。环形交叉根据中心岛的大小和交通组织原则等分成两种形式:

(1)普通环形交叉:具有单向环形车道,其中包括交织路段,中心岛直径大于25m。

(2)入口让路环形交叉:具有单向环形车道,中心岛直径为5~25m。

二、普通环形交叉

(一)中心岛的形状和半径

1. 中心岛的形状

中心岛的形状应根据交通流特性、相交道路的等级和地形地物等条件确定。原则上应保证车辆能以一定速度安全、顺适完成交织运行,有利于主要道路方向车

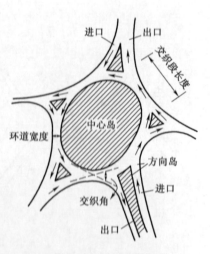

图7-29　环形交叉的组成

辆行驶,满足交叉所在地形、地物和用地条件的限制。

中心岛的形状一般多用圆形,有时也用圆角方形和菱形;主次道路相交时宜采用椭圆形;交角不等的畸形交叉可采用复合曲线形。此外,结合地形、地物和交角等,也可采用其他规则或不规则几何形状的中心岛。

2. 中心岛的半径

中心岛的半径应满足设计速度的要求,并按相交道路的条数和宽度,验算相邻道口之间的距离是否符合车辆交织行驶的要求。下面以圆形中心岛为例,介绍中心岛半径的计算方法。

1)按设计速度的要求

设计速度要求的中心岛半径 R 仍按圆曲线半径公式计算,但因绕岛车辆紧靠中心岛宽度为 b 的车道中间行驶,距中心岛边缘 $b/2$,故实际采用的中心岛半径应按下式计算:

$$R = \frac{V^2}{127(\mu \pm i_h)} - \frac{b}{2} \tag{7-11}$$

式中:R——中心岛半径(m);

b——紧靠中心岛的车道宽度(m);

μ——横向力系数,建议大客车 $\mu = 0.10 \sim 0.15$,小客车 $\mu = 0.15 \sim 0.20$;

i_h——环道横坡度(%),一般采用 1.5% 或 2.0%,紧靠中心岛行车道的横坡向中心岛倾斜时,i_h 值为正,反之为负;

V——环道设计速度(km/h)。实测资料:公共汽车为路段的 0.5 倍,载货汽车为 0.6 倍,小客车为 0.65 倍,供参考。

2)按交织段长度的要求

所谓交织是指两股车流汇合交换位置后又分离的过程。进环和出环的两辆车辆,在环道行驶时相互交织,交换一次车道位置所行驶的距离,称为交织长度。交织长度的大小主要取决于车辆在环道上的行驶速度。当相邻路口之间有足够的距离,使进环和出环的车辆在环道上均可在合适的机会相互交织连续行驶时,该段距离称为交织段长度。其位置大致可取相邻道路机动车道外侧边缘延长线与环道中心线交叉点之间的弧长,如图 7-30 所示。

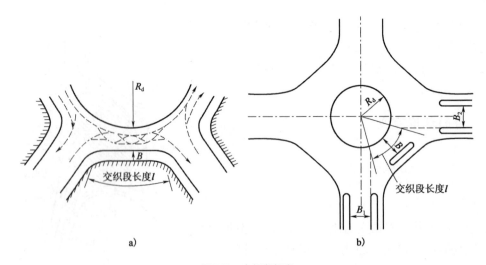

图 7-30　交织段长度

中心岛半径必须满足两个路口之间最小交织段长度的要求,否则,在环道上行驶中需要互相交织的车辆,就要停车等候,不符合环形交叉连续行驶的交通特征。环道上不同车速所需要的最小交织段长度见表7-19。

最小交织段长度   表7-19

环道设计速度(km/h)	50	45	40	35	30	25	20
最小交织段长度(m)	60	50	45	40	35	30	25

按交织段长度要求的中心岛半径 R_d,近似地按交织段长度所围成的圆周大小推导,计算公式为:

$$R_d = \frac{n(l+B_p)}{2\pi} - \frac{B}{2} \quad (m) \tag{7-12}$$

式中:n——相交道路的条数;

l——相邻路口之间的交织段长度(m);

B——环道宽度(m);

B_p——相交道路的平均路宽(m)。中心岛为圆形,交汇道路为十字正交时 $B_p = (B_1 + B_2)/2$,其中 B_1 和 B_2 分别为相邻路口行车道宽度。

由式(7-12)可知,交叉口相交道路的条数越多,为保证最小交织段长度的要求,则中心岛的半径就越大,这样会增加交叉口的用地面积和车辆在环道上的绕行距离,既不经济也不合理。因此,环形交叉的相交道路以不多于六条为宜。

对四路相交的环形交叉,一般用式(7-11)和式(7-12)分别计算中心岛半径,选取较大者。对中心线夹角差别较大或多路交叉口,也可先按式(7-11)确定中心岛的半径 R,再按下式验算交织段长度要求:

$$l = \frac{2\pi}{n}\left(R + \frac{B}{2}\right) - B_p \quad (m) \tag{7-13a}$$

或

$$l = \frac{\pi\alpha}{180}\left(R + \frac{B}{2}\right) - B_p \quad (m) \tag{7-13b}$$

式中:α——相交道路中心线的夹角(°),当夹角不等时,用最小夹角验算。

当用式(7-13)计算的 l 大于最小交织段长度时,符合要求;否则,应增大 R 重新验算,直至符合要求为止。根据实践,中心岛最小半径如表7-20所示,可供参考。

中心岛最小半径   表7-20

环道设计速度(km/h)	40	35	30	25	20
中心岛最小半径(m)	60	50	35	25	20

(二)环道的宽度

环道即环绕中心岛的单向行车带。其宽度取决于相交道路的交通量和交通组织。一般,靠近中心岛的一条车道作绕行之用,最靠外侧的一条车道供右转弯之用,中间的一至两条车道为交织之用,环道上一般设计三到四条车道。实践证明,车道过多,易使行车混乱,导致不安全。当环道车道数从两条增加到三条时,通行能力提高最为显著;而当车道数增加到四条以上时,通行能力增加得很少。因为车辆在绕岛行驶时需要交织,在交织段长度小于两倍的最小交织段长度(考虑占地和经济性,一般不可能超过两倍)范围内,车辆只能顺序行驶,不可能同时出现大于两辆车交织。不论车道数设计多少条,在交织断面上只能起到一条车道的作用。

因此,环道的车道数一般采用三条为宜;如交织段长度较长时,环道车道数可布置四条;若相交道路的行车道较窄,也可设两条车道。

如采用三条机动车道,每条车道宽3.50~3.75m,并按前述曲线加宽中单车道部分的加宽值,当中心岛半径为20~40m时,环道机动车道的宽度一般为15~16m。

对非机动车交通可与机动车混行或分行布置,为保证交通安全,减少相互干扰,一般以分行为宜,可用分隔带(或墩)或标线等分隔。非机动车道宽度应视具体情况而定,一般不小于相交道路中的最大非机动车行车道宽度,也不宜超过8m。

(三)交织角

交织角是进环车辆轨迹与出环车辆轨迹的平均相交角度。它以距右转机动车道外缘1.5m和中心岛边缘1.5m的两条切线交角来表示,如图7-31所示。

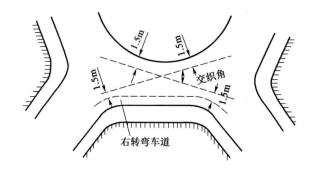

图7-31 交织角

交织角的大小取决于环道的宽度和交织段长度。环道越窄,交织段长度越大,则交织角越小,行车越安全。但交织段越长,中心岛半径增大,占地增加。根据经验,交织角以控制在20°~30°为宜。通常在交织段长度已有保证的条件下,交织角多能满足要求。

(四)环道外缘线形及进出口曲线半径

从满足交通需要和节约工程量考虑,环道外缘平面线形不宜设计成反向曲线形状,如图7-32中虚线所示。据观测,这种形状在环道的外侧约有20%的路面(图7-32中阴影部分)无车行驶,不合理也不经济。环道外缘平面线形宜采用直线圆角形或三心复曲线形状,如图7-32中实线所示。

环道进、出口的曲线半径取决于环道的设计速度。为使进环车辆的车速与环道车速相适应,应对进环车辆的车速加以限制。一般进口曲线半径采用接近或小于中心岛的半径,且各相交道路的进口曲线半径不要相差太大。环道出口曲线半径可比进口曲线半径大一些,以使车辆加速驶出环道。

（五）环道的横断面

环道的横断面形状对平稳行车和路面排水有很大影响，横断面的形状取决于路脊线的选择。通常环道横断面的路脊线设在交织车道的中间，若机动车与非机动车之间设有分隔带时，其路脊线也可设在分隔带上。环道路脊线通过设于进、出口之间的三角形方向岛或直接与交汇道路的路脊线相连，如图7-33所示，图中虚线为路脊线，箭头指向为排水方向。应在中心岛的周围设置雨水口，以保证环道内不产生积水。另外，进、出环道处的横坡度宜缓一些。

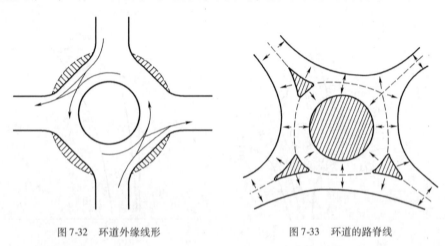

图7-32　环道外缘线形　　　　　　　图7-33　环道的路脊线

三、入口让路环形交叉

（一）入口让路环形交叉口的行驶规则

入口让路环形交叉将入口视为"支路"，到达入口的车辆发现左方环道上有车辆，且无插入间隙时，应在入口等候，伺机入环。当环行车流出现间隙时，为使等候车辆有效使用这一间隙，入口应为不同去向的车辆提供等候车道，左转弯车辆等候在较左的车道上，右转弯车辆等候在较右的车道上。入口让路的规定，改变了环形交叉连续运行的特性，但可减少不必要的交织运行，防止环道上交通拥阻。因此，长的交织段对提高通行能力不再是唯一的影响因素，因入口拓宽，车流的活动空间增大，使环行车流间的间隙充分利用，具有较大的通行能力。当入口和环道上交通量较大时，环行车流间的间隙较少，甚至没有，导致入口等待车辆过多和时间过长，此时环形交叉已不适应交通量需求，应改造为其他交叉形式。

（二）中心岛的形状和半径

入口让路环形交叉应根据设计车辆的转弯行迹、环道车道数及各岔路的路幅宽度（包括中央分隔带时宽度）确定中心岛的直径。因交叉口为不同流向的车流提供尽可能宽的通道，必须压缩中心岛的直径，以增加环道上的车道数，但直径一般不应小于10m，最小可采用5m。

中心岛一般由缘石围成，其形状除特殊需要外，均应为圆形。环形交叉的中心岛面积较小时,可采用齐平式或微凸式;当面积较大时,应采用浅碟式,环道内侧应设缓边坡,不应沿岛缘(紧靠行车道)设置深的排水沟。

(三)出入口设计

为提高入口让路环形交叉的通行能力,入口要为不同去向的车辆分别提供等候车道,应增辟车道做成喇叭状。增辟的车道数至少为一个,最多为两个,入口车道总数不大于四个。停车线处车道宽度为3.0m,增辟车道起点车道宽度为2.5m,拓宽有效长度为25m,如图7-34所示。

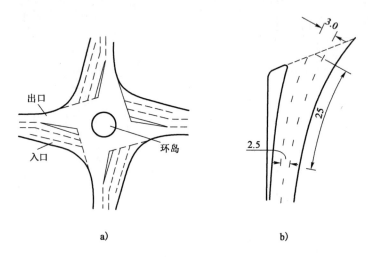

图7-34 入口让路环形交叉入口(尺寸单位:m)

入口应右偏且呈曲线形,并使入口左路缘的延长线不与中心岛相割。入口曲线半径为10~100m,并以20m为宜。当接近或超过100m时,显得偏斜不足。

出口不增辟车道,但应拓宽车道,并用1:15~1:20的渐变率收敛到正常车道的宽度。

入口与邻接的出口之间应尽量避免采用短的反向曲线,而应采用直线圆角形。必要时可增大出口曲线半径。三路交叉中相邻的入口和出口间距较长时,可采用反向曲线。

(四)环道的宽度

环道宽度应为各相交道路中最大入口宽度的1~1.2倍。一般环道宜为三车道的宽度。当某个入口的右转弯交通量占50%或达到300pcu/h时,应增辟与环道间有"V"形标线导流岛分隔的右转弯车道。

(五)入口让路环形交叉的视距

(1)左方视距:到达"让路"停车线的车辆,驾驶员应能清楚地看到左方直至前一个入口或左方50m(取其中小者)范围内环道的整个宽度。

(2)前方视距:到达"让路"停车线的车辆,驾驶员应能清楚地看到前方直至下一个出口或前方50m(取其中小者)范围内环道的整个宽度。

(3)环行视距:环道上行驶的车辆,驾驶员应能清楚地看到前方直至下一个出口或前方

50m(取其中小者)范围内环道的整个宽度。

入口让路环形交叉的其他设计与普通环形交叉类似。

第六节 立面设计

一、平面交叉处道路的纵面线形

平面交叉范围内,两相交道路的纵面应尽量平缓。纵面线形应大于最小停车视距要求,并有利于车辆制动停车,保证机动车的安全性和机动性。

平面交叉纵坡过大,上坡方向车辆爬坡困难,使车辆位于交叉口冲突区的时间过长,而下坡方向使车辆行驶速度过高,进入交叉口前减速困难,且频繁制动易导致路面结构破坏,影响道路路面使用寿命。纵坡过小,造成交叉口处排水困难。相交道路的纵坡和横坡调整必须适应行车舒适性和交叉口路面排水的要求。

在纵坡小于3%的路面上,车辆停车和加速与平路上没有显著区别。但纵坡大于3%时,会增加车辆停车的距离,降低车辆(特别是货车)的加速能力。主要道路在交叉范围内的纵坡应在0.5%~3%内。次要道路紧接交叉的引道部分应以0.5%~2.0%的上坡连接,此坡段至主要道路的路缘至少为25m,如图7-35所示。

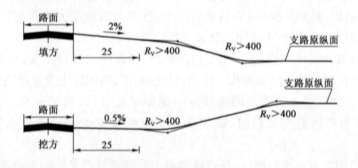

图7-35 次要道路引道纵坡(尺寸单位:m)

主要道路在交叉范围内为超高曲线时,次要道路的纵坡应服从主要道路的横坡。若次要道路在交叉前后一定长度范围内纵坡的趋势与主要道路的横坡相反,则次要道路在引道的一定范围内应设置S形竖曲线,如图7-36所示。

次要道路与主要道路交叉时,应优先保证主要道路的横坡,使其贯穿于整个交叉口区域,应调整次要道路纵坡和横坡,以适应主要道路。

二、平面交叉的立面设计

交叉口立面设计(也称竖向设计)是通过调整交叉口范围内的行车道、人行道及附近地面等有关各点的设计高程,合理确定各相交道路之间及交叉口和周围建筑物之间共同面的形状,以符合交通安全、行车舒适、排水迅速和建筑艺术等方面要求的设计工作。

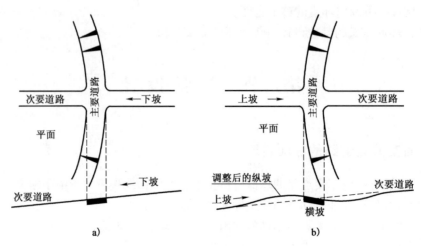

图 7-36　主要道路设超高时次要道路引道纵坡
a) 不需调整次要道路纵坡；b) 调整次要道路纵坡

(一)交叉口立面设计原则

立面设计主要取决于相交道路的等级、交通量、横断面形状、纵坡的大小和方向以及周围地形等。交叉口立面设计的一般原则为：

(1) 相同等级道路相交时，一般维持各自的纵坡不变，而改变其横坡度。通常改变纵坡较小道路的横断面形状，将路脊线(路拱顶点的连线)逐渐向纵坡较大道路的行车道边线移动，使其横断面的横坡度与纵坡较大道路的纵坡一致。

(2) 主要道路与次要道路相交时，主要道路的纵、横断面均维持不变，而将次要道路双坡横断面，逐渐过渡到与主要道路纵坡相一致的单坡横断面，以保证主要道路的交通便利。

(3) 设计时至少应有一条道路的纵坡方向背离交叉口，以利于排水。如遇特殊地形，所有道路纵坡方向都向着交叉口时，必须在交叉口内设置雨水口和排水管道，以保证排水要求。

(4) 交叉口范围布置雨水口时，一条道路的雨水不应流过交叉口的人行横道，或流入另一条道路，也不应使交叉口内产生积水。雨水口应设在人行横道之前或低洼处。

(5) 交叉口立面设计高程应与周围建筑物的地坪标高协调一致。

(二)交叉口立面设计的基本类型

交叉口立面设计的形式，主要取决于交叉范围相交道路的纵坡、横坡及地形。以十字形交叉口为例，按其所处地形及相交道路纵坡方向，可划分为六种基本类型，如图 7-37 所示。

(1) 处于凸形地形上，相交道路的纵坡方向均背离交叉口[图 7-37a)]。

设计时交叉口内纵面保持不变，适当调整接近交叉口的路段横坡，让雨水流向交叉口四个转角的街沟或路基外排除。

(2) 处于凹形地形上，相交道路的纵坡方向均指向交叉口[图 7-37b)]。

这种形式路面水都向交叉口集中，排水困难，应尽量避免。若因地形限制，必须时应设置地下管道排水,为防止雨水汇集到交叉口中央,应适当改变相交道路的纵面,以抬高交叉口中央高程。最好在相交道路纵坡设计时,应将一条主要道路的变坡点设在远离交叉口的地方,保证有一条道路的纵坡方向能背离交叉口。

(3)处于分水线地形上,有三条道路纵坡方向背离一条指向交叉口[图 7-37c)]。

设计时将纵坡指向交叉口的路脊线在入口处分为三个方向,相交道路的横断面不变。

(4)处于谷线地形上,有三条道路纵坡度方向指向交叉口而一条背离[图 7-37d)]。

设计时与谷线相交的道路进入交叉口前,在纵断面上产生转折而不利于行车,应尽量使纵坡转折点远离交叉口,并在该处插入竖曲线。

(5)处于斜坡地形上,相邻两条道路纵坡指向交叉口而另两条背离[图 7-37e)]。

设计时相交道路的纵坡均不变,而将两条道路的横坡在进入交叉口前逐渐向相交道路的纵坡方向变化,使交叉口上形成一个单向倾斜面。

(6)处于马鞍形地形上,相对两条道路纵坡指向交叉口而另两条背离[图 7-37f)]。

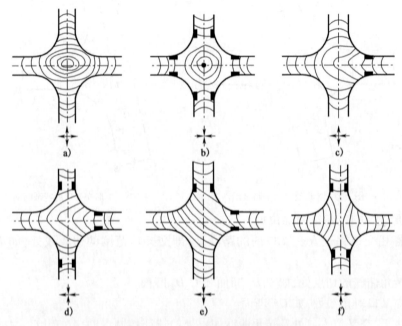

图 7-37 交叉口立面设计的基本形式

设计时相交道路纵、横坡都可按自然地形在交叉口内适当调整。

以上为典型"十"字形交叉口立面设计形式,对其他形式的交叉口,立面设计原则相同。立面设计的使用效果与相交道路纵坡方向的组合有很大关系,如要获得交叉口理想的立面设计,应在道路纵断面设计时,考虑交叉口立面设计的要求,创造良好的条件。

(三)交叉口立面设计的方法

对简单的沥青路面交叉口,通常采用特征断面法;水泥混凝土路面交叉口和大型、复杂的沥青路面交叉口,一般采用高程图法。

1.特征断面的确定和特征点高程的计算

交叉口的特征断面与选定的路脊线密切相关。路脊线应根据相交道路的等级和交叉角等因素确定,既要考虑行车平顺,又要考虑整个交叉口的均衡美观。

1)相同(或相近)等级道路相交时的特征断面

相同(或相近)等级的道路相交,立面设计时一般维持各自的纵坡不变,改变其横坡度。对 X 形交叉口和交叉角大于75°的 T 形交叉口,路脊线通常是对向行车轨迹的分界线,即行车道的中线;对斜交过大的 T 形交叉口(或 Y 形交叉口),其路中线不宜作为路脊线,应加以调整。

(1)X 形、T 形交叉口的特征断面

X 形交叉口和 T 形交叉口分别被相交道路的中线分割成四部分和三部分。每部分的立面设计方法相同,以图 7-38、图 7-39 中 $A_1OA_2B_2EB_1$ 部分为例,介绍特征断面的确定方法和特征点高程的计算方法。

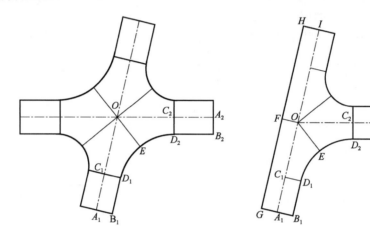

图 7-38 X 形交叉口的特征断面　　图 7-39 T 形交叉口的特征断面

X 形、T 形交叉口的特征断面位置:

①位于各相交道路进入交叉口前的路段上,即交叉口范围的边界线处,如 B_1A_1 断面和 B_2A_2 断面。

②位于转角曲线的切点处,如 C_1D_1 断面和 C_2D_2 断面。

③位于交叉口对角线处,如 OE 断面。

对路脊线上、交叉口入口处及转角曲线切点处的特征控制点 O、A_1、B_1、C_1、D_1、C_2、D_2、A_2、B_2 和 F、G、H、I 等点的高程,均可根据相交道路的纵面线形和路拱横坡度值求得。

E 点的设计高程在公路平面交叉中应满足对角线上行车平顺和排水的要求,城市道路平面交叉还必须满足圆弧 D_1D_2 间的排水要求,即圆弧 D_1D_2 间的纵坡必须大于等于 0.3%。交叉口无导流岛时,因转角曲线半径较小,曲线短而难以采用合适的超高,在特殊困难情况下除设置排水所必需的横坡外,可不设超高,一般对角线 OE 的横坡宜控制在 0.3%~2%。记 $D_1D_2=l$,$D_1E=l_1$,D_1、D_2 的设计高程分别记为 D_{1z},D_{2z},则当行车平顺和排水均满足要求的条件时,E 点的设计高程 E_z 可按下式计算:

$$E_z = D_{1z} + \frac{D_{2z} - D_{1z}}{l} \cdot l_1 \tag{7-14}$$

(2)Y 形交叉口的特征断面

①路脊线的调整

Y形交叉口斜交角过大,其原设计路中线不宜作为设计路脊线,路拱所分路面区域不均衡,应予调整。调整时要求两转角曲线的切点在被交线上的里程相等。调整后新的路脊线如图7-40中的 EA、ED 和 EC,其中心控制点 E 的位置选定,应考虑行车平顺和交叉口布局的匀称、美观。通过多方案的选择和计算表明,可取多边形 $OC_1D_1D_2A_2A_1O$ 的重心 E 作为调整后路脊线新的交汇点。

路脊线调整时先建立以 O 为原点,以 OA_1 为横轴 x,以 OO_1 为纵轴 y 的局部直角坐标系 xOy,图中 R_1、R_2 分别为转角曲线 1、转角曲线 2 的半径,b_1 为主线的路面宽度,b_2 为被交线的路面宽度,θ_1 为交叉口的交叉角,则在 xOy 坐标系中多边形 $OC_1D_1D_2A_2A_1O$ 的重心坐标为:

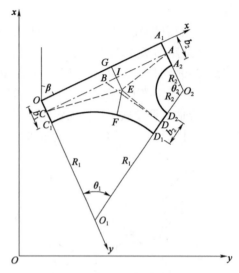

图7-40 Y形交叉口路脊线的调整

$$\left. \begin{array}{l} x_E = \dfrac{\sum F_i x_{iE}}{\sum F_i} = \dfrac{F_0 \cdot x_{0E} - F_i \cdot x_{1E} - F_2 \cdot x_{2E}}{F_0 - F_1 - F_2} \\[2mm] y_E = \dfrac{\sum F_i y_{iE}}{\sum F_i} = \dfrac{F_0 \cdot y_{0E} - F_i \cdot y_{1E} - F_2 \cdot y_{2E}}{F_0 - F_1 - F_2} \end{array} \right\} \quad (7\text{-}15)$$

式中: F_0——梯形 $A_1O_2O_1O$ 的面积;
F_1——扇形 $C_1D_1O_1$ 的面积;
F_2——扇形 $A_2D_2O_2$ 的面积;
(x_{0E}, y_{0E})——梯形 $A_1O_2O_1O$ 的重心坐标;
(x_{1E}, y_{1E})——扇形 $C_1D_1O_1$ 的重心坐标;
(x_{2E}, y_{2E})——扇形 $A_2D_2O_2$ 的重心坐标。

采用重心法确定的重心 E 点位置,与主要行车方向路面边缘线的距离要基本相等,如图中的 GE、EF,若 GE、EF 值相差较大,可在 GE 线方向适当移位至满足要求。当 $GE = EF$ 时,E 点就是中心控制点。

②特征断面的确定与特征高程的计算

Y形交叉口的特征断面与T形交叉口类似,只是路脊线调整后对角线处的特征断面改为 EH、EF 断面,如图7-41所示。

特征点 A、C、D 以及 GE 与中线 AC 的交点 I 的高程可分别根据相交道路的纵面线形求得,E 点的高程为:

$$h_E = h_1 + IE \cdot |i_Z| \quad (7\text{-}16)$$

式中:h_1——I 点设计高程;
i_Z——主线的路拱横坡。

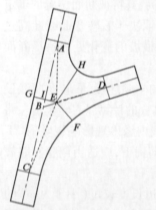

图7-41 Y形交叉口的特征断面

H、F 点高程的确定与十字形、T形交叉口的方法相同,不再赘述。

2）主要道路与次要道路相交时的特征断面

主要道路与次要道路相交时，主要道路的纵横断面均维持不变，而将次要道路的双坡横断面，逐渐过渡到与主要道路纵坡相一致的单坡横断面，此时，路脊线的交点 O 移到次要道路路脊线与主要道路路面边线的交点 O_1（或 O_2）处，如图 7-42、图 7-43 所示。为适应主要道路的横断面，应适当调整次要道路的纵断面，紧接主要道路处的纵坡宜根据主要道路的横坡、纵坡及交叉角计算得到的综合值（与合成坡度类似）或按图 7-35、图 7-36 的要求调整。

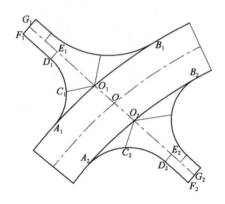

图 7-42 主次道路相交的四路
交叉口的特征断面

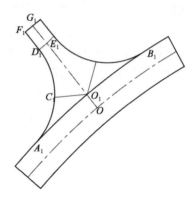

图 7-43 主次道路相交的三路
交叉口的特征断面

主、次道路相交的四路和三路交叉口的特征断面也有三种位置，即次要道路进入交叉口的路段上，如图 7-42 中 F_1G_1、F_2G_2 断面；转角曲线与次要道路的相切处，如图 7-42 中 D_1E_1、D_2E_2 断面；主要道路边线与次要道路路脊线交汇的对角线处，如图 7-42 中 O_1C_1、O_2C_2 断面。

图 7-42 中特征点 A_1、O_1、B_1、A_2、O_2、B_2 的高程可根据主要道路的纵面线形和横坡值计算；E_1、G_1、D_1、F_1 的高程根据 O_1 点的设计高程和 O_1G_1 的纵坡及次要道路的横坡确定；E_2、G_2、D_2、F_2 的高程根据 O_2 点的设计高程和 O_2G_2 的纵坡及次要道路的横坡确定；C_1、C_2 点高程分别由 O_1、A_1、D_1 点和 O_2、A_2、D_2 点高程考虑满足行车的平顺和排水要求确定，计算方法同前。

3）渠化右转车道的特征断面与超高过渡

对渠化右转车道或右转弯附加路面，因右转弯曲线一般需设超高，其特征断面位置的确定和高程的计算与上述方法不同。渠化右转车道上特征断面的位置，取决于右转弯曲线超高过渡段起、终点位置以及与相交道路的连接。通常右转车道上宽度和横坡的变化处为特征断面位置。

渠化右转车道上各处高程和横坡应满足右转车道与相交道路的平顺连接、右转弯曲线设置超高以及整个交叉范围内路面排水和视觉的需要。右转车道上高程的计算以右转车道左路缘线作为设计控制。当以左路缘线高程控制设计导致右转车道曲线内缘出现影响视觉的"下陷"（当超高较大时）或造成边沟设计困难时，在不妨碍路面排水的前提下，应适当调整左路缘线的高程。

右转车道或右转弯附加路面应按表 7-12 设置超高。导流岛岛边长度较短（小于 30m）的转弯车道无法设置超高过渡，或右转弯附加路面存在排水困难、路容不美观及与直行车道路面衔接困难等问题而无法设置应有的或最大超高时，可适当减小超高值，但不能低于表中的最小值。道路为直线时,渠化右转车道转弯曲线的超高过渡方式如图 7-44 所示;道路为曲线时,渠化右转车道转弯曲线的超高过渡方式如图 7-45 所示。

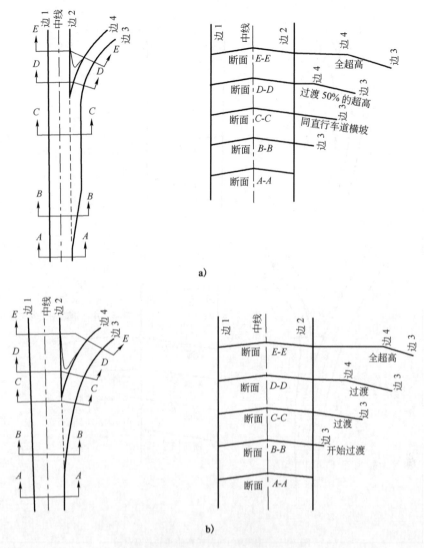

图 7-44　道路为直线时转弯曲线的超高过渡
a) 等宽式变速车道; b) 渐变式变速车道

2. 交叉口设计高程的加密

确定了路脊线和特征断面上的设计高程,可大概反映交叉口的立面形状。对简单的沥青路面交叉口,采用特征断面法提供交叉口特征断面的定位里程、尺寸和设计高程,由此构成交叉口高程控制。

对水泥混凝土路面交叉口和大型、复杂的沥青路面交叉口,采用简单的特征断面法不能完整表达交叉口的立面,必须加密交叉口范围内的设计高程,即采用高程图法。加密设计高程常用的方法是增加计算辅助线,采用高程计算线网。

高程计算线网主要采用圆心法、等分法。

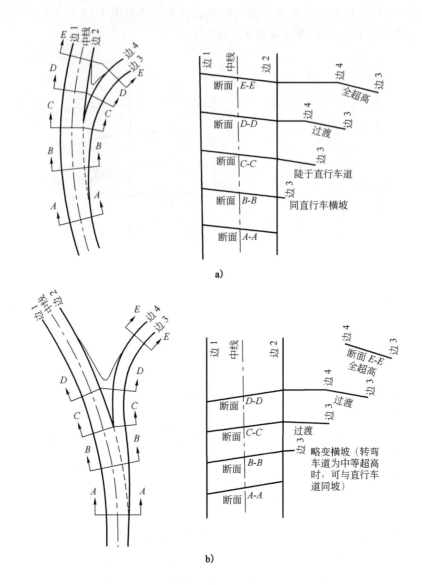

图 7-45　道路为曲线时转弯曲线的超高过渡
a) 右偏道路, 渐变式变速车道; b) 左偏道路, 渐变式变速车道

(1) 圆心法

如图 7-46 所示, 在路脊线上, 按施工要求每隔一定距离或等分定出若干点, 并与转角曲线的圆心连成直线(只连到转角曲线上), 即得圆心法高程计算线网。

(2) 等分法

如图 7-47 所示, 将路脊线等分为若干份, 相应将转角曲线也等分为相同份数, 连接对应点, 即得等分法高程计算线网。

高程计算线所在位置是用于计算该断面路拱设计高程的依据, 标准路拱横断面是与车辆行驶方向垂直的, 应尽量使高程计算线与路拱横断面的方向一致, 同时也便于计算。当等级相同或相近的道路相交时, 采用等分法或圆心法高程计算线网均可; 主要道路与次要道路的交叉和渠化右转车道的转弯曲线处,推荐采用圆心法高程计算线网。

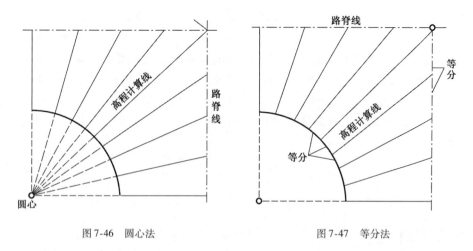

图 7-46 圆心法　　　　　　　图 7-47 等分法

每条高程计算线上高程点的数目,可根据路面宽度、施工需要确定。对路宽、坡陡、施工精度要求高的,高程点可多些;反之,则少些(图 7-48、图 7-49)。

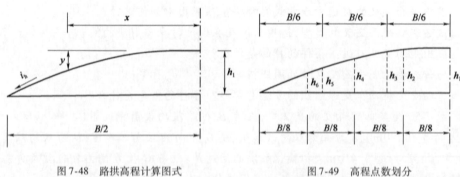

图 7-48 路拱高程计算图式　　　　　　　图 7-49 高程点数划分

高程计算线上两端的设计高程可根据特征断面上特征点的高程、相交道路的纵坡及转角曲线的纵坡求得。计算线上高程点的计算公式与所选用的路拱形式有关,当采用直线形路拱时,可根据每条高程计算线上两端的设计高程,采用线性插值方法计算;当采用抛物线形路拱时,可用下列公式计算:

$$y = \frac{h_1}{B}x + \frac{2h_1}{B}x^2 \quad (m) \tag{7-17}$$

$$y = \frac{h_1}{B}x + \frac{4h_1}{B^3}x^3 \quad (m) \tag{7-18}$$

式中:h_1——高程计算线两端(其中一端在路脊线上)的高差或路拱高度(m),$h_1 = \frac{B}{2} \cdot i_h$;

　　　B——行车道宽度(m);

　　　i_h——路拱横坡(%)。

以上两式可根据路面类型选用,一般宽 14m 以下的次高级路面和中级路面可用式(7-17)计算;宽 14m 以上的高级路面采用式(7-18)计算。

【待深入研究的问题】

平面交叉口立面设计是近年来研究的问题之一,传统的平面交叉口立面设计方法落后,可操作性差,且设计工作量较大,有必要寻找一种合理的方法取而代之。立面设计成果为满足行车平顺、排水通畅并与相交道路连接顺适的共同面,以平面定点位置和设计高程表示。据此特点,科学、合理的立面设计方法是以一个满足边界条件的面进行拟合,任意点的设计高程由面方程直接计算获得。需要研究的另一个问题是交叉口的交通仿真技术,在交叉口未修建之前,通过仿真技术虚拟现实情况,在设计阶段对于转弯车道的设置、渠化方式的选择以及交通信号设置等具有指导作用。

【习题与思考题】

7-1 道路平面交叉设计的主要内容是什么?

7-2 道路交叉口有何交通特征?如何减少或消灭交叉口冲突点?

7-3 道路平面交叉的交通管理方式有哪些?在应用中如何选择?

7-4 试述道路平面交叉的类型、适用范围及在设计时主要解决的问题。

7-5 提出平面交叉口设置条件的目的是什么?

7-6 为什么要控制平面交叉口的间距?

7-7 平面交叉机动车交通组织的方法有哪些?各自的任务是什么?

7-8 图 7-50 为某四路相交的交叉口,在 A、B、C 路段均设有中间带(其中 A、B 方向宽为 4.5m,C 方向宽为 2.0m),A 方向为双向六车道,B、C 方向为双向四车道,D 为双向双车道,每条车道宽 3.5m,人行道宽 4.0m。拟渠化解决的问题是:改善 C 往 B 的右转行驶条件;压缩交叉面积;明确各向通过交叉口的路径;解决行人过街问题。试拟订渠化方案。

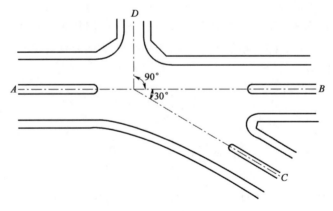

图 7-50 某四路相交的交叉口

7-9 规定交叉口处道路平纵线形的目的是什么?

7-10 试述视距三角形及其绘制方法和步骤。

7-11 试述右转车道和左转车道设置的方法。

7-12 简述环形交叉中心岛半径的确定方法。

7-13 入口让路环形交叉的行驶规则是什么?

7-14 试述平面交叉立面设计的目的和原则?

7-15 平面交叉立面设计高程计算线网的方法与适应条件。

7-16 图 7-51 为正交的十字形交叉口,相交道路设计速度为 60km/h,双向六车道,每条车道宽 3.5m,人行道宽 4.0m,进口道右侧车道供直右方向行驶,转角曲线半径为 15.0m。从视距的要求考虑,试问位于转角人行道外边缘的建筑物 A 是否应拆除?绘制采用圆心法、等分法的高程计算线网。

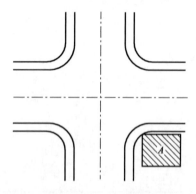

图 7-51 正交的十字形交叉口

7-17 某五路交叉,拟修建普通环形交叉,各路口的相交角度如图 7-52 所示。已知路段设计速度为 50km/h,行车道宽均为 14m。若环道宽度为 15m,内侧车道宽为 6m,试确定中心岛半径(取 $\mu=0.15$, $i_h=2\%$,不考虑非机动车)。

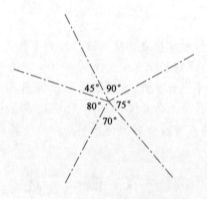

图 7-52 各路口的相交角度

第八章
道路立体交叉设计

【学习目的与要求】

通过本章学习,使学生了解和掌握立体交叉设计的主要任务、设计方法和基本要求。了解立体交叉的组成、类型及特性;了解影响立体交叉的布置规划与形式选择的主要因素;掌握匝道的设计依据、设计标准及线形设计要点;掌握匝道端部的出入口设计、变速车道设计及辅助车道的设计方法及要求;了解收费立体交叉的形式、收费站布设方法及收费广场设计的主要内容;了解道路与铁路、乡村道路及管线交叉的设计要点和一般要求。

第一节 概 述

立体交叉是利用跨线构造物使道路与道路或道路与其他线形工程,在不同高程上相互跨越的连接方式,简称立交。立体交叉是高速道路(高速公路和城市快速路的统称)的重要组成部分。

采用立体交叉可消除或减少相交道路各方向车流的冲突点,控制相交道路的车辆出入,保证行车安全和畅通;车流可连续稳定地运行,减少时间延误,提高行车速度;车辆各行其道,等候时间减少,能快速连续行驶,提高了道路通行能力。立体交叉构造物多、施工复杂、造价高、不易改建。因此,是否采用立体交叉应根据道路、交通、环境及自然条件,经过技术、经济及环境效益的比较和分析后慎重确定。

一、立体交叉的类型

(一)按立体交叉的交通功能分类

立体交叉按其交通功能分为分离式立体交叉和互通式立体交叉两类。

1. 分离式立体交叉

分离式立体交叉仅设跨线构造物(跨线桥或通道)一座,上、下层道路(或道路与其他线形工程)间采用互不连通的交叉方式,如图 8-1a)所示。

这种类型的立体交叉结构简单,占地少,造价低,但相交道路的车辆不能转弯行驶,交通功能受限。

分离式立体交叉的设置应根据道路网规划、相交道路的功能、等级、交通量、地形和地质条件、经济与环境因素等确定。

2. 互通式立体交叉

互通式立体交叉不仅设跨线构造物使相交道路空间分离,且上、下道路之间采用相互连通的交叉方式,如图 8-1b)所示。这种类型的立体交叉车辆可转弯行驶,全部或部分消除了冲突点,各方向行车相互干扰小,行车安全,通行能力大。与分离式立体交叉比较,其结构复杂,占地多,造价高。

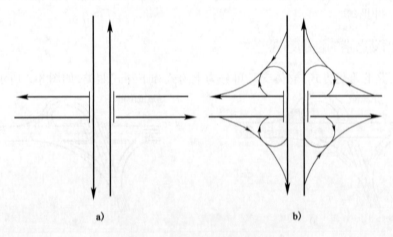

图 8-1 按立体交叉的交通功能分类
a)分离式立体交叉;b)互通式立体交叉

根据交叉道路的等级、交叉道路条数、交通转换程度、交叉处车流轨迹的交叉方式和互通式立体几何形状,互通式立体交叉可进一步分类:

1)按交叉道路等级分类

按交叉道路的等级,互通式立体交叉分为枢纽互通式立体交叉和一般互通式立体交叉两类,其分类体系见表 8-1。高速公路之间、高速公路与具有干线功能的一级公路之间或具有干线功能的一级公路之间应采用枢纽互通式立体交叉。高速公路、一级公路与其他道路相交时应采用一般互通式立体交叉。

互通式立体交叉分类体系　　　　　　　表 8-1

交叉道路等级	道路条数	几 何 形 状
一般互通式立体交叉	三路	单喇叭形、子叶形等
	四路	喇叭形、苜蓿叶形、菱形、环形、组合型等
	多路	环形、组合型等
枢纽互通式立体交叉	三路	Y 形、T 形等
	四路	直连式、苜蓿叶形、涡轮形等
	多路	组合型

2) 按交叉道路条数分类

按交叉道路条数，互通式立体交叉分为三路、四路和多路（也称为三岔、四岔和多岔）互通式立体交叉。

3) 按交通转换程度分类

按交通转换程度，互通式立体交叉分为完全和部分互通式立体交叉。

4) 按交叉处车流轨迹交叉方式分类

按交叉处车流轨迹交叉方式，互通式立体交叉可分为完全立体交叉型、平面交叉型和交织型互通式立体交叉。

5) 按互通式立体几何形状分类

按互通式立体交叉的形状，互通式立体交叉可分为喇叭形、苜蓿叶形、菱形、环形、涡轮形、T 形、Y 形和子叶形等。

(二) 按相交道路的跨越方式分类

按相交道路的跨越方式，立体交叉可分为上跨式和下穿式两类，如图 8-2 所示。

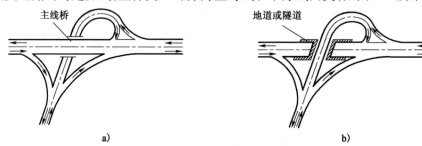

图 8-2　上跨式和下穿式立体交叉
a) 上跨式；b) 下穿式

(1) 上跨式：主线利用结构物（桥梁或通道等）从被交道路或其他线形工程上方跨过的交叉方式。

(2) 下穿式：是主线利用结构物从被交道路或其他线形工程下方穿过的交叉方式。

应根据相交道路的功能、等级，立体交叉所处位置的地形、地质、排水、施工、周围景观等因素，经技术、经济比较后合理选择上跨还是下穿的形式。

(三) 按用途分类

(1) 公路立体交叉，指城镇范围以外的立体交叉。

(2)城市道路立体交叉,指城镇范围以内的立体交叉。
(3)公路与铁路立体交叉,指道路与铁路的立体交叉。
(4)人行立体交叉,供行人、非机动车横跨道路的人行天桥或通道。

二、互通式立体交叉的组成

互通式立体交叉的主要组成如图8-3所示。

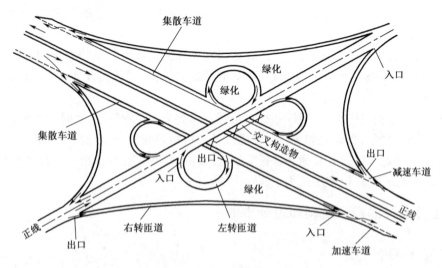

图8-3 立体交叉的主要组成

(1)正线:互通式立体交叉范围内的直行道路一般有两条,设计任务中占主体地位的一条称为主线,另一条称为被交叉公路、被交路、被交线等。为叙述方便,本书将主线和被交线统称为正线。

(2)匝道:是指相交道路间的连接道,是互通式立体交叉的重要组成部分,主要供转弯车辆行驶。按其作用可分为右转匝道和左转匝道两类。

(3)交叉构造物:是指上跨被交道路的主线桥(上跨式)或下穿被交道路的跨线桥(下穿式),跨线桥分为被交路桥、匝道桥等。这是立体交叉实现车流空间分离的主体构造物。

(4)连接部:是指匝道与正线、正线相互之间以及匝道相互之间连接的通道,包括出入口、变速车道、辅助车道、集散车道等。

①出入口:是指匝道从正线的出口与入口,由正线驶出进入匝道的道口为出口,由匝道驶入正线的道口为入口。

②变速车道:在匝道与正线连接的路段,为适应车辆变速行驶的需要,不影响正线交通所设置的附加车道。变速车道分为减速车道和加速车道,出口端为减速车道,入口端为加速车道。

③辅助车道:在立体交叉设置双车道匝道的分流、合流附近,为使匝道与正线车道数平衡和保持正线的基本车道数而在正线外侧增设的附加车道。

④集散车道:为隔离交织区、减少主线出入口数量而大致平行设置于主线外侧并与主线隔离的附加道路。

立体交叉除以上主要组成部分外,还包括绿化带、立体交叉范围内的排水设施、照明设施和交通工程及沿线设施等。

互通式立体交叉的设计范围,一般是指各相交道路出入口变速车道渐变段顶点以内包含的正线、跨线构造物、匝道等全部区域。

三、公路与城市道路互通式立体交叉的主要特征

公路立体交叉和城市道路立体交叉,在其作用、主要组成部分和设计方法方面是基本相同的。但由于受地形、地物、用地、交通组成和管制以及收费制式等环境条件的影响,两者设计的主导思想有所侧重,各具特点。

公路一般互通式立体交叉常设收费站,相邻立体交叉的间距较大,地物障碍少,用地较宽松,多采用地上明沟排水系统,常用的立体交叉形式简单,采用的设计速度高,线形指标也较高,占地也较大,以两层式为主。

城市道路互通式立体交叉一般不收费,相邻立体交叉的间距较小,有时须考虑非机动车和行人交通,用地较紧张,受地上和地下各种管线及建筑物影响大,拆迁费用高,多采用地下排水系统,施工时要考虑维持原有交通并快速施工,注重美观和绿化,常作为一种城市景观来设计,立体交叉形式复杂多样,以多层式为主。

四、立体交叉的设计资料和设计步骤

(一)设计资料

在立体交叉设计之前,应通过实地勘测、调查收集下列所需设计资料:

(1)自然资料:收集或测绘立体交叉范围的 1∶500～1∶2 000 的地形图,详细标注建筑物的建筑线、种类、层高、地上及地下各种杆柱和管线等地物;调查并收集用地发展规划、水文、地质、土壤、气候资料等。

(2)交通资料:所在区域路网结构及规划、综合交通运输体系及规划、交通量分布及其组成等。在设计的各个阶段应提供节点交通量分布图,明确节点各方向交通量大小、交通组成和交通发生源等。

(3)道路资料:调查相交道路的等级、平纵面线形、横断面形式和尺寸;相交角度、控制坐标和高程;路面类型及厚度;确定净空高度、设计荷载、设计速度及平纵横指标等。与铁路相交时,还应调查铁路的轨股数、间距、轨顶高程、列车通过次数、断道时间,净空和净宽要求等资料。

(4)排水资料:收集立体交叉所在区域的排水系统现状和规划;调查各种管渠的位置、埋深和尺寸。

(5)文书资料:收集设计任务书,上级主管部门和地方政府的具体要求、意见及有关文件;相关技术标准和规范等资料。

(6)其他资料:调查取土、弃土和材料来源;施工单位、施工季节、工期、交通组织和安全等方面的资料。

(二)设计步骤

一座立体交叉的设计,包括了从规划、可行性研究、方案设计到技术设计的全过程。其中,方案设计和技术设计一般可按以下步骤进行:

(1)初拟方案:根据立体交叉处的道路、交通和自然条件,在地形图上绘出各种可能的立体交叉方案。方案应满足立体交叉设计的基本要求、符合立交所在地的地形条件、规划要求及有关规定。

(2)确定比较方案:对初拟方案进行初步分析比较,应考虑线形是否顺适,半径能否满足要求,各层间可否跨越,拆迁是否合理。一般选2~4个确定推荐方案。

(3)确定推荐方案:完成各方案的几何设计、桥跨方案布置和概略工程量计算,做出各方案比较表。从形式与转弯交通量大小的匹配、匝道的几何设计指标与安全、构造物的形式及长度、占地和拆迁、施工难易程度、工程造价、养护运营条件等方面,进行全面比较后确定推荐方案。

(4)详细测量:对推荐方案进行实地放线和详细测量,进一步收集技术设计所需的所有资料。

(5)技术设计:完成全部施工图设计和工程预算。

以上(1)~(3)步为初步设计阶段,(4)~(5)步为施工图设计阶段。

第二节 互通式立体交叉选形

一、互通式立体交叉常用形式

1. 完全互通式立体交叉

相交道路的车流轨迹线全部在空间分离的交叉称为完全互通式立体交叉。完全互通式立体交叉的匝道数量与转弯方向数量相等,各转弯方向均有专用匝道,无冲突点,行车安全、迅速,通行能力大。但占地面积大、造价高。适用于高速道路之间或高速道路与其他交通量大的道路相交。其代表形式有喇叭形、苜蓿叶形、子叶形、Y形、X形、涡轮形、组合型等。

(1)喇叭形互通式立体交叉:用一个环形(转向约为270°)左转匝道和一个半直连式左转匝道组成的完全互通式立体交叉,如图8-4所示,是三路立体交叉的代表形式。喇叭形立体交叉可分为A型和B型,经环形左转匝道驶入正线(或主线)时为A型,驶出时为B型。

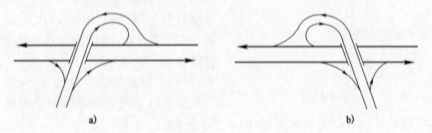

图8-4 喇叭形立体交叉
a)A型;b)B型

这种立体交叉除环形匝道适应车速较低外,其他匝道都能为转弯车辆提供较高速度的直连或半直连运行;只需一座跨线构造物,投资较省;无冲突点和交织,通行能力大,行车安全;造型美观,行车方向容易辨别。但环形匝道线形指标较低,行车速度低,一般适用于高速道路与一般道路相交的三路交叉。

布设时应将环形匝道设在交通量较小的方向上,主线左转弯交通量大时宜采用 A 型,反之可采用 B 型。一般道路上跨时对转弯交通视野有利,下穿时宜斜交或弯穿。

(2)苜蓿叶形互通式立体交叉:用四个对称的环形左转匝道实现各方向左转车辆运行的全互通式立体交叉。是四路交叉常用的互通式立体交叉之一(图 8-5)。

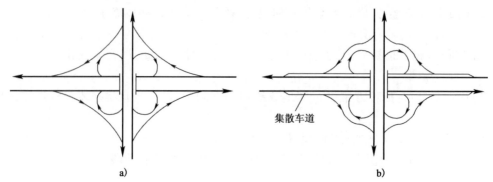

图 8-5 苜蓿叶形立体交叉
a)主线未设置集散车道;b)主线设置集散车道

这种立体交叉各匝道相互独立,无冲突点,交通运行连续而自然,仅需一座跨线构造物,可分期修建。但这种立体交叉占地面积大,左转车辆绕行距离长,环形匝道适应车速较低,且跨线桥上、下存在交织,限制了立体交叉的通行能力。适用于高速道路之间或城市外围环路上的不收费立体交叉。

布设时为消除正线上的交织,避免双重出口并使交通标志简化,提高通行能力和行车安全,常在主线的外侧增设集散车道[图 8-5b)],使出入口及交织段布置在集散车道上,成为带集散车道的苜蓿叶形立体交叉。

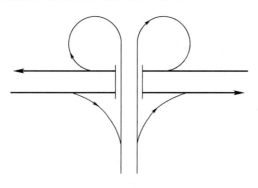

图 8-6 子叶形立体交叉

(3)子叶形互通式立体交叉:是用两个环形匝道实现车辆左转的全互通式立体交叉,如图 8-6 所示。

这种立体交叉只需一座跨线构造物,造价较低,匝道对称,造型美观。但交通运行条件不如喇叭形好,正线上存在交织,左转车辆绕行长。多用于苜蓿叶形立体交叉的前期工程。布设时以主线下穿为宜。

(4)Y 形互通式立体交叉:用直连匝道或半直连匝道实现车辆左转的全互通式立体交叉,如图 8-7 所示,图 8-7a)为直连 Y 形,图 8-7b)为半直连 Y 形。

这种立体交叉能为转弯车辆提供高速的定向或半定向运行,通行能力大;无交织,无冲突点,行车安全;行车方向明确,路径短捷,运行流畅;正线外侧占地宽度较小。但跨线构造物多,造价较高。适用于各方向交通量都很大的三路互通式立体交叉。

布设时直连 Y 形立体交叉的正线在交叉范围内,应为双向分离式断面,或拉开适当的距离,以满足左转匝道纵坡和桥下净空要求,在正线设计时应充分考虑立体交叉布设的要求。半直连 Y 形立体交叉适用于正线双向行车道之间不必拉开或难以拉开距离的情况。

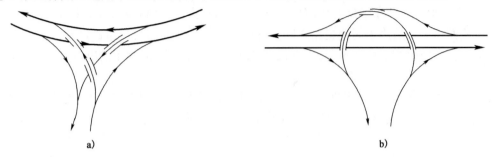

图 8-7 Y 形立体交叉
a)直连 Y 形；b)半直连 Y 形

(5) X 形互通式立体交叉：又称半直连式立体交叉，是由四条半直连左转匝道组成的高级全互通式立体交叉(图 8-8)。

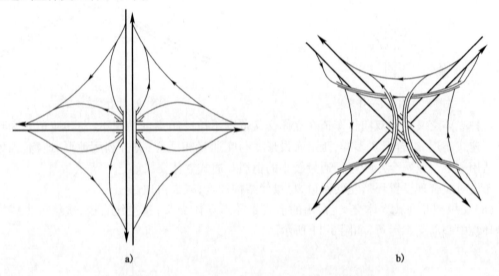

图 8-8 X 形立体交叉
a)对向左转匝道对角靠拢布置；b)对向左转匝道对角拉开布置

这种立体交叉各方向转弯车辆转向明确，自由流畅；具有单一的出口或入口，便于车辆运行并简化交通标志；无冲突点，无交织，行车安全；适应车速高，通行能力大。但层多桥长，造价高，占地面积大。一般多用于高速道路之间、各左转弯交通量大、车速要求高、通行能力大的枢纽互通式立体交叉。

图 8-8a)所示形式的转弯匝道线形更为流畅，转弯半径更大，适应的车速更高，桥梁建筑长度缩短，但总的建筑高度增加，匝道桥与跨线桥集中布设使结构更复杂。布设时，宜将直行车道分别布置在较低层，而将对角左转匝道布置在高层。另外，如图 8-8b)所示形式，可以合理利用空间高差的变化，以降低立体交叉的建筑高度，但要避免一条匝道几次上下起伏变化，以一次升降坡为宜。

(6) 涡轮形立体交叉：是由四条半直连式左转匝道组成的一种高级全互通式立体交叉，如图 8-9 所示。

这种立体交叉匝道纵坡和缓,适应车速较高;车辆进出正线安全通畅;无冲突,无交织,通行能力较大。但左转弯车辆绕行距离较长,运营费用较大;需建两层式跨线构造物五座,造价较高;占地面积大。适用于高速道路之间转弯速度要求较低的枢纽互通式立体交叉。

布设时,为使匝道平面线形与汽车行驶速度的变化相适应,通常匝道出口线形应比入口线形好。

(7) 组合型立体交叉:是根据交通量并结合地形、地物条件限制,在同一座立体交叉中采用两种或两种以上不同形式的左转匝道组合而成的全互通式立体交叉,如图 8-10 所示。

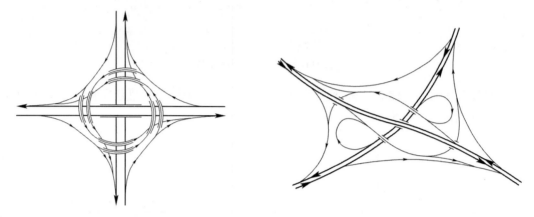

图 8-9 涡轮形立体交叉　　　　　图 8-10 组合型立体交叉

这种立体交叉正线双向行车道在立体交叉范围不拉开距离的情况下,左转匝道多为环形和半直连式匝道,组合形式多样;匝道布设形式与交通量相适应;充分利用地形、地物,因地制宜。适用于一个或两个左转弯交通量较小的枢纽互通式立体交叉。

布设时应合理设置环形左转匝道,尽量使结构紧凑,减少占地。

(8) 交织型互通式立体交叉:常用的形式是环形立体交叉,其主线直通,次线及主线转弯车辆环绕中心岛交织运行,如图 8-11 所示。

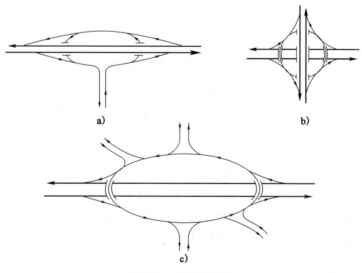

图 8-11 环形立体交叉
a) 三路环形立体交叉;b) 四路环形立体交叉;c) 多路环形立体交叉

为保证主线直行车流快速、畅通,将主线下穿或上跨中心岛。次要道路的直行车流和交叉口的左转车流一律绕中心岛作单向逆时针行驶,车流在环道内相互交织,直至所去的路口离开。

环形立体交叉能保证主线直通,无冲突点,交通组织方便;结构紧凑,占地较少。但次要道路的通行能力受环道交织能力的限制,车速受到中心岛半径的影响,构造物较多,左转车辆绕行距离长。适用于主要道路与次要道路交叉,用于五条以上道路相交较为适宜。

布设时,应让主线直通,中心岛可采用圆形、椭圆形或其他形状。

(9)平交型互通式立体交叉

相交道路的车流轨迹线之间至少有一个平面冲突点的立体交叉称为平交型互通式立体交叉。一般多用于主要道路与次要道路相交,当个别方向的交通量很小或分期修建,或受地形、地物及路网规划限制某个方向不能布设匝道时也可采用。其代表形式有菱形立体交叉和部分苜蓿叶形立体交叉等。

①菱形立体交叉:设有四条单向匝道通向被交道路,在次要道路的连接部存在平面交叉的互通式立体交叉,如图 8-12 所示。

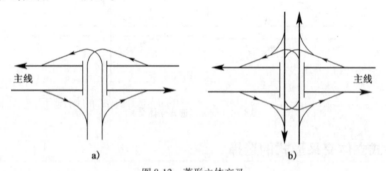

图 8-12　菱形立体交叉
a)三路菱形立体交叉;b)四路菱形立体交叉

这种立体交叉能保证主线直行车流快速畅通;左转车辆绕行距离较短;主线上有高标准的单一进出口,交通标志简单;主线下穿时,匝道纵坡便于驶出车辆减速和驶入车辆加速;形式简单,仅需一座跨线构造物,用地和工程费用小。但次线与匝道连接处为平面交叉,影响通行能力和行车安全。适用于城市主要道路与次要道路相交且用地困难的情况,公路上采用较少。

布设时应将平面交叉设在次要道路上,主要道路应视地形和排水条件确定上跨或下穿形式,一般以下穿为宜。次要道路上可通过渠化或设置交通信号等措施组织交通。

②部分苜蓿叶形立体交叉:部分左转弯方向不设环形左转匝道,而呈不完全苜蓿叶形的立体交叉,如图 8-13 所示。可根据转弯交通量的大小或场地限制,采用图示任一形式或其他变形形式。

这种立体交叉可保证主线直行车流快速畅通;单一的驶出方式便于车辆运行并简化了主线上的交通标志;仅需一座跨线构造物,用地和工程费用较小;便于分期修建,远期可扩建为全苜蓿叶形立体交叉。但次要道路上为平面交叉,影响通行能力和行车安全,且有停车等待和错路运行的可能。适用于主要道路与次要道路相交。

布设时应使转弯车辆的出入尽量少妨碍主线交通,平面交叉应设在次要道路上,必要时在次要道路上组织渠化交通或设置信号控制。

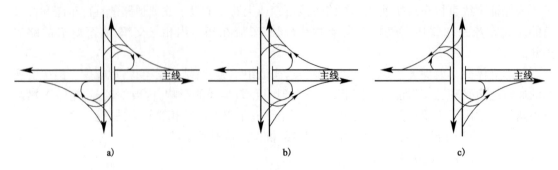

图 8-13　部分苜蓿叶形立体交叉

2. 部分互通式立体交叉

部分互通式立体交叉也称不完全互通型互通式立体交叉，是指部分转弯方向设置匝道连通，而有部分转弯方向未连通的立体交叉（图 8-14）。

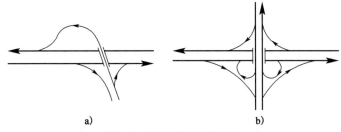

图 8-14　部分互通式立体交叉

二、互通式立体交叉形式的选择

互通式立体交叉形式选择的目的，是为提高行车效率和安全舒适性、适应设计交通量和设计速度、满足车辆转弯需要，并与环境相协调。选形是否合理，不仅影响互通式立体交叉本身的功能，如通行能力、行车安全和工程经济等，而且与整个地区的道路网规划、地方交通效益的发挥、工程投资及市容环境等都有密切的关系。

（一）影响互通式立体交叉形式选择的因素

影响因素可概括为道路、交通、环境及自然条件，具体内容详见图 8-15。

（二）互通式立体交叉形式选择的基本原则

互通式立体交叉形式的选择，应根据道路、交通条件，结合自然环境条件等综合考虑，并遵循下列基本原则：

（1）应根据路网布局和规划选形，尽量使一条道路上互通式立体交叉形式统一，进、出口的位置和形式保持一致性。

（2）互通式立体交叉选形应考虑相交道路的等级、性质、任务和交通量等，确保行车安全通畅和车流的连续。交通量大、设计速度高的行车方向，要求线形指标高、路线短捷、纵坡平缓；车辆组成复杂时还要考虑个别交通特性的需要。在城市道路上，若是机动车与非机动车都有很大的车流，分离行驶，可采用三层式或四层式立体交叉。

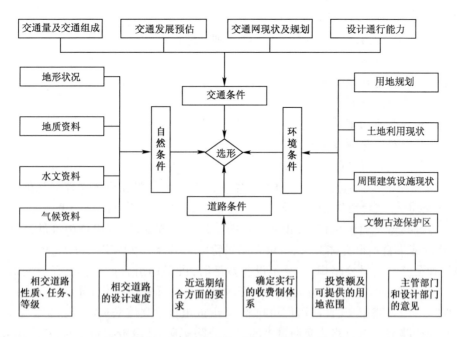

图 8-15　影响立体交叉形式选择的基本因素

(3) 互通式立体交叉选形应与所在地的自然条件和环境条件相适应，充分考虑区域规划、地形、地质条件、可能提供的用地范围、文物古迹保护区、周围建筑物及设施分布现状等。在满足交通要求的前提下综合分析研究，力求合理利用地形、地质条件，减少征地、拆迁，工程运营经济，与周围环境相协调，造型美观，结构新颖合理。

(4) 互通式立体交叉选形应全面考虑近、远期结合，既要满足近期交通的要求，减少投资，又要考虑远期交通发展的需要和改扩建提高的可能，使前期工程为后期所利用。

(5) 互通式立体交叉选形应考虑是否收费和实行的收费制式。若是收费立体交叉，应根据转弯交通量大小，确定连接线所在的象限，按变速车道长度要求确定连接线的具体位置，连接线两端三路交叉的形式应根据相交道路的功能、等级及场地限制条件等确定。

(6) 互通式立体交叉选形要考虑工程实施，造型和工程投资两者兼顾，有利于施工、养护和排水，尽量采用新技术、新工艺、新结构，以提高工程质量、缩短工期和降低成本。

(7) 互通式立体交叉选形要和匝道布置一并考虑，分清主次。在考虑相交道路平、纵面线形的同时，应考虑匝道平面线形的布设和竖向高程控制的要求。处理好主要道路与次要道路的关系，应先满足主要道路的要求，后考虑次要道路。选形要与正线线形、构造物、总体布局及环境相配合。高速道路与其他道路相交，原则上高速道路不变或少变，其他道路抬高或降低；城市道路立体交叉以非机动车道不变或少变，以利于行人和自行车通行为原则。

(8) 选形应与定位相结合。形式随所在位置的地形、地物及环境条件而异，通常是先定位后选形，并使选形与定位相结合。

(三) 互通式立体交叉形式选择的方法步骤

互通式立体交叉形式选择是在交叉位置选定后，在定位时提供的可选形式基础上，按下列步骤确定该位置可采用的形式：

1. 初定互通式立体交叉的基本形式

应先选择立体交叉的总体布局,首先解决下列问题:

(1)是否为收费立体交叉。

(2)是否采用完全互通式或部分互通式。

(3)是否考虑行人交通。

(4)机动车与非机动车是分离行驶还是混合行驶。

(5)主线是上跨还是下穿被交线。

(6)采用两层式、三层式还是四层式。

在此基础上进一步选择互通式立体交叉常用的形式。公路互通式立体交叉的形式,应根据各方向的交通量,结合地形、地物、交通条件综合考虑而定,并遵循以下几点:

(1)直行和转弯交通量均较大,相交公路的设计速度较高,并要求用较高的速度集散时,可采用直连形或半直连形立体交叉,也可采用涡轮形或组合形立体交叉。

(2)高速公路与一级公路相交,且不设收费站时,可采用组合型立体交叉。交通量大时,可采用直连和半直连匝道,部分方向左转弯交通量较小时可采用环形匝道。

(3)两条一级公路相交,宜采用苜蓿叶形、环形或组合型立体交叉。

(4)高速公路与一级公路或交通量大的二级公路相交,且设置收费站时,宜采用双喇叭形立体交叉。

(5)高速公路与交通量小的二级公路相交,宜采用在被交道路上设置平面交叉的单喇叭形、部分苜蓿叶形立体交叉。匝道上不设收费站时,宜采用菱形立体交叉。

(6)一级公路与二级、三级、四级公路相交,因交通转换而设置互通式立体交叉时,宜采用菱形、部分苜蓿叶形立体交叉。

2. 互通式立体交叉几何形状及结构的选择

互通式立体交叉的几何形状及结构对整个立体交叉的车辆运行速度、运行距离、行车安全和舒顺、行车视距、视野范围、交通功能、服务水平和通行能力等影响很大。在互通式立体交叉基本形式的基础上,对互通式立体交叉的总体结构布局和匝道布设进行安排,如跨线构造物的布置,出入口的位置,匝道布设的象限,内外匝道采用整体式或分离式断面,匝道的平、纵、横几何形状及尺寸,变速车道的布置等。

3. 互通式立体交叉方案比选

经过互通式立体交叉基本形式和几何线形及结构的选择,会产生多个有比较价值的互通式立体交叉方案,应通过多方案的安全、技术、经济、效益比较,选择合理的形式和适当的规模,设计出满足交通功能要求、适合现场条件、工程量小,造型美观且投资少的方案。对于复杂的大型互通式立体交叉,还应制作透视图或三维动画进行检查比较。

第三节 匝 道 设 计

匝道是互通式立体交叉不可缺少的组成部分,是供上、下相交道路转弯车辆行驶的连接道。匝道设计合理与否,直接关系到互通式立体交叉功能的发挥、行车的安全畅通、运营的经济和工程的投资等。因此,应按匝道设计依据,进行合理的安排布置并使用合适的线形。

一、匝道的类型及连接方式

按照匝道的功能及其与相交道路的关系、匝道横断面车道数及车流方向等,匝道一般有以下两种分类方法。

(一)匝道的类型

1.按匝道的功能及其与相交道路的关系分类

根据匝道的功能及其与相交道路的关系,可将互通式立体交叉的匝道划分为右转匝道和左转匝道两类。

1)右转匝道

右转匝道是从正线右侧驶出后直接右转,到相交道路的右侧驶入,一般不设跨线构造物,如图 8-16 所示。根据立体交叉的形式和用地限制条件,右转匝道可以布置成单(或复)曲线、反向曲线、平行线或同向曲线四种,特殊情况下右转匝道也可以通过连续左转约 360° 来实现。右转匝道属于右出右进的直连式匝道,其特点是形式简单、直捷顺畅。

2)左转匝道

左转匝道车辆须转 90°~270° 越过对向车道,除环形匝道外,在匝道上至少需要一座跨线构造物。按匝道与相交道路的关系,左转匝道又可分为直连式、半直连式和环形匝道三种类型。

(1)直连式(又称定向式、直接式、左出左进式)左转匝道如图 8-17 所示,左转弯车辆直接从行车道左侧驶出,左转约 90°,到相交道路行车道的左侧驶入。直连式左转匝道的优点是匝道长度最短,可降低运营费用;没有反向迂回运行,适应车速高,通行能力较大。其缺点是跨线构造物较多,需要单向跨线桥两层式两座或三层式一座;相交道路的双向行车之间须有足够间距,以便跨越(或穿越)对向行车道。因直连式左转匝道存在左出和左进的问题,且与我国右侧行驶规则不相适应,一般不宜采用。

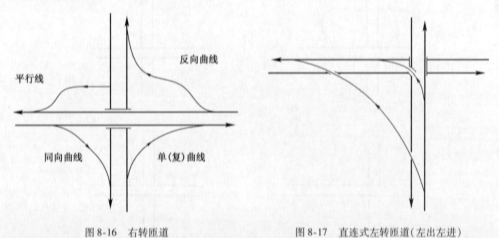

图 8-16　右转匝道　　　　图 8-17　直连式左转匝道(左出左进)

(2)半直连式(又称半定向式、半直接式)左转匝道。按车辆由相交道路的进出方式可分为三种基本形式。

左出右进式:如图 8-18 所示,左转车辆从行车道左侧直接驶出后左转弯,到相交道路时由行车道右侧驶入。与定向式左转匝道相比,右进改善了左进的缺点,车辆驶入安全方便,但仍存在左出的问题;匝道上车辆略有绕行;驶出道路双向行车道之间须有足够间距。图示三种情况都可采用,应视地形、地物限制条件选用。

右出左进式:如图 8-19 所示,左转车辆从行车道右侧右转弯驶出,在匝道上左转弯,到相交道路后直接由行车道左侧驶入。改善了左出的缺点,车辆驶出安全方便,但仍存在左进的缺点;驶入道路双向行车道之间须有足够间距。

右出右进式:如图 8-20 所示,左转车辆都是由行车道右侧右转弯驶出和驶入,在匝道上左转改变方向。右出右进式是最常用的左转匝道形式,它完全消除了左出和左进的缺点,行车安全方便;其缺点是左转绕行距离较长,跨线构造物较多。图中五种形式应视地形、地物及线形等条件而定。

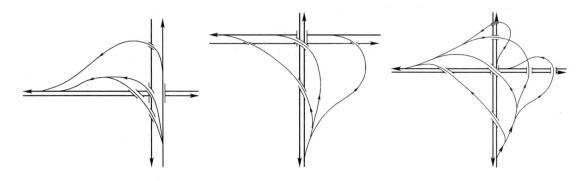

图 8-18　左出右进式左转匝道　　图 8-19　右出左进式左转匝道　　图 8-20　右出右进式左转匝道

(3)环形(又称间接式、环圈式)左转匝道如图 8-21 所示,左转车辆驶过正线跨线构造物后向右回转约 270°达到左转的目的,在相交道路的右侧驶入。环形左转匝道的特点是右出右进,行车安全,匝道上不需设跨线构造物,造价最低;匝道线形指标差,适应车速低,通行能力较小,占地面积大,左转绕行距离长。

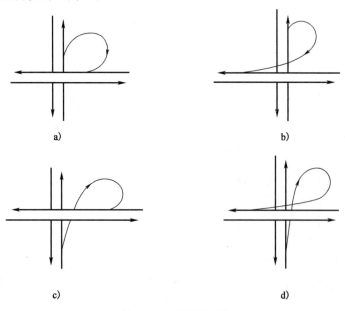

图 8-21　环形左转匝道

环形左转匝道为苜蓿叶式、喇叭式和子叶式立体交叉的标准组成部分。图 8-21 中 a) 为常用基本形式,当互通式立体交叉为了改善交织而设置集散车道时,可采用其余三种形式。

2. 按匝道横断面车道类型分类

互通式立体交叉的匝道,若按横断面车道的类型可划分为四种,即:

(1) 单向单车道匝道(Ⅰ型横断面):如图 8-22a)所示,这是一种常用的匝道形式。无论右转匝道或左转匝道,当转弯交通量比较小而未超过单车道匝道的设计通行能力时都可采用。

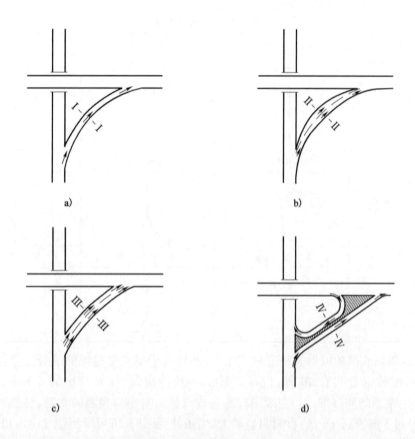

图 8-22　按匝道横断面车道类型分类

(2) 单向双车道匝道(Ⅱ型横断面):如图 8-22b)所示,匝道出入口之间的路段采用双车道,但出入口采用单车道。双车道之间可以画线分隔,右侧不设置紧急停车带。主要适用于转弯交通量未超过单车道匝道的设计通行能力,且考虑超车需要的情况。

(3) 单向双车道匝道(Ⅲ型横断面):如图 8-22c)所示,匝道(包括出入口)采用双车道。双车道之间可画线分隔,右侧设置紧急停车带。主要适用于转弯交通量超过单车道匝道的设计通行能力,且考虑超车和紧急停车需要的情况。

(4) 对向双车道匝道(Ⅳ型横断面):对向行车道之间一般采用中央分隔带隔离,如图 8-22d)所示,适用于转弯交通量满足设计通行能力要求且用地允许的情况。如用地较紧张,也可画线分隔,但只适用于转弯交通量小于单车道匝道设计通行能力的情况。根据双向交通量的分布情况,也可采用双向三车道或双向四车道匝道。

(二)匝道的连接方式

匝道与主线、匝道相互之间及主线相互之间的连接宜采用表 8-2 所示的连接方式,并应符合下列规定:

(1)匝道与匝道的交织应在高速公路直行车道外设置专门的交织区,不应与高速公路直行车道相交织。

(2)高速公路直行车道之间不得采用相互交织的连接方式。

(3)不宜采用在高速公路左侧连接的方式。

宜采用匝道的连接方式　　　　　　　　　　　表 8-2

连接方式		分 流	合 流	交 织
匝道与主线之间的连接		右侧分流 	右侧合流 	右侧交织 
相互连接	匝道	匝道相互分流 	匝道相互合流 	匝道相互交织 
	主线	主线相互分流 	主线相互合流 	主线相互交织 —

当连续有两条或两条以上的匝道与主线连接时,属于多条交通流的组合。根据几何学原理,多条交通流的组合共有 20 种,但从设计的一致性出发,仅有其中的 4 种最为安全,见表 8-3,宜采用推荐的连接方式。连续出口易造成驾驶员对出口判断的犹疑,且易造成错路运行;连续入口对下游直行车流的影响明显加大,当条件受限时,方可采用连续出入口的方式,但相邻端部间的最小距离应符合有关连接部间距的规定。

连续分、合流连接方式　　　　　　　　　　　表 8-3

连接方式	连续分流	连续合流	合分流	分合流
推荐的连接方式				
受条件限制时可采用的方式			—	—

二、匝道设计控制要素

控制要素应作为互通式立体交叉设计的基本依据,受安全和环境、经济等条件限制不得更改的控制要素应作为强制性控制要素。互通式立体交叉设计控制要素包括设计速度、设计车辆、设计小时交通量、服务水平、视距、建筑限界等。设计车辆和建筑限界与主线的要求相同,此处不再赘述。

(一)设计速度

1. 互通式立体交叉范围内正线的设计速度

互通式立体交叉范围内的主线和被交叉公路设计速度应采用其基本路段的设计速度。当互通式立体交叉匝道按高速公路相互分、合流设计时,互通式立体交叉范围内的高速公路设计速度可适当降低,但与相邻路段运行速度差应小于20km/h。

2. 匝道设计速度

匝道设计速度是匝道线形受限路段所能保证的最大安全速度。主要根据互通式立体交叉的类型、匝道的形式、转弯交通量的大小以及用地和建设费用等条件选定。受经济性限制,匝道设计速度应低于正线,但降低不应大,以免车辆在离开或进入正线时急剧减速或加速,导致行车危险和不顺畅,降低通行能力。公路和城市道路互通式立体交叉匝道设计速度的规定如表8-4所示。

公路、城市道路互通式立体交叉匝道设计速度(km/h)   表8-4

类型		匝道形式	直接式	半直接式	环形
公路		枢纽互通式立交	80、70、60、50	80、70、60、50、40	40
		一般互通式立交	60、50、40	60、50、40	40、35、30
城市道路		A类、B类、C类		80、70、60、50、40、35、30、25、20	

选用匝道设计速度时应注意以下几点:

(1)满足最佳车速的要求。

为满足行车安全和通行能力的要求,并考虑占地及行驶条件,匝道设计速度宜接近最大通行能力时的车速,即最佳车速 V_K(km/h),简化计算公式为:

$$V_K = 3.6\sqrt{\frac{L+L_0}{C}} \tag{8-1}$$

式中:L——车长(m);

L_0——安全距离(m),一般取5~10m;

C——制动系数(s^2/m),一般取0.15~0.30。

最佳车速 V_K 一般为40~50km/h。

(2)按匝道的不同形式选用。

同一座互通式立体交叉各匝道的设计速度可不同,应根据匝道的形式选用。公路互通式立体交叉匝道的设计可参考表8-5选用。

匝道基本路段设计速度的选取　　　　　　　　表 8-5

匝道类型		直连式		半直连式		环形匝道	
		标准型	变化型	内转弯式	外转弯式	标准型	变化型
枢纽互通式立体交叉	设计速度（km/h）	60~80	50~60	60~80	40~60	40	40
	匝道线形						
一般互通式立体交叉	设计速度（km/h）	40~60	30~40	—	40~60	30~40	30~40
	匝道线形						

(3)接近收费站或平面交叉的末端，匝道设计速度可酌情降低。

(4)适应分、合流处车辆行驶的需要。

匝道与主线的分、合流处应有较高的设计速度。驶出匝道分流端的设计速度不小于主线设计速度的50%~60%；驶入匝道与加速车道连接处的设计速度应保证车辆行驶至加速车道末端的速度能达到主线的70%。

(5)适应车辆连续减速或预加速的需要。

匝道设计速度采用较低值时，匝道接近分、合流鼻端处，应设置一定长度的路段，以适应较高速度连续减速或预加速的需要。

(6)考虑匝道的交通组织。

双向无分隔带的匝道应取同一设计速度；双向独立的匝道依交通量的不同可分别选用不同的设计速度。

(7)按设计速度完成匝道线形设计后，应对线形指标变化较大等路段进行运行速度连续性检验，如不满足相邻路段运行速度连续性或设计速度与运行速度一致性的要求，应调整匝道平纵面线形或修正超高等几何指标。

（二）设计交通量

匝道设计交通量是指远景设计年限的设计小时交通量。互通式立体交叉的设计年限一般与高速公路相同，为20年。匝道设计交通量是确定匝道类型、设计速度、车道数、几何形状、部分互通式或完全互通式以及是否分期修建等的基本依据。设计交通量主要根据相交道路的交通量，结合交通调查资料，通过分析、预测，推算设计年限的年平均日交通量，并将匝道单向年平均日交通量换算为设计小时交通量，采用单向年平均日交通量乘以设计小时交通量系数进行计算。

（三）通行能力和服务水平

匝道的通行能力取决于匝道基本路段和出、入口处的通行能力，以三者之中较小者作为采用值。通常出口和入口的通行能力与匝道基本路段通行能力相比甚小，故匝道的通行能力主要受匝道出口或入口处通行能力的控制，并受主线通行能力、车道数、设计交通量等影响。

互通式立体交叉正线的设计服务水平应按相应公路功能及等级选取，匝道基本路段、分合流区段、交织区段及集散车道设计服务水平可采用比主线低一级的标准。

（四）视距

（1）单向匝道和对向分隔式匝道应满足停车视距的要求，停车视距不应小于表8-6的规定。当对向非分隔双车道匝道有会车可能时，应满足会车视距的要求，会车视距不应小于停车视距的2倍。受条件限制且有分道行驶措施的路段可采用停车视距。

匝道停车视距(m)　　　　表8-6

匝道设计速度(km/h)		80	70	60	50	40	35	30	25	20
公路	一般地区	110	95	75	65	40	35	30	—	—
	积雪冰冻地区	135	120	100	70	45	35	30	—	—
城市道路		110	90	70	55	40	35	30	25	20

（2）在分流端部前等驾驶员容易误判信息或错误决策的路段，应满足识别视距的要求。有条件时，公路互通式立体交叉的识别视距宜采用表8-7的规定值，在信息复杂路段宜采用表中高限值。当条件受限时不应小于1.25倍的主线停车视距。

公路互通式立体交叉匝道识别视距(m)　　　　表8-7

主线设计速度(km/h)	120	100	80	60
识别视距	350~460	290~380	230~300	170~240

（3）在合流端部前，主线距合流鼻端100m、匝道距合流鼻端60m形成的通视三角区（图8-23）内应清除阻碍主线与匝道之间相互通视的障碍物。

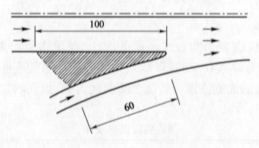

图8-23　合流鼻端前通视三角区（尺寸单位：m）

三、匝道横断面

在进行匝道的平、纵断面设计之前，应首先确定匝道的横断面类型及其各部分组成尺寸。

匝道横断面的组成应满足通行能力、运行安全、管理、养护及抢险等需要，并应充分考虑互通式立体交叉类型及环境影响等因素。互通式立体交叉范围内主线和被交叉公路横断面的组成应采用基本路段的横断面,车道数应根据交通量分布及连接部构造等确定。

1. 匝道横断面的组成

匝道横断面由行车道、路缘带、硬路肩和土路肩(城市道路可不设)组成,对向分隔的双车道匝道还应包括中央分隔带,城市道路互通式立体交叉匝道考虑非机动车行驶时,还应包括侧分带和非机动车道。互通式立体交叉匝道横断面各组成部分宽度见表8-8。

互通式立体交叉匝道横断面各组成部分宽度(m) 表8-8

组成	行 车 道	路缘带	土路肩	硬路肩(含路缘带)		中央分隔带
				左侧	右侧	
公路	3.5(或3.75)	0.5	0.75(或0.5)	1.0(或0.75)	3.0(或1.0、1.5、2.0)	≥1.0
城市道路	3.5(或3.75、3.25、3.00)	0.5(0.25)	0.75(或0.5)	1.0(或0.75)	2.5(或1.0、0.75、0.5)	≥1.5

(1)车道宽度宜采用3.5m,当匝道设计速度为60km/h时,车道宽度可采用3.75m。具体应结合匝道设计速度、通行车辆类型和限制条件等综合确定。

(2)当单向双车道匝道设置紧急停车带时,左侧硬路肩宽度可采用0.75m。

(3)当供紧急停车用时,右侧硬路肩宽度宜采用3.0m;当条件受限时可采用1.5m,但为对向分隔式双车道时宜采用2.0m;当不供紧急停车用时宜采用1.0m。

(4)土路肩宽度为0.75m,条件受限且不设路侧护栏时土路肩宽度可采用0.5m。

匝道的车道、硬路肩宽度与正线不同时,应设置渐变率为1/40~1/20的过渡段,过渡段一般设置在匝道上,特殊困难时,可设置在变速车道范围内。

2. 匝道横断面类型

根据匝道横断面车道数及运行方向,将匝道横断面划分为四种基本类型:

(1) Ⅰ型——单向单车道匝道[图8-24a)]。
(2) Ⅱ型——无紧急停车带的单向双车道匝道,可用于对向非分隔双车道匝道[图8-24b)]。
(3) Ⅲ型——设紧急停车带的单向双车道匝道[图8-24c)]。
(4) Ⅳ型——对向分隔式双车道匝道[图8-24d)]。

匝道横断面类型的选择应根据匝道设计速度、设计小时交通量及匝道长度综合确定。

3. 匝道加宽及其过渡

匝道圆曲线的加宽值,应根据圆曲线半径的大小、匝道横断面类型、匝道路面通行条件(表8-9)综合确定。对向分隔式双车道(Ⅳ型),应按各自车道的圆曲线半径所对应的加宽值分别加宽。圆曲线上路面的加宽位置一般设在圆曲线内侧,加宽的过渡可按照正线加宽过渡的方式进行。

匝道路面通行条件 表8-9

匝道横断面类型	通 行 条 件	
	一般情况	特殊情况
单向单车道(Ⅰ型)	当路肩停有载货汽车时,铰接列车能够慢速通过	当路肩停有小客车时,铰接列车能够慢速通过
对向分隔双车道(Ⅳ型)		
单向双车道或对向非分隔双车道(Ⅱ型)	两辆铰接列车能够慢速并行或错车通过	铰接列车与载货汽车能够慢速并行或错车通过

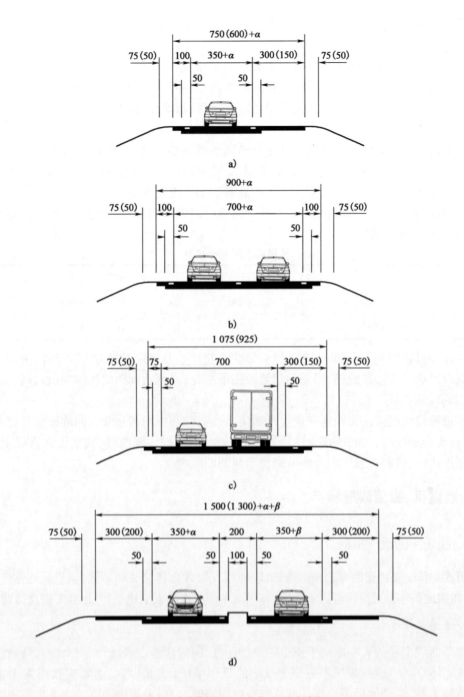

图 8-24 匝道横断面的基本类型(尺寸单位:cm)
a)Ⅰ型——单向单车道匝道;b)Ⅱ型——无紧急停车带的双车道匝道;c)Ⅲ型——设紧急停车带的单向双车道匝道;d)Ⅳ型——对向分隔式双车道匝道

注:α、β 为加宽值。

在计算弯道加宽值时,小客车与大型车的净距取 0.5m,载货汽车与铰接列车的净距取 0.75m,铰接列车之间的净距取 1.0m;车辆与中央分隔带和路面边缘的净距分别取 0.25m。

4. 匝道的超高及其过渡

1）超高值

匝道上的圆曲线应根据规定要求设置必要的超高，超高值应根据匝道设计速度、圆曲线半径、公路条件、自然条件等经计算确定。积雪冰冻区超高不大于6%，合成坡度不大于8%。当圆曲线半径大于不设超高的最小圆曲线半径时，可不设超高保持正常路拱。

2）超高过渡段

匝道上直线与超高圆曲线之间或两超高不同的圆曲线之间，应设置超高过渡段。超高过渡段长度应根据匝道的设计速度、横断面类型、旋转轴的位置以及超高渐变率等因素确定。超高过渡段长度计算公式与正线相同。匝道超高渐变率按规定采用。

为减少超高过渡段，当横坡处于水平状态附近时路面横向排水不畅路段的长度，超高渐变率不应小于表8-10的规定。

匝道最小超高渐变率 表8-10

断面类型		单向单车道	单向双车道及非分隔式对向双车道
旋转轴位置	行车道中心线	1/800	1/500
	路缘带外边线	1/500	1/300

匝道超高过渡应平顺和缓，不产生扭曲突变。超高过渡方式可根据实际条件，采用以行车道中线或以路缘带外边线旋转，沿超高过渡段逐渐变化，直至达到圆曲线内的全超高。

3）超高设置方式

超高过渡段设置方法视匝道平面线形而定，设回旋线时，超高过渡在回旋线全长或部分范围内进行；无回旋线时，可将所需过渡段长度的1/3~1/2插入圆曲线，其余设在直线上；两圆曲线径相连接时，可将过渡段的各半分别置于两圆曲线内。

四、匝道平、纵面线形指标

（一）匝道平面线形指标

互通式立体交叉匝道的平面线形指标，应根据互通式立体交叉的形式、匝道设计速度、交通量、地形和用地条件以及造价等因素确定，并保证车辆能连续安全地运行，达到工程及运营经济。

1. 匝道圆曲线半径

匝道圆曲线半径的大小取决于匝道的设计速度，同时应考虑经济性、安全性和舒适性。公路互通式立体交叉匝道圆曲线不应小于规定的最小半径（表8-11）。通常应选用大于表8-11中一般值的半径，当受地形条件或其他特殊情况限制时，方可采用极限值。冰冻积雪地区不得采用极限值。

公路立体交叉匝道圆曲线的最小半径 表8-11

匝道设计速度(km/h)		80	70	60	50	40	35	30
圆曲线最小半径(m)	一般值	280	210	150	100	60	40	30
	极限值	230	175	120	80	50	35	25

城市道路立体交叉匝道圆曲线最小半径的规定,见表 8-12。选用时宜采用大于或等于表列最大超高为 2% 的最小半径,有条件的地方可采用不设超高的最小半径。

城市道路立体交叉匝道圆曲线的最小半径及平曲线最小长度　　　表 8-12

匝道设计速度(km/h)		80	70	60	50	40	35	30	25	20
积雪冰冻地区		—	—	240	150	90	70	50	35	25
一般地区圆曲线最小半径(m)	不设超高	420	300	200	130	80	60	45	30	20
	最大超高 2%	315	230	160	105	65	50	35	25	20
	最大超高 4%	280	205	145	95	60	45	35	25	15
	最大超高 6%	255	185	130	90	55	40	30	25	15
平曲线最小长度(m)		150	140	120	100	90	80	70	50	40

2. 匝道缓和曲线

匝道缓和曲线形式采用回旋线。匝道及其端部设置回旋线时,其参数及长度宜不小于表 8-13 的规定。

匝道回旋线参数及长度　　　表 8-13

匝道设计速度(km/h)		80	70	60	50	40	35	30	25	20
公路	回旋线参数 A(m)	140	100	70	50	35	30	20	—	—
	回旋线长度(m)	70	60	50	40	35	30	25		
城市道路	回旋线参数 A(m)	135	110	90	70	50	40	35	25	20
	回旋线长度(m)	75	70	60	50	45	40	35	25	20

回旋线长度应不小于超高过渡所需的长度,其参数 A 以小于等于 1.5 倍的所接圆曲线半径为宜。反向曲线间两个回旋线,其参数宜相等或相近。相差较大时,大小两参数之比不宜大于 1.5。径相衔接的复曲线,其大小半径之比不应大于 1.5,否则应设回旋线。回旋线的长度还应满足超高过渡的需要。

3. 分流鼻处匝道最小曲率半径

驶出匝道的分流鼻处,因从正线分离后车辆行驶速度较高,应具有较大的曲率半径,并使其后的曲率变化与行驶速度的变化相适应(图 8-25)。

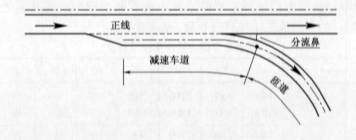

图 8-25　分流鼻处匝道曲率半径

在分流鼻处,公路互通式立体交叉匝道分流鼻最小曲率半径规定见表8-14。

公路互通式立体交叉分流鼻处匝道最小曲率半径　　　　表8-14

主线设计速度(km/h)		120	100	80	60
分流鼻处的设计速度(km/h)		80	70	65	60	55
最小曲率半径(m)	一般值	450	350	300	250	200
	极限值	400	300	250	200	150

注：上表主线设计速度120对应两列(80和70)。

(二)匝道纵断面线形指标

1.匝道最大纵坡

匝道因受上下线高程的限制,为克服高差、节省用地和减少拆迁,并考虑匝道上车速较低,匝道纵坡一般比正线纵坡大。公路互通式立体交叉匝道最大纵坡见表8-15。

公路互通式立体交叉匝道最大纵坡　　　　表8-15

匝道设计速度(km/h)			80、70	60、50	40、35、30
最大纵坡(%)	出口匝道	上坡	3	4	5
		下坡	3	3	4
	入口匝道	上坡	3	3	4
		下坡	3	4	5

匝道最大纵坡,因地形困难或用地紧张时可增加1%;出口匝道的上坡、入口匝道的下坡路段,在非冰冻积雪地区特殊困难情况下可增加2%。

城市道路立体交叉匝道的最大纵坡不应大于表8-16的规定。若机动车与非机动车在同一匝道上混行时,考虑非机动车的行车要求,最大纵坡应按非机动车车行道的规定,一般不宜大于3%。

城市道路互通式立体交叉匝道最大纵坡　　　　表8-16

匝道设计速度(km/h)		80	70	60	50	≤40
最大纵坡(%)	一般地区	5	5.5	6	7	8
	积雪冰冻地区	4	4	4	4	4

2.匝道竖曲线最小半径及最小长度

匝道竖曲线设计时,竖曲线半径和竖曲线最小长度两个指标应同时满足最小值的要求。匝道各设计速度对应的竖曲线最小半径及长度,见表8-17。

匝道竖曲线的最小半径及长度　　　　表8-17

匝道设计速度(km/h)			80	70	60	50	40	35	30	25	20
竖曲线最小半径(m)	凸形	一般值	4 500 (4 500)	3 500 (3 000)	2 000 (1 800)	1 600 (1 200)	900 (600)	700 (450)	500 (400)	— (250)	— (150)
		极限值	3 000 (3 000)	2 000 (2 000)	1 400 (1 200)	800 (800)	450 (400)	350 (300)	250 (250)	— (150)	— (100)

续上表

匝道设计速度(km/h)			80	70	60	50	40	35	30	25	20
竖曲线最小半径(m)	凹形	一般值	3 000 (2 700)	2 000 (2 025)	1 500 (1 500)	1 400 (1 050)	900 (675)	700 (525)	400 (375)	— (255)	— (165)
		极限值	2 000 (1 800)	1 500 (1 350)	1 000 (1 000)	700 (700)	450 (450)	350 (350)	300 (250)	— (170)	— (110)
竖曲线最小长度(m)		一般值	100 (105)	90 (90)	70 (75)	60 (60)	40 (55)	35 (45)	30 (40)	— (30)	— (30)
		极限值	75 (70)	60 (60)	50 (50)	40 (40)	35 (35)	30 (30)	25 (25)	— (20)	— (20)

注：括号内的数值为城市道路互通式立体交叉匝道竖曲线最小半径及最小长度的指标。

设计时，匝道竖曲线半径和长度应尽量大于或等于表8-11中的一般值，特殊困难时可适当减小，但不得低于极限值。

五、匝道的线形设计要点

(一)匝道平面线形设计

1. 一般要求

匝道的平面线形应根据汽车在匝道上的行驶速度特性、匝道设计速度、交叉类型、交通量、地形、用地条件、造价等因素综合确定。

(1)汽车在匝道上的行驶速度呈由高到低再到高逐渐变化的过程，在匝道平面线形设计中，平曲线的曲率变化应与此变速行驶状态相适应。

(2)匝道的平面线形设计指标应与匝道的设计速度一致，一般圆曲线半径应尽量大于等于规定的圆曲线最小半径(一般值)，并注意匝道线形指标的连续性，尽量不采用设计指标突变的线形。

(3)匝道平面线形应与其交通量相适应。转弯交通量大的匝道，通行能力较大，行车速度要求高一些，应采用较高的技术指标，行车路径应尽量短捷。

(4)在满足用地条件和造价要求的前提下，右转弯匝道和左转弯直连式或半直连式匝道应采用较高的平面线形指标。

(5)出口匝道的平面线形指标应高于入口匝道。

(6)分、合流处应具有良好的平面线形和通视条件。

(7)匝道平面线形在满足交通条件、场地条件和技术指标的前提下，各匝道应合理组合，尽量减少拆迁数量和占地面积。

(8)匝道的平面线形设计应结合匝道的纵断面设计进行。匝道平面的长度应满足匝道纵断面设计的要求，既不使纵坡过陡，也不使纵坡过缓；应考虑与纵断面的组合设计，与纵断面桥跨布置的协调，尽量使立体线形能诱导驾驶员的视线，满足结构物的控制高程要求。

(9)当匝道上设有收费站、停靠站、停车场和服务区等交通和服务设施时，匝道线形设计应考虑这些设施的用地和保证足够的变速行驶条件。

2.匝道平面线形

匝道平面线形要素仍是直线、圆曲线及缓和曲线,但因匝道通常较短,难以争取到较长直线,故多以曲线为主。

匝道圆曲线半径的大小,在考虑立体交叉的形式、匝道的布设、用地规模、拆迁数量和工程造价等条件下,应与匝道设计速度、超高值以及行车安全和舒适性相适应。一般应采用较大的圆曲线半径和较小的超高值,选用大于一般值的半径,当受地形条件或其他特殊情况限制时,方可采用极限值。若采用较小半径的单曲线或环形左转匝道,除圆曲线半径满足极限值规定外,还应有足够的匝道长度,以保证曲率的缓和过渡和上、下线的展线长度要求。可近似按式(8-2)计算。

$$R_{min} \geq \frac{57.3H}{\alpha \cdot i} \tag{8-2}$$

式中:H——上、下线要求的最小高差(m);

α——匝道的转角(°);

i——匝道的设计纵坡(%)。

对以曲线为主的匝道,平面线形设计中应以回旋线作为主要的线形要素加以灵活应用。直线与圆曲线、圆曲线与圆曲线(同向曲线或反向曲线)之间均应以适当的回旋线平顺连接。回旋线的参数和长度,以及相邻回旋线参数的比值应满足设计规范要求。一般应尽量采用较大的回旋线参数或较长的回旋线长度,只有在条件受限时方可采用最小值。

3.匝道平面线形的布设

根据汽车在匝道上的行驶特性及匝道平面线形的构成,对右转匝道和直连式左转匝道,一般宜采用单曲线或多心复曲线、同向曲线、卵形曲线,城市道路立交的匝道有时采用反向曲线组成的右转匝道,以减少占地面积或拆迁工程数量。

对半直连式左转匝道,其平面线形可由反向曲线与单曲线或卵形曲线等组合而成。

对环形左转匝道,最简单的平面线形是采用单圆曲线,其特点是设计简便,但与匝道上行驶速度的变化不适应。最好采用曲率半径由大到小再到大的水滴形或卵形曲线,以满足车速变化的要求,但设计比较复杂。另外,考虑减少占地和工程造价,环形左转匝道设计速度较低,通常采用圆曲线最小半径(一般值)。

(二)匝道纵断面线形设计

1.一般要求

(1)匝道及其与正线连接处,纵断面线形应尽量连续,避免突变,保证主线与匝道分岔处能顺适连接。

(2)匝道纵坡应符合最大纵坡和最小纵坡的规定。

(3)匝道上应尽量采用较缓的纵坡,以保证行车的舒适与安全,尽量不采用最大纵坡值。特别是加速上坡匝道和减速下坡匝道应采用缓的纵坡。

(4)匝道上设收费站时,收费站路段纵坡应满足要求,邻接收费广场的路段,其纵坡应平缓,不得以较大的下坡紧接收费广场。

(5)匝道纵断面设计除与主线、被交线衔接处纵坡协调配合外,主要受控制高程的制约,如匝道与主线、被交线相互跨越;匝道跨越或下穿非机动车道及人行道;匝道间的相互跨越等。设计时使这些控制高程要相互协调,合理抬高或压低纵断面,以适应结构物的建筑高度和净空高度的要求。

(6)匝道及端部纵坡变化处应采用较大半径的竖曲线,以保证足够的停车视距,分、合流点及其附近的竖曲线还应满足识别视距要求,以能看清前方的路况。

2. 匝道纵断面线形

匝道纵断面线形多受其两端相连接正线的高程、纵坡大小及坡向限制,当匝道跨越匝道或正线时,还要受跨线处高程的控制。不同形式的匝道,纵断面的布设会有所差异。

右转匝道纵断面线形常由一个以上竖曲线组合而成,但纵坡较小,起伏不大,竖曲线半径较大。左转匝道一般由反向或同向竖曲线组成,反向竖曲线的上端多为凸形,下端多为凹形,中间宜插入直坡段,也可直接连接;同向竖曲线宜加大半径,连成一个竖曲线或复合竖曲线。

匝道纵坡设计应尽量平缓,最好一次起伏,避免多次变坡。出口处竖曲线半径应尽可能大一些,以便误行或其他原因要倒车时不致造成危险或引起阻塞。入口附近的纵断面线形必须有同正线一致的平行区段,以看清正线,安全驶入。

(三)匝道平、纵线形组合设计

匝道平、纵线形组合设计的基本要求是使匝道立体线形平顺无扭曲,视野开阔,行车安全舒适,视觉美观,并与正线衔接处及周围环境协调配合。平、纵线形组合设计的原则和要点与正线基本相同,但应注意出、入口处平、纵组合的处理。

在出口处,若是越过凸形竖曲线以下坡驶入匝道时,坡顶之后的平曲线不应突然出现在驾驶员眼前,应将凸形竖曲线加长以增大视距,使驾驶员能及早发现平曲线的起点和方向,并有足够的安全运行时间。在入口处,若由匝道上坡驶入正线时,应将连接正线的匝道(一般长度至少60m)纵断面与邻近正线基本一致,以保证通视三角区的要求。

第四节 连接部设计

连接部是指匝道与交叉公路之间、主线相互之间或匝道相互之间连接的部位,包括分、合流车道连接路段及鼻端。从主要道路(简称主线)出入的道口应自由流畅,而次要道路(次线)上的道口有时则是有或无信号控制的平面交叉。连接部设计的一般原则是:出入顺适、安全,线形与正线协调一致;出入口应视认方便;正线与匝道通视良好;满足车道平衡和车道连续的要求。

一、出入口间距

为了保证出入口之间交通的顺畅,降低出入车辆之间的相互干扰,主线及匝道相邻连接部鼻端之间的距离不宜过小。高速公路上如图8-26所示的各种相邻出口或入口之间、匝道上相邻出口或入口之间、主线上的出口至前方相邻入口之间的距离应不小于表8-18所列值。当不能保证主线出入口间距或转弯车流交织干扰主线交通时,应采用与主线相分隔的集散车道将出入口串联。

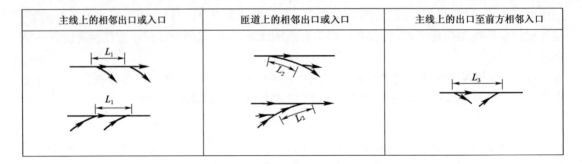

图 8-26　出入口的类型

高速公路相邻出、入口的最小间距　　　　表 8-18

主线设计速度(km/h)				120	100	80
间距(m)	L_1		一般值	400	350	310
			最小值	350	300	260
	L_2		一般值	300	250	200
		最小值	枢纽互通式立体交叉	240	210	190
			一般互通式立体交叉	180	160	150
	L_3		一般值	200	150	150
			最小值	150	150	120

二、变速车道设计

变速车道包括减速车道和加速车道。车辆由正线驶入匝道时减速所需的附加车道称为减速车道;车辆从匝道驶入正线时加速所需的附加车道称为加速车道。

1. 变速车道的形式

变速车道分为平行式与直接式两种,如图 8-27 所示。

1) 平行式

平行式是在正线外侧平行增设的一条附加车道。其特点是车道划分明确,行车容易辨认,但车辆行驶轨迹呈反向曲线,对行车不利。平行式变速车道连接部应设渐变段与正线连接。

2) 直接式

直接式是由正线斜向以一定角度渐变加宽,形成一条与匝道连接的附加车道。其特点是线形平顺并与行车轨迹吻合,对行车有利,但变速车道起点不易识别。

3) 变速车道形式的选择

变速车道为单车道时,减速车道宜采用直接式,加速车道宜采用平行式;变速车道为双车道时,加、减速车道均应采用直接式。当主线圆曲线半径小于规定的互通式立交范围内一般最小半径且设置直接式困难时,曲线外侧的变速车道宜采用平行式。

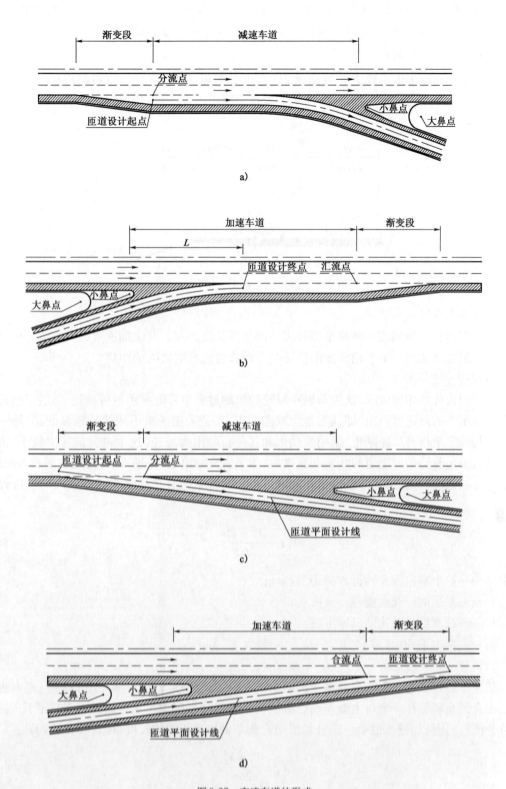

图 8-27 变速车道的形式
a) 平行式减速车道；b) 平行式加速车道；c) 直接式减速车道；d) 直接式加速车道

《城市道路工程设计规范》(CJJ 37—2012)规定立体交叉直行方向的交通量较大时,变速车道可采用平行式;直行方向的交通量较少时,变速车道可采用直接式。

2. 变速车道的横断面

变速车道横断面的组成由左侧路缘带(与正线车道共用)、行车道、右路肩(含右侧路缘带)组成,各组成部分宽度如图8-28所示。城市道路可不设右路肩,但应保留路缘带。

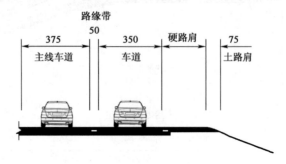

图8-28 变速车道的宽度(尺寸单位:cm)

3. 变速车道的长度

变速车道长度为加速或减速车道长度与渐变段长度之和。其中加速或减速车道长度是指渐变段车道宽度达到一个车道宽度的位置与分流或合流鼻端之间的距离。

1)减速车道长度

根据国内外的相关研究,认为车辆在减速驶出的过程中可能采用两种减速方式:一是采用一个基本不变的减速度驶出,即认为是均减速过程;二是采用两次不同的减速度驶出,第一阶段是抬起或完全松开加速踏板,采用发动机和其他行驶阻力减速,这个过程减速度较小;第二阶段是驾驶员看清出口匝道的线形和宽度后,为了安全驶出主线,进入匝道,用主制动器减速,这个过程减速度较大,第二阶段也是均减速过程。两种减速方式的每个减速阶段的长度计算式为:

$$L = \frac{V_1^2 - V_2^2}{26a} \tag{8-3}$$

式中:L——每个减速段车辆行驶的距离(m);

V_1——减速前行驶速度(km/h);

V_2——减速后行驶速度(km/h);

a——汽车平均加(减)速度(m/s²),一般取 2~3m/s²。

2)加速车道长度

加速车道是设置在主线最外侧车道的附加车道,既要满足合流车辆加速的需要,同时也要满足为合流车辆等待一个与主线车辆合流的机会而保持在附加车道上继续行驶的长度(简称等待长度)。因此加速车道第一部分长度是合流车辆加速所需的长度,按式(8-4)计算:

$$L_1 = \frac{V_1^2 - V_2^2}{26a} \tag{8-4}$$

式中:L_1——车辆加速行驶的距离(m);

V_1——合流加速的末速度(km/h);

V_2——汇流鼻端的初速度(km/h);

a——合流加速度(m/s^2),一般取 0.8~1.2m/s^2。

等待长度L_2与主线外侧车道车辆的可插入间隙(欲换道车辆顺利汇入目标车道时所能利用的车头时距最小值)、最大服务交通量有关。所以加速车道的长度为加速段长度与等待长度之和。

当变速车道位于纵坡大于2%的路段时,下坡路段的减速车道和上坡路段的加速车道长度应根据主线平均纵坡予以修正,修正系数见表8-19。

坡道上变速车道长度的修正系数　　　　　　　　　　表8-19

主线平均纵坡 i(%)	$i \leq 2$	$2 < i \leq 3$	$3 < i \leq 4$	$i > 4$
下坡减速车道修正系数	1.00	1.10	1.20	1.30
上坡加速车道修正系数	1.00	1.20	1.30	1.40

变速车道长度的选用除应符合规定的最小长度要求外,还应结合正线的运行速度、交通量、大型车比例等,对变速车道长度进行验算,必要时应增加变速车道的长度。

3)渐变段长度

渐变段长度是指渐变段车道宽度达到一个车道宽度的位置至正线之间的渐变长度。渐变段的长度应保证车辆变换车道时行驶的稳定性和舒适性。

三、辅助车道

在高速道路的全长或重要结点之间的较长路段内,必须保持一定基本车道数。同时在正线与匝道或匝道与匝道的分、合流处必须保持车道数目的平衡,两者之间通过辅助车道协调。

1. 基本车道数

基本车道数是指一条道路或其某一区段内,根据交通量和通行能力要求所必需的一定数量车道数。基本车道数在相当长的路段内不应变动,不因通过互通式立体交叉而改变基本车道数,目的是防止因修建立体交叉而可能形成交通瓶颈,立体交叉的交通功能难以发挥。

2. 车道平衡原则

立体交叉处正线的车流量必然会因分、合流的存在而发生变化,分流减少,合流增大。为适应车流量的变化,保证车流畅通和工程经济,在分、合流处的车道数应保持平衡。车道平衡的原则为:

(1)两条车流合流后正线上的车道数不应少于合流前交汇道路上所有车道数总和减一。

(2)正线上的车道数不应少于分流后分岔道路的所有车道数总和减一。

(3)正线上一个方向的车道数每次减少不应多于一条。

如图8-29所示,根据车道平衡原则,分、合流处应按车道数平衡公式(8-5)进行计算,以检验车道数是否平衡。

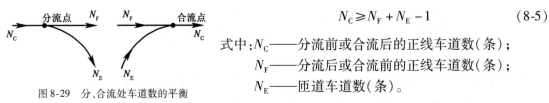

图 8-29 分、合流处车道数的平衡

$$N_C \geqslant N_F + N_E - 1 \qquad (8\text{-}5)$$

式中：N_C——分流前或合流后的正线车道数(条)；
N_F——分流后或合流前的正线车道数(条)；
N_E——匝道车道数(条)。

3. 辅助车道

在分、合流处，既要保持车道数平衡，又要保持基本车道数连续，如两者发生矛盾时，可通过在分流点前或合流点后的正线上增设辅助车道的办法来解决，如图 8-30 所示。

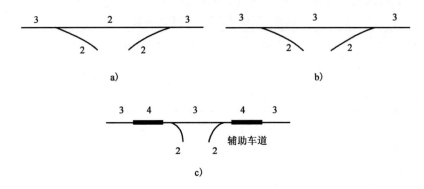

图 8-30 辅助车道

a)车道数平衡，但基本车道数不连续；b)基本车道数连续，但车道数不平衡；c)车道数平衡且基本车道数连续

注：图中数字代表车道数。

在基本车道数连续的条件下，一般单车道匝道能满足车道数平衡的要求；而设置双车道匝道时车道数不平衡，应增设辅助车道。辅助车道的长度根据设计服务水平时的最大交通量、交织区长度、车道数和交织段车道连接方式等计算确定，同时考虑车辆变道所需要的长度等。设计时应满足有关设计规范的规定。

辅助车道的宽度与正线车道相同，且与正线车道间不设路缘带。辅助车道右侧的硬路肩，其宽度一般与正线路段的硬路肩相同；用地或其他条件受限制时可减窄，但不得小于 1.50m。

四、集散车道

在互通式立体交叉范围内，为隔离交织区、减少主线出入口数量而大致平行设置于主线外侧并与主线隔离的附加道路。当不能保证主线出入口规定间距或转弯车流交织运行干扰直行车流时，应采用与主线分隔的集散车道将出入口串联(图 8-31)，避免交织车流对主线直行车流的干扰，提高通行能力和行车安全。集散车道上交织段的最小长度根据设计服务水平时的最大交通量、交织区长度、车道数及交织段构造形式等计算确定。

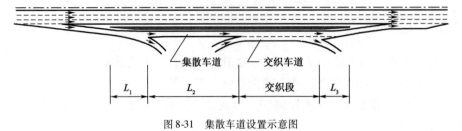

图 8-31 集散车道设置示意图

1. 集散车道的布设方法

(1) 集散车道与主线的连接应按出入口设计,并符合车道数平衡原则。当单车道出入口能满足交通量的需要时,可采用单车道或单车道出入口的双车道匝道布置形式。

(2) 集散车道上相邻出、入口的间距应满足表 8-18 中的规定;入口及其后相邻出口的间距应满足交织的需要。

(3) 集散车道上的分、合流应满足匝道间分、合流的规定。

(4) 当交织交通量较大时,应对交织段的通行能力进行检验,必要时可通过采用立体交叉方法,消除交织段或减少交织交通量,如图 8-32 所示。

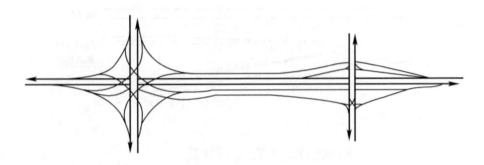

图 8-32 消除交织段或减少交织交通量

2. 集散车道的横断面

集散车道由行车道、硬路肩组成。与主线之间应设分隔带(侧分带),分隔带应设在主线硬路肩外侧,一般不应压缩主线硬路肩宽度(图 8-33)。分隔带应采用凸起式,特殊情况也有采用标线施划成隐形岛的做法。集散车道的行车道一般为双车道,交通量较小时,非交织段可为单车道。右侧硬路肩宽度一般为 2.5m,当双车道的通行能力有较大富余时(交通量小于或略大于单车道通行能力时),硬路肩的宽度可减至 1.0m。集散车道的硬路肩外侧应设置 0.75m 的土路肩。

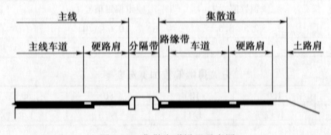

图 8-33 集散车道设置示意图

五、端部构造

主线与匝道分流鼻处,为给误行车辆提供返回的余地,行车道边缘应设置偏置加宽,用圆弧连接主线和匝道的路面边缘,如图 8-34 所示。偏置加宽值和分流鼻端圆弧半径见表 8-20。分流鼻处的加宽路面收敛到正常路面的偏置过渡段长度,应不小于依据表 8-21 渐变率计算的值。

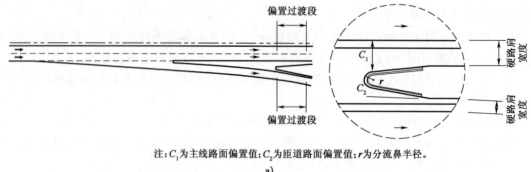

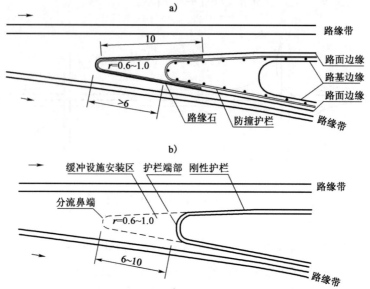

图 8-34 分流鼻处的偏置加宽(尺寸单位:m)
a)偏置加宽大样图;b)路基上的分流鼻端构造示意图;c)构造物上的分流鼻端构造示意图

分流鼻偏置值与鼻端半径　　　　　　　表 8-20

分 流 方 式	主线偏置值 C_1(m)	匝道偏置值 C_2(m)	连接部半径 r(m)
驶离主线	2.5~3.5	0.6~1.0	0.6~1.0
主线分岔	≥1.8		0.6~1.0

分流鼻端偏置加宽渐变率　　　　　　　表 8-21

设计速度(km/h)	120	100	80	60	≤40
渐变率	1/12	1/11	1/10	1/8	1/7

第五节　收费立体交叉和收费站

一、收费立体交叉的布置

收费道路上封闭式收费立体交叉或需单独收费的立体交叉应按收费立体交叉设计。收费立体交叉除三路立体交叉外,其余立体交叉形式若要收费,则需设 2~4 个收费站。而每个收费站都是昼夜工作,需要的收费员、管理员、收费机和住所等费用很高。一般应尽量减少收费站的个数,力求管理方便,设备集中,不干扰正线交通。一座立体交叉以设一个收费站为宜。

1. 收费立体交叉设置收费站的方法

如图 8-35 所示,收费立体交叉设置收费站的方法是在距相交道路交叉点适当距离处另设一条连接线,在连接线两端与相交道路交叉处各设一个三路立体交叉或平面交叉,使所有转弯车辆都集中经由连接线行驶,只需在连接线上设置一个收费站,实现集中收费。

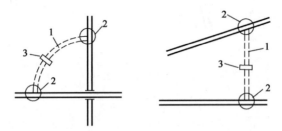

图 8-35 收费立体交叉设置收费站的方法
1-连接线;2-三路立交或平交;3-收费站

2. 连接线的设置原则

(1)连接线可设在任一象限,主要取决于地形和地物的限制,同时考虑交通量的大小,以设在右转交通量较大的象限为宜。

(2)连接线的位置和长度,应满足两端三路立体交叉或平面交叉在正线上的加、减速长度需要;在连接线上驶入收费站时减速到零,驶出收费站时从零加速的需要。

3. 连接线两端的交叉形式

(1)平面交叉:适用于该端与次要道路连接,应采用渠化平面交叉。

(2)子叶形立体交叉:适用于该端与左转交通量较小的一般道路连接。

(3)喇叭形立体交叉:适用于该端与主要道路或一般道路连接,宜采用 A 型。

(4)Y 形立体交叉:适用于该端与左转交通量大的高速道路,或一侧距离受到河流、铁路、建筑物等限制的其他道路连接。

4. 常用收费立体交叉的形式

(1)三路收费立体交叉:多采用喇叭形、Y 形及子叶形立体交叉,只需在支线上设置一个收费站。

(2)四路收费立体交叉:常用形式如图 8-36 所示,四路收费立体交叉需设 1~2 个收费站。

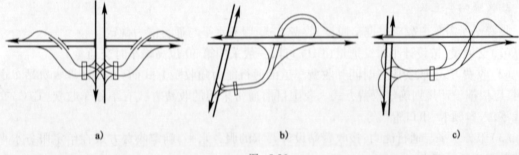

图 8-36

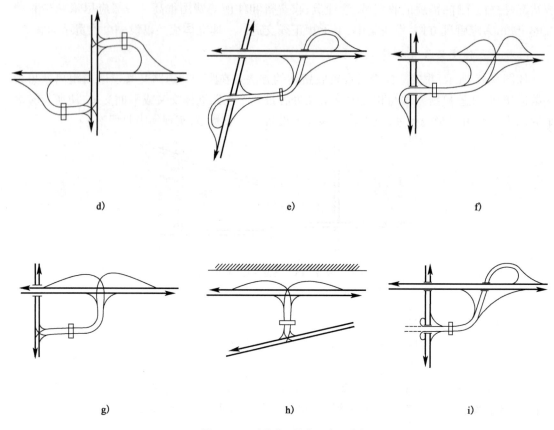

图 8-36　四路收费立体交叉常用形式

a)菱形(变形);b)平交加喇叭形;c)双 Y 形;d)部分苜蓿叶形;e)双喇叭形;f)Y 形加喇叭形;g)平交加菱形;h)平面交叉加 Y 形;i)喇叭形加子叶形

二、收费站

1. 设置位置

收费站是用来对通行车辆收取通行费用的设施。收费道路或收费立体交叉必须设置收费站。收费站的设置位置一般有两种:一种是直接设在主线上,也称为路障式,多用于主线收费路段的起、终点处;另一种是设在立体交叉匝道或连接线上,一般用于主线收费路段之间的互通式立体交叉,以控制被交道路上的车辆进、出主线的收费。

2. 收费站车道数

收费站所需车道数应根据交通量、收费方式、服务水平与通行能力确定。

(1)交通量:按设计小时交通量(DHV)计,一般采用第 30 位高峰小时交通量。

(2)收费方式:收费服务时间和收费车道的通行能力随收费方式而异,在计算收费站车道数时,应根据设计规划确定收费方式。我国目前通常采用的收费方式有不停车收费(ETC)交费找零、入口领卡、出口验票等。

(3)服务水平与通行能力:按收费站设计要求的服务水平,确定收费方式在给定服务水平下的单车道通行能力。

收费站所需的车道数,按式(8-6)计算:

$$N = \frac{DHV}{C} \tag{8-6}$$

式中:N——收费站车道数;
　　　C——某级服务水平下一条车道的通行能力(pcu/h)。

三、收费广场设计要点

1. 线形标准

收费广场最好设在直线上的平坦路段。当收费广场设在正线上时,圆曲线与竖曲线应与互通式立体交叉的正线线形标准一致;设在匝道或连接线上时,其圆曲线半径应不小于200m,竖曲线半径应大于800m。收费广场处的纵坡应小于2%,当受地形及其他条件限制时不得大于3%,横坡为1.5%~2.0%。

2. 平面布置

收费广场平面布置如图8-37所示,图中$L/S=3$,$l=5~20m$,一般采用10m。收费中心或收费岛前后应铺筑水泥混凝土路面,以提供较大的摩阻系数和抗剪切变形能力,适应出、入车辆频繁的制动、停车、启动。水泥混凝土路面长度L_0,对单向付款式匝道和正线收费站分别为30m、50m;对双向付款式分别为25m、40m。从收费广场中心线至匝道分岔点的距离应不小于75m;至被交道路平面交叉点的距离应不小于150m,不能满足时,应在被交道路上增设停留车道。

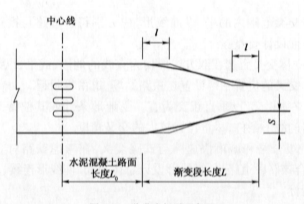

图8-37　收费广场平面布置

3. 收费岛

因车辆在收费车道上是减速停车然后启动慢行,故收费岛间车道宽度采用3.0~3.2m即可。但行驶方向右侧的边车道应是无棚敞开的,其宽度为3.5~3.75m,并附路缘带,以供大型车通过之用。收费岛宽度为2.0~2.2m,长度为20~25m,设计时应根据收费系统所安装的收费设备情况具体确定。收费岛应具有一定高度并将连接部收敛成楔形,连接部应涂有醒目的立面标记。收费岛上设置的收费室每侧应较收费岛缩进0.25m,以作为车辆通过的安全净空宽度。收费室上面应设天棚以遮阳防雨。对交通特别繁忙、收费车道多的收费站,应设置供收费员上、下岗位的专用地下通道或梯级步道。

第六节　道路与铁路、乡村道路及管线立体交叉

一、道路与铁路立体交叉

道路与铁路交叉形式的选择应根据道路和铁路的等级、交通量（年客货运量）、安全、经济等因素综合确定。原则上应考虑设置立体交叉。

1. 设置条件

道路与铁路交叉时，新建项目应首选立体交叉；高速公路、一级公路和城市快速路与铁路交叉时，必须设置立体交叉；准高速铁路、路段旅客列车设计速度为140km/h的铁路与道路交叉时，也必须设置立体交叉。其他各级道路与铁路交叉，符合下列情况之一者，应设置立体交叉。

(1) Ⅰ级铁路与道路交叉时。
(2) 铁路路段旅客列车设计速度大于或等于120km/h的地段与道路交叉时。
(3) 铁路与二级公路交叉时。
(4) 由于铁路调车作业对道路上行驶的车辆会造成较严重延误时。
(5) 受地形等条件限制，采用平面交叉会危及道路行车安全时。
(6) 结合地形或桥涵构造物情况，具备设置立体交叉条件。

2. 平、纵面设计要点

道路与铁路立体交叉范围内的平、纵面线形，应分别符合道路与铁路路线设计的有关要求，并注意以下平、纵面设计要点：

(1) 道路与铁路立体交叉宜选在双方线形均为直线的地段，或平、纵线形技术指标高且通视良好的地段。立体交叉的位置不得设置在铁路站场、道岔等附近。
(2) 公路与铁路立体相交，以垂直正交为宜。受地形条件或其他特殊情况限制必须斜交时，应结合公路、铁路的线形条件，尽量设置较大的交叉角度。
(3) 高速公路、一级公路和城市快速路与铁路交叉，在考虑铁路对立交桥设置要求的同时，其立交位置应符合该路段道路平、纵线形设计总体布局，使线形连续、均衡、顺适，不得在该局部地段降低技术指标。
(4) 道路与铁路立体交叉的改建工程，应根据道路网规划确定道路等级、交叉位置等。由于改善交叉角或移位而改线时，其路线的平、纵技术指标不得低于相衔接路段的一般值，更不得采用相应道路等级的极限值。
(5) 道路与铁路立体交叉的道路引道范围内，不得设置道路平面交叉。
(6) 道路与铁路立体交叉范围内的道路视距要求为：高速公路、一级公路和城市快速路应满足停车视距；其他各级道路应满足会车视距。

3. 交叉方式及设计要点

道路与铁路立体交叉的方式有道路上跨或铁路上跨两种，应根据总体规划，并考虑瞭望条件、地下设施、地形、地质、水文、环境、施工等因素综合比较后确定。

(1) 道路上跨铁路时设计要点

①道路跨线桥的跨径与净高必须符合 1 435mm 标准轨距铁路建筑限界的规定。

②道路跨线桥的跨径与布孔应根据地形、地质、桥下净空、铁路排水体系、沿铁路敷设的专用管线位置等综合确定。

③道路上跨电气化铁路时,其跨线桥结构形式应按不中断电力输送的施工工艺与方法确定,以不致危及道路施工和铁路行车的安全。

④道路跨线桥及其引道的排水系统应自成体系排除。跨线桥桥面雨水不得直接排至铁路道砟界范围内。

⑤四车道及其以上的道路上跨铁路时,考虑道路和铁路弯、坡、斜及超高因素,应对跨线桥四个周边的铁路建筑限界予以检核。

⑥道路跨越铁路时,其公路跨线桥应设防撞护栏和防落网。

(2) 铁路上跨道路时的设计要点

①铁路跨线桥的跨径与净高必须符合道路建筑限界的规定。

②铁路跨越二级公路、三级公路、四级公路时,严禁在行车道上设置中墩;铁路跨越四车道高速公路、一级公路时,不得在中间带设置中墩;铁路跨越六车道及其以上高速公路一级公路时,若须在中间带设置中墩时,中墩两侧必须设防撞护栏,并留足设置防撞护栏和护栏缓冲变形的安全距离。

③铁路跨线桥所跨越的宽度应包括该路段道路标准横断面宽度及其附属的变速车道、爬坡车道、边沟等的宽度。

④铁路跨线桥的跨径与布孔应留有足够的侧向余宽,不得将墩、台设置在道路排水边沟以内,并满足道路视距和对前方道路识别的要求,不能满足时应设置边孔。

⑤铁路跨越高速公路、一级公路时,其铁路跨线桥应设置防落网。

⑥铁路跨线桥及其引道的排水系统应自成体系排除,跨线桥桥面雨水不得直接排至道路建筑限界范围内。

二、道路与乡村道路立体交叉

乡村道路是指建在乡村、农场,主要供行人及各种农业运输工具通行的道路。道路与乡村道路分离式立体交叉的位置、形式、间距等的确定,应考虑县、乡(镇)土地利用总体规划中农业耕作机械需求,必要时应结合规划,对农业机耕道作适当调整或归并。

(一) 分离式立体交叉间距

各级公路与乡村道路设置分离式立体交叉,其间距应在对地方道路现状和规划及经济发展进行认真调查后确定。一般应根据公路等级对分离式立体交叉有所控制,充分考虑沿线土地开发、群众生产和生活需要,兼顾交叉对公路通行能力、服务水平和投资的影响,确定合适的分离式立体交叉间距。

高速公路、一级公路与乡村道路分离式立体交叉时,其间距应根据路线总体设计而定。必要时合并相邻乡村道路,减少交叉数量。在乡村道路密集地区,当公路交通量较大时,可采取设置分隔带和辅道等必要措施,减少交叉的数量及隔离非机动车交通,提高公路的通行能力和服务水平。

(二)分离式立体交叉设置条件

分离式立体交叉形式根据公路等级、交通量、地形等条件确定。

高速公路与乡村道路交叉必须设置立体交叉;一级公路与乡村道路交叉应设置立体交叉;二级、三级、四级公路与乡村道路交叉时,一般采用平面交叉。

二级公路与乡村道路的平面交叉应作渠化设计;地形条件有利或公路交通量大时也可设置立体交叉。

二级及其以上公路位于城镇或人口稠密的村落或学校附近时,宜设置专供行人通行的人行通道或人行天桥。

(三)分离式立体交叉设计要点

公路与乡村道路的分离式立体交叉,即通道或天桥,应根据地形及公路纵断面设计等情况而定。平原地区一般以乡村道路下穿主要公路为宜,即采用通道;丘陵区和山区则结合地形和公路纵断面设计,合理确定上跨或下穿方式,采用天桥或通道。当条件适宜时,也可利用平时无水或流量很小的桥涵作通道,并作相应的工程处理。

1. 通道设计要点

(1)通道的间隔以 400m 左右为宜,农业机械化程度高的地区间隔宜适当加大。

(2)通道的交叉角以 90°为宜。必须斜交时,其交叉的锐角应不小于 60°;受地形条件或其他特殊情况限制时,应不小于 45°。

(3)通道处的乡村道路平面线形宜为直线。其两侧的直线长度应不小于 20m。

(4)通道处的乡村道路纵面线形应为直坡,宜不大于 3%,构造物不应设于凹形竖曲线底部。通道应采用自流排水方式做好排水设计。

(5)通道的净空包括净高和净宽。通道的净高按通行种类,农用汽车、拖拉机和畜力车、行人应分别不小于 3.20m、2.70m、2.20m。通道的净宽按类别和交通量确定,仅供人行的通道可略窄,通行大型农业机械、敷设排水渠或长度过长时,视情况增宽;通道净宽一般大于或等于 4.0m,常用的净宽有 5m、6m、8m、10m。下穿高速公路、一级公路的人行通道应利用中间带设置采光井。

2. 天桥设计要点

(1)主要公路为路堑地段或地形条件有利时可设置天桥,并以垂直交叉为宜,其主要技术指标可参照四级公路相关标准执行,桥面净宽应不小于 4.50m。

(2)车行天桥的车道荷载等级应采用公路Ⅱ级。为防止超载车辆通行,应设置标志等设施。

(3)跨越高速公路、一级公路的天桥,应设防落网。

(4)天桥的桥面雨水不得直接排至公路路面。

(5)人行天桥的净宽应不小于 4.50m。

三、道路与管线立体交叉

按管线的性质和用途,可分为管道、电线、电缆等。管道主要有给水管、污水管、雨水管、燃气管、暖气管、输油管等;电线、电缆包括电信线、电力线、无轨电车及地铁电力线等。电信线、电力线、电缆、管道等各种管线均不得侵入道路建筑限界,不得妨害道路交通安全,并不得损害道路的构造和设施。根据管线的布设位置,可有地下埋设和空中架设两种。

(一)道路与架空送电线路交叉

(1)道路与架空送电线路相交,以正交为宜。必须斜交时,其交叉的锐角应大于45°。

(2)道路从架空送电线路下穿过时,应从导线最大弧垂与杆塔间通过,并使输电线路导线与道路交叉处距路面的垂直距离不小于表8-22规定值,确保行车安全和架空送电线路的正常使用。

架空输电线路导线距路面的最小垂直距离　　　　表8-22

架空输电线路标称电压 (kV)	35~110	154~220	330	500	750	1 000		±800 直流
						单回路	双回路 逆相序	
距路面最小垂直距离(m)	7.0	8.0	9.0	14.0	19.5	27.0	25.0	21.5

(3)架空送电线路导线与路面的垂直距离,应根据最高气温情况或覆冰无风情况求得的最大弧垂和根据最大风速情况或覆冰情况求得的最大风偏计算确定。

(二)道路与地下管线交叉

道路与地下管线交叉时,应以地下管网规划为依据,并应近远期结合,对各种管线综合考虑,合理确定其位置与高程。

对重要平面交叉、立体交叉、广场或水泥混凝土等刚性路面下,应预埋过街管或预留沟,其结构强度应满足道路施工荷载和路面行车荷载的要求。

1. 埋式电缆

埋式电缆有电力和电信电缆两种。对埋式电力电缆用管道保护,管顶到路面基底的深度应不小于1.0m。对埋式电信电缆,二级以上公路用管道保护,管顶到路面基底的深度一般不小于1.0m,受限制时应不小于0.8m;三级、四级公路不需管道保护,缆顶到路面基底不小于0.8m,受限制时应不小于0.7m。埋式电缆距排水沟底应不小于0.5m。

2. 地下管道

公路与原油、天然气输送管道相交,以垂直交叉为宜。必须斜交时,其交叉的锐角宜不小于30°。

原油、天然气输送管道与高速公路、一级公路相交,应采用穿越方式,埋置地下专用通道,其埋置深度应符合相关行业的有关规定;原油、天然气输送管道穿越二级、三级、四级公路时,应埋置保护套管,保护套管顶面距路面底基层的底面应不小于1.0m。

第七节　人行天桥和人行地道

一、人行天桥和人行地道的设置地点

为保证行人交通安全,避免行人或自行车横穿干道而影响车速,道路在下列情况下宜设置

人行天桥或人行地道。

(1)横过交叉口一个路口的步行人流量大于5 000人次/h,且同时进入该路口的当量小客车交通量大于1 200辆/h。

(2)通过环形交叉口的步行人流量达18 000人次/h,且同时进入环形交叉的当量小客车交通量达到2 000辆/h。

(3)行人横过快速道路时。

(4)铁路与道路相交,因列车通过一次阻塞步行人流量超过1 000人次或道口的关闭时间超过15min时。

选择修建人行天桥还是人行地道,要因地制宜,充分考虑设置地点的道路状况、交通条件、周围景观、地上及地下各种设施、工程费用等,经技术、经济、美观等比较后确定。

二、人行天桥和人行地道的设计

1. 人行天桥和人行地道的宽度

人行天桥和人行地道的宽度,应根据设计年限的高峰小时人流量及通行能力计算确定。人行天桥和人行地道的设计通行能力一般为1 800~2 000p/(h·m),车站、码头地段为1 400p/(h·m)。通常人行天桥和人行地道的宽度为3.0~5.0m。此外还应考虑其宽度与道路宽度、交叉口大小及周围城市景观和建筑的配合、协调。

2. 人行天桥和人行地道梯道、坡道的设计

因通过人行天桥和人行地道的梯道或坡道时,行人的速度较低,通行能力受到影响。因此梯道或坡道宽度应大于桥面或地道宽度,梯道或坡道宽度应根据设计年限的高峰小时人流量确定。

人行天桥和人行地道宜采用梯道型升降方式。梯道坡度宜采用1:2.5~1:2,常用踏步每级宽为30cm,高为15cm。梯道高差大于或等于3m时应设平台,平台长度不小于1.5m。有条件地点的人行地道也可采用自动电梯的升降方式。

为了便于自行车、儿童车、轮椅等的推行,可采用坡道型升降方式。坡道坡度不应陡于1:8,坡道表面应防滑耐磨。冰冻地区应慎重选用。

自行车较多,因地形限制及其他理由不能设坡道时,可采用梯道带坡道的混合型升降方式。混合型的坡度不应陡于1:4。

梯道、坡道、平台及桥上应设扶手或护栏,扶手或护栏高度应大于或等于1.1m。

3. 净空设置

人行天桥的桥下净空应满足各种车辆及行人的通行需要。人行地道净空应大于或等于2.5m。

4. 行人护栏的设置

为引导行人经由人行天桥或人行地道过街,应设置导流设施,其断口宜与人行天桥或人行地道两侧附近的交叉口结合。一般需在天桥或地道两端沿街设置50~100m的高护栏。

【待深入研究的问题】

互通式立体交叉设计方案对于立交功能的发挥、行车的快速安全以及投资的经济合理性等具有决定性作用,但是立交方案设计主要靠人工构思完成,方案评价主要靠专家评审定案,人为因素占主导地位,如何合理地自动产生立交方案、科学评价立交方案,即立交方案设计专家系统的研究是有待深入研究的重点问题。另外立体交叉的仿真技术及立交设计自动化问题也是将来一个时期有待研究的难题。

【习题与思考题】

8-1 立体交叉的组成部分有哪些?
8-2 常用三路全互通式立体交叉的形式及其适用条件是什么?
8-3 常用四路全互通式立体交叉的形式及其适用条件是什么?
8-4 立体交叉形式选择的方法和设计步骤分别是什么?
8-5 立体交叉的分类体系是什么?匝道是如何分类的?各有何特点?
8-6 匝道连接部设计内容及其设计要点有哪些?
8-7 收费立体交叉设置收费站的方法是什么?
8-8 完全互通式立体交叉与部分互通式立体交叉的主要区别是什么?

第九章

交通工程及沿线设施设计

【学习目的与要求】

通过本章学习使学生了解交通工程与沿线设施设计的主要任务和基本要求；了解交通安全设施设计的主要内容、各种交通安全设施的作用和设置要求；了解城市道路沿线设施的种类，公共交通站点的布置方式和技术要求；了解汽车停车场的设计要点；了解公路服务与收费设施类型、布置条件和设置要点。

交通工程及沿线设施是道路的重要组成部分，是发挥道路经济效益，保障行驶安全必不可少的配套设施，是道路现代化、智能化的标志之一。交通工程及沿线设施包括交通安全设施、服务设施和管理设施三种。

交通工程及沿线设施的建设规模与标准应根据道路网规划、道路的功能、等级、交通量等确定。交通工程及沿线设施总体设计应符合道路总体设计的要求，准确体现设计意图，相互匹配，协调统一，充分发挥道路的整体效益，应按照"保障安全、提供服务、利于管理"的原则进行设计。本章所涉及的内容主要为交通工程及沿线设施的一般规定和几何设计的要求，各设施的详细设计可参考相关设计规范的规定。

第一节　交通安全设施

交通安全设施包括护栏、交通标志、交通标线、隔离栅、桥梁护网、防眩设施、轮廓标和活动护栏等。交通安全设施设计应结合路网与道路条件、交通条件、环境条件进行总体设计，交通安全设施之间、交通安全设施与道路主体工程和其他设施之间应互相协调、配合使用。交通安全设施设计应坚持"安全、环保、舒适、和谐"的理念，体现"以人为本、安全至上"的指导思想。

一、护栏的设置

护栏是一种纵向吸能结构，通过自体变形或车辆爬高来吸收碰撞能量，从而改变车辆行驶方向、阻止车辆越出路外或进入对向车道、最大限度地减少对乘员的伤害。

（一）护栏的分类

护栏按在公路中的纵向设置位置，可分为路基护栏和桥梁护栏；按其在公路中的横向设置位置，可分为路侧护栏和中央分隔带护栏；根据碰撞后的变形程度，可分为刚性护栏、半刚性护栏和柔性护栏。

刚性护栏是一种基本不变形的护栏结构。混凝土护栏是其主要代表形式，由一定形状的混凝土块相互连接而组成的墙式结构，通过失控车辆碰撞后爬高并转向来吸收碰撞能量。

半刚性护栏是一种连续的梁柱式护栏结构，具有一定的强度和刚度。波形梁护栏是其主要代表形式，由相互拼接的波纹状钢板和立柱构成连续梁柱结构，利用土基、立柱、波纹状钢板的变形来吸收碰撞能量，并迫使失控车辆改变方向。

柔性护栏是一种具有较大缓冲能力的韧性护栏结构。缆索护栏是其主要代表形式，由数根施加初拉力的缆索固定于端柱上而组成钢缆结构，主要依靠缆索的拉应力来抵抗车辆的碰撞荷载、吸收碰撞能量。

（二）路基护栏

公路路侧安全净区的宽度得不到满足时，应按护栏设置原则进行安全处理。路侧护栏应位于公路土路肩内，中央分隔带护栏宜以公路中心线为轴对称设置。护栏的任何部分不得侵入公路建筑限界。

1. 路侧护栏的设置原则

（1）车辆驶出路外有可能造成二次特大事故的路段必须设置路侧护栏。

（2）凡符合下列情况之一，车辆驶出路外有可能造成单车特大事故或二次重大事故的路段必须设置路侧护栏：

①二级及以上等级公路边坡坡度和路堤高度在图9-1的Ⅰ区方格阴影范围之内的路段；

②路侧有江、河、湖、海、沼泽、航道等水域的路段。

（3）凡符合下列情况之一，车辆驶出路外有可能造成重大事故的路段，应设置路侧护栏：

①二级及以上等级公路边坡坡度和路堤高度在图9-1的Ⅱ区斜线阴影范围以内的路段，

应设置护栏；

②高速公路、一级公路路侧安全净区内设有车辆不能安全穿越的照明灯、摄像机、可变信息标志、交通标志、路堑支撑壁、声屏障、上跨桥梁的桥墩或桥台等设施的路段；

③二级及以上等级公路路侧边沟无盖板、车辆无法安全穿越的挖方路段；

④三级、四级公路路侧有悬崖、深谷、深沟等的路段。

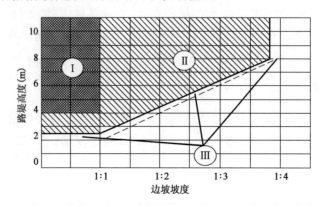

图9-1　边坡坡度、路堤高度与设置护栏的关系

(4)凡符合下列情况之一、经论证车辆驶出路外有可能造成一般或重大事故的路段宜设置路侧护栏：

①二级及以上等级公路边坡坡度和路堤高度在图9-1的Ⅲ区内的路段，三级、四级公路边坡坡度和路堤高度在图9-1中Ⅰ区内的路段；

②二级及以上等级公路纵坡大于或等于《公路工程技术标准》(JTG B01—2014)规定的最大纵坡值的下坡路段和连续长下坡路段；

③二级及以上等级公路平曲线半径小于《公路工程技术标准》(JTG B01—2014)规定的一般最小半径的路段外侧；

④在高速公路、一级公路用地范围内存在粗糙的石方开挖断面、高出路面30cm以上的混凝土基础、挡土墙或大孤石等障碍物时；

⑤高速公路、一级公路互通式立体交叉出口匝道的三角地带及匝道小半径圆曲线外侧。

(5)根据车辆驶出路外有可能造成的交通事故等级，应按规定选取路侧护栏的防护等级。因公路线形、运行速度、填土高度、交通量和车辆构成等因素易造成更严重碰撞后果的路段，应在规定的基础上提高护栏的防护等级。

(6)路侧护栏最小设置长度应符合相关的规定，相邻两段路侧护栏的间距小于规定的最小长度时宜连续设置。

2. 中央分隔带护栏设置原则

(1)当整体式断面中间带宽度小于或等于12m时，必须设置中央分隔带护栏；大于12m时，应分路段确定是否设置中央分隔带护栏。

(2)公路采用分离式断面时，行车方向左侧应按路侧护栏设置；上、下行路基高差大于2m时，可只在路基较高的一侧按路侧护栏设置。

(3)高速公路和禁止车辆掉头的一级公路中央分隔带开口处，必须设置活动护栏。

(4)根据车辆驶入对向车道有可能造成的交通事故等级，应按规定选取中央分隔带护栏的防撞等级。因公路线形、运行速度、填土高度、交通量和车辆构成等因素易造成更严重碰撞后果的路段,应在规定基础上提高护栏的防撞等级。

(三)桥梁护栏

桥梁护栏应按以下原则设置:
(1)高速公路桥梁的外侧和中央分隔带必须设置桥梁护栏。
(2)作为干线公路的一级、二级公路桥梁必须设置路侧护栏,作为干线公路的一级公路桥梁必须设置中央分隔带护栏。
(3)作为集散公路的一级、二级公路桥梁应设置路侧护栏,作为集散公路的一级公路桥梁宜设置中央分隔带护栏。
(4)跨越深谷、深沟、江河湖泊的三级、四级公路桥梁应设置路侧护栏,位于其他路段经综合论证可不设置护栏的桥梁应设置视线诱导设施或人行栏杆。
(5)根据车辆驶出桥外或进入对向车行道有可能造成的交通事故等级,按相关规定选取桥梁护栏的防撞等级。因桥梁线形、运行速度、桥梁高度、交通量和车辆构成等因素易造成更严重碰撞后果的路段,应在规定基础上提高护栏的防撞等级。

二、道路交通标志

道路交通标志是以颜色、形状、字符、图形等向道路使用者传递信息,用于管理交通的设施。交通标志应结合道路及交通情况设置。通过交通标志提供准确及时的信息和引导,使道路使用者顺利快捷地抵达目的地,促进交通畅通和行车安全。

(一)交通标志的分类

(1)交通标志按其作用分类,分为主标志和辅助标志两大类。
①主标志:
a. 警告标志:警告车辆、行人注意道路前方危险地点的标志;
b. 禁令标志:禁止或限制车辆、行人某种交通行为的标志;
c. 指示标志:指示车辆、行人行进的标志;
d. 指路标志:传递道路方向、地点、距离信息的标志;
e. 旅游区标志:提供旅游景点方向、距离的标志;
f. 道路施工安全标志:通告道路施工区通行的标志;
g. 限速标志:警告车辆减速行驶的标志。
②辅助标志:
附设在主标志下,起辅助说明作用的标志。
(2)交通标志按显示位置分类,分为路侧和车行道上方两种,对应的支撑结构形式为柱式、路侧附着式、悬臂式、门架式、车行道上方附着式。
(3)交通标志按光学特性分类,分为逆反射式、照明式和发光式三种,其中照明式又分为内部照明式和外部照明式。
(4)交通标志按版面内容显示方式分类,分为静态标志和可变信息标志。
(5)交通标志按设置的时效分类,分为永久性标志和临时性标志。

(6)交通标志按标志传递信息的强制性程度分类,分为必须遵守标志和非必须遵守标志。禁令标志和指示标志具有同等的效力,道路使用者应遵守;其他标志仅提供信息,如指路标志、旅游区标志;禁令、指示标志套用于无边框的白色底板上,为必须遵守标志;禁令、指示标志套用于指路标志上,仅表示提供相关禁止、限制和遵行信息,只能作为补充说明或预告方式,不应取代相应的禁令、指示标志。

(二)交通标志设置的基本要求

(1)交通标志的设置应综合考虑、布局合理,防止出现信息不足或过载的现象。信息应连续,重要的信息宜重复显示。

(2)交通标志一般情况下应设置在道路行进方向右侧或车行道上方;也可以根据具体情况设置在左侧,或在左右两侧同时设置。

(3)为保证视认性,同一地点需要设置两个以上标志时,可安装在一个支撑结构(支撑)上,但最多不应超过四个;分开设置的标志,应满足禁令、指示和警告标志的设置空间。

(4)原则上要避免不同种类的标志并设。解除限制速度标志、解除禁止超车标志、路口优先通行标志、会车先行标志、停车让行标志、减速让行标志应单独设置;如条件受限制无法单独设置时,一个支撑结构(支撑)上最多不应超过两种标志。标志板在一个支撑结构(支撑)并设时,应按禁令、指示、警告的顺序,先上后下,先左后右的排列。

(5)警告标志不宜多设。同一地点需要设置两个以上警告标志时,原则上只设置其中最需要的一个。

(三)交通标志的基本要素

1. 交通标志的颜色

交通标志颜色的基本含义如下:

(1)红色:表示禁止、停止、危险,用于禁令标志的边框、底色、斜杠,也用于叉形符号和斜杠符号、警告性线形诱导标的底色等。

(2)黄色或荧光黄色:表示警告,用于警告标志的底色。

(3)蓝色:表示指令、遵循,用于指示标志的底色;表示地名、路线、方向等的行车信息,用于一般道路指路标志的底色。

(4)绿色:表示地名、路线、方向等的行车信息,用于高速公路和城市快速路指路标志的底色。

(5)棕色:表示旅游区及景点项目的指示,用于旅游区标志的底色。

(6)黑色:用于标志的文字、图形符号和部分标志的边框。

(7)白色:用于标志的底色、文字和图形符号以及部分标志的边框。

(8)橙色或荧光橙色:用于道路作业区的警告、指路标志。

(9)荧光黄绿色:表示警告,用于注意行人、注意儿童的警告标志。

2. 交通标志的形状

交通标志形状的一般使用规则如下:

(1)正等边三角形:用于警告标志。

(2)圆形:用于禁令和指示标志。

(3)倒等边三角形:用于"减速让行"禁令标志。
(4)八角形:用于"停车让行"禁令标志。
(5)叉形:用于警告标志"铁路平交道口叉形"标志。
(6)方形:用于辅助标志,指路标志,指示标志,文字性警告、禁令和指示标志,告示标志等。

3. 边框和衬边

(1)标志边框的颜色应与标志的图形或字符的颜色一致,标志衬边的颜色应与标志底色一致,个别标志除外。各类标志的边框和衬边参见《道路交通标志和标线 第2部分:道路交通标志》(GB 5768.2—2009)。

(2)相同底色标志套用时,应使用边框;不同底色标志套用时,套色的禁令标志一般不使用衬边,套色的指路标志一般不使用边框,道路编号标志套用于指路标志上,也可使用边框。

4. 字符

(1)道路交通标志的字符应规范、正确、工整。按从左至右、从上至下顺序排列。一般一个地名不写成两行或两列。根据需要,可并用汉字和其他文字。标志上的汉字应使用规范汉字,如果标志上同时使用汉字和其他文字,除有特殊规定之外,汉字应排在其他文字上方。如果标志上使用英文,地名用汉语拼音,相关规定按照《地名 标志》(GB 17733—2008),第一个字母大写,其余小写;专用名词用英文,第一个字母大写,其余小写,根据需要也可全部大写。

(2)除特殊规定外,指路标志汉字高度应符合规定。汉字字宽和字高相等。字高可根据设置路段的运行速度(V_{85})进行调整。

(3)指路标志中的阿拉伯数字和其他文字的高度应根据汉字高度确定,其与汉字高度的关系应符合规定。在特殊情况下,由于具体原因不能满足要求时,经论证字符高度最小不应低于规定值的0.8倍。

(4)道路编号标识中的字符、指路标志的汉字或其他文字的间隔和行距、文字性警告、禁令标志、辅助标志、告示标志的字高均应满足相关规定的要求。

(5)标志的汉字、拼音字母、拉丁字母、数字等采用道路交通标志字体(简体)。

5. 尺寸

警告、禁令、指示标志各部分尺寸的一般值应根据设计速度选取。可根据设置路段的运行速度(V_{85})进行调整。设置在胡同、隔离带的警告标志,设置空间受限制时,如果采用柱式标志可采用最小值。其他标志的尺寸参考有关规定。

6. 图形

交通标志应使用《道路交通标志和标线 第2部分:道路交通标志》(GB 5768.2—2009)及《道路交通标志和标线 第1部分:总则》(GB 5768.1—2009)规定的图形。除另有规定外,图形可以单独、组合使用于不同的标志中。交通标志如使用《道路交通标志和标线 第2部分:道路交通标志》(GB 5768.2—2009)规定以外的图形或标志,应按《道路交通标志和标线 第1部分:总则》(GB 5768.1—2009)附录A规定程序执行,并应附加辅助标志的方式说明标志的含义。

(四)交通标志的设置位置

(1)警告标志前置距离一般根据道路的设计速度选取。也可考虑所处路段的最高限制速度或运行速度进行适当的调整。

(2)禁令、指示标志应设置在禁止、限制或遵循路段开始的位置。部分禁令、指示标志开始路段的路口前适当位置应设置相应的指路标志提示,使被限制车辆能够提前绕道行驶。

(3)指路标志设置位置应符合每一具体标志的规定。

(4)除另有规定外,标志安装应使其板面垂直于行车方向,视实际情况调整其水平或俯仰角度。

①路侧式标志应尽量减少标志板面对驾驶员的眩光;

②标志安装角度宜根据设置地点道路的平、竖曲线线形进行调整;

③路侧标志应尽可能与道路中线垂直或成一定角度。其中,禁令和指示标志为0°~45°,指路和警告标志为0°~10°;

④门架、悬臂、顶上附着式标志的板面应垂直于道路行车方向,并且板面宜倾斜0°~15°。

(五)交通标志的支撑方式

1. 柱式

柱式一般有单柱式、多柱式,如图9-2所示。柱式标志内边缘不应侵入道路建筑限界,一般距车行道或人行道的外侧边缘或土路肩不小于25cm。标志板下缘距路面的高度为150~250cm。当设置在小型车比例较大的城市道路时,下缘距地面的高度可根据实际情况减小,但不宜小于120cm。当设置在有行人、非机动车的路侧时,设置高度应大于180cm。

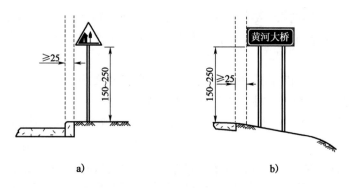

图9-2 柱式支撑方式(尺寸单位:cm)
a)单柱式;b)多柱式

单柱式是标志板安装在一根立柱上,适用于中小型尺寸的警告、禁令、指示等标志。多柱式是标志板安装在两根及两根以上立柱上,适用于长方形的指示或指路标志。

2. 悬臂式

悬臂式是标志板安装在悬臂上,如图9-3所示。标志下缘离地面的高度应大于该道路规定的净空高度。悬臂式适用于以下情况:

(1)柱式安装有困难。

(2)道路较宽、交通量较大、外侧车道大型车辆阻挡内侧车道小型车辆视线。

(3)视距或视线受限制。

(4)景观上有要求。

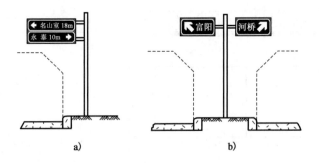

图 9-3 悬臂式支撑方式
a) 单悬臂式；b) 双悬臂式

3. 门架式

门架式是标志安装在门架上，如图 9-4 所示。标志下缘离地面的高度应大于该道路规定的净空高度。

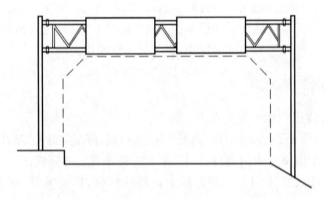

图 9-4 门架式支撑方式

门架式标志适用于以下情况：
(1) 多车道道路（同向三车道以上）需要分别指示各车道去向。
(2) 交通量较大、外侧车道大型车辆阻挡内侧车道小型车辆视线。
(3) 交通流在较高运行速度下发生交织、分流和合流的路段，如：互通式立体交叉间隔距离较近标志设置较密处、高速公路与高速公路相交的互通立体交叉主线区域等。
(4) 受空间限制，柱式、悬臂式安装有困难。
(5) 出口匝道在行车方向的左侧。
(6) 景观上有要求。

4. 附着式

标志附着安装在上跨桥和附近构造物上，按附着板面所处位置不同分顶上附着式、路侧附着式两种，如图 9-5 所示。

附着式标志的安装高度应符合规定。如果标志支撑结构位于路侧净区内应确保其不对驶离道路的车辆构成危害，否则宜采用解体消能结构或设置相应的防护、警告设施。

341

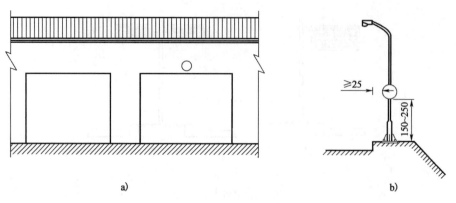

图 9-5　附着式支撑方式(尺寸单位:cm)
a)车行道顶上附着式;b)路侧附着式

三、道路交通标线

道路交通标线是由施划或安装于道路上的各种线条、箭头、文字、图案及立面标记、实体标记、突起路标和轮廓标等所构成的交通设施,它的作用是向道路使用者传递有关道路交通的规则、警告、指引等信息,可以与标志配合使用,也可以单独使用。

（一）道路交通标线的分类

(1)道路交通标线按功能可分为以下三类:
①指示标线:指示车行道、行车方向、路面边缘、人行道、停车位、停靠站及减速丘等的标线;
②禁止标线:告示道路交通的遵行、禁止、限制等特殊规定的标线;
③警告标线:促使道路使用者了解道路上的特殊情况,提高警觉,准备防范应变措施的标线。

(2)道路交通标线按设置方式可分为以下三类:
①纵向标线:沿道路行车方向设置的标线;
②横向标线:与道路行车方向交叉设置的标线;
③其他标线:字符标记或其他形式标线。

(3)道路交通标线按形态可分为以下四类:
①线条:施划于路面、缘石或立面上的实线或虚线;
②字符:施划于路面上的文字、数字及各种图形、符号;
③突起路标:安装于路面上用于标示车道分界、边缘、分合流、弯道、危险路段、路宽变化、路面障碍物位置等的反光或不反光体;
④轮廓标:安装于道路两侧,用以指示道路的方向、车行道边界轮廓的反光柱(或片)。

（二）道路交通标线的形式、颜色及含义

道路交通标线的颜色为白色、黄色、蓝色或橙色,路面图形标记中可出现红色或黑色的图案或文字。道路交通标线的形式、颜色及含义如表 9-1 所示。

道路交通标线的形式、颜色及含义　　　　　表 9-1

编号	名　称	图　例	含　义
1	白色虚线		画于路段中时,用以分隔同向行驶的交通流;画于路口时,用以引导车辆行进
2	白色实线		画于路段中时,用以分隔同向行驶的机动车、机动车和非机动车,或指示车行道的边缘;画于路口时,用作导向车道线或停止线,或用以引导车辆行驶轨迹;画为停车位标线时,指示收费停车位
3	黄色虚线		画于路段中时,用以分隔对向行驶的交通流或作为公交车专用车道线;画于交叉口时,用以告示非机动车禁止驶入的范围或用于连接相邻道路中心线的路口导向线;画于路侧或缘石上时,表示禁止路边长时间停放车辆
4	黄色实线		画于路段中时,用以分隔对向行驶的交通流或作为公交车、校车专用停靠站标线;画于路侧或缘石上时,表示禁止路边停放车辆;画为网格线时,标示禁止停车的区域;画为停车位标线时,表示专属停车位
5	双白虚线		画于路口,作为减速让行线
6	双白实线		画于路口,作为停车让行线
7	白色虚实线		用于指示车辆可临时跨线行驶的车行道边缘,虚线侧允许车辆临时跨越,实线侧禁止车辆跨越
8	双黄实线		画于路段中,用以分隔对向行驶的交通流
9	双黄虚线		画于城市道路路段中,用于指示潮汐车道
10	黄色虚实线		画于路段中时,用以分隔对向行驶的交通流。实线侧禁止车辆越线,虚线侧准许车辆临时越线
11	橙色虚、实线		用于作业区标线
12	蓝色虚、实线		作为非机动车专用道标线;画为停车位标线时,指示免费停车位

四、隔离设施

隔离设施按构造形式可分为金属网、钢板网、刺铁丝网和常青绿篱四大类,金属网又可分为编织网、焊接网、拧花网等多种。

1. 金属网型和钢板网型

金属网型和钢板网型隔离设施是一种结构合理、美观大方的结构形式,但单位造价较高,主要适用于以下路段:

(1)靠近城镇人口稠密地区和担心有人、畜等进入的路段。
(2)配合道路景观,要求选择美观大方的隔离形式的风景区、旅游区、著名地点等路段。
(3)简单立交、通道的两侧。

另外,金属网型比较适合于地形起伏不平的路段,钢板网型则比较适合于地形平坦地段。

2. 刺铁丝网型

刺铁丝网型隔离设施是一种比较经济适用的结构形式,但美观性较差,一般适用于以下地点:

(1)人烟稀少的地带,山岭地区。
(2)郊外地区的道路保留地。
(3)郊外地区高架构造物的下面。
(4)跨越沟渠而需封闭的地方。

3. 其他

在互通式立体交叉范围内以及服务区、停车区、收费站、管理所等处,隔离设施可考虑与绿化相配合,宜选择合适的小乔木或灌木,在管辖地界范围内与刺铁丝配合形成绿篱,可有效地增强该区域的景观。

隔离设施的形式选择必须考虑各种类型隔离设施的性能、经济性、美观,与道路周围环境的协调,以及施工条件、养护维修条件等因素。

五、防眩设施

防眩设施是在夜间行车时,为防止驾驶员受到对面来车前照灯眩目而采用的设施。设置在区分上下行车道的中央分隔带上,多用于有四条以上车道的高速公路、一级公路和城市快速路。设置路段多为高架桥、填方路段,此外也结合道路的设计速度、线形等的需要而采用。在中央带较宽(日本经验为超过7m)、上下行车道中心线的高度差大于2m及有连续照明的路段均不需要设置防眩设施。

防眩设施既要有效地遮挡对向车辆前照灯的眩光,又要满足横向通视好,能看到斜前方,并对驾驶员心理影响小的要求。如采用完全遮光,反而缩小了驾驶员的视野,且对驾驶产生压迫感。同时,无论白天或黑夜,对向车道的交通情况是行车的重要参照系,其中很重要的一点是驾驶员在夜间能通过对向车辆前照灯的光线判断两车的纵向距离,使其注意调整行驶状态。另外,防眩设施不需要很大的遮光角即可获得良好的遮光效果。所以,防眩设施不一定要把对向车灯的光线全部遮挡,而采用部分遮光,即允许部分车灯光穿过防眩设施。

道路上设置的防眩设施形式多种多样,总的来说,有网格状或栅栏式的防眩网、扇面式的防眩栅、板条式的防眩板及植树防眩等。现分述如下:

1. 植树防眩

中央分隔带的宽度满足植树需要时,可采用植树作为防眩设施,一般有间距型和密集型两种栽植方式。中央分隔带宽度须大于 3m,一般采用间距型栽植,间距 6m(种三棵,树冠宽 1.2m)或 2m(种一株,树冠宽 0.6m),树高 1.5m。灌木丛也具有遮光防眩作用。

2. 防眩栅(网)

防眩栅是将条状板材两端固定于横梁上,排列如百叶窗状,板条面倾斜迎向行车方向。根据有关试验测定,以与道路呈 45°角时遮光效果最好。防眩网是以金属薄板切拉成具有菱形格状的网片,四周固定在边框上。

防眩栅(网)设置于分车带中心位置,应油饰为深色,以利于吸收汽车前照灯光。设于中心带一侧时应考虑保证视距,并考虑两侧行车道的高度、超高的影响等,决定设置于哪一侧。为防止汽车冲撞,在起止两端的立柱上应贴红色或银白色反光标志,中间立柱顶上也需有银白色反光标志。中央分隔带很窄时,应防止防眩栅(网)倾倒对行车的影响,故应考虑立柱间隔、采用的形式、柱基构造等,保证稳定安全。必要时应考虑风载的影响。设有防护栏的分车带防眩栅(网)可与护栏结合设计,上部为防眩设施,下部为防护栏,护栏部分须油饰为明显的颜色,以引起驾驶员注意。

3. 防眩板

防眩板是以方形型钢作为纵向骨架,把一定厚度、宽度的板条按一定间隔固定在方形型钢上而形成的一种防眩结构。

第二节　城市道路沿线设施

一、公共交通站点的布置

我国道路尤其是城市道路承担着大量的客运交通量,城市道路的客运交通应优先发展公共交通。在规划设计公共交通路线的同时,应重视公共交通站点的合理布置。

(一)公共交通站点的种类和布置

城市公共交通站点(简称公交站)分为首末站、枢纽站和中间停靠站。合理规划布置公交站点需对客流的流向、流量进行调查分析,必要时可通过试用予以调整。因不同公交站点的交通性质、交通量和用地等要求各不相同,一般应优先考虑首末站和枢纽站的布置。

1. 首末站

公共交通车辆需在首末站进行掉头,部分车辆需暂时停歇、加水、清洁、保养及进行小修工作,以及夜间存放公交车辆。首末站要占用较大的场地,每处用地面积 $1\,000 \sim 1\,400\,m^2$ 是运营的最低要求。一般布置在城市道路外的用地上或大型停车场。

2. 枢纽站

在城市居民大量集散地,常有几条公交线路经过,上下车和换乘的乘客多,各条线路的站点比较集中,这种站点称为枢纽站。枢纽站的布置应注意乘客、行人和车辆的安全,尽量使换乘乘客不穿越行车道且步行距离最短。

3. 停靠站

停靠站是指公交车辆在公交线路上中途停靠的位置,以供乘客安全上下车而设的一种道路设施。停靠站主要布置在客流集散的地点,如干道交叉口、火车站、大型商场、重要机关单位、大型工矿企业或大专院校等地点。

(二)公交站的间距

公交站的设置间距,应以方便乘客、节省乘客出行时间及提高站间行车速度为原则。站距小,设站过多,增加乘客的乘车时间,车辆速度较低,且频繁起动、制动,轮胎与燃料消耗大;如站距过大,虽然车辆运行速度提高,乘客的乘车时间减少,但增加了乘客的步行时间,乘车不便。

公交站比较合理的间距,市区一般宜为 500～600m,郊区宜为 1 000m 左右。在交叉口附近设站时,为不影响交叉口的交通组织和通行能力,宜安排在交叉口出口道一侧或便于客流集散的一侧,距交叉口 50～100m 为宜。交通量较小的道路,站位距交叉口不小于 30m。

(三)公交站台的布置方式

公交站台的布置方式与道路横断面布设形式有关,主要有沿人行道边设置和沿行车道分隔带设置两种。

1. 沿人行道边设置

沿人行道边设置时一般只需在人行道上辟出一段用地作为站台,以供乘客候车和上下车,如图 9-6 所示。站台高度以 30cm 为宜,并避免有杆柱阻碍,以方便乘客上下车。其特点是构造简单,沿人行道边设置时乘客上下车时安全,但停靠的车辆占用非机动车道,对非机动车交通影响较大,多适用于非机动车交通量较小、车道较宽的单幅路或双幅路。

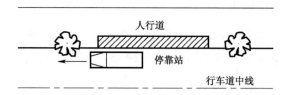

图 9-6 沿人行道边设置的停靠站

2. 沿行车道分隔带设置

站台沿行车道分隔带设置时需全部或部分占用行车道分隔带,以供乘客候车和上下车,如图 9-7 所示。其特点是停靠的公交车辆对非机动车影响小,但上下车乘客需横穿非机动车道,影响非机动车道的交通。适用于非机动车交通量较大的三幅路或四幅路。

当分隔带较窄时,可采用图 9-7a)的方式,为使乘客上下车和候车方便、安全,布置站台的分隔带宽度应不小于 2m,站台长度视停靠的车辆数而定。

当分隔带较宽时(大于等于 4m),可采用图 9-7b)的方式,减窄一段分隔带将其改为路面,做成港湾式停靠站,以减少停靠车辆所占的车道宽度,保证正线上的交通畅通。港湾的宽度和长度根据停靠车辆类型而定,一般至少有两个停车位。该方法适用于机动车道较窄的路段。

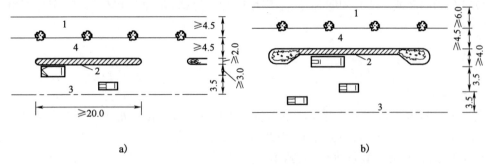

图 9-7　沿行车道分隔带设置的停靠站(尺寸单位:m)
1-人行道;2-停靠站;3-路中线;4-非机动车道

二、汽车停车场的设计

在规划和设计城市道路时,应考虑车辆的停放场地,设计独立的城市公共停车场。城市公共停车场是指在道路外的独立地段为机动车和自行车设置的露天或室内公共停车场地,包括汽车停车场和自行车停车场。本节主要介绍汽车停车场设计。

(一)停车场的布局与规模

停车场的布局一般应考虑以下几个方面:

(1)为减轻外地进城车辆对市区交通的压力,应在城市外围地带设置专用停车场,如在进、出城几个主要方向的道路附近。

(2)对外交通枢纽所在地及市中心地区应设置停车场,如车站、码头、机场、广场等。

(3)在车流大量集中的大型公共建筑物附近设置停车场,如大型体育场、影剧院、大型超市、商场、重要机关单位等。

整个城市的停车场总面积可按式(9-1)计算:

$$F = A \cdot n \cdot a \tag{9-1}$$

式中:F——停车场需要的总面积(m^2);
　　A——城市内汽车总数(辆);
　　n——使用停车场汽车的百分比(%);
　　a——每一辆汽车占用的面积,与车辆类型和停车方式有关(m^2)。

(二)停车场的设计原则

(1)停车场的设置应符合城市规划与道路交通组织的要求,还应便于各种车辆的使用。

(2)公用停车场在全市应尽量均衡分布,专用停车场应紧靠使用单位布置。

(3)停车场出、入口宜分开设置,并设置交通标志,应有良好的通视条件。重要建筑物前停车场的出入口应设在次要干道上;若设在主要干道旁时,应尽量远离交叉口。出入口宽度为7～10m。

(4)为保证车辆在停车场内不发生滑溜,同时满足场地排水要求,在平原区,场内纵坡一般为 0.3% ~ 1.0%,山区或丘陵区一般为 0.3% ~ 3%。地形困难时,可建成阶梯式停车场,场内与通行道平行方向的最大纵坡为 1%,与通行道垂直方向的最大纵坡为 3%。

(5)停车场内交通路线必须明确,宜采用单向行驶路线,避免互相交叉,并应与进出口行驶方向一致。

(三)设计步骤

1. 选定设计车辆

停车场应以停车高峰时所占比重大的车辆作为设计车辆。设计车辆分为三种类型:

(1)小型车,包括小客车、小吉普车、小型客车、2t 以下货车。

(2)大型车,包括普通载货汽车、大客车。

(3)特殊大型车,包括拖挂车、铰接公共汽车、平板车。

其外形尺寸见表 9-2。

停车场设计车辆的外形尺寸　　　　　　　　　　　表 9-2

设 计 车 辆	车身长度 L(m)	车身宽度 B(m)
小型车	5.0	1.8
大型车	12.0	2.5
特殊大型车	18.0	2.5

2. 选定车辆停放方式

停车场内车辆的停放方式,与车位组合、单位停车面积以及停车场总面积的计算等有关。

车辆的停放方式,按汽车纵轴线与通行道的夹角关系分为平行式、垂直式和斜放式三种类型。

(1)平行式:车辆平行于通行道方向头尾相接停放,如图 9-8 所示。这种方式所需停车带较窄,一般在 3m 以下。驶出车辆方便、迅速,但为使后面车辆驶出停车道或待停车辆驶入停车道,前后两车要求的净距较大,占地较长。

(2)垂直式:车辆垂直于通行道方向停放,如图 9-9 所示。这种方式单位长度内停放的车辆数较多,用地紧凑,但停车带占地较宽,进出停车时需倒车一次,要求通行道至少有两个车道宽。

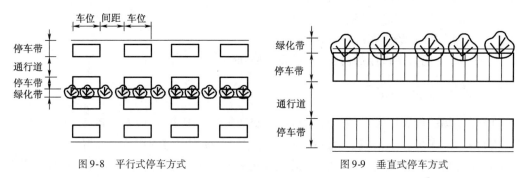

图 9-8　平行式停车方式　　　　　　　图 9-9　垂直式停车方式

(3)斜放式:车辆与通行道成一定角度停放,一般按 30°、45°、60°三种角度停放,如图 9-10 所示。因停放不易排列整齐,且占地面积不经济,故较少采用。

车辆停放方式一般采用平行式或垂直式。具体采用哪一种方式,还应根据停车场常用的车辆疏散情况及场地限制条件而定。对车辆随来随走的停车场宜采用垂直式的停车方式;车辆零来整走则宜采用平行式停车方式。

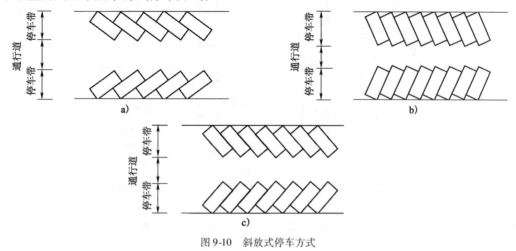

图 9-10　斜放式停车方式

3. 确定停车带和通行道宽度

停车带和通行道是停车场的主要组成部分,其宽度确定主要应考虑以下因素:

(1) 设计车辆,如车长、车宽和车门宽等。
(2) 车辆的最小转弯半径。
(3) 停车方式和车辆之间的安全净距。
(4) 驾驶员的驾驶熟练程度等。

停车带和通行道宽度应按《城市道路工程设计规范》(CJJ 37—2012)机动车停车场设计参数的有关规定执行。

4. 确定单位停车面积

单位停车面积即停放一辆汽车所需的用地面积,它与车辆尺寸和停放方式、通行道的条数和宽度、车辆集散要求以及绿化面积等因素有关。

(1) 平行于通行道停放时[图 9-11a)],单位停车面积 A_1 可按下式计算:

$$A_1 = (L + C_1)(B + 1.0) + (L + C_1)\frac{S_1}{2} \quad (\text{m}^2) \tag{9-2}$$

(2) 垂直于通行道停放时[图 9-11b)],单位停车面积 A_2 可按下式计算:

$$A_2 = (L + 0.5)(B + C_2) + (B + C_2)\frac{S_2}{2} \quad (\text{m}^2) \tag{9-3}$$

上两式中:L——车身长度(m);
　　　　B——车身宽度(m);
　　　　C_1——平行停放时两车前后之间的净距(m);
　　　　C_2——垂直停放时两车左右之间的净距(m);
　　　　S_1——平行式停车通行道宽度(m);
　　　　S_2——垂直式停车通行道宽度(m)。

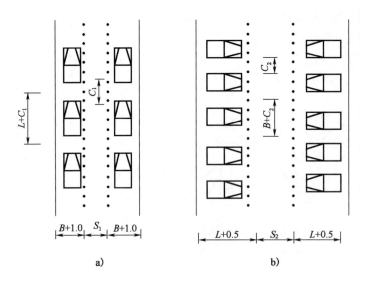

图 9-11　单位停车面积计算图
a)平行式停放方式；b)垂直式停放方式

公共停车场的面积，宜按当量小汽车停车位数计算。地面停车场用地面积，每个停车位宜为 $25\sim30m^2$；停车楼和地下停车库的建筑面积，每个停车位宜为 $30\sim35m^2$。

此外，停车场的设计还应综合考虑停车场内的路面结构、绿化、照明、排水，以及根据不同性质的停车场设置相应的附属设施。

第三节　公路服务与收费设施

本章所讨论的公路沿线设施包括公路主线、匝道(或连接线)收费站等收费设施，服务区、停车区、公共汽车停靠站等服务设施，U 形转弯设施等其他设施。

一、收费站场的布设

收费站场是指为收取车辆通行费而建设的交通设施，通常包括收费门(包括收费岛、收费亭、收费车道、遮阳篷、收费机械)、收费广场和收费所。

(一)收费站场设置的一般条件

(1)收费站场宜设置在地形平坦且路线为直线的路段上。
(2)站场处应具有较好的水文、气象和地质条件。
(3)站场位置应利于交通管理和生活配套设施布置，使用方便。
(4)收费站中心布置收费岛、遮阳篷的一定范围内，纵向、横向不宜位于路基填、挖交界处。

(二)收费站场的主要几何技术指标

(1)主线收费站广场：平曲线指标应符合互通式立体交叉主线线形指标的规定，竖曲线指标不应小于主线纵断面设计中竖曲线最小半径(一般值)的规定。收费站广场中心线两侧最小各100m范围内,纵坡坡度不应大于2%。

(2)匝道收费站广场:平曲线半径不得小于200m,竖曲线半径不得小于800m。收费站广场中心线两侧水泥混凝土路面范围内,纵坡坡度不宜大于2%,条件受限时不应大于3%。

(3)收费站广场的横坡宜为1.5%,排水需要时可为2.0%。

(4)公路收费站广场应避免设置在凹形竖曲线底部。

(三)收费站广场的设计要点

(1)收费岛前后的路面应为水泥混凝土路面,收费岛前后水泥混凝土路面的长度 L_0 应满足表9-3的规定。

收费岛前后水泥混凝土路面的最小长度 L_0(m)　　　　　表9-3

收费广场位置		匝道上	主线上
收费方式	单向	30	50
	双向	25	40

(2)收费广场与两端标准行车道宽度的过渡如图9-12所示。图中各要素的规定如表9-4所示。过渡应注意路容美观和不造成车辆行驶过于仓促。

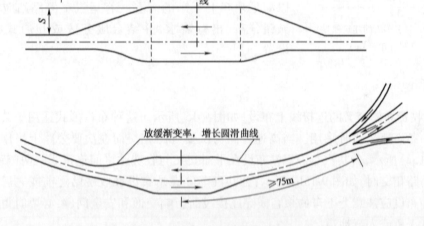

图9-12　收费广场与两端行车道的过渡

收费广场两端行车道的过渡渐变率　　　　　表9-4

收费广场位置	匝道上	主线上
广场收敛渐变率(L/S)	≥3	6~8

(3)匝道收费站位于半径较小的平曲线上时,应放缓曲线内侧的渐变率,增长过渡长度,增大边线转折点圆滑曲线半径,如图9-12所示。

(4)匝道收费站广场中心线至匝道分岔点的距离不宜小于100m,且不应小于75m;至被交道路平交点的距离不宜小于150m,不能满足时,应增加设置等待车道。

邻近被交道路一侧的收费广场,根据需要,可考虑计重收费和劝返车道的布置。

(5)收费站广场的宽度由收费车道、收费岛、路肩(或路缘带)的宽度相加而成。收费岛间的车道宽度宜为3.2m,ETC车道的宽度应不小于3.5m,超宽车道的宽度宜为4.5m。收费岛的宽度宜为2.20m。硬路肩的宽度应不小于0.5m。收费站广场中心线的横断面组成如图9-13所示。

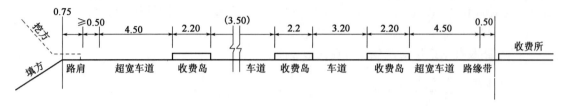

图9-13 收费广场中心线的横断面组成(尺寸单位:m)

(6)收费车道数按预测的第15年交通量确定。收费广场用地规模按设计远景年预测交通量确定。

(7)收费岛间的车道,其建筑限界规定如图9-14所示。

(8)交通特别繁忙、收费车道多(达8条以上)的收费站,应设置供收费工作人员通行的专用地下通道。

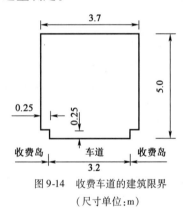

图9-14 收费车道的建筑限界
(尺寸单位:m)

二、客运汽车停靠站的布设

中长途公共汽车客运已是人们出行的主要方式之一,规划和设计高速公路时应考虑沿线设置客运汽车停靠站,以满足乘客上下车的需要。客运汽车停靠站应根据沿线城镇分布、出行需求,并结合服务区或互通式立体交叉设置。

(一)布设形式

(1)在收费立体交叉的连接线上布设,如图9-15所示。这种布设形式适用于公共汽车离开或进入一条高速公路时采用。当高速公路与次要公路相交而在次要公路上采用平面交叉时,如图9-15a)所示,公共汽车停靠站布设在平面交叉与收费站之间连接线的两侧;当高速公路与高速公路相交时,如图9-15b)所示,公共汽车停靠站布设在收费站之前或之后连接线的两侧。这种布设应注意上下车的乘客横穿连接线而影响交通和安全问题,必要时可在连接线上设置人行天桥或人行地道。

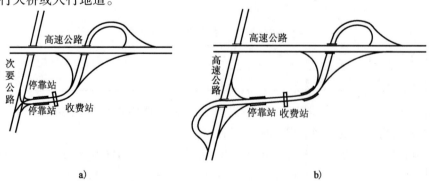

图9-15 在收费立体交叉连接线上布设停靠站

(2)一级公路客运汽车停靠站,考虑到主线为供汽车分方向、分车道行驶的四车道以上公路,汽车运行速度较高。为不影响主线的道路功能,保障主线和客运汽车停靠站的车辆、行人安全,要求其停靠区与主线右侧硬路肩之间必须用侧分隔带或护栏物理隔离,并且在主线行车道之外设置有足够长的加、减速车道和停留车道。

(3)二级及二级以下公路客运汽车停靠站,因为公路主线基本上为双车道公路,停靠站经常受公路两侧用地限制,有时上下乘客并不频繁。因此,要求客运汽车停靠站的停靠区不得占用主线行车道,停靠区与主线行车道之间用路面标线区分,并且根据出入车道边缘线的渐变率要求,设置满足规定长度的加、减速区段和停留车道。停留车道长度规定为15m,当上下乘客较为繁忙时,可采用20m。

(4)在收费立体交叉内的高速公路上布设,如图9-16所示。这种布设形式适用于公共汽车在高速公路上途经该立体交叉时采用。在立体交叉的三角地带(一般为绿化区),平行于高速公路增设公共汽车停车车道。为不影响高速公路正线车辆的正常行驶,应在正线与停车车道之间设置隔离带或用栅栏分隔,停车车道两端与出入口附近的匝道连接,形成港湾式停靠站。利用通道、梯道、盘道等组合设施,组织乘客进出立体交叉。这种公共汽车停靠站与互通式立体交叉配合布设的形式,充分利用立体交叉匝道的变速车道作为公共汽车进出正线时变速行驶车道,与公共汽车停靠站布设在立体范围以外的路段上相比,减少了设置长度,节省用地和投资;但需设置专用人行设施组织乘客进入或离开立体交叉范围的公共汽车停靠站,又使投资有所增加。

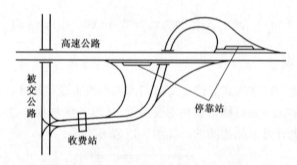

图9-16 在收费立体交叉的高速公路上布设停靠站

(二)平面布设

一级公路主线侧客运汽车停靠站布置应包括渐变段、加(减)速车道、停留车道等,其布置如图9-17所示,并应符合下列规定:

(1)停靠区与主线硬路肩之间必须用侧分隔带或护栏隔开。

(2)变速车道及其渐变段长度,停留车道长度应不小于《规范》的规定。

(3)侧分隔带宽不小于2.0m,变速车道右侧硬路肩1.50m,停留车道宽应不小于5.50m,站台宽3.0m。

二级及二级以下公路主线侧客运汽车停靠站的布置应包括加(减)速区段、停留车道等,如图9-18所示,并应符合下列规定:

(1)停靠区与道路行车道之间用路面标线区分。

(2)站台前停靠区两侧设置长度相等的加、减速区段,其长度应符合《规范》的规定。

(3)停留车道长度为15m。
(4)相邻行车道边缘线的分隔带(标线)、停留车道、站台宽度依次为0.5m、3.5m、2.25m。

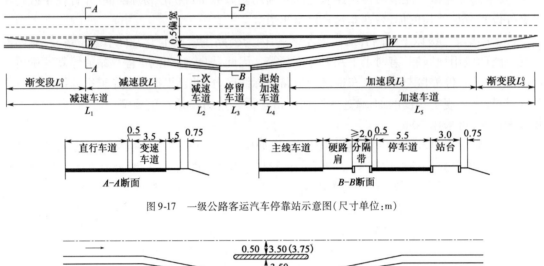

图9-17 一级公路客运汽车停靠站示意图(尺寸单位:m)

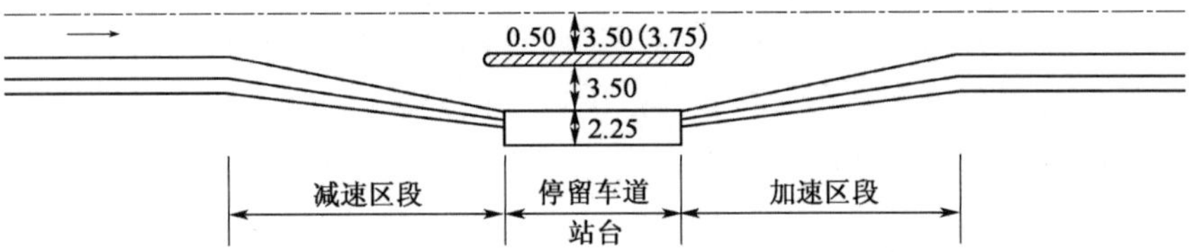

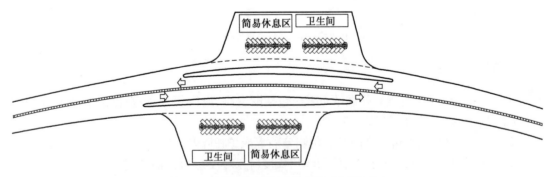

图9-18 二级及二级以下客运汽车停靠站示意图(尺寸单位:m)

三、停车区的布设

高速公路应根据规划在互通式立体交叉范围内或沿线布设停车区,以满足车辆停车、休息等需要。高速公路停车区一般对称布置在主线两侧,比服务区规模小,区内主要提供停车、厕所、小型休息桌椅等,也有设置加油站的。如图9-19所示。

图9-19 对称布设于高速公路主线两侧的停车区
注:此图由本书主审栗志海提供。

高速公路停车区可与互通式立体交叉合并设置,布设在互通式立体交叉范围内。根据立体交叉的形式、用地条件,考虑交通便利及出入方便等因素,合理确定停车区的位置,不影响互通式立体交叉的交通流量、交通安全和行车速度。互通式立体交叉与停车区结合的布设方式有以下几种。

(1) 在连接线一侧布设停车区,如图 9-20 所示。因另一侧车辆进出停车区须横穿车道,仅适用高速公路与次要道路相交,连接线上交通量较小的情况。

(2) 在连接线两侧布设停车区,如图 9-21 所示。连接线双向需停车的车辆互不干扰,可用于不同等级、不同交通量的情况。但停车后需在连接线上改变行驶方向的车辆,须横穿车道行驶。

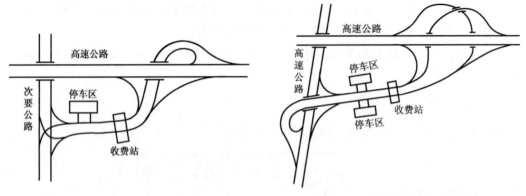

图 9-20　在连接线一侧布设停车区　　　　图 9-21　在连接线两侧布设停车区

(3) 在连接线中间布设停车区,如图 9-22 所示。在收费立体交叉连接线双向行车之间布设停车区,车辆在停车区内可改变行驶方向,不存在横穿车道问题。主要适用于收费立体交叉连接线双向行车之间有足够间距,出口和入口收费站分别布设的情况。

(4) 在跨线桥下布设停车区,如图 9-23 所示。在不收费互通式立体交叉范围内布设停车区,不收费立体交叉为连续交通流,为使互通式立体交叉范围内封闭区域的车辆进出不阻碍正线和匝道车辆的正常行驶,停车区的出入口不宜设在主要行驶方向的匝道上。当互通式立体交叉采用上跨式或多层式时,引道较长且多用跨线桥,桥下空间可用于设置停车区。

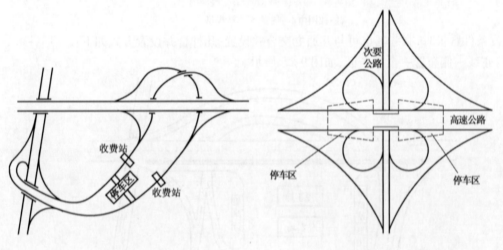

图 9-22　在连接线中间布设停车区　　　　图 9-23　在跨线桥下布设停车区

四、服务区的布设

高速公路的服务区是为驾乘人员提供中途休息、进餐等服务,以及为车辆停车、加油、维修等必要服务提供的场所。服务区应包括停车场、公共厕所、休息室、加油站、维修站、餐厅、商店、绿地等具有各自服务功能的设施。

(一)布设原则

(1)服务区应尽可能与互通式立体交叉配合设置,利用互通式立体交叉的用地范围及用地条件等合理布设。服务区各种设施应功能齐全,各组成部分之间位置应合理。

(2)在保证互通式立体交叉的交通功能和线形布设不受影响的前提下,合理确定服务区的用地规模。服务区的用地规模应根据停车的车位数确定。

(3)服务区的布设,应根据互通式立体交叉进出交通量的大小、服务区规模、地形情况,合理确定其布置形式。

(二)布置形式

服务区一般对称布置在主线两侧,如图9-24所示。

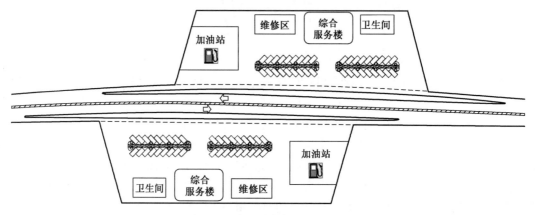

图 9-24　服务区对称布设在主线两侧

注:此图由本书主审栗志海提供。

建设条件紧张时,服务区也可与互通立交合并设置,几种合并设置方式如下:

(1)正线一侧布置一个服务区,如图9-25所示。

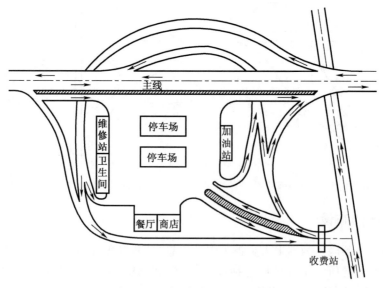

图 9-25　正线一侧布置一个服务区

在互通式立体交叉范围内正线一侧布置一个服务区,供所有出入立体交叉需要服务的车辆使用。当出入互通式立交需要服务的交通量较小时,采用这种布置形式。其特点是占地较小,出入服务区的车辆只有分流与合流运行,不存在平面交叉,需建三座跨线构造物,正线另一侧直行车辆使用服务区不便。

(2)正线一侧布置两个服务区,如图9-26所示。

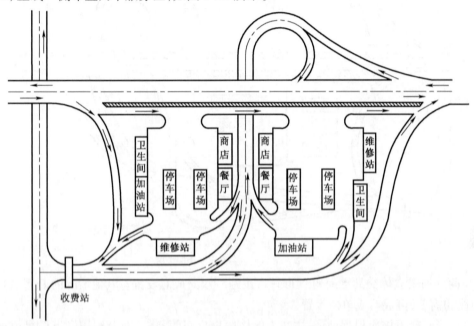

图9-26　正线一侧布置两个服务区

在互通式立体交叉范围内正线一侧布置两个服务区,分别供由收费站驶出和驶入两个方向需服务的车辆使用。适用于出入互通式立体交叉需要服务的交通量较大,且正线一侧用地限制不严的情况。其特点是驶出和驶入的服务车辆分别使用各自的服务区,只有分流与合流运行,不存在平面交叉,只需两座跨线构造物,但占地面积较大,主线另一侧直行车辆使用服务区不便。

(3)正线两侧各布置一个服务区,如图9-27所示。

在互通式立体交叉范围内正线两侧各布置一个服务区,分别供两侧驶出和驶入需服务的车辆使用。适用于出入互通式立体交叉需要服务的交通量较大,正线两侧用地限制不严的情况。其特点是两侧需服务的出入车辆使用各自的服务区,可分散交通,适用服务的交通量大,只需两座跨线构造物,正线直行交通需要服务的车辆可方便使用服务区,由收费站驶入的左转车辆可采用定向匝道或平面交叉进入服务区,立体交叉占地面积较大。

五、U形转弯设施的布设

(一)高速公路U形转弯设施布设要点

(1)高速公路上互通式立体交叉间距大于30km,或人烟稀少的西部荒漠戈壁、草原等地区大于40km时,应在适当位置设置U形转弯设施。特长隧道或特大桥两端,考虑管理、养护、救援等需要,必要时可设立体的U形转弯设施。

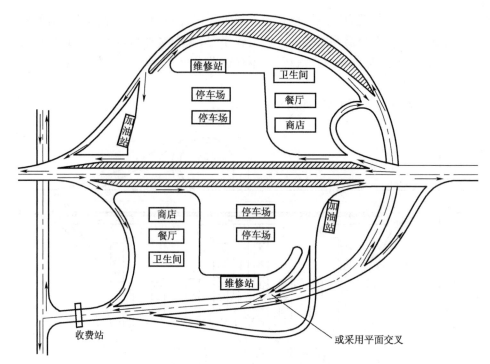

图 9-27 正线两侧各布置一个服务区

(2) 两互通式立体交叉之间的 U 形转弯设施应双向成对设置。其他情况的 U 形转弯设施根据用途和需要,可成对或单向设置。

(3) U 形转弯设施应根据地形、主线上的构造物分布等条件,充分利用已有桥梁或通道的净空进行布设,与主线的交叉方式可选择下穿或上跨的方式,如图 9-28 所示。

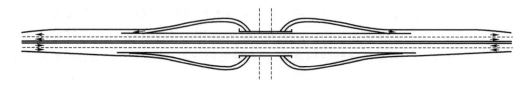

图 9-28 U 形转弯设施示意图

(4) U 形转弯设施与主线相接的出入口、变速车道设计。当为两互通式立体交叉之间的 U 形转弯设施时,应执行互通式立体交叉的相关设计规定;当为其他需求的 U 形转弯设施时,可参照停车区或公共汽车停靠站的规定设计。匝道的平纵面线形设计应符合互通式立体交叉匝道设计的相关规定。

(5) U 形转弯设施匝道掉头路段的设计速度应根据地形和场地条件及运行速度过渡的协调性确定,最小不宜低于 20km/h。上跨主线时应选择较大的平曲线半径和更高的设计速度。

(6) U 形转弯设施匝道的横断面宽度采用右侧硬路肩 1.50m 的单向单车道横断面标准,匝道路基宽度 7.50m。

(二) 一级公路和部分控制出入的多车道公路 U 形转弯设施设计要点

一级公路和部分控制出入的多车道公路的 U 形转弯设施,可以利用前方的互通式立体交叉或分离式立体交叉主线上跨桥梁的边孔设置成立体 U 形转弯设施。当无此条件时,可以采用平面交叉的 U 形转弯设施。

（1）当中央分隔带为宽度≤2.0m 的窄分隔带时，可采用壶柄式的 U 形转弯设施，如图 9-29 所示。

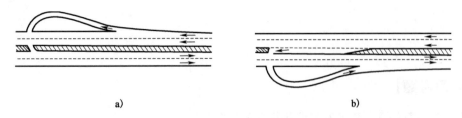

图 9-29　壶柄式 U 形转弯示意图
a）A 型壶柄式；b）B 型壶柄式

（2）当中央分隔带为宽度大于或等于 10m(6m) 的宽分隔带或分离式路基（如隧道洞口外）时，可设置中央分隔带开口或掉头车道，提供 U 形转弯设施，如图 9-30 所示。

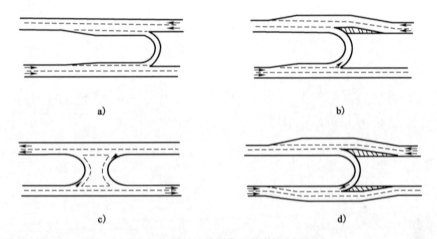

图 9-30　宽中央分隔带 U 形转弯示意图
a）内侧增辟车道型；b）内、外侧增辟车道型；c）内侧车道直接型；d）内侧车道直接型、外侧增辟车道型

增辟主线行车道的渐变率为 1∶30，等宽段 100～150m。U 形转弯设施应根据中央分隔带宽度、转弯半径、交通量等因素选用不同的形式。

（3）有信号灯控制的平面交叉口，中央分隔带宽度大于 4.5m 时，可在交叉口横交道路之前设置 U 形转弯车道。

【待深入研究的问题】

长期以来，公路交通安全设施的设计基本是套用相关规范，但是，这些设施设置后是否起到了应有的作用，缺乏反馈与评价。一些交通安全设施，不仅没有起到正面作用，还由于交通安全设施的设置不合理导致驾驶员认知混乱，反而影响交通安全。因此，如何从驾驶员认知特点出发,进行沿线交通安全设施的布置与优化是需要深入研究的问题。另外,高速公路沿线是否应布设公共交通停靠站,如何布设才能既保证出行安全又满足地方居民需求是值得研究的问题。高速公路沿途服务区的合理间距和建设规模也需要进一步研究。

【习题与思考题】

9-1 公共汽车停靠站布置方式及特点是什么?

9-2 如何设计汽车停车场?

9-3 高速公路服务区的布设形式及特点是什么?

第十章 道路排水设计

【学习目的与要求】

通过本章学习，使学生了解道路排水设计的主要任务和基本要求。了解雨水管渠水力计算方法；了解路线排水设计应注意的问题及相关要求。

第一节 概　　述

水是危害道路的主要自然因素。水的作用加剧了路基路面的结构损坏，缩短了它们的使用寿命。路基的沉陷、冲刷、坍塌、翻浆，沥青混凝土路面的松散、剥落、龟裂，水泥混凝土路面的唧泥、错台、断裂等病害，都不同程度地与地表水和地下水的侵蚀有关。排水设计对保证道路的使用性能和使用寿命具有重要作用。

道路排水系统的设置应以保障结构稳定和行车安全为目的，要着重分析研究所遇到的各种水的来源及它们对道路的危害程度，根据其轻重缓急，分别采用不同的排水设施。要考虑每一项排水设施的作用，以及在位置、构造等方面的具体要求，把对道路确有危害的水流有效地排除。

道路排水按区域可分为公路排水和城市道路排水。公路一般采用明渠排水，城市道路采用管渠排水。

道路排水设计应该防排结合,以防为主。道路排水包含两类排水:第一类排水是防水,即减少地面水、地下水、农田排灌水对路基稳定性及强度的影响。如在路堑坡顶外设置截水沟;提高路基最小填土高度或在路基底部设置隔水垫层;对于地下水位较高路段,在施工前开挖临时排水边沟,排除地表水并降低地下水等。第二类排水是将路表水迅速排出路基之外,最大限度地减少雨水对路基、路面质量的影响,减少因路表水排水不畅或路表水下渗对路基、路面结构和使用性能产生的损害。

道路第二类排水设计一般包括:①路面水:通过道路横坡、急流槽、边沟及排水构造物等形成完整的排水系统,把路面水收集并排出路基范围;对于超高路段,可通过设置在中央分隔带处的中央排水沟和横向排水管等排出路面水,或通过中央分隔带开口把超高路段外侧路面水排到路面另外一侧并通过路面横坡排出。②下渗水:一是中央分隔带下渗水,可通过在中央分隔带下设置纵向盲沟收集,并每隔一段距离设置集水井和横向排水管将下渗水排出路基;二是路肩下渗水,一般处理方法为在路肩设置纵向渗沟,并通过横向排水管排出路基。

排水设计的一般原则与要求如下:
(1)全面规划、合理布局、因地制宜,充分利用当地有利地形和天然水系。
(2)设计前必须进行调查研究,根据道路等级、沿线地形、地质、水文、气象等条件以及桥涵设置等情况进行综合考虑。
(3)在不断总结生产实践经验和科学试验的基础上,积极采用新材料、新工艺。
(4)考虑施工场地的临时性排水设施,尽可能使之与永久性排水设施结合起来,注意就地取材,以防为主,既要稳固适用,又必须讲究经济效益。
(5)穿越城镇的道路,其排水设计应与城镇现有或规划的排水系统和设施相协调。
(6)特殊路段的道路,其排水设计应结合该工程的其他处治措施进行特殊设计。

第二节 雨水管渠水力计算

雨水管渠的水力计算是道路排水设计的重要依据,主要是计算管渠的设计流量,确定雨水管的管径和明渠的断面尺寸,或校核管渠坡度和流速,从而定出各管道的管底高程和埋设深度,以便于施工。

一、雨水管渠设计流量计算

雨水管渠的设计流量一般按下式计算:

$$Q = q \cdot \psi \cdot F \tag{10-1}$$

式中:Q——雨水设计流量(L/s);
  q——设计暴雨强度$[L/(s \times 10^4 m^2)]$;
  ψ——径流系数;
  F——流域汇水面积($10^4 m^2$)。

采用式(10-1)计算时应注意,在流域内当有生产废水和生活污水排入雨水管渠时以及有上游的雨水管渠内的雨水流入设计管段时,都应将其计算在内。

上式中三个参数 ψ、F、q 的确定如下所述。

(一)径流系数 ψ

某时段内一定汇水面积的径流量(流入雨水管渠的雨水)与总降雨量的比值,称为径流系数。影响径流系数的因素很多,主要包括汇水地区的地面种类和地面覆盖状况。在城市汇水地区,经常遇到不同种类的地面,所以汇水地区的平均径流系数应按加权平均法计算,其计算公式如下:

$$\psi = \frac{\psi_1 F_1 + \psi_2 F_2 + \cdots + \psi_n F_n}{F_1 + F_2 + \cdots + F_n} \tag{10-2}$$

式中: ψ——汇水地区内的加权平均径流系数;
F_1、F_2、$\cdots$、F_n——汇水地区各种地面面积($10^4 m^2$);
ψ_1、ψ_2、$\cdots$、ψ_n——相应各种地面的径流系数,可按表 10-1 采用。

不同地面的径流系数 ψ 值　　　　　　表 10-1

地面种类	ψ 值	地面种类	ψ 值
各种屋面、混凝土和沥青路面	0.90	干砌砖石和碎石路面	0.4
大块石路面和沥青表面处治碎石路面	0.60	非铺砌的土地面	0.30
级配碎石路面	0.45	公园或绿地	0.15

(二)汇水面积 F

雨水管渠汇集降雨的面积称为汇水面积,单位以 $10^4 m^2$ 计(1 公顷 $=10^4 m^2$)。每条管道都有它所服务的汇水面积,各设计管段的汇水面积的区界是根据地形地物决定的。公路沟渠的汇水面积可由地形图直接勾绘计算。城市道路计算汇水面积时,除街坊面积外还包括街道面积。

当地势平坦的街坊四周的道路都有沟管时,可用各街角的分角线划分汇水面积,各汇水面积内的雨水分别流入相邻的雨水沟管(图 10-1)。

当地势向一边倾斜时,则街坊的雨水流入低侧街道下的管道内(图 10-2),一般不需要把街坊划分为几块面积,但大街坊的两边如都有雨水管道时,也可考虑使雨水流入街坊两侧的管道。

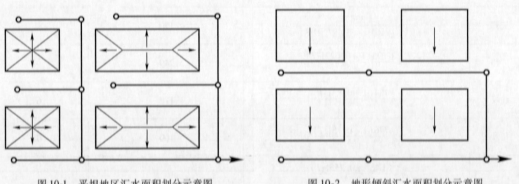

图 10-1　平坦地区汇水面积划分示意图　　　　图 10-2　地形倾斜汇水面积划分示意图

(三)设计暴雨强度 q

设计暴雨强度 q 一般是根据长期(10 年以上)的自动雨量记录资料进行计算的。因为降雨量的大小是以暴雨强度 i 表示的,其单位为 mm/min。把暴雨强度 i 的单位换算成设计暴雨强度 q,单位为 $L/(s \times 10^4 m^2)$,则:

$$q = \frac{1 \times 10\ 000 \times 1\ 000}{1\ 000 \times 60} \cdot i = 167i \quad [L/(s \times 10^4 m^2)] \tag{10-3}$$

根据长期雨量记录资料的统计分析,可以推求暴雨强度、降雨历时和设计重现期的关系式,我国各地的暴雨强度公式可用下式概括:

$$i = \frac{A}{(t+b)^n} \tag{10-4}$$

其中:
$$A = A_1(1 + C\lg T)$$

故
$$i = \frac{A_1(1 + C\lg T)}{(t+b)^n} \quad (\text{mm/min}) \tag{10-5}$$

则
$$q = 167i = \frac{167 A_1(1 + C\lg T)}{(t+b)^n} \quad [L/(s \times 10^4 m^2)] \tag{10-6}$$

式中: i——暴雨强度(mm/min);

q——设计暴雨强度 $[L/(s \times 10^4 m^2)]$;

t——降雨历时(min);

T——设计重现期(年);

A_1、C、n、b——参数,根据数据统计方法计算确定,决定于当地的气象。

我国幅员辽阔,各地气候条件不一,暴雨强度计算公式不一,现将部分城市的暴雨强度公式列出,见表 10-2,供参考使用。

我国若干城市暴雨强度公式 表 10-2

城市名称	暴雨强度公式 $q[L/(s \times 10^4 m^2)]$	$q_{20}[L/(s \times 10^4 m^2)]$	资料年数(年)
北京	$q = \dfrac{2\ 111(1 + 0.85\lg T)}{(t+8)^{0.70}}$	206	20
南京	$q = \dfrac{167(46.7 + 41.66\lg T)}{t + 33 + 9\lg T - 0.4}$	156	20
上海	$q = \dfrac{167 \times 33.2(T^{0.3} - 0.42)}{(t + 10 + 7\lg T)^{0.82 + 0.07\lg T}}$	198	41
天津	$q = \dfrac{2\ 334 T^{0.52}}{(t + 2 + 4.5 T^{0.65})^{0.8}}$	170	14
广州	$q = \dfrac{1\ 195(1 + 0.622\lg T)}{t^{0.523}}$	249	9
武汉	$q = \dfrac{784(1 + 0.83\lg T)}{t^{0.050\ 7}}$	172	6
长沙	$q = \dfrac{776(1 + 0.75\lg T)}{t^{0.527}}$	160	6
太原	$q = \dfrac{817(1 + 0.755\lg T)}{t^{0.667}}$	110.5	7

续上表

城市名称	暴雨强度公式 $q[\text{L}/(\text{s}\times 10^4\text{m}^2)]$	$q_{20}[\text{L}/(\text{s}\times 10^4\text{m}^2)]$	资料年数(年)
南宁	$q=\dfrac{10\,500(1+0.707\lg T)}{t+21.1T^{0.119}}$	249	21
贵阳	$q=\dfrac{167\times 11.3(1+0.707\lg T)}{(t+9.35T^{0.31})^{0.695}}$	173	17
昆明	$q=\dfrac{700(1+0.775\lg T)}{t^{0.498}}$	159	10
成都	$q=\dfrac{167\times 16.8(1+0.803\lg T)}{(t+12.8T^{0.231})^{0.768}}$	192	17
重庆	$q=\dfrac{167\times 16.9(1+0.775\lg T)}{(t+12.8T^{0.076})^{0.77}}$	190	8
银川	$q=\dfrac{242(1+0.83\lg T)}{t^{0.477}}$	58	6
宝鸡	$q=\dfrac{342(1+0.95\lg T)}{t^{0.46}}$	86.3	5
济南	$q=\dfrac{4\,700(1+0.753\lg T)}{(t+17.5)^{0.898}}$	180	5
杭州	$q=\dfrac{1\,008(1+0.73\lg T)}{t^{0.541}}$	199.5	6
南昌	$q=\dfrac{1\,215(1+0.854\lg T)}{t^{0.80}}$	201	5
长春	$q=\dfrac{883(1+0.68\lg T)}{t^{0.604}}$	145	9
丹东	$q=\dfrac{3\,950(1+0.78\lg T)}{(t+19)^{0.815}}$	200	8
大连	$q=\dfrac{617(1+0.81\lg T)}{t^{0.486}}$	144	8
哈尔滨	$q=\dfrac{6\,500(1+0.34\lg T)}{(t+15)^{0.5}}$	155	10
齐齐哈尔	$q=\dfrac{684(1+1.13\lg T)}{t^{0.636}}$	102	10
福州	$q=\dfrac{934(1+0.55\lg T)}{t^{0.542}}$	184	8
厦门	$q=\dfrac{850(1+0.745\lg T)}{t^{0.514}}$	182	7
郑州	$q=\dfrac{767(1+1.04\lg T)}{t^{0.522}}$	161	5

续上表

城市名称	暴雨强度公式 $q[\text{L}/(\text{s}\times 10^4\text{m}^2)]$	$q_{20}[\text{L}/(\text{s}\times 10^4\text{m}^2)]$	资料年数(年)
塔城	$q=\dfrac{750(1+1.11\lg T)}{t^{0.85}}$	59	5
天水	$q=\dfrac{458(1+0.745\lg T)}{t^{0.552}}$	93	7

注：q_{20}-重现期为1年，降雨历时为20min的暴雨强度[L/($\text{s}\times 10^4\text{m}^2$)]。

1. 设计重现期 T

设计重现期的选择，应结合汇水地区的性质(广场、干道、厂区、居民区)、地形特点、气象特征、汇水面积大小和 q_{20} 值等因素来确定。在一个排水系统中可采用同一设计重现期或不同重现期。城市道路雨水管道的设计重现期一般为 0.5~3.0 年，重要干道、重要地区或短期积水即能引起较严重后果的地区，一般选用 2~5 年，并与道路设计相协调，城市道路排水设计重现期见表 10-3。特别重要地区和次要地区可酌情增减。

城市道路排水设计重现期 表 10-3

城市级别	道路类别					
	快速路	主干路	次干路	支路	广场停车场	立体交叉
大城市设计重现期(年)	2~5	1~3	0.5~2	0.5~1	1~3	2~5
中、小城市设计重现期(年)	2~5	0.5~2	0.5~1	0.33~0.5	1	3

2. 设计降雨历时 t

设计暴雨所取的某一连续时段称为设计降雨历时，单位以 min 计。

雨水管渠的设计降雨历时，应采用管渠中形成最大径流量所需的时间。管渠的流量主要受暴雨强度 q 和汇水面积 F 的影响，而降雨历时同时影响着这两个因素。降雨历时 t 越小，q 越大，而 F 却越小。当降雨刚开始时，只有邻近雨水口很小面积的雨水流到雨水口，随着降雨的继续，降雨历时逐渐增大，越来越多地面上的雨水流到雨水口，即汇水面积 F 也在逐渐增大。实践证明，在一般条件下，当汇水面积上的雨水还没有全部集中到设计管段内的时候，降雨强度 q 随降雨历时减小的影响，不如汇水面积随降雨历时增加的影响大。当降雨历时超过了全部汇水面积的集水时间后，汇水面积不再增加，而暴雨强度 q 却还会随降雨历时的增加而减小。所以，可以认为，在一次降暴雨过程中只有在汇水面积达到最大时，即汇水面积中最远点的雨水流到设计管渠断面时，管渠内的流量才是最大的。

设计降雨历时包括地面汇流时间和管渠内流行时间两部分。一般可按下式计算：

$$t = t_1 + mt_2 \tag{10-7}$$

式中：t_1——地面汇流时间(min)，与流域面积大小、距离长短、地面种类、坡度、覆盖情况等有关，一般 $t_1 = 5 \sim 15\text{min}$；

t_2——雨水在管渠内流行时间(min)，$t_2 = \dfrac{L}{60v}$。L 为计算管段长度(m)，v 为设计管渠内雨水的流速(m/s)；

m——折减系数，明渠 $m=1.2$，暗管 $m=2$，陡坡地区可采用 $m=1.2\sim 2$。

二、雨水管渠水力计算

雨水管渠水力计算的基本公式如下：

$$Q = \omega v \quad (10\text{-}8)$$

式中：Q——流量（m³/s）；
  ω——水流有效面积（m²）；
  v——流速（m/s）。

$$v = C\sqrt{Ri} \quad (10\text{-}9)$$

式中：i——水力坡降或管渠底坡，$i = h/l$，即管段的起点和终点的高差（h）与该段长度（l）之比；
  C——流速系数，$C = \dfrac{1}{n} R^{\frac{1}{6}}$；
  n——粗糙系数，其值见表10-4；
  R——水力半径（m）。

$$R = \dfrac{\omega}{\chi} \quad (10\text{-}10)$$

式中：χ——湿周（m）。

管渠粗糙系数 n　　表10-4

管渠类型	n值	管渠类型	n值
陶土管	0.013	浆砌砖渠道	0.015
混凝土和钢筋混凝土管	0.013～0.014	浆砌片石渠道	0.017
石棉水泥管	0.012	干砌片石渠道	0.020～0.25
铸铁管	0.013	土明渠（包括带草皮）	0.025～0.030
钢管	0.012	木槽	0.012～0.014
水泥砂浆抹面渠道	0.013～0.014		

由于排水管道采用的材料一般为混凝土、钢筋混凝土和铸铁，按表10-4取值，$n = 0.013 \sim 0.014$，计算时通常采用 $n = 0.013$。排水管渠的设计充满度，雨水管道应按满流计算。

常用下列基本公式进行水力计算。

流量：

$$Q = \dfrac{1}{n} \cdot \omega \cdot R^{\frac{2}{3}} i^{\frac{1}{2}} \quad (\text{m}^3/\text{s}) \quad (10\text{-}11)$$

流速：

$$v = \dfrac{1}{n} \cdot R^{\frac{2}{3}} i^{\frac{1}{2}} \quad (\text{m/s}) \quad (10\text{-}12)$$

管道直径（满流）：

$$D = \sqrt{\dfrac{4Q}{\pi v}} \quad (\text{m}) \quad (10\text{-}13)$$

管道满流时：

$$\omega = \dfrac{\pi D^2}{4} \quad (10\text{-}14)$$

梯形断面：

$$\omega = (b + mh_0)h_0 \tag{10-15}$$

式中：b——渠道底宽(m)；
m——边坡系数；
h_0——正常水深(m)；
其他符号意义同前。
水力半径 R 的计算如下。
管道满流时：

$$R = \frac{D}{4} \tag{10-16}$$

梯形断面：

$$R = \frac{(b + mh_0)h_0}{b + 2h_0\sqrt{1+m^2}} \tag{10-17}$$

式中，符号意义同前。

【例 10-1】 已知某设计管段的设计流量 $Q = 367.8$L/s，管底纵坡 $i = 0.002$，$n = 0.013$（满流），求管道直径 D 和设计流速 v。

解：管道满流时

$$\omega = \frac{\pi}{4}D^2$$

水力半径：

$$R = \frac{D}{4}$$

由 $Q = \frac{1}{n} \cdot \omega \cdot R^{\frac{2}{3}} i^{\frac{1}{2}}$ 得：

$$367.8 \times 10^{-3} = \frac{1}{0.013} \cdot \frac{3.142}{4} \cdot D^2 \left(\frac{D}{4}\right)^{\frac{2}{3}} \sqrt{0.002}$$

解得：$D = 0.669$m ≈ 700mm。

$$v = \frac{1}{n} \cdot R^{\frac{2}{3}} \cdot i^{\frac{1}{2}} = \frac{1}{0.013}\left(\frac{0.7}{4}\right)^{\frac{2}{3}} \sqrt{0.002} = 1.076 (\text{m/s})$$

在管道设计中，为了减少计算工作，可按上述计算公式，绘制成计算诺谟图。设计时可根据设计流量 Q、设计纵坡值 i，直接从图中查出管径 D 及设计流速 v。

第三节 路线排水设计

在道路路线设计阶段，不仅要考虑线形对行车安全、环境保护等的影响，还应考虑道路几何设计对路基、路面排水的影响，以便更有效、彻底地解决排水问题，减轻或消除水流对工程结构及行车安全的危害。

一、公路排水总体设计

公路排水设计包括排水系统总体设计、水文调查与计算、排水设施结构形式和材料选择、水力计算等内容。公路排水系统的总体设计应在公路总体设计中同步完成,工程条件简单、不进行总体设计的公路工程,宜单独对排水系统进行总体设计。

公路排水系统总体设计应在全面调查沿线水文、气象、地形、地质、环境敏感区等建设条件的基础上,根据公路功能、等级,确定排水设计原则,划分排水段落,分段确定路线和主要构造物排水方案和排水路线,完成排水系统布置图。

公路排水系统应与主体工程及自然环境相适应。设计中应注重各种排水设施的功能和相互之间的衔接,防排结合,形成完善的排水系统。排水设施的结构应安全耐久、经济合理,便于施工、检查和养护维修。路侧公路排水设施的形式选择应与安全设施设置紧密配合,路堑段排水边沟宜采用浅碟形或带盖板的边沟,采用敞开式深边沟时路侧应设置护栏。

公路路线设计应做好综合规划,降低下穿道路排水难度。路线设计高程低于临近水体时,应进行专门的防排水设计,保证安全。排水设计应避免冲毁农田及水利设施。公路排水设施不应兼做其他非公路排水用途。

冰冻区地面排水设施应耐冰冻、耐盐蚀;地下排水设施应置于当地最大冻深线以下,无法满足时,应采取保温措施。多年冻土、膨胀土、黄土、盐渍土及滑坡等路段,应将排水系统作为处治措施的组成部分,进行综合设计。

桥面应设置完善的排水设施,应重视桥面防水层、黏结层的设置和材料选择。隧道排水设计应采取防、排、截、堵相结合的综合措施,隧道内外应形成完整的排水系统。

公路排水设计应重视环境保护和水土保持,防止水体污染。公路经过水环境敏感路段时,应采取相应的路(桥)面水收集、处理措施。

二、纵断面排水设计

道路纵断面的设计主要是对道路纵坡及其竖曲线进行设计。道路纵坡对路面的排水会产生较大的影响,当纵坡较小甚至是平坡时,形成的合成坡度也较小,导致雨水在路面上的滞留时间较长,此时主要靠路面横坡来排水,如果横向排水不通畅,就会产生积水,影响整个车道的通行能力。因此,在长路堑及其他横向排水不畅的路段,纵坡不应小于0.3%,一般情况下不小于0.5%,合成坡度不应小于0.5%,以保证路面排水通畅。

对于全凹竖曲线(图10-3)或全凸竖曲线(图10-4),竖曲线的半径不宜过大,否则在竖曲线的底部或顶部,将会出现过长的坡度小于0.3%的纵坡路段排水不畅,影响行车安全。其长度可用下式计算:

$$S_v = 2Ri_{\min} \tag{10-18}$$

式中:S_v——纵坡小于允许的最小纵坡的长度(m);

R——竖曲线半径(m);

$i_{\min}$——允许的最小纵坡值,一般取0.5%,特殊情况时取0.3%。

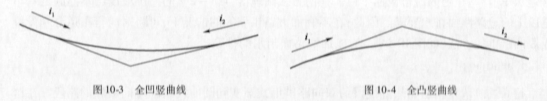

图10-3　全凹竖曲线　　　　　　　　图10-4　全凸竖曲线

三、平纵组合排水设计

平纵线形组合设计除了要满足汽车运动学、线形流畅以及与周围环境相协调的要求外,还应满足路面排水的要求。在进行道路平纵线形组合设计时,应注意以下几个方面:

(1)尽可能做到平竖曲线的一一对应,且平曲线稍长于竖曲线,即"平包竖"。这种组合形式对路面排水很有利,特别是竖曲线为全凹或全凸竖曲线时,在竖曲线的底部或顶部始终存在纵坡较小的路段,对排水不利。如果平竖曲线一一对应,则圆曲线段与竖曲线的底部或顶部对应,而在圆曲线上设置的超高坡度通常较大,所以该段的合成坡度一般能满足路面排水的要求。

(2)若平竖曲线错位,要避免竖曲线的顶部或底部位于缓和曲线上,特别要避免位于超高过渡段的零坡度断面附近处。由于曲线的超高过渡段一般在缓和曲线上设置,在超高过程中曲线外侧的行车道会出现一段横坡度较小的路段及一个零坡度断面,如果该路段与全凹(全凸)竖曲线的底部(顶部)重合,则该路段外侧行车道的合成坡度很小,不利于路面雨水的排除,路面就会出现积水现象,影响行车安全。

(3)要尽量避免凹形竖曲线或凸形竖曲线的顶点出现在S形曲线的拐点上。在S形曲线的拐点附近,有超高过渡段存在,行车道会出现一段横坡度较小的路段及一个零坡断面,如果全凹竖曲线或全凸竖曲线的底部或顶部与该处重合,也会造成合成坡度过小,使S形曲线的拐点附近道路路面排水不畅。

(4)在道路由直线段进入曲线段时为下坡路段和由曲线段进入直线段时为上坡路段的情况下,应尽可能避免纵坡坡度的绝对值与超高渐变率的值相等或相近,以避免在曲线外侧出现平坡区段,保障路面排水通畅。

四、横断面排水设计

1. 路拱

为了有利于路面横向排水,将路面做成路拱的形式。路拱坡度的采用应根据路面类型及当地的自然条件选取,多雨地区采用高值。一般路拱形式可分为直线形和抛物线形两种,抛物线形路拱的形式美观,没有路中的尖顶,路面中间部分坡度较小,两侧坡度较大,有利于路面上雨水的排除。各种路面的路拱横坡度见表10-5。

各种路面的路拱横坡坡度 表10-5

路 面 类 型	路拱横坡坡度(%)	路 面 类 型	路拱横坡坡度(%)
水泥混凝土路面	1.0~2.0	半整齐石块、不整齐石块	2.0~3.0
沥青混凝土路面	1.0~2.0	碎、砾石等粒料路面	2.5~3.5
其他黑色路面、整齐石块	1.5~2.5	低级路面	3.0~4.0

随着城市化和经济的迅速发展,道路功能不断完善,城市道路变得越来越宽,许多城市都修建六车道、八车道的城市快速干道。在南方多雨地区,1%~2%的路拱坡度已不能满足六车道以上的道路路面排水要求。因此,在不宜加大路拱坡度的情况下,可将对向行车道分别设置成双向路拱的方法,如图10-5所示,以加快路面雨水的排除。

2. 超高过渡段

超高过渡段是指道路从直线段的双向路拱形式渐变到圆曲线段的单向横坡的路段。在这个过程中,行车道外侧会出现一段零坡度断面。如果行车道外侧的超高渐变率过小(一般认为小于 1/330),会使横坡较小的路段变长,导致横向排水不畅的路段变长。

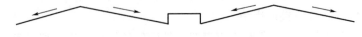

图 10-5　双路拱横断面

如果该段路线的纵坡也较小($\leqslant 0.5\%$),则合成坡度也较小,就会导致该段道路排水不畅。排水不畅路段的长度计算公式如下:

$$S_{vs} = \frac{\sqrt{I_{min}^2 - i^2}}{i_G} L_0 \qquad (10\text{-}19)$$

式中:S_{vs}——排水不畅路段的长度(m);
　　I_{min}——道路允许的最小合成坡度,取 0.5%;
　　i——纵坡坡度(%);
　　L_0——行车道外侧由 $-i_G$ 过渡到 $+i_G$ 的长度,称为临界长度。

$$L_0 = \frac{2B' i_G}{p} \qquad (10\text{-}20)$$

式中:B'——旋转轴到外侧路缘带边缘的宽度(m);
　　p——由 $-i_G$ 过渡到 $+i_G$ 时所使用的超高渐变率。

式(10-19)表明,排水不畅路段的长度与道路纵坡、路拱横坡及临界长度有关。在道路纵坡和路拱横坡一定的情况下,排水不畅路段与临界长度成正比。而临界长度是由 $-i_G$ 过渡到 $+i_G$ 时的超高渐变率、旋转轴到外侧路缘带边缘的宽度决定,在道路路面宽度和超高方式确定的情况下,超高渐变率越大,临界长度就越小。《公路路线设计规范》(JTG D20—2017)中规定从 $-i_G$ 过渡到 $+i_G$ 时的超高渐变率不得小于 1/330,通过减小临界长度缩短在超高过渡过程中外侧道路排水不畅的路段长度。

通常情况下,超高过渡段设置在缓和曲线上。当缓和曲线的长度过长时,应验算超高渐变率,如果从 $-i_G$ 过渡到 $+i_G$ 的超高渐变率小于 1/330,可按以下方法处理:

(1)在缓和曲线部分路段进行超高过渡(图 10-6)。首先根据超高缓和段长度的计算公式计算出所需的超高过渡段长度;再计算出缓和曲线上曲率半径等于不设超高的圆曲线半径的位置,并作为超高的起点,从而得到超高缓和段的长度。如果按照不设超高的圆曲线半径所计算出来的超高缓和段长度仍然不能满足最小超高渐变率的要求时,宜按第二种方法来进行处理。

(2)在缓和曲线全长范围采用不同的超高渐变率进行过渡(图 10-7)。从 ZH(HZ)点开始,行车道外侧由 $-i_G$ 过渡到 $+i_G$ 时,使用 1/330 的超高渐变率,该段长度为临界长度,用式(10-20)计算。剩余的长度用来完成由 $+i_G$ 到圆曲线上的全超高,虽然该段的超高渐变率小于 1/330,但由于该路段为单向横坡,且横坡大于或等于路拱横坡,所以不存在排水问题。

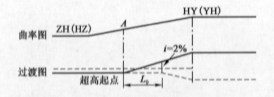

图 10-6　在缓和曲线部分路段超高过渡方式

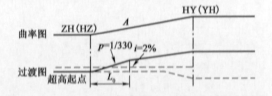

图 10-7　在缓和曲线全长范围采用不同超高渐变率过渡方式

3. 路肩

在城乡接合部的郊区,有些道路没有设置人行道,路面依靠路肩排水。路肩坡度的大小和方向对路面排水速度有着直接的影响。

(1) 直线路段的路肩。直线段路肩应设置向外倾斜的横坡。直线段硬路肩的横坡一般与行车道横坡相同或比行车道横坡大 1%~2%;如果路线纵坡平缓,且设置了拦水带,其横坡坡度宜采用 3%~4%。

(2) 圆曲线路段的路肩。圆曲线段路肩横坡坡度须符合以下规定:
①路肩和行车道的连接不出现凹形;
②路肩和行车道的坡差不应超过 10%;
③路肩上的雨水尽量向路外排。

所以曲线内侧的土路肩横坡坡度可与行车道横坡坡度相同或较其大 1%~2%;曲线外侧的土路肩横坡坡度应采用 3% 或 4% 的反向横坡。曲线内外侧全铺式硬路肩横坡的方向及其大小应与相邻行车道相同。

【待深入研究的问题】

长期以来,我国道路排水都是采取粗放式疏排系统的做法,技术措施单一。针对我国空前严峻的内涝形势和对传统排水系统建设思路的反思,国家有关部门提出了绿色道路和海绵城市建设理念,在此背景下,有待进一步研究适应海绵城市建设要求的新的道路排水系统,包括新的排水系统设计标准、新技术和新材料等。

【习题与思考题】

10-1 路线平面与纵断面设计中如何考虑路面排水要求?

10-2 对于较长的缓和曲线,如何设置超高缓和段来满足排水的要求?

第十一章
道路环境保护与景观设计

【学习目的与要求】

通过本章学习,使学生了解道路环境保护与景观设计的主要任务、方法和基本要求。了解环境及环境要素的相关概念;了解道路对环境的影响及污染防治技术;了解道路设计中应注意的环境保护问题和总体设计要点;了解道路景观的组成、基本要求及各设计阶段的景观设计要点;了解视觉要求的合理边坡坡度,坡顶、坡脚的缓和化处理方法,填方、挖方边坡之间的缓和化过渡方法;了解道路绿化的意义和作用,绿化的总体布局和设计方法。

第一节 道路对环境的影响及其污染防治

一、环境及环境要素

环境是指影响人类生存和发展的各种天然和经过人工改造自然因素的总体,包括大气、水、土地、矿藏、森林、草原、野生动物、野生植物、水生生物、名胜古迹、风景游览区、温泉、疗养区、自然保护区、生活居住区等。按环境要素的属性,分为自然环境和社会环境两大类。

1. 自然环境

自然环境是指可以直接和间接地影响人类生存和发展的一切自然形成的物质和能量的总

体,是人类赖以生存和发展的物质基础,按其主要环境组成要素,自然环境可分为大气环境、水环境、土壤环境、声环境等。

大气是自然环境的重要组成部分,是人类生存所必需的物质。大气由混合气体、水汽和杂质组成,其中氮气(N_2)、氧气(O_2)的体积占大气总体积的99%以上。

水环境一般指河流、湖泊、沼泽、池塘、水库、地下水、冰川、海洋等水体中的水及其物质和生物。地球上97.3%的水是海水,淡水只占总水量不到3%,且大多分布在地球两极和格陵兰岛的冰川上,人类可开发和使用的淡水仅占总水量的0.3%,且这部分淡水在时空的分布很不均衡。

土壤环境是指土壤系统的组成、结构和功能特性及所处的状态。土壤由矿物质、有机质、水分和空气等物质组成。

声音是由物体振动产生,振动的物体称为声源。声音能通过固体、液体和气体介质向外界传播,被感受目标接受。声音的三要素即声源、介质和接收器。

自然环境中由生物群落及非生物自然要素组成的各种生态系统称为生态环境,生态环境间接地、潜在地、长远地影响人类的生存和发展。

道路环境保护所称的自然环境是指大气、水、土壤、声环境,以及道路中线两侧各200m范围内的自然保护区、水源保护地、森林、草原、湿地和野生生物及其栖息地等生态环境。

2. 社会环境

社会环境是人类在利用和改造自然环境中创造的人工环境,及人类在生活和生产活动中所形成的人与人之间的关系总体。是人类通过长期有意识的社会劳动、加工和改造形成的自然物质,创造的物质生产体系,积累的物质文化等组成的环境体系。

社会环境是人类生存及活动范围内的社会物质、精神条件的总和。广义上包括整个社会经济文化体系,如经济、政治、文化、道德、意识、风俗以及人类建造的各种建筑物、构造物、人工物品等要素。狭义上是指人类生活的直接环境,如家庭、劳动组织、学习条件和其他集体性社团等。社会环境对人的形成和发展进化起重要作用,而人类活动对社会环境影响很大。

道路环境保护设计所称的社会环境是指道路沿线范围内,人类在自然环境基础上,经过长期有意识的社会劳动所创造的人工环境。

二、道路对环境的影响

任何一项工程建设都对周围环境有一定影响。道路运输的发展在促进沿线地区政治、经济和文化迅速发展的同时,会给环境带来一些不利影响,这些影响的特点是线长、面广、呈带状分布。

1. 对社会环境的影响

(1)道路建设会对沿线的社会结构、经济发展、文化环境产生影响,与沿线城市、乡镇发展规划发生冲突。道路会割裂村庄间的原有联系,影响路线两侧物质交流、信息传递等社会活动。还会对沿线基础设施产生影响,包括对交通设施、通信设施、水利排灌设施及电力设施产生一定影响。

(2)使沿线各地区的土地功能发生变化。道路建设将单一的农业用地、开发用地或商业用地转变为多行业提供服务的特殊用地,促进了沿线土地资源的开发。

(3)征用土地和房屋拆迁直接影响居民的生产、生活等。道路建设会造成一定数量构筑物的拆迁,使沿线居民需求发生变化,改变了原有居民的联系及交往方式,影响区域经济布局和产业结构。

(4)促使城乡一体化。道路提供了良好的交通条件,加速农产品、矿产、林业产品的输送,信息交流及劳动人口流动,提高了区域的工业产值,推动城乡的商品交换、文化交流及农业的综合开发。

(5)道路的修建,会影响其范围内一些原有的历史、文化遗址、名胜风景及保护区,产生一定的视觉污染。

2. 对野生动、植物的影响

(1)对野生动、植物生存的影响。路体分割了生物的生存空间,可能造成动物的迁徙或丧失;由于汽车废气、噪声、有害物质的产生,会使生物栖息的生态环境(空气、水、土壤)逐渐变化,有时会影响整个生物群落。

(2)对野生动、植物生存环境的影响。路线破坏了土体原有的自然结构和水的循环路径,会造成斜坡失稳、水土流失、植被破坏等,改变了野生动、植物的生存环境,影响其生长、活动的规律。

3. 对土壤环境、水环境的影响

(1)改变了原有的地貌。填方和挖方对地表扰动较大,尤其是隧道的进出口及边坡的开挖,对局部山体稳定不利,可能会引发塌方、滑坡、软土层滑移等不良地质病害。

(2)使土壤结构发生变化。道路建设使地表裸露、土质松软,增加了水土流失量,造成河流或沟渠淤积、积水淹没农田,一定时期内土壤的肥沃程度难以恢复。

(3)使水质变差。道路阻隔原有水分的循环,影响地表水和地下水的流通路径,又因汽车排出的污染物进入沿线水体,使水质变差。

(4)引发洪涝灾害。由于桥梁的修建减少了河床的过水断面,造成桥前局部壅水,水流速度减慢,泥沙下沉,阻塞河道,易引发洪涝灾害。

4. 对大气环境的影响

以汽油、柴油为燃料的汽车会产生废气和固体微粒。废气中含有一氧化碳、二氧化碳、氮氧化合物、硫化物、甲烷、乙烯、醛和铅颗粒等污染物。这些污染物排放到大气中,渗透到水和土壤中,并逐渐积累,对沿线人类和动植物产生不良影响,使其生活环境进一步恶化,甚至造成全球气候异常。这种污染的程度随道路运营时间的增长及交通量的增加而不断加重。

5. 噪声对环境的影响

在施工过程中,由于挖掘机、推土机、平地机、搅拌机以及各种运输车辆的使用而产生噪声污染,这些噪声较强,对施工人员影响严重。在道路运营过程中,汽车车体的振动、发动机运转、轮胎与路面摩擦、鸣喇叭以及道路沿线提供的各种服务设施、设备均会产生噪声,在道路沿线形成一条噪声带。

这些噪声对附近的人群产生心理和生理(血管收缩、听力受损等)上的影响,使人感觉到不舒服和烦躁,降低工作效率,尤其对道路两侧人口密度大的敏感区域(学校、住宅区、商业区、医院等)干扰较大。噪声还会使鸟类羽毛脱落、繁殖率下降。

三、道路环境污染防治

道路环境污染防治是指道路施工期、营运期的噪声、废气、污水等对生活环境污染的防治。道路建设项目主要应防治道路交通噪声、施工作业噪声对声环境的污染；道路营运车辆的尾气、搅拌站(场)的烟尘和施工扬尘对空气环境的污染；道路服务区等的生活污水、路面径流、施工废水和工业废渣等对水环境的污染；施工中的废弃物对景观环境的污染。

1. 对道路环境敏感点的绕避

道路环境敏感点是指环境受到污染后，严重威胁到人的健康和生存的地区(点)，如声环境敏感点、空气环境敏感点及水环境敏感点。

道路交通环境污染的防治应采用"主动式"防治，综合考虑道路线位，以绕避环境敏感点为宜。道路环境污染防治中的环境敏感点如下：

(1) 声环境敏感点：学校、医院、疗养院、城乡居民区和有特殊要求的地区。

(2) 空气环境敏感点：省级以上自然保护区、风景名胜区、人文遗迹以及学校、医院、疗养院、城乡居民区和有特殊要求的地区。

(3) 水环境敏感点：饮用水源及养殖水源保护地。

道路中线距声环境敏感点应大于100m，其中距医院、疗养院、学校宜大于200m；距空气环境质量标准为一级的地区应大于100m；距地面水环境质量标准为Ⅰ～Ⅲ类水质的水源地应大于100m；距交通振动、电磁辐射这类有特殊要求的敏感点以及危险品仓库等的距离应符合国家现行有关标准的规定。

2. 声环境污染防治

声环境污染防治应根据敏感点的性质、位置、规模、当地条件及工程特点，确定防治对策，对所选用的交通噪声防治措施，应进行工程与环境费用效益分析，综合经济比较后确定。具体措施如下：

(1) 调整道路线位。使道路中线与声环境敏感点的距离满足规定要求。

(2) 堆筑工程弃方。弃方应堆筑在路侧，其边坡坡度应根据当地土质条件、地形、地物确定，堆筑体应压实，保证稳定。采用建筑垃圾或工业废渣等废弃物堆筑时应用土壤包覆，不得外露。堆筑体表面应绿化，有条件时应在其表面及周围作美化栽植。

(3) 建筑物设隔声设施。敏感点规模较小或为高层建筑时，可设隔声设施降低室内噪声。隔声设施可采用封闭阳台、设双层窗、封闭外走廊等，必要时可加设外墙。

(4) 建造声屏障。声屏障指用来遮挡声源和受声点之间的设施。当道路距敏感点较近、用地受限且环境噪声超标5dB以上时，可采用声屏障。声屏障应设在靠近声源处，路堤地段声屏障内侧距路肩边缘不宜大于2m；路堑地段则应设在靠近坡口部位；桥梁地段可结合护栏一并设置。声屏障的高度、长度应根据噪声衰减量、声屏障与声源及受声点三者之间的相对位置、道路线形、地面因素等设计。声屏障高度不宜超过5m。当声屏障长度大于1km时，应设紧急疏散口。声屏障临道路侧的表面应减少对声波、光波的反射，其形式和色彩应与周围环境相协调。

(5) 栽植绿化林带。城镇、风景区附近或有景观要求的路段，宜采用绿化林带。栽植绿化林带应结合自然环境、道路景观、水土保持规划等进行。绿化林带宽度不宜小于10m，长度应不小于敏感点沿道路方向的长度，并根据当地自然条件选择枝繁叶茂、生长迅速的常绿树种。

乔、灌木应搭配密植，乔木高度不宜低于7m，灌木不低于1.5m。

（6）调整临噪声源一侧建筑物的使用功能。

3. 水环境污染防治

（1）道路路线必须经过饮用水源地或养殖水体附近时，应设边沟或排水沟，必要时可设小型净化池，并在该路段前后应设标志牌提示。

（2）桥位距自来水厂取水口上游应大于1 000m，距下游应不小于100m。

（3）道路沿线设施的管理区、养护工区、服务区等的生活污水应经处理达标后排放。洗车台（场）、加油站应设污水处理系统，经处理达标后的污水方可排入当地污水收纳系统。

（4）饮用水源地保护区内不应设沥青混合料及混凝土搅拌站；不堆放或倾倒任何含有害物质的材料或废弃物；不能在饮用水源地保护区内取土、弃土，破坏土壤植被。

（5）施工过程中搅拌站的排水、混凝土养生水等含有害物质的废水不应排入地表水Ⅰ～Ⅲ类水源地保护区。

4. 空气环境污染防治

（1）路线应与空气环境敏感点保持规定距离以上。

（2）严格控制尾气超标车辆上路行驶。

（3）施工场地及便道进行防扬尘处置，如洒水、硬化等。

（4）搅拌站（场）应远离空气环境敏感点，并加强烟尘治理。

第二节　道路环境保护设计

道路设计应树立全面、协调、可持续的科学发展观，体现安全、环保、舒适、和谐的设计理念。在设计中贯彻"经济效益、社会效益与环境效益统一"的方针，各种环境保护设施应因地制宜，做到技术可行、经济合理、效益显著。执行"环境保护工程必须与主体工程同时设计、同时施工、同时投入使用"的制度，遵守"保护优先、以防为主、以治为辅、综合治理"的原则，实施各阶段的环境保护工作。

"保护"就是通过"避绕""少扰"等手段，减少工程对现有生态平衡的破坏。在工程选线中要注意避开特殊保护区；在工程设计中要考虑采用高架桥或隧道通过生态脆弱或地质不良地段；在工程施工时要尽量减少对植被的破坏。"预防"是通过工程设施防止可能出现的生态问题。如利用边坡防护和截排水系统，防止边坡失稳带来的水土流失；利用导流、防护设施防止水流对河岸的冲刷；利用通道解决动物跨线迁徙问题。"治理"是一种被动的措施，但可通过防治结合提高其主动性。如通过抗滑桩、挡墙、锚杆、锚索防治和处理边坡失稳；通过网格绿化固沙防沙；通过集中取土，造塘养鱼来补偿湿地；通过植被覆盖、复垦处理、设置挡墙防止弃方带来的水土流失；通过声屏障等减缓噪声影响等。总之要采用保护、预防、治理的一切手段，将道路建设对生态破坏、环境污染的影响降至最低。

一、道路设计应注意的环境保护问题

1. 合理利用土地资源

道路选线应全面调查沿线土地利用情况，按不同种类分别统计，遵照节约用地的原则，结

合当地基本农田保护区及国土规划,进行充分比选,确定路线位置。道路用地应少占耕地、果园,多利用荒坡、荒地、滩涂等荒芜土地。农田地区的路基应尽可能降低高度,并设支挡结构,减少占地。

取土设计,应结合土地利用规划选择取土场位置及其取土方式。当采用集中取土方式时,结合平整土地选取较高地势的土丘取土,或结合河道整治选取滩槽取土;当采用宽挖浅取方式时,应保留表土回填复耕。

施工临时用地应结合道路永久用地统筹安排。占用耕地的施工临时用地,工程竣工后应清场复垦。

2. 保护农田水利设施

道路规划时应调查通过地带的农田水利排灌系统、人工蓄水防洪设施的布局与发展规划,使道路设计尽可能与其相协调。

道路设计时不应压占干渠、支渠;不得已而压占时,应按原过水断面改移或采取其他工程措施。跨越干渠、支渠的桥涵不应压缩渠道过水断面。在对排灌设施进行合并、调整或改移设计时,不影响其原有排灌功能与要求。

3. 尽量减少拆迁,方便居民出行交往

选定路线方案时,应尽可能绕避村镇和环境敏感建筑物,避免大规模的拆迁。当路线对环境敏感建筑物等有干扰时,应对防护与拆迁等多方案进行比较。

注意调查行政区划、居民聚集区、学校、乡镇企业等的位置,了解人群流向,减少对人群出行、交往的阻隔。当道路建设影响人群出行、交往,需设横向通行构造物时,其规模应根据出行数量、出行目的及路网布局进行设计。

道路通过农田区时,横向通行构造物形式与间距应根据具体情况选择,并与农田基本建设规划相协调;路线通过牧区时,应设放牧转场通道。沿线通道应充分考虑通道内排水设计,不因积水影响安全通行。

4. 保护与利用人文景观

根据道路沿线已发现的文物、遗址、名胜古迹、风景区等的位置和保护级别,拟定环境保护设计对策。对省级以上文物、遗址等保护区,道路应进行绕避;对文物、遗址等保护区产生干扰时,应按"文物保护法"中有关规定执行。

服务区、停车场等位置的选定,宜充分利用天然或人文景点,其风格应与周围环境相协调。大型桥梁、互通式立交等大型构造物的形式、布局等,宜与当地环境协调,组成具有独特风格的景观。

5. 保护野生动植物及其栖息地

道路应绕避生态环境中所列的保护对象,道路中线距省级以上自然保护区边缘不小于100m。道路对生态环境中的保护对象产生干扰时,结合受保护对象的特性提出保护方案,将不利影响减少到最低限度。有条件时,宜进行环境补偿。

道路通过林地时,严格控制林木的砍伐数量,严禁砍伐道路用地范围外不影响视线的林木。道路经过草原时,注意保护草原植被,取、弃土场选择在牧草生长差的地方。道路进入法定保护的湿地时,应避免造成生态环境的重大改变,施工废料弃于湿地之外。

在有国家级保护的野生动物出没路段,设置预告、禁止鸣笛等标志,并为动物横向过路设置通道。

6. 水资源、自然水流形态的保护

调查和搜集道路中线两侧各 200m 范围的地表水资源分布、容量及水体主要功能。当路基边缘距饮用水体小于 100m、距养殖水体小于 20m 时,采取绿化带或其他隔离防护措施。

不将路面径流直接排入饮用水体和养殖水体,不占用居民集中地区的饮用水体。在为地下水源保护区设置的排、渗水构造物可能造成地下水水质污染时,采取措施隔离地表污水。

道路在湖泊、水库等地表径流汇水区通过时,采取措施防止道路对地表径流的阻隔。道路经过瀑布上游、温泉区等特殊水体时,应符合国家现行的有关规定,确定避让距离。

注意保护自然水流形态,做到不淤、不堵、不留工程隐患。跨越溪、河、沟桥涵的过水断面,保证泄洪能力。道路跨越山谷时,根据山谷宽、深及汇水面积等选择通过方式,有条件时宜优先采用桥梁跨越。工程废方弃置应避免阻塞河道水流或造成水土流失。

7. 做好水土保持工作

道路设计应充分调查沿线的工程地质、地形地貌、气候条件、植被种类及覆盖率、水土流失现状等,综合采用生物防护和工程防护措施,做好水土保持工作。

做好道路综合排水设计,充分利用地形和天然水系将路界范围内地表径流引入自然沟中,各种排水沟渠的水流不直接排放到水源、农田、园林等地。山区、丘陵区道路尽可能与原有地形、地貌相配合,减少开挖面、开挖量,注意填挖平衡。弃土场应做好排水防护设计,以避免成为新的水土流失源。取土点宜选择荒山、荒地。

注重道路绿化设计,选用适合当地生长的花草、灌木、乔木等植物,对路堤边坡、弃土等进行绿化,防止水土流失。暴雨强度较大、岩体风化严重、节理发育的石质挖方边坡或松散碎(砾)石土填挖方边坡地段,可采用植物与工程综合防护措施。

二、道路环境保护方案设计影响因素

道路环境保护总体方案设计应综合考虑路网规划、交通量、工程建设条件等,重点进行以下方面的分析:

(1) 路线及其相邻路网交通量增减变化所带来的噪声、废气的影响。

(2) 对沿线农田水利设施与水土保持的影响。

(3) 深路堑与高路堤对自然环境、边坡稳定和水土保持的影响。

(4) 处理工程地质病害、开挖隧道等改变水文地质情况后对周围生态环境的影响。

(5) 桥梁墩台压缩河床对河道冲刷的影响。

(6) 道路对生态环境分割所带来的影响,包括湿地保护、地表径流、动物迁徙等。

(7) 路线布设与城镇规划、行政区划的配合及其影响。

(8) 对文物、遗址、古迹、风景区等的影响。

(9)线位与环境敏感点的距离及其影响。

应结合地形、地物,针对路线所经区域不同环境特征,考虑不同环境保护对象进行相应的设计。

在平原、微丘区,道路环境影响因素主要有:填方、取土、弃土对农业资源、土壤耕作条件的影响;对农田水利排灌系统的影响;路面径流对养殖业水体的影响;路基对当地居民出行的影响。

在山岭、重丘区,道路环境影响因素主要有:高填、深挖对自然景观、植被的影响;道路的分割与阻隔对珍稀动植物资源的影响;对水土流失的影响;开挖、废方堆砌、爆破作业等诱发地质灾害的影响;隧道工程对当地原有水资源的影响。

在绕城线或连接城市出入口的道路,环境影响因素主要有:拆迁的影响;阻隔出行、交往的影响;交通噪声的影响;环境空气污染的影响。

三、道路环境保护设计要点

1. 路线环境保护设计要点

道路选线要综合考虑地形、地质与环保因素,合理利用地形以减少工程量,减轻对环境的破坏,绕避不良地质以避免地质灾害的发生。选线时要"地形选线""地质选线"与"环保选线"相结合,保护自然环境,创建优美的道路营运环境。

线形设计应合理采用技术标准及其指标,平、纵线形组合设计应能使汽车匀速行驶;互通式立交、匝道及其各类出入口的线形设计应能使车流顺畅运行;设置平面交叉时应采用较高平、纵指标并作好渠化设计,以使车流通畅,避免堵塞;环境敏感点附近的路段,宜采用较高平、纵指标,避免设置急弯、陡坡、爬坡车道等;合理控制互通立交规模,减少工程量和占地,合理运用匝道指标,满足车流顺畅运行的要求。

2. 路基环境保护设计要点

路基设计应视地形、地质情况合理选取断面形式,避免大填大挖。在山坡陡峭的坡面尽可能采用半路半桥或分离式路基,以减少路基土石方量;路基深挖地段根据边坡稳定情况采取不同防护形式,把工程防护和生物防护结合,并尽可能减少工程防护;路堑边坡根据具体情况采用不同坡度,对开挖边坡地段为荒山荒地时,尽可能采用较缓边坡,以利于生物防护,最大限度恢复原始地貌。

路基取土、弃土及排水设计应结合工程地质条件,贯彻因地制宜、就地取材的原则作好环境保护设计。对取土、石、砂砾料的料场,考虑其位置、开采方式、数量等对坡面植被、河道流向等的影响;对弃方的位置、数量考虑其对自然环境的影响。

路基路面综合排水系统应自成体系,不得与当地排灌系统相互干扰。

3. 互通式立交环境保护设计要点

互通式立交设计应针对地形、地质条件,以及周围自然环境、社会环境等特点,考虑立交区环境设计方案。在满足互通式立交使用功能的同时,应使立交形式布局美观。综合立交区周围自然环境,进行上跨主线与下穿主线的方案比较,合理确定桥上纵坡及桥头路基高度。立交桥结构形式、跨径、桥长应成比例,与立交区周围环境相协调。立交区绿化设计要与路线总体景观设计方案相一致。立交区综合排水系统应与路线综合排水系统统一考虑。

4. 桥梁环境保护设计要点

桥梁要视地质条件选取合理桥型和基础及施工工艺,避免地质灾害发生。当基础位于山体完整性、稳定性差的斜坡时,应对斜坡的稳定性进行分析研究,选择对坡面扰动小的基础形式,基础的开挖或钻孔选用对坡面振动小的施工工艺。

5. 隧道环境保护设计要点

隧道设计应结合地质、水文、气象、地震等情况,考虑施工和运营环境进行多方案论证。隧址的选择应综合考虑接线设计、洞内外排水系统、弃渣处理、施工和营运管理等,并提出必要的环境保护措施。隧址通过含有害气体的地层时,需预测对施工、营运的影响,并提出防治措施。隧址应避开或保护储水结构层和蓄水层,保护地下水径流和地表植被。隧道洞口设置遵循"早进晚出"的原则,尽可能与自然保持一致,减少对山体的切割,洞门不宜过分进行人工化修饰。

6. 服务区及管理设施环境保护设计要点

服务区、管理设施设计应充分考虑驾乘人员的需求,结合自然景观选择适宜的位置。对生活废水、废弃物等进行综合治理。污染防治措施应进行多方案比选,拟分期实施的防污染设施需经论证并确定实施年限,结合周围环境进行景观设计。

第三节 道路景观组成与设计要点

道路交通对自然景观会产生影响,而自然景观也会对道路交通起作用。道路景观是指道路的立体线形、构造物形式和色调,与沿线自然景观相协调所构成的风景。道路景观设计的目的是使道路与自然景观融为一体,并将对视觉、环境和社会的不利影响降低到最低程度。

一、道路景观组成

道路景观是由道路主体工程、附属设施、沿线建筑、周边自然环境、气象变化及人的活动等因素所构成的,可分为内部景观和外部景观两部分。内部景观是指行驶在道路上的驾驶员看到的景观及在停车场、服务区等休息设施散步时看到的景观,它是动景观,不注重构造物的细部,而注重运动状态下道路及其与周围环境协调的程度,注重线形对视觉的诱导作用。线形设计是内部景观设计的主体,直接影响道路景观设计的效果。此外,沿线绿化、标志标线、边坡处治、景点造型与设计、道路色彩等对道路景观设计也有很大影响。外部景观是指从道路外侧任意观察点看到的道路景观,它是静景观,强调道路的整体印象,是从道路外部审视道路与环境的一致性。外部景观要求道路及沿线构造物与环境融为一体,协调一致,成为环境的一部分。

道路景观还有景点景观和变迁景观之分,如在景致优美之处建造的休息或独立景点以及造型独特、气势宏伟的互通式立体交叉等设施称为景点景观,而称道路沿途不断变换的边坡及植被等景观为变迁景观。

二、道路景观的特点

道路景观是一个动态三维的空间结构,具有韵律感和美感,强调人的广泛参与。其生态结构复杂,景观类型多样,有自身鲜明的特性。

1. 带状性

道路是线性构造物,景观随道路的延伸而连绵起伏,形成一个宽窄不断变化的带状空间。乘客被限定在带状空间内做高速运动,因此其视线将受到一定局限。但通过这种带状空间横向宽窄的不断变化,或峰回路转,或豁然开朗,或盘山而上,或涉水而过,纵向绵延几十公里甚至数百公里,跨越不同的气候带,虽然乘客在整个过程中始终保持单一的线性运动方式,但因沿途景观的交替变换、细微景致的丰富性和特异性,非但不会使运动过程有单调感,相反时常会有惊喜地发现。

2. 动态性

道路景观以动态序列性景观为主。汽车在道路上行驶,乘客以高速运动方式在道路线性空间内行进,因此道路景观有别于以步行等低速运动或静态方式欣赏为主的景观形式。高速运动时受人的视觉接纳能力限制,乘客只能走马观花对道路景观留下整体宏观印象,而忽略较多细节。此外,车辆在道路上的行驶方向使道路景观也具有典型的单向序列性,即使对同一道路,因来去方向不同也会获得不同景观印象。

3. 四维性

道路景观不只是位置变化的三维空间,它还与时间存在密切关系。这种四维性不仅体现在空间序列变化,也体现在周边环境的季相(一年四季)、时相(一天中的早、中、晚)、位相(人与景的相对位移)变化以及人的心理时空变化。

4. 多元性

道路景观由自然的和人文的、有形的和无形的多种元素构成。它既需要满足运输功能,同时又要被赋予一定的历史、文化、地域和民俗等内涵。乘客的感受是全方位的,虽然以视觉感受为主体,但听觉和嗅觉也同样起着不可忽视的作用。清脆的鸟鸣、潺潺的流水声、混杂着淡淡青草味的新鲜空气都同样能给驾驶员和乘客带来轻松愉悦的感受。

三、道路景观设计基本要求

景观设计需考虑沿线行车的美学感受;设计规模应与观赏景观和道路环境密切相关的车速配合协调;景观设计应结合绿化设计,也应结合桥梁、挡土墙、立交等刚性构造物设计和地物营造设计,与沿线景物相匹配;在一切景观设计中都应将交通安全作为重点因素,树木和灌木丛的种植不应影响视距和给失控车辆造成危害。道路景观设计的基本要求如下:

(1)根据工程及沿线区域环境特征或行政区划等,宜将道路划分为若干景观设计路段,各景观设计路段宜选择大型构造物和沿线有特色的景物作为设计景点。道路景观设计尽可能做到点、线、面兼顾,整体统一,使道路与沿线景观相协调。

(2)道路沿线各种人工构造物的造型与色彩应考虑景观效果和驾驶员视觉效果,尽可能减少或消除各种构造物对自然景观的不利影响。

(3)有条件时,应充分利用各种人工构造物和绿化补偿、改善道路沿线景观,并结合不同路段区域环境特征形成其特有的风格。

(4)合理组合路线平、纵、横断面,保证线形流畅、视野开阔,并与自然地形相适应,避免大地切割自然地形。

(5)利用道路沿线设施和各种人工构造物,诱导驾驶员视线,预告道路前方路况地变化,以适时采取安全行驶措施。

(6)道路景观设计应防止视觉污染。道路用地范围内设置的景观小品,应注意色彩、造型地协调,避免引起视觉混乱;当道路两侧有影响视觉的场所时,宜采用绿化或工程措施予以遮蔽或改善。

四、道路景观造型

道路路线及其构造物景观造型的目的是为平衡道路对自然和景观的影响,使道路和景观联系在一起。道路的新建和改扩建,必须尽量减少对自然和景观的影响,这是道路景观造型的基本原则。

1. 道路平面造型

道路平面应与环境相协调,尽量绕避受保护的景观空间,如自然保护区和文物古迹等。在平原、沙漠和戈壁滩,路线以方向为主导,线形应以直线为主;在山岭地区,路线以纵坡为主导,线形应以曲线为主。线形应顺畅连续,具有诱导性和可预知性,避免割断生态景观空间或视觉景观空间。

2. 道路立面造型

为减少对自然和景观的影响,在满足控制点和规范要求的前提下,道路纵坡应与地面坡度接近。当路线跨越山谷、穿过垭口时,用桥梁结构物代替高路堤、用隧道代替深路堑,需作专门调查分析,避免高填深挖。平、竖曲线的线形几何要素宜均衡、协调。

3. 道路横断面造型

道路横断面造型的重点是路基边坡,目的是使路基尽量与自然地形、地貌相适应,与沿线植被绿化相协调。具体措施见下节"坡面修饰"。对有中央分隔带的双幅道路,可采用分离式断面,使中央分隔带不同宽或上下行道路不同高,利于保护珍贵地和植物,可减少工程量,对景观造型和经济都有利。

4. 交叉口造型

交叉口造型的目的是为获得良好的地面结构造型效果,提高交叉口的识别能力。任何情况下,交叉口造型都不能影响交叉口的视认性,不容许在视距三角形内种植高大树木,可在要求的视野范围外种植小丛林。如交叉口布置合理并适当绿化,可提高对交叉口的识别能力。

T形交叉口汇合处宜在支路的对面范围内种植密集树木。在交汇道路右侧延伸的树木会引起驾驶员的注意,从而降低速度驶近交叉口(图11-1)。

5. 结构物景观造型

结构物景观对象为桥梁、隧道、挡土墙、防噪声设施、中央分隔带等，在设计时要考虑有关工程技术和经济问题，且要考虑其造型与周围环境的充分协调。如一座设计较好的桥梁，要有与其功能相适应的外形和比例，且要有新颖、优美的形式，简洁明快、朴素大方的线条，强度牢固、基础稳定的结构，并有强烈的时代感和风土气息。隧道洞口应具有醒目特点，与周围群山协调，因地制宜进行绿化，将自然景观的破坏降低至最低程度。声屏障应采用与地区、桥梁相协调的色彩搭配，在适当路段设置透明声屏障，以充分利用丰富的外部景观，避免使驾驶员产生封闭感和压抑感。对道路沿线有景观价值的孤立大树、独立山丘或建筑等自然景观和人文景观应充分利用。

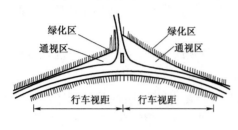

图 11-1 交叉口造型

6. 附属设施景观造型

附属设施主要是指为驾驶员和乘客提供服务和休息的建筑物，如餐馆、旅店、购物场所、加油站、汽车修理店、收费站和交通控制中心等。这些建筑物的造型设计在结构尺寸、形状、色彩上要考虑对称均衡、协调和谐。

五、道路各设计阶段景观设计要点

1. 可行性研究阶段

在道路可行性研究阶段，重点解决宏观线位与各景点的联系，合理利用道路沿线的土地资源、生态资源及景观资源，保护各种动植物和名胜古迹，尽量避免破坏自然环境和原有风景，使道路建设走可持续发展之路。具体方法是进行环境景观普查，在地形图上标注环境敏感点，确定道路景观的总体规划。

2. 初步设计阶段

初步设计阶段应全面考虑路线经过地区的自然条件，景色以自然环境为基调，充分利用自然风景资源。道路选线时充分考虑经过地区视野的多样性，使风景特征引人入胜而避免单调。合理确定与风景区的距离，避开受保护的景观空间，如风景旅游点、温泉疗养区、文物保护区，尽可能减少对自然风景的破坏。

道路路线本身应充分利用地形与地区特点，尽可能与地形地貌相吻合，科学选线，合理组合线形要素，做到连续、均匀、协调、舒畅，使其具有良好的视觉诱导性和优美外观，与自然环境协调一致，给人以统一、连续的舒适感，使驾乘人员感到线形流畅、清晰、行驶安全舒适。

山区道路应避免大填大挖，任意取直，生硬切割地形而破坏景观。如挖方深度较大时，宜进行路堑与隧道方案的比选论证。路线通过山间谷地、路基高度较大时，应综合考虑填筑路基对谷地通风、日照等原有生态环境的不利影响，必要时应进行高路堤方案与高架桥方案的比选论证。地面横坡较陡时，可采用分离式断面以减少土石方量，降低对环境的破坏。

道路通过森林区时应做好路基断面设计，力求拓宽双幅道路的中央分隔带，并尽可能保留中央分隔带位置原有林木。

3. 施工图设计阶段

道路路线尽可能与地形、地貌相吻合,平、纵、横各要素应良好配合,使路线能诱导驾驶员的视线并满足视觉景观的要求,避免空间线形的扭曲、暗凹、跳跃等景观缺陷。

道路景观设计注意与当地的风土人情、建筑物形式相协调,充分利用沿途孤立大树、独立山丘、瀑布等独立景点作为主导建筑进行景观设计,还要注意将沿线的风景点、文化古迹、古树古庙、古塔、古碑等尽可能保护利用,并组织到道路环境中,通过前方"对景"、两侧"借景",加之因地制宜、适地种树绿化,使路线环山傍水,绿树成荫,与周围自然风景融成一体,构成风景如画的道路景观。

旅游道路越岭线的垭口处,除应有广阔的视野外,还可根据当地条件,设置适当的观景台。道路沿线服务设施宜设置于海滨、湖滨、风景名胜区附近,其形式选择应有利于瞭望风景。

各种构造物的结构、造型、材料均应与当地自然和人文景观条件相适应。

道路交叉口设计时应具有良好的通视条件,分合流的出入口易于分辨,并通过标志、标线、绿化栽植等进行视线诱导。

小构造物,如小桥、涵洞、挡土墙、护栏等,在道路画面中尽量使其不引人注目。大的构造物,如大桥、隧道等,应将其作为一处单独的景点加以设计,突出它在环境中的视觉效果。

在服务区、停车场等人们停留时间较长的区域,应采用植物、景观小品等的组合,注意植物花期、花色与树形的合理搭配,力求突出当地特有的人文气息和自然景色。

道路用地范围内,除收费站、服务区外,一般不宜设置广告牌、宣传栏等。除标线、标志、护栏等按规定涂覆色彩外,一般不宜涂特别刺眼的色彩。雕塑小品的设置应注意色彩、造型,并不得妨碍视线。道路沿线纳污设施、工业废渣堆弃点等影响视觉景观的位置,在景观设计时通过道路绿化或工程措施予以遮蔽。

4. 施工阶段

在道路施工阶段,应最大限度保持自然形态,减少施工占地,避免大填大挖,使道路和景观结合起来,与周围风景融为一体,不露施工痕迹。不可避免时应迅速予以恢复,或通过协调的修整和适当的种植恢复其自然外观。

第四节 坡面修饰

一、边坡坡度

道路填、挖方边坡因受工程费用和占地的限制,一般采用较陡的坡度。这种坡度满足边坡稳定性的要求,但不满足道路景观的要求。对等级较高的道路,为与周围环境相协调,在有条件时,道路边坡坡度应尽量放缓,使人工边坡与自然边坡融为一体。

采用较缓边坡,可有效控制冲刷,减少坡面风化和剥落;当横坡缓于1:2时,草皮可自然生长,减少养护维修费用;割草机等养护机械设备在缓于1:3的坡度上工作效率最高;驶离行车道的车辆在缓于1:4的坡度上能保持控制,减少冲击,降低事故的危险性。

采用多大的边坡可满足道路景观的要求,我国还没有明确规定。国外的做法是使边坡坡度随填方、挖方高度的增加而变陡。不同地形的土质边坡坡度可参考表 11-1。

土质边坡设计指导值　　　表 11-1

填挖高度(m)	平原或丘陵地区	中等陡峻地区	陡 峻 地 区
0~1.2	1:6	1:4	1:4
1.2~3.0	1:4	1:4	1:2
3.0~4.5	1:4	1:2.5	1:1.75
4.5~6.0	1:2	1:2	1:1.75
>6.0	1:2	1:2	1:1.75

对石质边坡，坡度大一些，可降低开挖工程量和造价。坡度大小应根据岩石材料而定。对坚硬岩石，可采用直立的边坡。如坡面处理良好，不会对道路景观造成不良影响。

二、坡顶、坡脚的缓和化处理

地表因水流的冲刷而变得圆顺，这是自然形态。为使道路视觉自然，道路两侧坡顶、坡脚地面需进行修饰，可获得自然、悦目的视觉效果。

缓和的边坡和弧形的坡顶、坡脚相结合，称为流线型横断面。道路采用这种横断面形式，可减少越界车辆的冲击，使事故车辆容易控制；可简化草皮的铺植，减少养护维修费用；利于边坡保持稳定，减少风蚀和积雪。

将坡顶、坡脚缓和化的自然形式是流线型，工程上可采用规则的抛物线或圆弧。其长度可根据填挖边坡与自然山坡形成的角度大小而定，或根据边沟以上挖方高度或路肩以下填方高度而定，如图 11-2 所示。路肩处宜以土路肩宽度为切线长进行圆滑处理，坡顶、坡脚处宜以 1~3m 切线长控制。

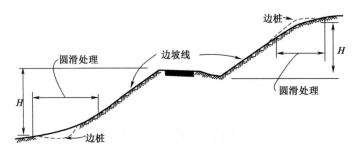

图 11-2　土质边坡坡顶、坡脚的缓和化处理

土质边坡坡顶、坡脚的缓和化处理必然增加填挖方数量，应在土石方数量计算时予以考虑。

三、填、挖方边坡之间缓和化处理

坡顶、坡脚缓和化是天然地面的自然形状同道路路幅的规则形状之间的横向过渡。而在填方、挖方之间，因坡度变化的幅度较大，与自然的不协调更加显眼，因此填、挖方边坡之间缓和化是人工边坡的纵向过渡。

为使填方、挖方边坡的过渡自然，可控制由填方到挖方完成过渡所需的最小距离，在该距离内，坡脚(坡顶)线与路肩线大致平行。如图 11-3 所示。

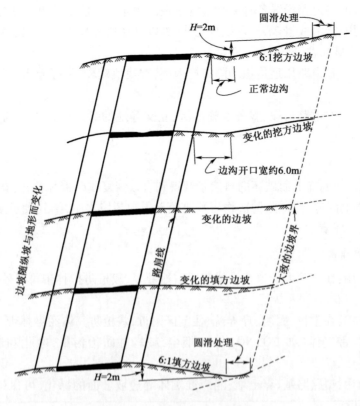

图 11-3　填方、挖方边坡之间的缓和化处理

第五节　道路绿化

一、道路绿化的意义和作用

通过绿化可缓解因道路施工、运营给沿线地区带来的各种影响,保护自然环境,改善生活环境,并通过绿化提高道路交通安全和舒适性。绿化是道路景观设计的重要组成部分,其主要作用有:

1. 安全运输作用

(1)诱导作用:在小半径竖曲线顶部、道路直线段两侧、平曲线外侧等处植树,可起到视线诱导、线形预告的作用。

(2)过渡作用:在隧道洞口外、路堤路堑变化等处,栽植高大乔木可防止光线明暗急剧变化,对驾驶员视线起过渡作用。

(3)防眩作用:在中央分隔带、平曲线外侧有村庄或居民住宅区、主线与辅道或平行的铁路之间,栽植常绿灌木、矮树等可隔断车灯的眩光。

(4)缓冲作用:在低填方无护栏的路段或互通式立交出口端部,栽植一定宽度的密集灌木或矮树,可缓冲事故车辆的冲击,减缓驾驶员的紧张心理。

(5)遮蔽作用：对道路沿线各种影响视觉景观的物体宜栽植中低树木进行遮蔽。

(6)标示作用：当沿线景观、地形缺少变化，难以判断所经地点时，宜栽植有别于沿途植被的树木等，形成明显标志，预告设施位置。

(7)隔离作用：在道路用地边缘的隔离栅内侧，宜栽植刺藜、常绿灌木及攀援植物等，防止人或动物进入。

(8)休闲作用：在道路边坡、服务设施区域、立交等地的绿化可以缓减驾驶员和乘客的旅途疲劳。

2. 道路景观改善作用

通过绿化，可使因施工而破坏的自然景观得到有效恢复或改善弥补，使新建道路对周围环境景观的负面影响降低，使道路构造物巧妙地融入周围环境之中，给驾驶员及乘客提供优美、舒适、和谐的行车环境。

3. 环境保护作用

(1)防护作用：在风沙大的道路沿线或多雪地带等，栽植防护林带可有效减轻风沙或风雪的侵袭。

(2)防污作用：在学校、医院、疗养院、住宅区附近，栽植防气体污染林带，能吸收和阻滞车辆排放的各种有害气体(如 CO、NO_x 等)、烟尘，减轻并防治污染，净化和改善大气的环境质量。

(3)护坡作用：道路路基、弃土堆、隔声堆筑体等边坡坡面的绿化，可保持水土，防止边坡冲刷，增进边坡稳定。

(4)降噪作用：在道路与环境敏感点之间，栽植有一定宽度、乔灌草搭配的立体绿化带，用于降低噪声。

二、道路绿化的设计原则

道路绿化应保证道路安全，增进道路景观，减少环境破坏，遵循经济合理的原则。栽植布置时应考虑以下几点：

(1)有利于汽车安全行驶。通过绿化设计，利于汽车安全运输。如在中央分隔带种植的灌木不应过高，使之既达到防眩效果又不影响行车的通视范围；视距曲线与视点轨迹线之间的空间，禁止栽植乔木，可种植草皮或矮的灌木；交叉口转弯处留出安全视距；边坡的花卉树木最高生长线不妨碍驾驶员识别沿线的各类标志牌。

(2)就地取材，适地种树。充分研究道路所在地区的地域特征、自然环境，合理确定绿化树种。当地的植物能适应当地的生长条件，成活率高，符合经济性原则。在道路绿化中，应结合当地区域特征，分段栽植不同的树种，但应避免不同树种、不同高度、不同冠形与色彩频繁替换而产生视觉景观的混乱。

(3)先保护后绿化。在道路施工前，道路所经地区树木的留植、移植或砍伐均应有妥善的计划。既有树木不能因施工方便而随意砍伐，应尽量予以保存；对珍贵树木，可在施工前予以移植；施工范围内的树木，应进行选择性砍伐，以形成较自然的景观。

(4)与道路功能、景观、环境保护综合考虑。道路绿化同时具有安全运输、改善景观和环境保护的作用，当别的构造物(如遮光板、防眩网、防雪栅、防音壁等)更能发挥其特定作用时，这些方式应与绿化进行综合比较。

(5) 乔、灌、草结合,注意植物的合理搭配,力求所有道路用地以绿色植物覆盖。

(6) 处理好与道路照明、交通设施、地上杆线、地下管线等的关系。

三、道路绿化的总体布局和设计

道路绿化设计是建立在一种动态的基础上,以道路交通为主体的绿化设计。设计时不但要注意总体效果,充分考虑动态条件下驾乘人员的视觉效果、心理反应,而且要保证不同路段的行车视距要求,保证行车安全。

在绿化设计的总体布局上,应乔、灌、草结合,注意植物的合理配置。植物种植采取多种形式,以大量色木构成大色块,或以树包树(小灌木紧包大树)的手法,使景与植物有机结合,达到物景交融。

绿化植物应根据路段的气候、土壤、防污染要求等因素选择:满足绿化设计功能的要求;具有较强的抗污染和净化空气的功能;具有苗期生长快、根系发枝性好、能迅速稳定边坡的能力;易繁殖、移植和管理,抗病虫害能力强;具有良好的景观效果,能与附近的植被和景观协调。

1. 中央分隔带绿化

中央分隔带是道路绿化的重点,按其宽度分为宽分隔带和窄分隔带两种类型。宽中央分隔带本身具有防眩效果,可在其中设置花坛,种植各种矮生花木,造成园林式景观效果;窄中央分隔带的绿化主要考虑防眩和驾驶员视线的要求,应根据车速和动态视角,采用高度为1.6~1.7m的灌木,连续栽植。为富于变化,可每隔一定距离点缀一株花灌木。中央分隔带的地表绿化一般选择满铺草坪。

2. 防护带绿化

在道路外侧常有防护带,其主要作用为防风、防沙、防雪、固土护坡、引导视线、协调景观。防护带树种应选用抗风性强的树种和乡土树种,采用外高内低,即远乔木、中灌木、近草坪的三层绿化体系,形成一个连续、密集的林带。有些地方栽植经济林作为防护带,既带动了经济发展,又起到了绿色屏障的作用。

3. 边坡绿化

边坡绿化也称坡面绿化、坡地绿化,指在边坡上为保持边坡和路基的稳定而进行的功能性栽植。边坡绿化的主要目的是为保持水土、稳固边坡、改善道路景观、补偿施工对环境的破坏。挖方边坡可根据土质情况进行绿化设计,填方区的绿化可采用种草坪及花灌木等固土护坡。对于填、挖方过渡段的绿化,可采用密集绿化方式,从乔木过渡到中灌木、矮灌木,可减少光线的变化对驾乘人员的影响,起到明暗过渡作用。边坡绿化植物必须根系发达,适应性强,养护管理要求低,并采用乔灌草花相结合的混播方式。

4. 互通式立体交叉绿化

互通式立体交叉的绿化栽植除美化环境、点缀城市外,还有诱导交通、提高交通安全的作用。图11-4为立交绿化示意图。绿化内容包括:

(1) 指示栽植:采用高、大独乔木,设在环道和三角地带内,用来为驾驶员指示位置的栽植。

(2) 缓冲栽植:采用灌木,设在桥台和分流处,用来缩小视野,间接引导驾驶员降低车速或在车辆因分流不及而失控时,缓和冲击、减轻事故损失的栽植。

(3)诱导栽植:采用小乔木,设在曲线外侧,用来预告道路线形的变化,引导驾驶员视线的栽植。

(4)禁止栽植区:在立体交叉的合流处,为保证驾驶员的视线通畅,安全合流,不能种植树木。

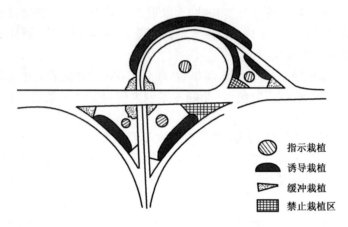

图 11-4　立体交叉绿化示意图

互通式立体交叉绿化设计应服从交通功能,在保证交通安全、增加导向标志的前提下,构图可以根据立交特点,以图案简洁、空间开阔为主,适当点缀树丛、树群,注重整体感、层次感,形成开敞、简洁、明快的格调。或选择一些常绿灌木进行大片栽植,构成宏伟图案,适当点缀一些季相有变的色叶木和花果植物,形成乔、灌、草相结合的复层搭配植物景观,赋予其一定的历史文化、民族风情等内涵。

5. 功能小区绿化设计

对道路的服务区、停车区、收费区绿化的目的是为工作人员及驾乘人员提供一个舒适、优美、亲近自然的工作生活环境。设计中应针对各小区的不同功能和特点进行设计,采用动态景观与静态景观配置相结合的手法,以大面积草坪为底色,通过花草、树木、水景、石景、曲桥、亭廊等造景手法进行设计布局。

【待深入研究的问题】

道路景观对行车的快速、安全、舒适至关重要,为近年来研究的热点问题之一。目前,景观设计还处于原则性、定性的重点描述,具体、定量的要求还需进一步研究。因无定量要求,使景观规划设计无章可循,缺少规划设计方法,多数侧重于沿线绿化处理。另外,道路景观的评价方法和评价指标也需要研究,景观的优劣主要是对驾驶员的视觉和心理上的影响,同时路内乘客及路外旁观者对道路景观也有一定需求,因此,道路点景、线景及面景的远近、高低、明暗等与人的视觉和心理的定量关系有待深入研究。

【习题与思考题】

11-1　环境要素有哪些？
11-2　道路建设对环境有哪些影响？
11-3　道路环境污染防治中的环境敏感点有哪些？
11-4　道路设计中应注意的环境保护问题有哪些？
11-5　道路景观的组成及基本要求是什么？
11-6　道路绿化的作用和设计原则是什么？

参 考 文 献

[1] 中华人民共和国行业标准.JTG B01—2014 公路工程技术标准[S].北京:人民交通出版社股份有限公司,2014.

[2] 中华人民共和国行业标.JTG D20—2017 公路路线设计规范[S].北京:人民交通出版社股份有限公司,2017.

[3] 中华人民共和国行业标准.CJJ 37—2012 城市道路工程设计规范[S].北京:中国建筑工业出版社,2012.

[4] 中华人民共和国行业标准.CJJ 193—2012 城市道路路线设计规范[S].北京:中国建筑工业出版社,2012.

[5] 中华人民共和国行业标准.CJJ 152—2010 城市道路交叉口设计规程.北京:中国建筑工业出版社,2010.

[6] 中华人民共和国行业标准.JTG B046—2010 公路环境保护设计规范[S].北京:人民交通出版社,2010.

[7] 中华人民共和国行业标准.JTG B05—2015 公路项目安全性评价规范[S].北京:人民交通出版社股份有限公司,2015.

[8] 中华人民共和国行业标准.JTG/T D33—2012 公路排水设计规范[S].北京:人民交通出版社,2012.

[9] 中华人民共和国行业标准.JTG D82—2009 公路交通标志和标线设置规范[S].北京:人民交通出版社,2009.

[10] 中华人民共和国行业标准.JTG D80—2006 高速公路交通工程及沿线设施设计通用规范[S].北京:人民交通出版社,2006.

[11] 中华人民共和国行业标准.JTG/T D21—2014 公路交通标志和标线设置规范公路立体交叉设计细则.北京:人民交通出版社,2014.

[12] 许金良,等.道路勘测设计[M].4版.北京:人民交通出版社股份有限公司,2015.

[13] American Association of State Highway and Transportation Officials. Policy on Geometric Design of Highways and Streets. 6th Edition. Washington D.C. ,2011.

[14] 孙家驷,等.道路勘测设计[M].3版.北京:人民交通出版社,2012.

[15] 张金水.道路勘测与设计[M].2版.上海:同济大学出版社,2011.

[16] 余志生.汽车理论[M].2版.北京:机械工业出版社,1990.

[17] 周荣沾.城市道路设计[M].北京:人民交通出版社,1988.

[18] [日]大塚胜美,木仓正集.公路线形设计[M].沈华春,译.北京:人民交通出版社,1981.

[19] [日]日本道路协会.日本公路技术标准的解说与运用[M].王治中,张文魁,冯理堂,译.北京:人民交通出版社,1980.

[20] [德]汉斯·洛伦茨.公路线形与环境设计[M].[日]中村英夫,中村良夫,编译.尹家骍,赵恩棠,张文魁,等,译.北京:人民交通出版社,1984.

[21] 杨少伟.道路立体交叉规划与设计[M].北京:人民交通出版社,2000.

[22] 高速公路丛书编委会.高速公路规划与设计[M].北京:人民交通出版社,1998.

[23] 国外道路标准规范编译组.道路交叉口安全设计指南[M].北京:人民交通出版社,2006.

人民交通出版社股份有限公司 公路出版中心
土木工程/道路桥梁与渡河工程类教材

一、专业基础课
1. 材料力学（郭应征）……………… 25元
2. 理论力学（周志红）……………… 29元
3. 工程力学（郭应征）……………… 25元
4. 结构力学（肖永刚）……………… 32元
5. 材料力学（上册）（李银山）……… 49元
6. 材料力学（下册）（李银山）……… 45元
7. 材料力学（石晶）………………… 42元
8. 材料力学（少学时）（张新占）…… 36元
9. 弹性力学（孔德森）……………… 20元
10. 水力学（第二版）（王亚玲）…… 25元
11. 结构动力学讲义（曾庆元）……… 35元
12. 土质学与土力学（第五版）（袁聚云）… 35元
13. 土木工程制图（第三版）（林国华）… 39元
14. 土木工程制图习题集（第三版）（林国华）… 25元
15. 土木工程制图（第二版）（丁建梅）… 39元
16. 土木工程制图习题集（第二版）（丁建梅）… 22元
17. ◆土木工程计算机绘图基础（第二版）
    （袁 果）………………………… 45元
18. ▲道路工程制图（第四版）（谢步瀛）… 36元
19. ▲道路工程制图习题集（第四版）（袁 果）… 26元
20. 交通土建工程制图（第二版）（和丕壮）… 39元
21. 交通土建工程制图习题集（第二版）
    （和丕壮）………………………… 22元
22. 工程制图（龚 伟）……………… 38元
23. 工程制图习题集（龚 伟）……… 15元
24. 现代土木工程（付宏渊）………… 36元
25. 土木工程概论（项海帆）………… 32元
26. 道路概论（第二版）（孙家驷）…… 20元
27. 桥梁工程概论（第三版）（罗 娜）… 32元
28. 道路与桥梁工程概论（第二版）（黄晓明）… 40元
29. 道路与桥梁工程概论（苏志忠）… 33元
30. 公路工程地质（第三版）（窦明健）… 23元
31. 工程测量（胡伍生）……………… 25元
32. 交通土木工程测量（第四版）（张坤宜）… 48元
33. 测量学（第四版）（许娅娅）…… 45元
34. 测量学（姬玉华）………………… 34元
35. 测量学实验及应用（孙国芳）…… 19元
36. ◆道路工程材料（第五版）（李立寒）… 45元
37. ◆道路工程材料（第二版）（申爱琴）… 48元
38. ◆基础工程（第四版）（王晓谋）… 37元
39. 基础工程（丁剑霆）……………… 40元
40. ◆基础工程设计原理（第二版）（袁聚云）… 36元
41. 桥梁墩台与基础工程（第二版）（盛洪飞）… 49元
42. ▲结构设计原理（第三版）（叶见曙）… 59元
43. ◆Principle of Structural Design（结构设计原理）
    （第二版）（张建仁）……………… 60元
44. 混凝土结构设计原理（薛兴伟）… 45元
45. ◆预应力混凝土结构设计原理（第二版）
    （李国平）………………………… 30元
46. 专业英语（第三版）（李 嘉）…… 39元
47. 土木工程材料（孙 凌）………… 48元

二、专业核心课
1. ◆路基路面工程（第四版）（黄晓明）… 59元
2. 路基路面工程（何兆益）………… 45元
3. ◆▲路基工程（第二版）（凌建明）… 25元
4. ◆道路勘测设计（第四版）（许金良）… 49元
5. ◆道路勘测设计（第三版）（孙家驷）… 52元
6. 道路勘测设计（裴玉龙）………… 38元
7. ◆公路施工组织及概预算（第三版）（王首绪）… 32元
8. 公路施工组织与概预算（靳卫东）… 45元
9. 公路施工组织与管理（赖少武）… 35元
10. 公路工程施工组织学（第二版）（姚玉玲）… 38元
11. ◆桥梁工程（第二版）（姚玲森）… 62元
12. 桥梁工程（土木、交通工程）（第四版）
    （邵旭东）………………………… 65元
13. ◆桥梁工程（上册）（第二版）（范立础）… 54元
14. ◆桥梁工程（下册）（第二版）（顾安邦）… 49元
15. 桥梁工程（第二版）（陈宝春）… 49元
16. ◆桥涵水文（第五版）（高冬光）… 35元
17. 水力学与桥涵水文（第二版）（叶镇国）… 46元
18. ◆公路小桥涵勘测设计（第四版）（孙家驷）
    ………………………………………… 31元
19. ◆现代钢桥（上）（吴 冲）……… 34元
20. ◆钢桥（第二版）（徐君兰）…… 45元
21. 钢桥（吉伯海）…………………… 53元
22. ▲桥梁施工及组织管理（上）（第二版）
    （魏红一）………………………… 39元
23. ▲桥梁施工及组织管理（下）（第二版）
    （邬晓光）………………………… 39元
24. ◆隧道工程（第二版）（上）（王毅才）… 65元
25. 公路工程施工技术（第二版）（盛可鉴）… 38元
26. 桥梁施工（第二版）（徐 伟）… 49元
27. ▲隧道工程（杨林德）…………… 55元
28. 道路与桥梁设计概论（程国柱）… 42元
29. ◆桥梁工程控制（向中富）……… 38元
30. 桥梁结构电算（周水兴）………… 35元
31. 桥梁结构电算（第二版）（石志源）… 35元
32. 土木工程施工（王丽荣）………… 58元
33. 桥梁墩台与基础工程（盛洪飞）… 49元

三、专业选修课
1. 土木规划学（石 京）…………… 38元
2. 道路规划与设计（符锌砂）……… 46元
3. ◆道路工程（第二版）（严作人）… 46元
4. 道路工程（第二版）（凌天清）… 35元
5. ◆高速公路（第三版）（方守恩）… 34元
6. 高速公路设计（赵一飞）………… 38元
7. 城市道路设计（第二版）（吴瑞麟）… 26元
8. 公路施工技术与管理（第二版）（廖正环）… 40元

注：◆教育部普通高等教育"十一五"、"十二五"国家级规划教材
▲建设部土建学科专业"十一五"规划教材

9. ◆公路养护与管理(马松林)·············28元
10. 路基支挡工程(陈忠达)·············42元
11. 路面养护管理与维修技术(刘朝晖)·····42元
12. 路面养护管理系统(武建民)·········30元
13. 道路与桥梁工程计算机绘图(许金良)···31元
14. 公路计算机辅助设计(符锌砂)·······30元
15. 交通计算机辅助工程(任 刚)·······25元
16. 测绘工程基础(李芹芳)·············36元
17. GPS测量原理及其应用(胡伍生)·····28元
18. 现代道路交通检测原理及应用(孙朝云)···38元
19. 公路测设新技术(锥 应)···········36元
20. 道路与桥梁检测技术(第二版)(胡昌斌)·40元
21. 特殊地区基础工程(冯忠居)·········29元
22. 软土环境工程地质学(唐益群)·······35元
23. 地质灾害及其防治(简文彬)·········28元
24. ◆环境经济学(第二版)(董小林)·····40元
25. 桥位勘测设计(高冬光)·············20元
26. 桥梁钢—混凝土组合结构设计原理
    (黄 侨)·······················26元
27. ◆桥梁建筑美学(第二版)(盛洪飞)···30元
28. 桥梁检测与加固(王国鼎)···········27元
29. 桥梁抗震(第二版)(叶爱君)·······20元
30. 钢管混凝土(胡曙光)···············38元
31. 大跨度桥梁结构计算理论(李传习)···18元
32. ◆浮桥工程(王建平)·············36元
33. 隧道结构力学计算(第二版)(夏永旭)·34元
34. 公路隧道运营管理(吕康成)·········22元
35. 隧道与地下工程灾害防护(张庆贺)···45元
36. 公路隧道机电工程(赵忠杰)·········40元
37. 地下空间利用概论(叶 飞)·········30元
38. 建设工程监理概论(张 爽)·········35元
39. 建筑设备工程(刘丽娜)·············39元
40. 机场规划与设计(谈至明)···········35元
41. 公路工程定额原理与估价(第二版)
    (石勇民)······················39.5元
42. Theory and Method for Finite Element Analysis
    of Bridge Structures(刘 扬)······28元
43. 公路机械化养护技术(丛卓红)·······30元
44. 舟艇原理与强度(程建生)···········34元

四、实践环节教材及教参教辅

1. 土木工程试验(张建仁)·············38元
2. 土工试验指导书(袁聚云)···········16元
3. 桥梁结构试验(第二版)(章关永)·····30元
4. 桥梁计算示例丛书—桥梁地基与基础(第二版)
   (赵明华)························18元
5. 桥梁计算示例丛书—混凝土简支梁(板)桥
   (第三版)(易建国)················26元
6. 桥梁计算示例丛书—连续梁桥(邹毅松)···58元
7. 桥梁计算示例丛书—钢管混凝土拱桥
   (孙 潮)························32元
8. 结构设计原理计算示例(叶见曙)·····40元
9. 土力学与基础工程习题集(张 宏)···20元

10. 道路工程毕业设计指南(应荣华)·····34元
11. 桥梁工程毕业设计指南(向中富)·····35元
12. 道路勘测设计实习指导手册(谢晓莉)···15元

五、研究生教材

1. 路面设计原理与方法(第三版)(黄晓明)···68元
2. 沥青与沥青混合料(郝培文)·········35元
3. 水泥与水泥混凝土(申爱琴)·········30元
4. 现代无机道路工程材料(梁乃兴)·····42元
5. 现代加筋土理论与技术(雷胜友)·····24元
6. 道路规划与几何设计(朱照宏)·······32元
7. 高等桥梁结构理论(第二版)(项海帆)···70元
8. 桥梁概念设计(项海帆)·············68元
9. 桥梁结构体系(肖汝诚)·············78元
10. 高等钢筋混凝土结构(周志祥)·······27元
11. 工程结构数值分析方法(夏永旭)·····27元

六、应用型本科教材

1. 结构力学(第二版)(万德臣)·······30元
2. 结构力学学习指导(于克萍)·········22元
3. 结构设计原理(黄平明)·············47元
4. 结构设计原理学习指导(安静波)·····35元
5. 结构设计原理计算示例(赵志蒙)·····40元
6. 工程力学(喻小明)·················55元
7. 土质学与土力学(赵明阶)···········30元
8. 水力学与桥涵水文(王丽荣)·········27元
9. 道路工程制图(谭海洋)·············28元
10. 道路工程制图习题集(谭海洋)·······24元
11. 土木工程材料(张爱勤)·············39元
12. 道路建筑材料(伍必庆)·············37元
13. 路桥工程专业英语(赵永平)·········44元
14. 工程测量(朱永民)·················30元
15. 道路工程(资建民)·················30元
16. 路基路面工程(陈忠达)·············46元
17. 道路勘测设计(张维全)·············32元
18. 基础工程(刘 辉)·················26元
19. 桥梁工程(第二版)(刘龄嘉)·······49元
20. 工程招投标与合同管理(第二版)
    (刘 燕)························39元
21. 道路工程CAD(杨宏志)·············23元
22. 工程项目管理(李佳升)·············32元
23. 公路施工技术(杨渡军)·············64元
24. 公路工程试验检测(乔志琴)·········47元
25. 工程结构检测技术(刘培文)·········52元
26. 公路工程经济(周福田)·············22元
27. 公路工程监理(朱爱民)·············33元
28. 公路工程机械化施工技术(徐永杰)···22元
29. 城市道路工程(徐 亮)·············29元
30. 公路养护技术与管理(武 鹤)·······58元
31. 公路工程预算与工程量清单计价(第二版)
    (雷书华)························40元
32. 基础工程(第二版)(赵 晖)·······32元
33. 测量学(张 龙)···················39元